warm greetings to all
my Korean readers from
London!

I hope you enjoy reading
"sitopia" and that it
inspires you to build a
better world through food!

Best wishes,

Carolyn

September 2022

어떻게
먹을
것인가

캐롤린 스틸 지음
홍선영 옮김

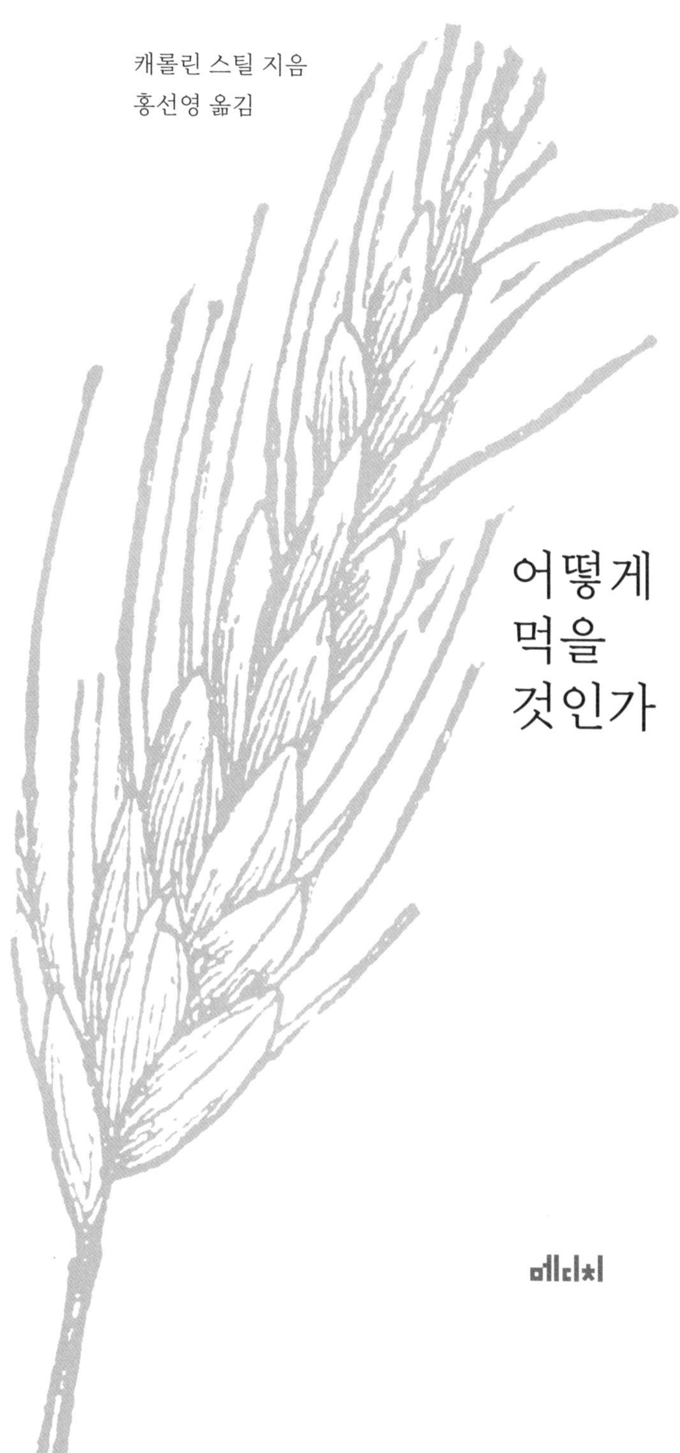

우리가
잃어버린
음식과 삶,
시간에
관하여

어떻게
먹을
것인가

메디치

추천의 말

음식과 관련해 우리가 지금 당장 물어야 할 중차대한 질문을 던진다. (…) 식사를 할 때마다 세계를 구하고자 하는 사람이라면 반드시 읽어야 할 책.

—앨리그라 맥에버디Allegra McEvedy(건강한 패스트푸드 음식점, 레옹Leon 공동 설립자)

음식의 진정한 의미가 이 심오하고 눈부신 책의 핵심에 있다. 저자는 음식과 관계를 맺음으로써 우리를 괴롭히는 모든 해악을 치유해 더 기쁘고 더 나은 삶, 더 긴밀히 연결된 삶을 이끌 수 있음을 보여준다.

—실라 딜런Sheila Dillon(BBC 라디오 4 〈푸드 프로그램The Food Programme〉)

캐롤린의 아이디어는 지금 우리에게 긴급한 문제가 되었다.

—《타임스 리터러리 서플먼트TLS》

그야말로 눈부시다. 아름답게 쓰인 이 책은 문명의 발달 과정에서 음식이 맡은 중요한 역할을 흥미진진하게 엮으며 현대까지 이른다. 음식에 대한 무관심에 경종을 울리고 음식이 모든 이에게, 그리고 우리의 존재 자체에 얼마나 중요한지 일깨운다.

—토마시나 미어스Thomasina Miers(요리사, 작가, 영국 대형 멕시칸음식 체인점 와하카Wahaca 대표)

저자의 본능은 지극히 옳다. 용기 있고 야심찬 책이다.

—《옵저버Observer》

우리의 공동생활을 다시 생각해보아야 할 때가 왔다. 이 책은 다른 세계에 대해, 가능한 유토피아에 대해, 존재할 수 있고 우리가 닿을 수 있는 곳에 대해 이야기한다.

—카를로 페트리니Carlo Petrini(슬로푸드 운동the Slow Food movement 창시자)

언제나 나를 잘 먹여주신 부모님을

가슴 깊이 기리며

In loving memory of my mother and father,

who always fed me well

작가의 말

몇 년 전, 에든버러에서 열린 테드TED 국제 콘퍼런스에 참석했을 때였다. 사상가와 투자자, 예술가, 활동가 수십 명이 자신의 삶과 일에 대해 이야기하고 영감을 주고받으며 일주일 가까이 보낸 뒤 마지막 날을 맞았다. 기진맥진한 채 빈백에 기대앉아 있는데 키 큰 네덜란드인이 다가와 자신을 다국적 석유 기업 셸Shell의 선임이사라고 소개했다. "저는 답을 찾고 있습니다. 여기서 일주일 내내 사람들의 이야기를 듣고 있지만 중요한 말은 어디서도 듣지 못했습니다. 우리가 지금 해결해야 할 문제가 어마어마한데 말이지요! 좋은 아이디어 없으십니까? 좋은 아이디어가 있다면 얼마가 되었든 투자하겠습니다!"

조금 어리둥절했다. 며칠 내내 쉴 틈 없이 쏟아진 그 모든 번뜩이는 아이디어는 다 무엇이란 말이지? 그래도 셸 선임이사가 한 말을 곰곰이 생각한 끝에 결국 세상에서 가장 부족한 것은 철학인 것 같다고 말했다. "우리는 중요한 질문을 하는 법을 잊어버렸습니다. 무엇이 좋은 삶을 만드느냐 같은 질문 말이지요." 내 앞에서 그가 지어 보인 표정은 평생 잊지 못할 것이다. 그의 얼굴은 '무엇을 이야기하고 있는 거야, 믿을 수가 없네'에서 '못 참겠어'로, 마침내 분노로 바뀌었다. "그런 이야기나 하고 있을 시간이 없다고요! 전 세계 70억 명이 분에 넘치게 생활하면서 지구를 파괴하고 있는데 정작 한다는 말이 '철학이 필요하다'라니요?" 그가 내뱉듯 말했다.

그때 나눈 대화가 직접적인 영감이 된 것은 아니지만 이 책을 써야겠다는 의욕을 북돋는 데에는 분명 도움이 되었다. 스트레스가 극에 달한 그 네덜란드인 선임이사가 꼬집었듯 21세기를 살아가는 우리는 삶을 위협하는 다양한 시련을 마주하고 있고, 이를 해결하려면 큰 그림과 시급한 대책, 전 세계적 협력이 필요하다. 이 부분에서만큼은 석유업자와 나의 의견이 전적으로 일치했지만 위기에 대처하는 접근 방식에서 의견이 갈렸다. 그는 인류가 맞닥뜨린 다양한 문제를 기술적으로 해결하려 했고, 나는 위기를 야기한 요인과 가설, 선택 들을 밝혀서 근본 원인을 해결하고자 했다. 기술과 철학이 상호 배타적인 분야는 아니지만(우리에게는 분명 둘 다 필요하다) 빈백에 기대 언짢은 대화를 나누고 나니 기술과 철학 사이에 깊은 골이 존재할 수도 있겠다는 사실을 실감했다. 둘 사이의 골을 이 책에서 음식이라는 매개를 통해 메워보려고 한다.

왜 음식인가? 답은 간단하다. 우리가 함께 생각하고 행동해서 세상을 더 나은 방향으로 바꿀 수 있게 하는 단연코 가장 강력한 수단이 음식이기 때문이다. 우리의 조상이 인간으로 진화하기 훨씬 전부터 우리의 몸과 습성, 사회와 환경을 형성한 것이 음식이다. 음식이 미치는 영향은 워낙 광범위하고 심원해서 웬만해서는 그 실체를 제대로 보기 힘들지만 한편으로는 우리 자신의 얼굴처럼 익숙하다. 음식은 훌륭한 매개체이고 삶의 질료이며 가장 손쉬운 삶의 비유다. 이렇게 다양한 세계와 사상을 아우르는 포용력 때문에 무엇과도 견줄 수 없는 막강한 영향력을 행사한다. 우리가 자신의 것이라 생각하지 못한 삶을 변모시킬 가장 강력한 수단이라 해도 무방하다.

나는 첫 번째 책《음식, 도시의 운명을 가르다》에서 도시의 식생활이 오랜 시간에 걸쳐 문명을 어떻게 형성했는지 살펴보았다. 땅과 바다에서 시작해 도로와 철도를 거쳐 시장으로, 부엌으로, 식탁으로, 결국 폐기물 처리장으로 이어지는 음식의 여정을 추적하면서 각 단계가 세계 각지 사람들의 삶을 어떻게 형성했는지 알아보았다. 집필이 끝나갈 무렵 음식이 우리 존재의 사실상 모든 측면을 깊은 곳까지 형성한다는 사실을 깨달았다. 책의 마지막 장을 '시토피아Sitopia'라 부르기로 한 것은 내가 알게 된 사실, 즉 우리가 음식으로 형성된 세계에 살고 있다는 사실에 이름을 붙이기 위해서였다(시토피아는 그리스어로 음식sitos과 장소topos의 합성어다). 어떻게 보면 음식이 우리에게 미치는 영향은 눈앞에 분명히 드러나지만(가령 배가 고플 때나 바지 단추가 잠기지 않을 때처럼) 또 달리 보면 그 영향은 심오하고 은밀하다. 예컨대 음식이 우리의 마음과 가치관에, 법과 경제, 집과 도시와 풍경에, 더 나아가 삶과 죽음을 대하는 태도에 어떤 영향을 미치는지 알고 싶어 하는 사람이 얼마나 되겠는가?

이 책은 전작에서 발견한 사실에서부터 논의를 이어간다. 음식은 우리의 삶을 형성하지만 그 영향력이 워낙 거대해서 한눈에 들어오지 않는 탓에 웬만한 사람은 잘 인지하지 못한다. 산업화된 세계에서 음식을 가능한 한 저렴한 가격에 구입하려 하면서 우리는 더 이상 음식을 소중히 여기지 않게 되었다. 그 결과 음식이 대체로 해로운 영향을 미치는 형편없는 시토피아에 살게 되었다. 기후변화와 대량 멸종, 삼림 벌채, 토양침식, 물 부족, 어류 자원 감소, 오염, 항생제 내성, 식이 관련 질환 등 눈앞에 닥친 여러 거대한 시련은 음식을 소중히 여기지 못한 우리의 실패에서 기인한다. 하지만 이 책에서 주장하는 바와 같이 다시 한 번 그 소중함을 알아본다면 이를 긍정적 힘으로 활용해 눈앞의 위협에 맞서고 다양한 폐해를 뒤집을 뿐만 아니라 더 공정하고 회복력 있는 사회를 구축해서 더 행복하고 건강한 삶을 이끌 수 있을 것이다.

《음식, 도시의 운명을 가르다》에서처럼 이 책에서도 일곱 장에 걸쳐 음식을 바탕으로 한 여정을 떠날 텐데, 이번에는 음식 한 그릇에서 시작해 우주로 나아갈 것이다. 음식 자체에서 시작한 이야기는 몸으로, 집으로, 사회로, 도시와 국가로, 뒤이어 자연과 시간으로 옮겨간다. 여정의 각 단계 또는 범위에서 음식을 렌즈로 활용해 우리가 현재 상황에 이르게 된 근원과 마주하게 된 딜레마를 살펴보고 이를 어떻게 개선할 수 있는지 질문을 던질 것이다.

시토피아의 핵심이기는 하지만 음식 자체가 이 책의 주가 되는 것은 아니다. 그보다는 우리가 처한 여러 곤경을 서로 관련지어 긍정적으로 헤쳐나가는 데 음식이 어떤 도움이 될지 탐험할 것이다. 유토피아에 사는 것은 불가능에 가깝지만 음식을 매개로 생각하고 행동한다면, 즉 함께 힘을 보태 더 나은 시토피아를 구축한다면 유토피아에 놀라우리만큼 가까워질 수 있을 것이다.

차례

인간이 마주한 딜레마를 해결할 쉬운 답은 없지만

우리 앞에 어떤 장애물이 놓여 있든

음식이 길잡이가 될 것이다.

누구도 음식 이전에 존재하지 않았다.

음식은 우리보다 앞서 존재하고

우리의 앞을 내다보며,

우리를 살아가게 하고 우리보다 오래 계속될 것이다.

우리를 사랑하는 사람과,

살아가는 세계와 묶어주는 이 관계는

결국 인류의 가장 큰 희망이다

일러두기

- 이 책은 Carolyn Steel의 *Sitopia*(Vintage, 2021; Chatto & Windus, 2020)를 우리말로 옮긴 것이며, 원문의 수정 사항을 지은이에게 전달받아 편집에 반영했습니다.
- 지은이 주는 미주로, 옮긴이 주는 '—옮긴이' 표시와 함께 괄호 병기로 본문에 처리했습니다.
- 원문의 이탤릭체는 고딕체로 처리했습니다.

1장

음식

음식 문화는 삶의 핵심에 자리한다.
우리가 어떻게 음식을 생산하고
거래하며 요리하고 먹고 낭비하는지,
음식에 어떤 가치를 매기는지는
생각보다 우리 자신에 대해
많은 것을 말해준다. 이런 관습에서
구조가 형성되고 삶이 구축된다.
음식은 삶의 본질이자
삶의 깊은 은유다.

구글 버거

> 기술이 답이다. 그런데 질문이 무엇이었는가?
>
> —세드릭 프라이스[1]

2013년 8월, 주목할 만한 미식 행사를 보기 위해 많은 관중이 런던에 모였다. ITN 뉴스 앵커 니나 호사인Nina Hossain이 진행을 맡아 TV 스튜디오에서 생방송으로 진행되는 이 행사에서는 세계 최초로 실험실에서 배양된 소고기를 사용해 햄버거를 만들어 시식할 예정이었다. 행사장에는 터질 듯한 긴장감이 맴도는 가운데 토요일 아침의 요리 프로그램이 비밀 연구시설에 납치된 듯한 기묘한 분위기가 더해졌다. 유명인이 출연해 경쾌하게 담소를 나누는 흔한 풍경은 어디에도 없었다. 다만 이 버거의 창시자인 마스트리흐트 대학 생리학과 교수 마크 포스트Mark Post가 불안한 듯 의자에 걸터앉아 있고 그 옆에 초조해 보이는 '실험 대상'인 오스트레일리아의 영양학자

하니 뤼츨러Hanni Rützler와 미국의 음식 평론가 조시 숀월드Josh Schonwald가 미래 식량이 될지 모르는 음식을 시식하기 위해 대기하고 있었다.

반구형 은제 덮개 아래로 드러난 버거는 언뜻 보기에는 흠이 없었지만 자세히 살펴보면 자줏빛과 지나치게 무른 질감이(거기에 세균 배양용 그릇에 담겨 있었다는 사실까지 더해져서) 그 독특한 기원을 드러내고 있었다. 5년 동안 25만 유로를 들여 탄생시킨 이 버거는 마크 포스트가 말하는 '배양 소고기cultured beef', 즉 소의 줄기세포에서 추출해 시험관으로 배양한 근육조직 2만 가닥으로 이루어졌고, 여기에 질감을 위해 달걀과 빵가루가, 색감을 위해 사프란과 비트 주스 등 익숙한 재료가 섞인 것이었다. 아이스하키 퍽을 닮은 이 귀한 단백질의 요리를 맡은 리처드 맥거윈Richard McGeown이 핵폐기물을 다루듯 고기를 조심스레 떠서 버터 녹인 팬 위에 살포시 내려놓았다.

패티가 지글지글 구워지는 사이, 시험관 고기의 이면에 숨은 과학을 설명하는 짧은 영상이 소개되었다. 영화 〈쥬라기 공원〉 속 '공룡 DNA'를 설명하는 장면에서 갓 튀어나온 듯한 만화 같은 그래픽에 재즈펑크 음악이 곁들여진 영상에서는 매끄러운 중저음의 목소리가 울려 퍼지면서 배양 소고기의 근육조직이 '간단하고 무해한 절차'를 거쳐 소에서 '채취'한 것이라고 알렸다. 그렇게 채취한 지방과 근육조직을 분리하고 근육조직을 절개한 뒤 분열하게 했다고 한다. "하나의 근육조직에서 1조 개 이상의 세포가 자랄 수 있습니다!" 만족감에 취한 목소리가 들려왔다. 이후 세포가 결합하면서 0.3밀리미터 길이의 근관 세포가 만들어지는데, 이 근관 세포를 중심에 있는 원통형 젤 주변에 두르면 자연적으로 수축하려는 성향에 의해 부피가 늘어나면서 근육조직이 더 만들어지는 것이다. "작은 조직 하나에서 **1조 개**가 넘는 가닥이 만들어질 수 있습니다!" 같은 이야기를 반복한다는 사실을 눈치채지 못한 듯 다시 한 번 격앙된 목소리가 울렸다. "이 작은 근육 조각을 층층이 쌓으면 처음 채취한 것과 정확히 똑같은 **소고기**를 얻게 됩니다!"

스튜디오로 돌아와, 요리사 맥거윈이 버거가 준비되었다고 알리며 종잡을 수 없는 빵에 패티와 얇게 썬 토마토, 양상추를 올려놓은 흰 접시를 내놓았다. "숙녀분 먼저!" 호사인이 경쾌하게 말하며 접시를 밀어주자 뤼츨러는 머뭇거리면서 패티를 작게 잘라 유심히 들여다본 뒤 냄새를 맡고는 입에 넣고 씹기 시작했다. 음식의 역사에 길이 남을 '한 입'의 순간이 이어지는 동안, 포스트는 윈스턴 처칠이 1931년에 어느 에세이에서 이 모든 상황을 예견하며 인류가 언젠가 닭을 전부 사육하는 "부조리에서 벗어나" "적절한 수단"을 거쳐 식용 가능한 부위만 배양하게 될 것이라 말했다고 설명했다.[2] 포스트가 이 주제에 열을 올리는 사이, 지글거리는 버거에 뤼츨러의 입안이 온통 데고 있었다. 5만 유로에 달하는 고기 한 점을 차마 뱉을 수 없었던 뤼츨러는 투지 있게 고기를 삼키고는 뜨거운 고통 속에서 마침 호세인이 던진 화급한 질문 "맛이 어떤가요?"에 답하려 했다.

뤼츨러는 불안하게 웃으며 마침내 입을 열었다. "질감이 조금 더 부드러울 줄 알았습니다. 확실히 구운 맛이 나네요. 지방이 없다는 것은 이미 알고 있었으니 육즙을 어떻게 살릴까 궁금했는데 고기 맛에 가깝습니다. (…) 어, 밀도는 완벽합니다. (…) 그런데 **소금과 후추가 생각나는** 맛이네요!" 마지막 말을 내뱉은 뒤 뤼츨러는 다음 시식 기회를 숀월드에게 넘겼다. 숀월드는 조상 대대로 이어진 전통 버거라는 화두에 집중했다. "한 입 먹어보니 전형적인 햄버거와 같습니다. 그런데 저로서는 조금 어색한 경험이네요, 지난 20년 동안 케첩이나 양파, 할라페뇨나 베이컨 하나 없는 햄버거를 먹어본 적이 얼마나 되는지 모르겠습니다. 무엇보다 빈자리가 가장 크게 느껴지는 것은 지방인 것 같고 (…) 일반 햄버거와 뚜렷하게 다른 점은 맛인 것 같습니다."

엇갈린 평을 받았는데도 포스트는 이번 시식이 진행된 소감을 묻는 말에 여전히 낙관적인 모습을 보였다. "시작이 아주 좋다고 생각합니다. 이번 시식의 주된 목적은 우리가 할 수 있음을 증명하는 것이었습니다. 아주 만족스럽습니다. 고기에 지방이 없다는 것도 맞는 말이기는 한데 그 부분은 저희가 연구하고 있습니다." **저희**에는 구글 공동 창업자 세르게이 브린 Sergey Brin도 포함되어 있었다. 브린은 짧은 영상에 출연해 이번 프로젝트에 대한 희망을 이야기했다. "때로 세상을 바라보는 시각을 완전히 바꾸어놓는 새로운 기술이 등장합니다. 저는 기회를 살피며 신기술을 언제 실행하면 좋을지 파악하는 것이 즐겁습니다." 구글의 스마트 안경 시제품을 쓰고 나오지 않았더라면 브린의 연설이 조금 더 희망차게 들렸을까. 그 안경을 쓴 브린은 007 시리즈에 등장하는 사악한 악당과 닮아 보였다. "이 모든 게 SF 같다고 생각하는 분들도 있는데, 저는 그래서 다행이라고 생각합니다. 자신이 하고 있는 일이 누군가에게 SF처럼 보이지 않는다면 그것을 변혁이라고 하기 힘들 테니까요."

2013년에 실험실 음식에 흥분한 실리콘밸리 CEO는 비단 브린만이 아니었다. 그해는 신기술 동향과 관련해 기적의 해 annus mirabilis라 부를 만했다. 빌 게이츠Bill Gates는 벤처기업을 자그마치 세 곳이나 지원한다고 발표했다. 염화칼륨으로 식용 나트륨을 대체하는 기술을 제시한 뉴텍 솔트Nu-Tek Salt와 식물성 단백질로 대체 달걀을 만드는 개척자 햄튼 크릭 푸드Hampton Creek Foods(지금은 JUST로 이름을 바꾸었다), 역시 식물성 단백질로 대체 닭고기와 소고기를 만드는 비욘드 미트Beyond Meat가 그 주인공이다. 게이츠는 비욘드 미트의 '닭 없는 닭고기'를 시식한 뒤 실제 닭고기와 분간할 수 없다는 사실을 깨닫고는 대체 음식 분야에 관심을 가지게 된 것으로 보인다. 같은 해에 그는 자신의 웹사이트에 이런 말을 남기기도 했다. "우리는 지구에서 일어나는 엄청난 혁신의 시작점에 들어섰다. 영양가 높고 단백질이 풍부한 식사로 건강을 추구하려는 사람들이 넘쳐나는 세상에서 대체 음식의 미래는 매우 밝다."

늘 그렇듯 돈의 흐름을 꿰뚫는 게이츠의 감각은 정확했다. 현재 실험실 식품은 거대 산업이 되었다. 클라이너 퍼킨스 Kleiner Perkins(아마존과 구글의 핵심 투자 회사)와 비노드 코슬라Vinod Khosla(선 마이크로시스템Sun Microsystems의 공동 창업자), 오비어스Obvious Corp(트위터 창업자들이 세운 회사)를 비롯한 주요 투자자들이 저마다 한 몫을 차지하기 위해 쟁탈전을 벌이고 있다. SF 같았던 이야기는 불과 몇 년 만에 JUST와 비욘드 미트, 임파서블 푸드Impossible Foods 같은 기업의 등장으로 현실이 되었고(임파서블 푸드는 구글과 코슬라, 게이츠의 투자를 받았다) 모두 미국을 비롯해 전 세계 고급 슈퍼마켓과 최신 유행 레스토랑으로 입지를 넓히고 있다. 2018년에 비욘드 미트에서 제작한 '피가 흐르는' 채식 버거가(마크 포스트의 패티처럼 모조 피를 만들어 내기 위해 비트 주스를 사용했다) 영국에서 처음 선보였다. 버거는 영국의 대형 슈퍼마켓인 테스코Tesco 매장에 진열되기 무섭게 팔려나갔다. 한편 미국의 음식 평론가들은 임파서블 푸드에서 선보인 것으로, 모조 피가 더욱 새빨갛게 새어나오면서 유전자 조작 이스트로 힘heme(헤모글로빈에 속해 피를 붉게 만드는 복합체를 말한다. 헴haem으로도 불린다)을 만들어내는 버거를 두고 열변을 토했다. 2019년에 버거킹에서 소고기 와퍼와 똑같이 '불에 완벽하게 구워낸' 임파서블 와퍼Impossible Whopper가 소개되면서 임파서블 미트의 패티는 대성공을 거두었다.

실험실 고기의 판매액이 미국에서만 이미 15억 달러에 이르렀고 2023년이면 100억 달러로 치솟으리라 추정되자 정육업체가 발 빠르게 대응하고 나섰다. 일부 업체에서는 식물성 대체육에 '고기' 또는 '육'이라는 말을 붙일 수 없다고 강력히 반발했지만(2018년에 미주리주에서 처음으로 대체육에 고기나 육이라는 표현을 쓰지 못하는 법이 제정되었다), 미국의 곡물 기업 카길Cargill과 육가공 기업 타이슨Tyson 등 대기업을 비롯한 다수 업체는 '이길 수 없으면 합류하라'는 전략을 취하며 벤처기업에 재정을 지원했다. 수혜를 입은 벤처기업 중 하나인 멤피스 미트Memphis Meats(이후 업사이드 푸드Upside Foods로 바뀌었다—옮긴이)에서는 상업화를 목표로 시험관 고기를 실험실에서 미래식으로 기르고 있다.

인공육이 급부상한 이유는 어떻게 설명할 수 있을까? 만만치 않은 자금이 투입되었다는 사실 외에도 공장식 축산업의 재앙적 폐해에 대한 대중의 인식이 급격히 높아진 것이 주된 요인이다. UN에서 2006년 내놓은 획기적인 보고서 〈축산업의 긴 그림자Livestock's Long Shadow〉부터 영화 〈카우스피라시〉, 조너선 사프란 포어Jonathan Safran Foer의 책 《동물을 먹는다는 것에 대하여》, EAT-랜싯위원회EAT-Lancet Commission의 보고서 〈2019 인류세 식단2019 Food in the Anthropocene〉을 비롯해 수많은 책과 영화, 연구 들이 쏟아져나와 공장식 사육의 폐해와 잔혹함, 생태학적 광기를 알리며 경종을 울렸다.[3]

인간이 원래 가축을 길들이게 된 이유는 우리가 먹지 못하는 음식을 그것들이 대신 처리해주기 때문이었다. 소와 양은 기꺼이 풀을 뜯어먹고 돼지와 닭은 인간이 남긴 음식 찌꺼기를 게걸스레 해치웠다. 그렇게 들판과 언덕, 뒤뜰에서 수년을 함께 보내면서 소와 닭으로부터 우유와 달걀이라는 선물까지 덤으로 얻고 난 뒤에 인간은 그 고기를 먹을 수 있었다. 피할 수 없는 마지막 단계를 편안하게 받아들일 수 있으면 모든 과정은 시너지 효과를 일으키며 아름답게 순환한다. 반면 공장식 사육은 헛웃음이 나올 만큼 비효율적이다. 현재 전 세계 곡물 수확량의 3분의 1이 동물 먹이로 쓰인다. 인간이 소비한다면 지금보다 열 배는 더 많은 사람이 먹을 수 있는 양이다.[4] 공장식 육류 생산방식에서 소비하는 물의 양은 전체 농림축산업에서 소비하는 양의 3분의 1에 달하고, 배출하는 온실가스량은 전 세계 배출량의 약 14.5퍼센트를 차지한다.[5] 여기에 축구장 크기에 맞먹는 유독성 슬러리slurry(동물 배설물에 점토, 분탄, 시멘트 따위가 섞인 걸쭉한 물질—옮긴이)와 무분별한 항생제 사용을 더하면 숨은 비용은 어마어마하게 늘어난다. 이런 피해에 따른 부정적 경제가치를 정확히 추정하기 어렵지만 인도과학환경센터Indian Centre for Science and the Environment에서 진행한 연구에 따르면 모든 요인을 고려할 때 공장식 버거 하나의 진정한 원가는 평소 우리가 지불하는 2달러가 아니라 약 200달러에 이를 것이라고 한다.[6]

공장식 축산업의 윤리적 문제 역시 골칫거리다. '공장식 축산 농장factory farm'이라는 말을 듣고도 그 즉시 조지 오웰George Orwell이 느꼈을 불안이 일지 않는다면 이 비밀스러운 시설(무역에서는 밀집 사육 시설concentrated animal feeding operations 또는 CAFOs라고 알려져 있다)을 면밀히 살펴볼 필요가 있다. 동물 수만 마리를 빽빽이 가두어놓고 곡물과 콩으로 만든 사료를 먹여서 최대한 빨리 도살 체중에 이르게 하는 곳이 공장식 축산 농장이다. 이런 농장의 환경이 목가적 풍경과 거리가 멀다는 사실을 웬만한 사람은 마음속 깊이 인식하고 있다. 하지만 포어가 주장한 것처럼 우리가 먹는 조류나 짐승이 누리는 삶의 질에 직접적으로 영향을 미치는 것은 다름 아닌 '우리가 고기에 얼마나 지불할 의향이 있는가'다. 미국의 다양한 동물 수용소를 둘러본 포어의 악몽 같은 여정을 생각해보면 우리가 지불하려는 가격은 최저 수준에 그친다. 한 활동가는 이 현실을 이렇게 간추려 말했다. "공장식 축산 농장의 운영자는 동물을 목숨만 남겨둔 채 얼마나 죽음 가까이 밀어넣을 수 있는지 면밀히 계산한다. 이것이 그들의 사업 모델이다."[7]

자신이 먹는 동물이 행복하게 살았으리라는 희망의 끈을 아직 놓지 못한 사람이 있다면 다시 생각해보기를 바란다. 2018년에 전 세계 식탁에 오른 가축 700억 마리 중 3분의 2가 공장식 가축 농장에서 일생을 보냈고 미국만 따졌을 때 수치는 99퍼센트까지 치솟는다.[8] 이 충격적인 규모를 대강이나마 짐작하려면 다음의 사실을 곰곰이 생각해보라. 지구상의 모든 포유류 중 60퍼센트가 가축이고 36퍼센트가 인간이며 나머지(단 4퍼센트)가 야생동물이다.[9] 앞서 이야기한 수치로 알 수 있듯 인간의 육식 습성이 우리 자신과 지구를 위협하고 있다.

바로 이런 위기를 실리콘밸리의 실험실 식품 기업이 해결하려 하는 것이다. JUST의 젊은 CEO 조시 테트릭Josh Tetrick은 헌신적 채식주의자인 비건vegan이다. 미국의 산란닭 3억 마리 중 대다수가 끔찍한 환경에서 사육된다는 사실을 알게 된 그는 직접 이름 지은 '달걀의 22가지 기능'(유화, 발포성, 농밀화 등)을 복제하기 위해 노력하기 시작했다. 사람들이 달걀을 먹지 않게 될 날은 좀처럼 오지 않으리라 판단하고 "암탉을 계산식에서 빼자"라고 마음먹었다. 그렇게 2013년에 JUST에서 콩과 지방종자oilseed(해바라기, 콩, 유채 등 기름을 짤 수 있는 식물의 씨앗—옮긴이) 등으로 만들어 유통기한이 더 길고 콜레스테롤이 적으며, 바라건대 암탉이 낳은 알보다 더 맛이 좋은 식물성 대체 달걀인 비욘드 에그Beyond Eggs를 선보였다. 같은 해에 저스트 마요Just Mayo가 미국의 유기농 슈퍼마켓인 홀푸드마켓Whole Foods Market에서 판매되어 호평을 받았고 이후 2018년에는 녹두로 만든 대체 달걀인 저스트 에그Just Egg까지 선보였다. 요리하면 실제 스크램블드에그와 비슷해 보이기는 해도 아직 암탉의 알을 능가할 정도는 아니지만 이로써 비건인 테트릭의 꿈에 한 걸음 더 가까워진 것은 물론이다.[10]

임파서블 푸드와 비욘드 미트, 비욘드 에그. 실험실 식품의 이름에서 독특한 기운이 느껴지지 않는가. 위협적인 기색이 짙은 모험 같기도 하고 만화 속 슈퍼 히어로가 우연히《멋진 신세계》의 한 장면으로 떨어진 것 같기도 하다. 초고속 기술과 폭발적 이익, 무자비한 경쟁, 넘치는 테스토스테론을 주입받고 지구를 구해야 한다는 사명감에 불타는 CEO들에게서 발현한 실리콘밸리의 문화는 한 세대도 지나지 않아 우리 삶의 많은 부분을 장악했다. 이들 거대 기술 기업이 워낙 막강한데다 이제는 어디서나 만날 수 있다 보니 누구든 기업의 실제 나이를 들으면 적잖이 충격을 받고 만다. 실험식 식품이 획기적으로 성장한 2013년에 구글은 이제 막 15년이 되었고 트위터와 페이스북은 10년도 채 되지 않았을 때였다. 그 파릇한 젊음이 의아할 정도로 이들 기업은 우리의 쇼핑과 의사소통, 개인 정보는 물론 미래의 생활 방식에까지 엄청난 영향력을 휘두르고 있다. 2018년에 수익 1,000억 달러를 넘긴 구글은 산하 연구기관인 구글 AI를 신설하고 막대한 예산을 투입해 얼굴 인식부터 무인 자동차까지 상상할 수 있는 거의 모든 디지털 생활의 설계와 개발을 주도하고 있다.[11] 돌이켜보면 실리콘밸리가 왜 음식에 흥미를 보였는지가 아니라 왜 이제야 흥미를 보였는지 의문이 들 정도다.

음식을 향한 거대 기술 기업의 강박적 집착을 축하할 일로 보는지, 아니면 우려스럽게 보는지는 삶을 바라보는 전반적 관점에 따라 나뉠 것이다. 인간이 충분히 영리한 존재이니 어떤 곤경도 헤쳐나가리라 믿는 사람이라면 긴장을 누그러뜨리고 실험실 버거를 손에 쥔 채 JUST와 구글의 주식을 사면 될 것이다. 반면 복잡한 문제를 해결하기 위해 간편한 답을 찾으려는 요즘 추세가 우려스러운 사람이라면 이제 진심으로 우려해야 할 것이다. 인류의 삶이 이렇게 복잡한 적은 없었고, 삶을 지속하기 위해 인류가 이렇게까지 기술에 의지한 적도 없었다. 지구는 곤경에 빠져 있고 그 안에서 몇 안 되는 다국적 기업이 우리가 소통하고 여행하고 정보를 파악하는 것부터 식생활에 이르는 거의 모든 것을 통제하려 한다. 도대체 무엇이 잘못된 것일까?

짐작했겠지만 나는 지금 상황을 우려스럽게 바라보는 축에 속한다. 최신 기술에 질색하는 부류는 아니지만 인간과 기술의 관계를 시급히 되돌아보아야 하며 그 과정에서 이 책이 제안하듯 음식을 렌즈로 활용해야 한다고 생각한다. 인류는 기술을 발명하기 훨씬 전부터 먹는 법을 익혔고 그동안 이룬 위대한 진보는 대부분 더 나은 식생활을 누리기 위한 시도에서 비롯된 것이었다. 음식과 기술은 인류 진화의 양대 기둥이다. 우리는 지금의 곤경에 어떻게 이르게 되었는지 이해하고 미래를 설계하는 데 두 기둥을 활용할 수 있다. 그러면 더 이상 지체하지 말고 이번 장 맨 앞(20쪽)에서 소개한 세드릭 프라이스Cedric Price의 질문으로 돌아가보자. 기술이 답이라면 질문은 무엇이었는가?

육류의 물결

'어떻게 살아야 하는가'가 적절한 질문이리라. 지구상에서 가장 오래된 질문이자 모든 생명체의 행동을 뒷받침하는 이 질문은 우리의 DNA에 깊이 박혀 있다. '어떻게 살아야 하는가'의 핵심에는 모든 생명체의 근본 질문 '어떻게 먹어야 하는가'가 있다. 나무와 개구리, 새, 물고기, 지렁이 모두 먹이가 필요하지만 이것들에게 어떻게 먹느냐라는 문제는 인류가 처한 문제만큼 복잡하지 않다. 이성이 있는 존재로서 인간은 먹는 방법에도 '좋고' '나쁜' 것이 있음을 안다. 무엇이 좋고 무엇이 나쁜지에 대해 의견이 갈릴 수도 있지만(실제로 이 문제를 두고 여러 전쟁이 벌어졌다) 우리에게 먹는 것은 불가피하게 윤리적인 문제다.

전 세계적으로 보아도 '어떻게 먹어야 하는가'는 인류가 여전히 풀지 못한 과제다. 이를 두고 약 250만 년 동안 골머리를 앓았지만 아직 해결책을 찾지 못했다. 도구를 만들고 불을 길들이고 농업을 발명하며 증기를 활용하고 유전자를 조작하는 등 획기적인 돌파구를 다수 마련했지만 진전을 이룰 때마다 그에 따르는 새로운 문제가 줄지어 등장했다. 지금 슈퍼마켓 진열대에는 음식이 가득 들어차 있을지 몰라도 진열대를 채우는 시스템은 위기에 처했다. 유한하고 과열된 지구에서 우리는 그동안 먹는 방식이 야기한 '자기 파멸'이라는 소용돌이에 휩쓸린 채 쉬이 빠져나오지 못하고 있다. 로버트 맬서스Robert Malthus가 1798년에 발표한 음울한 저서 《인구론》에서 경고했듯 아무리 많이 생산해도 식량은 늘 부족하다.

더군다나 우리는 생산한 식량을 잘 관리하지 못한다. UN 식량농업기구United Nations Food and Agriculture Organization, FAO에 따르면 현재 전 세계 농부들이 한 사람당 하루 2,800칼로리씩 섭취할 수 있는 식량을 제공한다. 식품 시스템이 이상적이라면 인류 전체가 배불리 먹고도 남는 양이다.[12] 물론 이상적인 시스템이라는 것은 존재하지 않기 때문에 전 세계 8억 5,000만 명이 굶주리고 그보다 두 배 더 많은 이들이 과체중이거나 비만이다.[13] 이런 불균형의 원인은 다양하고 복잡하지만 본질적 원인은 스스로 먹여 살리기 위한 인류의 노력에 처음부터 그림자처럼 따라붙던 지형과 기후, 소유와 무역, 분배, 문화와 쓰레기 등으로 압축된다. 모두 인류가 문명을 이루는 데 기여한 바로 그 요인이다. 우리가 먹는 방식은 삶을 지배하는 사회적·정치적·경제적·물리적 구조와 떼려야 뗄 수 없이 연결되어 있고, 이로써 음식이 유례없이 복합적이고 강력한 영향력을 얻었다.

이런 복잡함 속에서 일정한 경향이 드러난다. 가령 개발도상국이 국민을 먹여 살릴 식량을 생산하기 위해 분투하는 사이, 선진국은 국민에게 지나치게 많은 식량을 제공한다. 전 세계가 음식물 쓰레기 문제로 골치를 앓지만 그 원인은 지역에 따라 다르다. 남반구의 저개발국에서 나오는 쓰레기가 대부분 사회 기반 시설 부족에 따른 것이라면 북반구에서 나오는 쓰레기는 대체로 과잉 공급 때문이다. 영국과 프랑스, 벨기에, 이탈리아는 전체 국민에게 필요한 영양소의 170~190퍼센트를 제공하고, 미국은 남녀노소 할 것 없이 국민 한 사람당 배가 부르고도 남을 3,800칼로리에 이르는 음식을 제공해 안전하게 소비할 수 있는 열량의 두 배 가까이를 과잉 공급한다.[14] 그러니 미국인 중에 과체중이 많은 것도, 생산되는 음식의 절반이 낭비되는 것도 당연하다.[15] 트리스트럼 스튜어트Tristram Stuart가 《낭비Waste》에서 꼬집었듯 서방국가에서 식량 공급을 영양상 필요량의 130퍼센트로 제한하고 개발도상국이 수확 후 손실을 선진국 수준으로 줄이면 전 세계 식량 공급량의 3분의 1을 절약할 수 있고, 그러면 세계 기아 인구를 23번 더 먹일 수 있다.[16]

식량 위기라는 양파의 또 다른 껍질을 벗겨보자. 세계인의 식생활은 변화하고 있다. 사람들이 도시로 옮겨가면서 곡류와 채소 위주로 먹던 지방의 전통적인 식생활이 다량의 고기와 가공식품 위주의 서구식 식생활로 바뀌었다. FAO에서 2005년에 예측한바, 전 세계 육류 및 유제품 소비량이 2050년이면 두 배가 될 것이라고 했는데 이에 부합하려는 듯 소비량이 꾸준히 늘고 있다.[17] 식생활의 변화는 중국에서 확연히 드러난다. 1980년대에는 중국인의 80퍼센트가 지방에 거주했지만 이제는 53퍼센트가 도시에 거주하고 2025년이면 70퍼센트에 육박할 것으로 예상된다.[18] 1982년에 중국인 한 명의 1년 평균 육류 소비량은 13킬로그램이었는데 지금은 60킬로그램에 이르며 이 역시 계속 증가하고 있다. 이마저도 미국인의 육류 소비량에 비하면 절반에 불과하지만 인구 전체로 놓고 보면 현재 중국인이 전 세계 육류의 4분의 1을 섭취하고, 버거를 사랑해 마지않는 미국인보다 두 배 더 많이 소비하고 있는 셈이다.[19]

서양인은 자신이 육류를 얼마나 많이 섭취하는지 파악하기 힘들 수도 있다. 한때 들판에서 풀을 뜯어먹던 동물들이 대거 자취를 감추었기 때문이다. 영국 시골 지역을 거닐다 보면 나라 전체가 채식으로 돌아섰나 싶을 정도로 소나 양을 보기가 쉽지 않다. 이런 정신적·물리적 거리두기 때문인지 많은 이들이 털이나 깃털이 수북한 친구들의 존재를 부인하며 살아간다. 고양이와 강아지는 사랑하지만 닭과 돼지(돼지는 반려견처럼 감정을 느끼고 지능도 높다) 수백만 마리는 처참한 삶으로 밀어넣는다. 동물 복지 수준은 나라마다 다르지만(영국 가축 농장은 복지 수준이 높은 편이다) 베이컨 샌드위치의 재료가 된 돼지가 '행복했는지' 확인하려는 사람은 거의 없다.

왜 이렇게 음식의 진실을 보지 못하는 것일까? 한 가지 답은 진실을 너무 많이 생각하지 않는 편이 좋기 때문이다. 삶을 지속하는 데 무엇이 필요한지 알지 못한 채 속 편히 사는 것이 한때는 부자의 특권이었지만 값싼 간편식 덕분에 이제는 누구든 마음 편히 지낼 수 있게 되었다. 누군가는 이런 태평함이 산업화의 최대 업적 아니겠냐고 반문하겠지만 한편으로는 이것이 깊은 도덕적 불안의 징후일 수도 있다. '호스게이트Horsegate'(유럽 등지에서 판매된 저렴한 고기 파이에 불법 말고기가 포함된 사실이 밝혀진 사건—옮긴이) 같은 추문 하나에도 우리는 미식이라는 수면 상태에서 불현듯 깨어난다. 이 추문이 드러난 직후 사람들이 저렴한 파이를 거부하고 더 나은 대안을 찾아 나서면서 영국 내 개인 정육점의 판매량이 30퍼센트 상승했다. 하지만 개인 정육점 부흥기는 그리 오래가지 않았다. 파이 판매량은 몇 달 안에 평상시 수준으로 돌아갔고 위기는 전형적인 영국식 유머 속에 흔적으로만 남았다. 웨이터: "버거에 따로 원하시는 것이 있습니까?" 고객: "네, 양쪽에 5파운드씩 걸게요."

육류 섭취를 향한 이런 열정을 마크 포스트 같은 사람들은 실험실에서 배양한 대체육으로 해결하고자 한다. 포스트가 보기에 배양 소고기의 이점은 분명하다. "맛도 품질도 일반육과 똑같습니다. 가격은 같거나 더 저렴하기까지 합니다. 그렇다면 무엇을 선택하시겠습니까? 윤리적 관점에서도 이득입니다."[20] 의도는 훌륭하지만 실험실 고기를 둘러싼 윤리 문제는 포스트의 말처럼 선명하지 않다. 첫째, 배양 소고기는 소태아혈청에서 자라기 때문에 식물성 헴haem과 달리 여전히 동물을 사용한다. 물론 일반 소고기에 비하면 사용 규모는 훨씬 작다. 둘째, 배양 소고기에는 거북한 성분이 포함된다. 실험실에서 자란 식용 근육조직이 과연 우리가 진정으로 원하는 것인지 묻지 않을 수 없다. 셋째, 소유권 문제다. 구글의 비공식 슬로건이 '사악해지지 말자Don't be evil'(현재는 '옳은 일을 하자Do the right thing'로 바뀌었다)라고 하지만 의문이 드는 것은 어쩔 수 없다. 사람들이 정보를 접하고 공유하는 방식까지 통제하는 다국적 기업에 우리가 먹는 음식의 제작과 소유권까지 맡기고 싶은가? 그러고 싶지 않다면 다른 어떤 기업이 시험관 소고기 제작 기술을 소유하리라 생각하는가? 당연히 동네의 친절한 농부나 정육점 주인은 아닐 것이다. 실험실 고기가 성공한다면(지금 모든 징후가 성공을 예견하고 있다) 관련된 이들은 분명 특허 등록에 눈에 불을 켜고 달려들 것이고 스마트폰의 소프트웨어처럼 눈이 돌아갈 만한 이익을 거두어들일 것이다.

그러면 비욘드 미트나 임파서블 푸드 등에서 제작하는 식물성 대체육은 어떨까? 윤리적 측면에서 눈에 띄게 의심스러운 부분은 별로 없지만 이런 식품의 대량 소비가 인류 전체나 지구에 정말 도움이 될지 평가하기는 아직 이르다. 웹사이트에 따르면 임파서블 와퍼의 성분은 다음과 같다. "정제수, 농축 콩단백, 코코넛 오일, 해바라기씨 오일, 천연 조미료, 감자 단백질, 메틸셀룰로오스, 효모 추출물, 배양 덱스트로스, 변성 식용전분, 콩 레그헤모글로빈, 소금, 분리대두단백, 혼합 토코페롤(비타민 E), 글루콘산아연, 티아민염산염(비타민 B1), 아스코르브산나트륨(비타민 C), 나이아신, 피리독신 염산염(비타민 B6), 리보플라빈(비타민 B2), 비타민 B12." 할머니들이 믿기는커녕 알아보기도 힘든 성분 목록이다.

그렇다고 실험실 고기나 인공육이 반드시 나쁘다는 말은 아니다. 오히려 공장식 가축 사육을 종식할 만한 것은 무엇이 되었든 시도해볼 만하다. 문제는 로버트 오펜하이머Robert Oppenheimer가 인지했듯 실험실 안에서는 좋아 보이는 아이디어가 현실 세계에서 뜻밖의 결과를 낳을 수 있다는 점이다. 기술은 주인에게 개처럼 복종하는 경향이 있다. 지금까지의 행태를 보면 거대 기술 기업이 미래 식량 산업을 장악할 적임자라고 신뢰하기는 힘들다.

단순히 채소를 더 많이 먹는 것보다 실험실에서 근육조직을 배양하는 것이 더 좋은 생각으로 보일 수 있다는 사실만 보아도 인간이 마주한 딜레마의 본질이 잘 드러난다. 수백 년 동안 우리는 기술과 함께 진화했고 그 과정에서 스스로 호모사피엔스라 일컫는 인류가 되었다. 기술이 없었다면 인류는 존재하지도 생존하지도 못했을 테지만 지금 인간과 기술의 공진화는 갑자기 멈추어선 상태다. 어떻게 먹을 것인가라는 문제를 해결하느라 골몰한 나머지 어떻게 살 것인가라는 더 중요한 문제를 복잡하게 만들고 말았다. 이 난관을 해결하기 위해서라면 기술은 더 이상 제한 요인이 될 수 없다. 세계를 어떻게 먹여 살릴지, 냉난방은 어떻게 하고 질병은 어떻게 치료할지 우리는 이미 알고 있다. 부족한 것은 아이디어를 효과적으로 실행에 옮기는 능력, 서로 협력하고 공유하며 실패에서 배우는 능력이다. 우리가 가장 시급하게 투자하고 창안해야 할 분야는 기술이 아니라 '인간'이다.

좋은 삶

> 제대로 먹지 못하면 사람은 제대로 생각할 수도, 제대로 사랑할 수도, 제대로 잘 수도 없다.
>
> —버지니아 울프[21]

기술이 결코 인간 대신 답할 수 없는 질문은 '무엇이 좋은 삶을 만드는가'다. 우리가 하는 모든 선택과 행동이 사실상 이 질문에 답하는 것이기 때문에 모든 일의 중심에 이 질문이 있다.[22] 언제, 어떻게 먹고 마시고 일하고 생각하며, 걷고 말하고 휴대전화를 확인할지 결정하는 것 모두 무엇이 좋은지에 대한 의식적·무의식적 사고를 바탕으로 한다. 잠이 들었을 때에도 뇌는 낮 동안 해결하지 못한 문제에 골몰한다. 좋은 삶을 향한 탐구는 누구도 결코 피할 수 없다.

배가 고프거나 목이 마를 때, 춥거나 아프거나 위험에 처했을 때 좋은 삶은 생존과 직결된다. 음식과 물, 온기와 약, 안식처는 역사를 지나온 인류 대다수에게 그러했듯 지극히 귀중하고 '좋은 것'이다. 그러고 보면 편안한 생활을 영위하는 현대인의 삶이 이례적이라 할 수 있다. 우리에게 죽음은 전쟁이나 폭력, 기아나 전염병보다 소위 '풍요병'(암, 심장 질환, 당뇨병 또는 치매) 때문인 경우가 더 많다. 죽을 수밖에 없는 인간의 운명에 함께 맞서 싸우면서 기술은 인간을 죽음에서 멀리 떨어뜨려 놓았고, 결국 죽음이라는 문제는 금기가 되었다.

생존이 보장되면 어떻게 사느냐라는 문제가 더욱더 추상

적이고 복잡해진다. 우리는 여전히 생존 문제에 간접적으로나마 관심을 기울이지만("시리얼이 다 떨어졌나?") 선택을 내릴 때에는 행복 같은 막연한 목적을 추구한다. 행복은 누리기는커녕 선뜻 정의내리기도 힘들며 누구나 바라지만 아무나 얻을 수 없기에 결국 애태우는 대상이다. 컴퓨터와 식기세척기, 전자레인지에 둘러싸인 채 따뜻해진 집을 어슬렁거리면서 AI 스피커를 향해 즐겨 듣는 음악을 틀어달라고 소리쳐 명령하는 일상에서라면 분명 **행복할 것이라고** 암묵적으로 추측하기 쉽지만 무수한 이유로(업무 스트레스, 돈 걱정, 또는 집 안 곳곳에 스며든 외로움 때문에) 우리는 행복과 정반대의 기분을 느끼기도 한다.

리처드 레이어드Richard Layard가《행복의 함정》에서 언급했듯 기쁨과 부유함은 정비례 관계가 아니다. 기본적인 생계에 필요한 일정 수준의 안락함에 이르면 더 부유해져도 더 행복해지지 않는다. 실제로 레이어드가 발견했듯 2005년까지 50년 동안 영국과 미국, 일본의 평균 소득은 두 배가 되었지만 행복 수준은 더 높아지지 않았다.[23] 이 사실에서 알 수 있는바, 운이 좋아서 배 속이 든든하고 아늑한 집에 스마트 기기까지 풍족하게 갖춘 사람도 사랑이나 의미, 성취감, 목적 등 다른 무언가를 손에 넣어야 한다는 강박에 시달린다. 하지만 이런 것들은 열심히 찾을수록 손에 넣기가 더 힘들다. 베이스 점핑base-jumping(건물, 다리 등 높은 곳에서 낙하산을 타고 내려오는 스포츠—옮긴이)이나 게임 콘솔, 십자말풀이, 마약이나 술은 물론이고 음악과 예술, 천문학, 시, 철학 및 종교 모두 그 갈망이 드러난 결과다.

인간은 복잡한 짐승이다. 그렇다면 어떻게 해야 번성할

수 있을까? 이런 질문을 처음으로 던진 사람 중 하나가 소크라테스Socrates다. 매력적이고 재치 넘치면서도 도발적이고 험악하다고 잘 알려진 소크라테스는 아테네 사람들에게 인생의 의미 같은 질문을 끈질기게 던졌고 그들이 건넨 답의 허점을 신나게 꼬집었다. 그가 이 과정을 고집스레 밀고 나간 까닭은 머리 쓰는 법을 익히는 것이 인간이 수행해야 할 최대 과업이라 믿었기 때문이다. 말할 것도 없이 이런 시도는 집권층 사이에서 맥을 추지 못했고, 결국 소크라테스는 "젊은이들을 변질시킨다"라는 이유로 재판에 회부되었다. 유명한 연설에서 그가 자신의 행동을 변호하며 말하기를, 평생에 걸쳐 질문한 결과 "자신이 아무것도 모른다는 사실을 깨달았다"라고 했다. 그럼에도 인간이라면 마땅히 이런 질문을 던져야 하며 "고찰하지 않는 삶은 살 가치가 없다"라고 말했다.[24]

철학에 헌신한 대가로 소크라테스는 목숨을 잃었지만 그의 사상은 끊어내기 힘들다는 사실이 입증되었다. 선good의 의미를 향한 소크라테스의 집요한 탐구가 충직한 제자인 플라톤Platon의 《대화편》에 길이 남겨지면서 아테네 전역으로 퍼졌다. 세계 최초의 민주주의국가인 아테네야말로 이런 질문을 던지기에 이상적인 환경이었다. 이 현실 속 도시를 근간으로 플라톤은 《국가론》에서 이상국가를 그렸고, 그의 제자인 아리스토텔레스Aristoteles는 여기서 영감을 받아 좋은 삶을 이끄는 현실적 지침을 《윤리학》에 담았다.

아리스토텔레스는 플라톤의 의견에 동의하면서 선을 탐구하는 것이 삶의 원칙이라 말했다. "모든 예술과 연구, 마찬가지로 모든 행동과 희구의 목표는 선이다. 따라서 선은 세상 만물의 목표점이라고 마땅히 정의내려졌다."[25] 그렇다면 인간에게 궁극적인 선은 무엇인가? 당연히 인간의 가장 위대한 능력인 이성을 완벽하게 하는 것이 아니겠는가? 인간은 오직 이성을 통해서만 고결하게(따라서 행복하게) 살 수 있으며 삶이 불가피하게 파놓은 여러 함정을 이성의 도움으로 헤쳐나갈 수 있다고 아리스토텔레스는 말했다. 그러려면 만물의 균형을 찾는 것이 중요한데, 먼저 자신 안에서 균형을 찾는 것이 좋다고 했다. 가령 선천적으로 성급한 사람은 인내심을 키우고 소심한 사람은 용기를 키우는 식으로 말이다. 이런 노력을 통해 영혼을 완성하고 덕을 쌓으면서 오디세우스가 스킬라의 기괴한 바위산과 카르브디스의 소용돌이 사이를 항해하며 나아갔듯 삶의 길을 닦아나가는 것이다.[26] 인간을 배, 삶을 바다라 한다면 선은 길잡이이고 이성은 방향키다.

어떤 그리스 철학자도 좋은 삶을 사는 것이 쉽다고 말하지 않았다. 오히려 엄청난 용기와 노력이 필요하다는 것이 자명한 사실이다. 행복을 뜻하는 그리스어 에우다이모니아eudaimonia는 번영flourshing으로 번역되며 소극적이지 않고 적극적인 상태를 의미한다. 아리스토텔레스에게 에우다이모니아는 중요한 개념이었다. 인간이 '정치적 동물'이라 혼자서는 번성할 수 없기 때문에 행복하려면 서로서로 필요하다고 여긴 까닭이다. 무엇이든 자기 자신에게 좋은 것은 사회 전체에도 좋아야 했다. 무엇이 좋은지와 관련해 의견이 엇갈릴 수 있지만 그럼에도 공통 기반을 찾기 위해 노력해야 하며, 이것이 바로 정치의 궁극 목표라고 아리스토텔레스는 말했다.

소크라테스의 운명이 말해주듯 모든 아테네인이 이런 의견을 쉬이 받아들인 것은 아니다. 고결한 삶이 고대 아테네에서는 힘겨웠다면 현대 런던에서 시도해보자. 후기 산업사회에서 진정으로 좋은 삶을 누리기는 사실상 불가능하다. 존재하는 것만으로도 우리는 무수한 사회적·정치적·경제적 시스템에 가담해 다른 무엇보다 내일이 없는 것처럼 노동자를 탄압하고 동물을 학대하며 바다를 오염시키고 생태계를 파괴하고 온실가스를 배출한다. 차를 운전하고 휴일에 비행기를 타고 스테이크를 먹고 스마트폰을 쓴다면 하늘에게 빌어야 할 것이다. 현대사회에서 인간이 행하는 거의 모든 행동은 막연하게나마 부정적인 영향을 미친다. 인생의 다양한 딜레마에 관여하는 것만으로도 막대한 지식과 노력이 필요한데, 무수한 사람과 생명체, 구조와 조직 등 존재하는지조차 인식하지 못한 대상에 우리의 행동이 어떤 영향을 미치는지 헤아려야 하기 때문이다. 말할 필요도 없이 이렇게 세심하게 헤아릴 줄 아는 사람은 드물다.

소크라테스의 조언 중에 현대 생활에 도움이 될 만한 것은 무엇이 있을까? 첫 번째로 꼽을 수 있는 조언은 "역설을 사랑하라"일 것이다. 붙잡기 힘든 목표를 평생 좇는 것 자체가 결국 상당한 역설이다. 소크라테스는 인간이 처한 상황을 받아들이는 것이 좋은 삶의 기본이라 보았고 그와 가까운 시대를 산 인도의 고타마 붓다Gautama Buddha도 의견이 같았다. 소크라테스와 붓다 모두 인문주의 사상의 창시자로서, 자신이 처한 상황을 받아들이는 것이 행복의 핵심이라고 말했다. 사뭇 진지하게 들리는 이런 개념과 필연적으로 대응 관계에 있는 것이 인문주의의 또 다른 큰 줄기인(그러면서 인생의 우여곡절에 맞서는 최선의 방어책으로 남아 있는) 유머다. 일례로 더글러스 애덤스 Douglas Adams의 1970년대 라디오 드라마 〈은하수를 여행하는 히치하이커를 위한 안내서〉에서 '깊은 생각Deep Thought'이라 불리는 컴퓨터는 '삶과 우주, 만물의 의미는 무엇인가?'라는 질문에 답하기 위해 만들어졌다. 깊은 생각이 750만 년 뒤에야 내놓은 답은 "42"였다. 무의미한 답을 제시했다며 추궁을 받자 컴퓨터는 그 사실을 시인하면서 자신을 만든 사람들 역시 이 질문을 이해하지 못한 것은 마찬가지라고 변호했다.[27]

이스터섬 이후

현대사회에서 인간의 삶은 역설에 시달린다. 기술적 역량은 압도적이지만 양의 유전자를 조작하고 무인 우주탐사선을 혜성에 착륙시키고 로봇이 스시를 서빙하게 하는 등의 기술로 이를테면 공정한 사회를 만들거나 신의 존재에 대한 의견 차이를 인정하거나 어류와 공존하는 등의 비기술적 난제를 해결하지는 못할 것 같다. 심리학 용어로 말하자면 인간은 '하드' 기술을 개발하면서 '소프트' 기술을 희생시켰고, 은유적 표현을 빌리자면 기술이라는 꼬리가 철학이라는 개를 뒤흔들도록 용납했다.

삶이 기술에 지나치게 지배당한다는 사실 때문에 인간이 마주한 딜레마는 더욱 악화한다. 스마트폰 소유자가 세계 인구의 3분의 2에 달한다는 사실만 보아도 디지털 혁명이 전 세계에 영향을 미치고 있음을 분명히 알 수 있다. 인터넷은(미디어 선지자인 마셜 매클루언Marshall McLuhan을 제외하고는) 어느 누가 예견한 것보다 우리의 삶을 더욱 깊고 빠르게 변모시켰다. 현재 우리는 구글이 장터이고 아마존이 잡화점이며, 페이스북이 정원 울타리, 트위터가 동네 소문인 지구촌에 살고 있다. 눈 깜빡할 사이에 닥친 이 시대에는 한때 마을이나 도시에서만 벌어지던 일이 엄지손가락만 몇 번 까딱하면 사막이나 바다, 비행기에서도 일어날 수 있게 되었다.

이런 디지털 삶이 어디로 향할지는 아무도 모른다. 우리가 화면에 강박적으로 집착한 결과 사회적 행동과 생각하는 방식까지 이미 바뀌었다. 디지털 삶이 선사하던 아찔한 스릴이 차츰 가라앉기 시작하자 사이버 범죄나 자해 조장 사이트, 악플, 정치 선전, 사생활 감시, 데이터 마이닝data mining(대용량 데이터에서 유용한 정보를 찾아내는 것—옮긴이) 등 어두운 측면이 사방에서 뚜렷이 드러나고 있다. 소통의 지평선을 넓히자 자유가 일부 침해되었다. 새롭고 무해한 공공 영역으로 등장한 것의 실체가 예상과 전혀 달랐다. 자료의 바닷속에서 허우적대고 고양이가 쓰레기통 뚜껑으로 야단스레 노는 영상에 빠져 지내면서 우리는 고도로 조작되고 상품화된 지뢰밭에 거주하게 되었고, 그 안에서 하는 모든 행동이 감시당하고 저장되며 이익을 위해 팔아 넘겨졌다.[28] 그렇게 개인 맞춤형 디지털 세상에 고립되어 알고리즘이 자신의 머릿속을 헤집어놓는다는 사실을 인지하지 못한 채 아리스토텔레스가 인간의 고유한 기능이라 일컬은 '생각하는 능력'을 잃어가고 있다.

인간은 무한히 창의적이고 적응력이 높지만 재러드 다이아몬드Jared Diamond가 《문명의 붕괴》에서 언급했듯 자신이 언제 위기에 처했는지 알아차리는 데에는 서툴기 그지없다. 이 책에 소개된 운이 다한 문명 중 단연 잊히지 않는 곳은 이스터섬이었다. 7세기부터 12세기 사이 폴리네시아인 라파누이족Rapa Nui이 처음으로 개척한 이스터섬은 점점 번성하면서 17세기 무렵이 되자 주민이 약 1만 5,000명에 이르렀고 초목이 무성해서 세계 최대의 야자나무가 자라기도 했다. 가장 근접한 인간 거주지가 약 1,900킬로미터 떨어져 있을 정도로 지극히 동떨어진 곳이었기에 교역할 만한 다른 사회가 없었다. 농지를 만들고 건축자재를 동원하기 위해, 그리고 이스터섬에서 잘 알려진 거대 석상(모아이)을 세우기 위해 섬 주민들이 나무를 계속 배어내자 토양침식이 심각해지더니 결국 식량 재배 능력이 현저히 감소하기에 이르렀다. 더 불길하게도 나무가 부족하다는 것은 곧 낚시하러 갈 배를 더 이상 만들 수 없다는 뜻이었다. 1722년에 유럽인들이 마침내 이곳에 발을 들였을 때 눈앞에는 영양실조에 걸린 사람들 약 3,000명과 곳곳에 남은 교전의 흔적, 3미터가 채 안 되는 나무들이 듬성듬성 서 있는 황량한 풍경이 펼쳐졌다.

이스터섬이 지구와 닮아 있다고 다이아몬드는 주장한다. 외래 선박에 실려온 쥐와 질병이 붕괴의 치명타로 작용하기는 했지만 섬 주민의 운명을 결정적으로 막아선 것은 그들의 고립이었다. 그렇다고 인류가 이스터섬 주민의 뒤를 이어 망각 속으로 사라질 것이라는 이야기는 아니다. 다이아몬드가 주목한 점은 사회가 붕괴하는 여러 원인(환경 훼손, 기후변화, 적대적인 주변국 혹은 교역국) 중 "다섯 번째 요인, 즉 환경문제에 대한 사회의 대응이 언제나 중요하게 작용했다"라는 사실이다.[29]

현대인이 맞닥뜨린 곤경에 대해 라파누이족은 무엇이라고 말할까? 그들처럼 우리 역시 분수에 넘치는 생활을 하고 있고, 그들이 그랬듯 우리도 문제에 신속히 대응하지 않고 있다. 생활 방식을 바꾸어야 한다는 사실은 알지만 눈앞의 복합적인 위협이 워낙 압도적으로 비추어지다 보니 결국 그저 평소와 다르지 않게 살아가고 있다. 이제는 새로운 사고방식을 다급히 찾아서 뇌를 교착상태에 빠뜨리는 일 없이 새로운 전망을 내놓아 미래 삶의 방식을 새롭게 그려야 한다. 그렇다면 모든 논의는 다시 음식으로 돌아간다.

시토피아

> 인간과 만물을 연구하는 것이 미식학이다.
>
> —장 앙텔름 브리야사바랭[30]

음식은 인간의 삶을 이루고, 따라서 인간이 생각하게 한다. 의식하지 못할 수도 있지만 음식은 어디에나 있다. 삶의 의미를 쉼 없이 질문하는 뇌에도 음식이 있다. 음식의 영향은 어디에나 퍼져 있어서 눈에 잘 띄지 않는다. 음식이라는 렌즈로 바라보면 새로운 사실을 알 수 있는 것도 그 때문이다. 그러면 놀라운 연결성을, 즉 우리의 몸과 세계를 통해 흐르면서 만물을 연결하고 그들에 생기를 불어 넣는 에너지를 감지할 수 있다. 앞서 언급했듯 음식이 빚어낸 이 세상을 나는 '시토피아'라고 부른다.[31] 이상적이지만 그래서 실재할 수 없는 유토피아와 달리 시토피아는 다분히 현실적이다. 사실상 우리는 이미 시토피아에 살고 있다. 다만 바탕이 되는 원료를 귀중히 여기지 않는 탓에 그리 좋지 못한 시토피아에 살고 있을 뿐이다.

시토피아는 근본적으로 세계를 바라보는 한 가지 방식이다. 음식이 삶의 복잡함을 이해하는 데 도움이 되는 이유도 손에 쥘 수 있는 물리적인 것이면서 그와 동시에 삶을 드러내기 때문이다. 음식에 대해 생각을 하든 안 하든 인간은 모두 직감적으로 음식을 인식한다. 데카르트가 이렇게 말해도 괜찮지 않았을까. "나는 먹는다, 고로 나는 존재한다." 먹고자 하는 본능은 상당히 강력해서 과거와 현재를 바로 연결한다. 선조들의 삶은 우리와 아주 달랐지만 그들 역시 무언가를 먹어야 했다. 스스로 먹여 살리려는 노력이 모든 인간 사회를 형성했고 그렇게 다양한 발상과 사상과 관습이 탄생해 지금까지 이어졌다. 음식이라는 렌즈를 일종의 타임머신으로 활용하면 과거를 뒤돌아보고 현재를 바로 보며 음식이 여전히 중심축이 될 미래를 내다볼 수 있다.

음식을 렌즈로 활용하기 전에 음식 자체를 바라보는 법

을 익힐 필요가 있다. 이것이 그리 쉬운 일은 아닐 것이다. 먹는 행위가 일반적이기는 하지만 다분히 개인적이기도 하기 때문이다. 우리는 아주 어렸을 때부터 음식 문화를 익힌 터라 그것을 배웠는지조차 인식하지 못한다. 잡식동물이라서 적응하면 거의 모든 것을 먹을 수 있지만 무엇을 먹어야 할지 태어날 때부터 본능적으로 아는 것은 아니다. 모두 생애 첫 식사 때부터 익히기 시작한 것이다. 갓난아기 때에는 생각하기 전에 먹었다. 그렇게 먹는 것이 의식보다 먼저 시작되었다. 모유를 처음 삼킬 때부터 생애 마지막 만찬에 이르기까지 식사는 우리의 몸과 취향, 사회 유대와 정체성을 구축하며 삶의 형태와 리듬을 결정짓는다. 어렸을 때 가족이나 친구 들과 함께 먹는 법을 배우고 3~4세쯤 되면 식습관이 이미 몸에 배기 시작한다. 그때부터 낯선 음식을 마주하면 더욱 조심스러워지고, 더 나이가 들면 다른 사람의 식습관에 입맛이 떨어지거나 당혹스러워지거나 심지어 불쾌해지기도 한다.

몇 년 전 태국으로 떠난 여행에서 음식에 대한 나 자신의 편견을 맞닥뜨려야 했다. 곤충을 주로 파는 밀림 시장을 찾아갔을 때였다. 웬만한 태국인은 영국인이 초콜릿을 탐하듯 곤충을 탐한다지만 점심 식사 자리에서 수북이 쌓인 생물들의 반짝이는 형체를 보고 있자니 위가 쪼그라드는 것 같았다. 마침내 용기를 있는 대로 그러모아 귀뚜라미 한 마리를 먹어보겠다고 애쓰며 이것이 그저 날개 달린 새우나 다름없다고 되뇌었다. 입속에 집어넣자 바삭하고 짭조름하고 비릿하며 속이 꽉 들어찬 것이, 더할 나위 없이 맛있었다. 하지만 40년 동안 길들인 입맛이 하루의 일탈에 무너질 리가 없었다. 곤충을 간신히 삼키기는 했지만 이후 며칠 동안 그 맛이 자꾸 떠올라 내내 메스꺼웠다.

낯선 음식을 마주했을 때 종종 느끼는 거북함은 친숙한 음식, 특히 어릴 때부터 먹던 음식을 먹을 때의 편안함과 극명히 대조된다. 친숙한 음식은 향수라는 강력한 감각을 일깨운다. 영국의 요리사이자 음식 전문 작가 나이젤 슬레이터Nigel Slater가 자서전《토스트》에서 말했듯 그 음식 자체가 그리 맛있지 않아도 마찬가지다. 무엇보다 중요한 것은 음식에 사랑이 담겼다는 사실이다. 슬레이터는 어머니가 만들어준 크리스마스 케이크의 아이싱이 너무 딱딱해서 강아지조차 깨물어 먹지 못할 정도였지만 "그 케이크가 우리 가족을 하나로 묶어준다고 믿었다. 어머니가 식탁 위에 케이크를 올려두는 모습을 보고 있으면 어쩐지 다 괜찮다는 기분이 들었다. 모든 것이 안전하고 무사하고 굳건했다"라고 회상한다.[32]

음식은 자아의식과 밀접하게 이어져 있어서 사실상 서로 분간하기 힘들다. 누구나 음식과 관련해 자기만의 이야기와 추억이 있고 습관이나 취향이 있으며, 좋아하거나 싫어하는 식사가 있지만 (어떤 트라우마나 질병에 시달리지 않는 한) 대부분 공통적으로 품고 있는 한 가지는 먹는 자체에서 느끼는 기쁨이다. 프랑스의 미식 철학자 장 앙텔름 브리야사바랭Jean Anthelme Brillat-Savarin이 1925년에《브리야사바랭의 미식 예찬》에서 언급했다시피 먹는 것은 가장 믿을 수 있고 오래 지속되는 기쁨이다. "식탁에서 얻는 즐거움은 모든 시간과 모든 시대, 모든 국가에 걸쳐 매일 이어진다. 인간의 다른 즐거움과 결부되고 그보다 더 오래 지속되며, 다른 즐거움을 상실했을 때에도 곁에 남아 우리를 위로한다."[33]

음식 문화는 삶의 핵심에 자리한다. 우리가 어떻게 음식을 생산하고 거래하며 요리하고 먹고 낭비하는지, 음식에 어떤 가치를 매기는지는 생각보다 우리 자신에 대해 많은 것을 말해준다. 이런 관습에서 구조가 형성되고 삶이 구축된다. 음식은 삶의 본질이자 삶의 깊은 은유다.

끝나지 않는 식사

현대사회에서 음식에 대해 곰곰이 생각해볼 일은 좀처럼 없다. 산업화는 우리가 먹는 음식의 근원을 모호하게 만드는 데 전력을 다했다. 음식이 진정 무엇인지 생각해보는 것 자체가 불안하게 느껴지기도 한다. 자신의 본성에 불편할 정도로 가까이 다가가 심문하는 것 같기 때문이다. 하지만 이런 정확한 인식이 있었기에 찰스 다윈Charles Darwin이 위대한 발견으로 나아갈 수 있었다. 지구에 존재하는 종의 다양성을 설명하고자 분투하던 다윈은 한정된 자원을 차지하기 위한 경쟁이란 곧 특정 환경에 가장 잘 적응한 생명체만이 살아남아 번식할 수 있다는 뜻임을 깨달았다. '적자생존'이 종의 분화로 이어지고 시간이 흐르면서 진화해 여러 종으로 확대되는 것이다.

다윈의 생각은 불안한 결론에 이르렀다. 식사 예절을 떼어내면 음식을 향한 인간의 욕구도 다른 생물의 욕구와 다를 바 없다는 것이었다. 다윈은 인간을 비롯한 모든 종이 같은 자원을 두고 경쟁한다는 사실을 깨달았다. 따라서 먹고자 하는 욕구 때문에 모든 생명체는 끝없이 이어지는 상호 대학살에 동참한다. 가장 무해해 보이는 봄날의 한때에도 학살은 여지없이 계속된다.

> 우리는 자연을 즐거운 마음으로 밝게 바라보고 넘치도록 풍요로운 음식도 본다. 하지만 주변을 맴돌며 한가로이 지저귀는 새들이 주로 곤충이나 씨앗을 먹고 살아가며, 그렇게 생명을 끊임없이 파괴한다는 사실은 보지 못하거나 잊어버린다. 혹은 이렇게 고운 소리를 내는 새가, 그 알이, 또는 어린 새가 다른 새나 맹수 들에 의해 얼마나 많이 파괴되는지 잊어버린다. 지금은 음식이 넘치도록 풍요로울지 몰라도 해가 바뀔 때마다 사시사철 풍요롭지는 않다는 사실을 우리는 굳이 마음에 두지 않는다.[34]

다윈이 맬서스의 《인구론》을 읽다가 위대한 사실을 깨달았다는 것은 우연이 아니다. 맬서스는 공급 가능한 식량의 양에 따라 인구가 제한된다고 주장했는데, 그 말은 곧 인구는 기하급수적으로 증가하는 반면 식량은 산술급수적으로 증가하기 때문에 결국 인간이 식량 위기에 처할 수밖에 없는 운명이라는 뜻이었다. 사회가 인구 증가 문제에서 '적극적 억제positive check'의 비극(기아나 질병, 전쟁 등)을 피하려면 '도덕적 자제moral restraint', 즉 산아제한 등을 통해 사람 수를 줄여야 할 것이었다. 맬서스의 이론은 발표된 즉시 무수한 논란을 낳았고 지금도 그러고 있지만 다윈이 진화론이라는 퍼즐의 중요한 조각을 맞추는 데 일조했다. 인간과 다른 동물 모두 공통의 조상에서 진화했다는 사상에 더해 다윈은 삶을 위한 투쟁이 사실상 모든 생명체가 참여하는 끝나지 않는 식사라는 개념을 덧붙였다.

1859년에 발표된 《종의 기원》은 자연과학의 심장에 수류탄을 던졌다. 인간이 물리적으로나 유전적으로 다른 생명체와 이어져 있다는 생각은 빅토리아시대 사람들이 도무지 소화하기 힘든 것이었다. 이런 험난한 반응 속에서도 다윈의 이론은 인간과 자연의 관계를 논하는 사상의 축을 돌려놓았고 그 빛나는 통찰이 지금까지도 강력한 영향을 미치고 있다. 지구상의 생명체는 언제나 함께 먹고 더욱이 서로 잡아먹는다. 음식은 우리가 살기 위해 죽인 생명체로 이루어져 있다. 물론 그것들을 잡아먹을 수단과 욕망이 있어야 가능한 이야기다.

인간은 먹기 위해 살생만 하는 것이 아니다. 모든 종을 통틀어 유일하게 인간만이 먹을 것을 키우고 번식시킨다. 이 때문에 스스로 식량을 구하고 먹는 문제가 갑절로 곤란해진다. 사자는 그때 그 새끼 가젤을 잡아먹었어야 했는지 혹은 잡아먹지 말았어야 했는지를 두고 잠을 설치며 고민하지 않는다. 어떻게 먹을 것인지는 사자에게 도덕적 문제가 아니라 현실이다. 그래도 다윈이 언급했듯 사자는 자신의 결정이 시간을 거쳐 자연에 어떤 영향을 미쳤는지 보며 어떻게 먹어야 할지 알게 될 것이다. 가젤을 지나치게 많이 잡아먹으면 식량이 금세

축난다는 사실을 알게 되는 것이다. 포식자와 피식자 사이에 균형을 이루는 문제에서 자연은 여러 방법으로 현재 상태를 유지한다.

반면 인간은 이야기가 다르다. 기근과 팬데믹으로 인구가 자연스레 억제될 것이라 한 맬서스의 예측과 달리 현대 농업과 의학의 발달 덕분에 세계 인구는 전례 없이 폭발했다. 지난 20세기에만 세계 인구는 17억 명에서 60억 명으로 치솟았다. 1909년에 독일의 화학자 프리츠 하버Fritz Haber가 공기 중의 질소를 '조작'해(즉, 질소를 이용해 암모니아를 합성해) 비료로 활용하는 방법을 발견했기 때문에 가능한 일이었다. 인공 질소는 NPK라는 화학비료의 핵심 재료다. 화학비료가 NPK라 이름 붙여진 것은 여기에 질소N는 물론 인P과 칼륨K도 포함되기 때문이다.[35] 오늘날 소위 하버-보슈 공정Harber-Bosch process(칼 보슈Carl Bosch가 하버의 아이디어를 산업화했다)이 세계인의 5분의 2를 먹여 살리는 것으로 알려져 있다.[36]

맬서스를 비판하는 사람들은 이런 기술적 돌파구로 그의 이론이 완전히 파괴되었다고 주장한다. 맬서스가 살아서 현대 농업을 직접 목격했다면 자신의 착오를 깨달았을 것이라면서 그가 인간의 창의력이 언제나 승리한다는 사실을 알지 못하는 인간 혐오자일 뿐이라고 말한다. 이런 주장에 반기를 드는 맬서스주의자는 하버-보슈 공정이 의심할 여지 없이 기발하지만 토양에 화학물질을 퍼붓는 것이 장기적으로는 아무 소용이 없다고 꼬집는다. 결국 이 공정은 인구가 기하급수적으로 증가하는 수단을 제공함으로써 인간이 의존하는 다른 천연자원에 더욱 압박을 가할 뿐이며, 인간은 NPK만으로 살 수 없다고 말한다.

음식과 죽음, 도덕을 한숨에 모두 거론하려는 무모함 때문에 맬서스가 '세계를 먹여 살려라'라는 논쟁에 불가피하게 더욱 불을 붙이는 것인지도 모른다. 맬서스는 인구 문제를 거론하면서 지금까지도 많은 이들이 금기시하는 영역에 발을 들여놓았다. 하지만 어떻게 먹어야 하는지를 논의하면서 인구 문제를 다루지 **않으면** 논의가 한정될 수밖에 없고 최악의 경우 무의미한 논의에 그치고 만다. 그만큼 인구와 음식 문제는 명백히 연관되어 있다. 맬서스가 파멸을 퍼뜨리는 비관주의자일 수도 있지만 그의 이론이 틀렸다고 입증된 적은 아직 없다. 아무리 책임감 있게 농사를 짓고 고기를 낚고 사냥을 하고 수확을 한다 해도 인간의 식욕이 계속해서 지구를 형성할 것이며, 자신은 물론 다른 동료 생명체의 삶에 영향을 미칠 것이다.

아담의 사과

우리는 살기 위해 먹어야 하고, 먹기 위해 다른 생명을 앗아야 한다. 음식이 미리 조리되어 상자에 담겨 나오는 요즘 시대에 이런 순환 논리가 멀게 느껴질 수도 있지만 이 사실이야말로 우리의 존재 자체를 지탱하는 근간이다. 우리는 먹을 때마다 잠재적으로 가치판단을 한다. 인간의 목숨이 가령 파의 목숨보다 가치 있다고 판단하는 것이다. 대부분 이 사실에 동의한다. 결국 엄격한 채식주의자를 포함해 모든 인간이 이런 논리를 바탕으로 생명을 유지하고 있다. 그렇다면 양은 어떤가? 이 지점에서 채식주의자들은 선을 긋지만 그들이 여전히 먹고 있는 달걀과 치즈를 생산할 때에도 동물의 생명을 앗아가는 것은 마찬가지다. 육식하는 사람들은 양고기를 먹지만 그중 양심적인 이들은 동물도 좋은 삶을 살아야 하고 (가능하다면) 무엇보다 좋은 죽음을 맞이해야 한다고 주장한다.

이런 생각이 식욕을 돋우기는 힘들다 보니 아침을 먹을 때마다 윤리적 세계를 구축할 필요가 없다는 사실이 다행스럽게 느껴진다. 불을 어떻게 피우고 토스트는 어떻게 만드는지 매번 궁리할 필요가 없는 것도 마찬가지다. 이 모든 궂은일은 선조들이 도맡아 하면서 동식물 중에 먹을 수 있는 것, 혹은 독이 있는 것은 무엇인지 체득하고(건강과 안전을 장담할 수는 없는 일이다) 틀을 세운 덕분에 우리가 지금도 무사히 먹을 수 있는 것이다. 식사 규율과 습관, 기술, 지식, 해야 할 것과 하지 말아야 할 것 등을 망라한 복잡한 사실이 조상 대대로 내려와 지금까지 전해지면서 음식 문화가 되었다.

음식에 대한 생각이 이런 문화적 틀을 바탕으로 형성되기에 무엇을 먹을 수 있고 먹을 수 없는지를 가르는 기준은 극한의 상황에 처하지 않는 한 (그렇지 않을 때도 있지만) 쉬이 흔들리지 않는다. 가령 식량 지원 분야에서 골치를 썩이는 문제는 참마 같은 특정 음식을 먹는 사람들이 배급 식품으로 받은 밀을 굶어 죽을 지경에 이를 때까지도 먹지 않을 수 있다는 점이다. 그들에게 밀은 그저 음식이 아닌 것이다. 그런가 하면 위기가 엄격한 규범까지 압도하는 경우도 있다. 1845년에 북서 항로를 찾아 떠난 존 프랭클린 경Sir John Franklin의 탐험대가 그런 비극을 맞이했다. 얼음에 갇힌 탐험대원들은 절박한 상황에 이르러 결국 인육까지 먹게 되었다. 그들은 그런 극한의 기후에서도 지극히 잘 지내는 이누이트 원주민들이 근처에 살고 있었는데도 도움을 청하지 못한 듯하다. 이누이트족은 굶주린 선원들이 곤경에서 빠져나가기 위해 비틀거리며 자신들을 지나쳐갔을 뿐, 멈추어서서 도움을 청할 생각은 하지 못한 것 같다고 알렸다.

일반 사회에서도 먹을 수 있고 먹을 수 없는 음식에 대한 신념은 미신에 따라 철저히 굳어진다. 가령 유대-기독교 사회에서는 이런 규율이 《창세기》 첫 장에 펼쳐진다. 신이 같은 피조물에 대한 인간의 지배권을 부여하며 아담에게 말한다. "보라, 이제 내가 온 땅 위에서 씨를 맺는 모든 풀과 씨 있는 모든 과일나무를 너희에게 준다. 이것이 너희의 양식이 될 것이다."[37] 그렇게 아담은 완전한 채식주의자로 창조되고 아담의 안식처인 에덴동산은 아담과 이브가 자유롭게 마음껏 거니는 과일의 낙원이 된다. 여기에 함정이 있다. 신이 경고한다. "너는 동산에 있는 모든 나무에서 열매를 따 먹어도 된다. 하지만 선과 악을 알게 하는 나무에서는 따 먹으면 안 된다. 그 열매를 따 먹는 날, 너는 반드시 죽을 것이다."[38]

결국 이브가 금단의 열매를 거부하지 못한 끝에 타락에 이르게 되면서 인간의 이야기가 시작된다. 에덴동산에서 쫓겨난 아담과 이브는 농사를 짓는 운명에 처한다. 고대 세계에서 농사는 사냥이나 채집보다 훨씬 더 힘겨운 생활 방식으로 여겨졌다. 그 결과 인간은 잡식동물이 되고, 이 변화로 말미암아 인간의 아들들이 고난의 짐을 짊어지는 사건이 발생한다. 카인이 제물로 바친 곡물보다 아벨이 바친 어린 양을 신이 더욱 기껍게 여기자 질투심에 불탄 카인이 동생 아벨을 살해하고 만다.

《창세기》에서 음식이 많은 비중을 차지하는 데에는 그럴 만한 이유가 있다. 인간이 수렵 채집인에서 농부로, 또 도시인으로 옮겨가는 여정을 비추면서 그 과정에 필히 겪게 되는 투쟁과 희생을 담고 있기 때문이다. 삶이 갈수록 더 복잡해지자 인간은 잇따라 마주하는 아리스토텔레스의 딜레마, 즉 무지와 지식, 자유와 복종, 권력과 책임 사이에서 고뇌한다. 삶이 부과하는 일련의 시험에서 보통은 실패하고 말지만 이런 실패를 겪으며 더욱 인간적인 인간이 된다. 결정적으로 모든 여정은 인간이 선과 악을 인식하게 된 순간부터 시작한다. 선과 악을 인지하며 사는 것이 인간만이 짊어진 짐이라고 《성경》은 말한다.

몇 가지 사소한 식이 문제를 제외하면 《구약성경》에서는 인간이 마땅히 잡식동물이 될 권리가 있음을 확인한다. 이 가정은 서양에서 여전히 널리 받아들여진다. 하지만 다른 전통에서는 지극히 다른 관점을 고수한다. 예를 들어 인도에서는 오래전부터 채식이 관례로 이어졌다. 불교와 자이나교, 브라만교는 모든 동물 학살을 일절 거부하는 반면 힌두교는 소고기와 돼지고기를 금기시했고 이슬람교는 돼지고기를 삼갔다.

인도에서 신성시되는 소는 이런 다른 믿음 체계를 드러내는 상징이다. 소는 생명수와 같은 우유를 제공하는 존재로 숭배되어 어디든 자유로이 돌아다니며 지나가는 사람들에게 먹이를 받아먹는다. 레이 태너힐Reay Tannahill이 《역사 속 음식Food in History》에서 설명했듯 이런 음식 문화는 현실과 관련이 있다(인도 아대륙에는 소가 드물었기에 훨씬 많은 사람을 먹여 살리려면 소를 살려두는 편이 더 유리했다). 반면 음식이 상당히 다른 관점을 반영하기도 한다. 일례로 힌두교의 성전 《베다》에서는 모든 생명체에 영혼이 있으며 모두 자신의 카르마에 따라 무한히 환생한다고 전해진다. 카르마는 지상에서 벌인 행위, 특히 폭력 행위에 영향을 받는 영적 힘이다.[39]

이런 세계관 때문에 식습관은 자연스럽게 더욱 까다로워졌다. 가령 자이나교에서는 불살생ahimsa, 즉 비폭력을 실천하면서 육류와 어류, 달걀과 유제품까지 금한다. 꿀 역시 벌에게 해롭다고 여겨지므로 취식을 금지하고 덩이줄기 식품 또한 캐내는 과정에서 미생물에 해가 될 수 있으므로 금지하는데 다만 감자와 양파, 마늘은 예외로 인정한다. 금욕을 철저히 지키는 시기에 자이나교도의 식단은 일부 생명을 앗아가지 않고서는 인간이 존재할 수 없다는 전제하에 과일과 채소, 견과류와 콩류, 곡류만 엄격히 허락한다.

동양과 서양의 이처럼 대조적인 세계관은 죽음을 바라보는 관점에서도 유사하게 나뉘리라 예상할 수 있다. 서양에서는 무슨 일이 있어도 생명을 연장하려 애쓰는 반면 자이나교 신도들은 이번 생에서 자신이 할 수 있는 일을 모두 이루었다고 생각하면 종교에서 널리 존경받는 **산타라**santhara, 즉 의도적인 단식을 이행해 죽음에 이르기도 한다. 서양인의 눈에 이런 행위는 영문을 알 수 없거나 비극적으로 비추어질지 모르지만 자이나교도에게는 삶에 대한 맹목적 집착이 오히려 기이해 보일 것이다. 세계관은 그 사람이 태어난 문화에 따라 다르게 형성되지만 삶을 어떻게 바라보든 먹는 것에 대한 인간의 공통된 욕구는 문화를 초월한다.

현대의 미식가

> 충분한데도 턱없이 부족하다고 생각하는 사람에게는 무엇도 충분하지 않다.
>
> —에피쿠로스40

그리스 철학자 에피쿠로스Epicurus에게는 식욕을 채우는 것이 잘 사는 것의 핵심이었다. 아테네가 내려다보이는 정원에서 그는 노예를 포함한 사회 각계각층의 사람들을 맞이해 집에서 키운 채소와 빵, 물을 대접하고 치즈와 와인을 곁들이며 삶과 우주, 만물에 대해 논의했다. 이런 간소한 즐거움을 만끽하는 것이 행복의 열쇠라고 믿었다. 삶의 방식이 이렇게 와전되면서 널리 퍼진 경우도 드물다. 오늘날 에피쿠로스에서 비롯된 미식가epicure라는 말은 식도락가와 동의어처럼 사용되면서 고상한 취향과 지식, 두둑한 지갑 덕분에 최고급 요리를 음미하는 이들을 가리키게 되었다. 하지만 에피쿠로스에게 이런 세련됨은 파멸에 이르는 길이었다.

> 즐거움이 삶의 목적이라고 말할 때 나는 난봉꾼의 즐거움이나 낙천적 흥밋거리에서 느껴지는 기쁨을 말하는 것이 아니다. (…) 그보다는 고통과 정신적 불안에서 벗어난 즐거움을 의미한다. 즐거운 삶은 연달아 이어지는 술자리나 여성 및 소년과의 난잡한 성교 혹은 해산물 등 산해진미가 펼쳐진 호화로운 식사에서 비롯되는 것이 아니다.[41]

이 글을 읽으면서 나처럼 실망감이 찌릿하고 밀려왔다면 여러분도 쾌락주의의 엄격한 원칙에 따라 살기 위해 꽤 발버둥 쳤을 것이다. 하지만 에피쿠로스의 절제하는 삶에는 눈에 보이는 것보다 더 많은 삶의 방식과 기쁨이 있다. 동물과 마찬가지로 인간은 허기와 갈증을 달래는 등의 간단한 행동으로 즐거움을 찾을 수 있다고 에피쿠로스는 말한다. 무더운 날 오랜 산책 뒤에 시원한 물을 한 잔 마시면 갈증이 가시면서 즐거움이 밀려온다. 이런 즐거움을 우리는 당연히 좋은 것으로 경험한다. 인간이 다른 동물과 마찬가지로 타고난 쾌락주의자인 것도 이 때문이다. 우리는 이와 같은 즐거움은 좋은 것이고 허기나 갈증에서 비롯된 고통은 나쁜 것이라고 본능적으로 인식하면서 감각에 고유한 가치를 부여한다.

여기까지는 웬만하면 에피쿠로스의 주장에 동조할 수 있을 것이다. 결국 즐거움을 추구하는 문제에서 그리 많은 설득이 필요한 사람은 드물 테니 말이다. 그런데 문제가 하나 있다. 에피쿠로스에게 빵과 물을 먹는 간소한 식사로 얻는 즐거움은 이보다 더 좋을 수 없는 것이었다. 행복 지수를 높이려고 톡 쏘는 염소젖 치즈나 향긋한 와인을 곁들인다 해도 먹는 즐거움이 더 커지지는 않으며 단지 즐거움의 본질만 바뀔 뿐이라고 에피쿠로스는 말했다. 더욱이 이런 탐닉이 담즙병이나 격렬한 숙취 같은 훗날의 고통을 불러오면서 전반적 이득이 경감될 수 있다. 더욱 우려스러운 것은 주기적인 식도락으로 인해 끊임없이 진미를 탐하게 되고 더 소박한 식사를 즐기지 못하는 위험이 닥친다는 것이다. 에피쿠로스는 드물게 얻을 수 있는 특별한 기쁨을 탐하기보다 매일 마주하는 즐거움을 만끽하는 것이 훨씬 낫다고 이야기했다.

에피쿠로스 철학에서 동양의 정취가 느껴진다면 그 생각이 맞다. 초기에 에피쿠로스에게 영향을 미친 학자는 데모크리토스Democritus와 피론Pyrrho으로, 두 사람 모두 브라만교가 이미 융성하던 인도를 여행한 바 있었다. 정신적 고통에서 자유롭다는 뜻의 그리스어 아타락시아ataraxia가 고통에서 해방된다는 의미로 불교에서 통용되는 열반nirvana이라는 개념을 강하게 연상시키는 것도 우연이 아니다. 에피쿠로스에게 아타락시아는 죽음이나 신에 대한 공포 같은 비합리적 공포를 떨쳐내야만 달성할 수 있는 최상의 선을 의미했다. 에피쿠로스는 죽음이 실재하지 않는 것이라 경험조차 할 수 없으니 두려워할 이유가 없으며, 신은 자신의 일을 처리하느라 바빠서 인간사에 신경을 쓸 겨를이 없다고 주장했다. 이런 근거 없는 두려움을 떨쳐낸다면 벗들과 함께 생의 의미를 헤아리면서 행복한 삶을 누릴 수 있다.

빵과 물만으로 살아가기는커녕 두려움 없이 살아갈 힘이 있는 사람은 극히 드물다. 하지만 단순함에서, 즉 일상 속에서 기쁨을 발견하며 얻는 즐거움을 알아본다는 점에서 에피쿠로스의 통찰력은 현대 심리학과 놀랍도록 조화를 이룬다. 그가 찾은 쾌락 원칙은 점차 개인적 동기 부여의 열쇠로 인식되고 있다. 마찬가지로 물질주의 너머에서 행복을 찾아야 한다는 에피쿠로스의 인식은 현대의 마음 챙김 설명서와 결을 같이한다. 그는 이렇게 선언했다. "충분한데도 턱없이 부족하다고 생각하는 사람에게는 무엇도 충분하지 않다." 그렇기는 하지만 에피쿠로스 시대에는 아이패드가 없지 않았는가.

생각할 거리

에피쿠로스가 시간을 넘나들어 지금 우리 세계를 본다면 무엇이라고 할까? 패스트푸드를 게걸스레 먹어 치우는 모습을 볼 때도 그렇겠지만 현대의 소비 지상주의 앞에서 역시 몸서리칠 것이 분명하다. 하지만 에피쿠로스가 가장 우려하게 될 점은 우리가 생각하는 데 시간을 통 들이지 않는다는 사실일 것이다. 현대의 에피쿠로스라면 의심할 것 없이 블로그 세상에서 자신의 거처를 찾았을 테지만 그 역시 복잡다단한 현대사회에서 꽤 고군분투했을 것이다. 살아생전에도 에피쿠로스는 정치와 담을 쌓고 살았다. 광장의 부산함을 사랑했고 아테네의 법에 따라 살고 또 죽은 소크라테스와 달리 에피쿠로스는 자신의 정원을 안식처 삼아 그 안에 틀어박혀 지냈다. 일각에서는 이런 에피쿠로스의 물러남을 두고 순진하다거나 이기적이라는 꼬리표를 붙였지만, 개인의 덕에 초점을 맞춘 그의 사상은 개인적 성취가 무엇보다 중요하고 정체성의 정치가 장악하는 지금 이 시대에 직접적인 울림을 준다. 그래도 아리스토텔레스가 주목했듯 개인의 번영과 공공의 번영을 구분하는 것은 궁극적으로 잘못되었다. 사회적 또는 개인적 차원에서 일생일대의 딜레마에 빠졌든 아니든, 단 하나의 진정한 답은 개인과 사회의 균형이어야 한다.

그리스의 덕이라는 개념을 가장 현대에 맞게 재구성한 사상가는 미국의 심리학자 에이브러햄 매슬로Abraham Maslow가 아닐까. 1962년에 자신의 책 《존재의 심리학》에서 매슬로는 모든 인간의 욕구에 위계가 있다고 보았다. 생리적 욕구(음식과 물, 수면 등)부터 안전의 욕구(주거지 및 평온), 애정의 욕구(가족 및 관계), 존경의 욕구(지위 및 인정), 마지막으로 자아실현의 욕구(개인의 타고난 본성 표현)에 이르는 것이다. 매슬로의 욕구 단계에서는 우선순위가 뚜렷하다. 배가 고픈 사람은 음식을 찾으려 하지 시를 쓰려 하지 않는다. 그렇다고 '더 높은' 욕구가 기본 욕구보다 중요하지 않다는 뜻은 아니다. 매슬로는 욕구의 차이를 명백히 밝혔다. "요오드나 비타민 C가 '필요하다'는 말에는 누구도 의문을 제기하지 않을 것이다. 우리에게 사랑이 '필요하다'는 증언 역시 이와 정확히 같은 유형이라는 사실을 여기서 일깨우고자 한다."[42]

매슬로에게 자아실현은 좋은 삶의 목표로, 아리스토텔레스가 추구한 완전한 인간이라는 개념을 반영한다. 하지만 이를 실천하기 전에 기본욕구부터 충족시켜야 한다. 기본욕구란 그가 '결핍 욕구'라 부른 것으로, 자아실현을 통한 '성장 욕구'와 반대된다. 역시 아리스토텔레스의 사상을 이어받은 매슬로는 이런 욕구를 충족하는 데 사회의 역할이 중요하다고 인식했다. "안정과 소속, 애정 관계 및 존중의 욕구는 오직 타인에 의해, 즉 개인 밖의 존재에 의해 충족될 수 있다. 이는 개인이 환경에 상당히 의존한다는 뜻이다."[43]

따라서 유아기에 타인에게 의존하는 것은 자연스러운 현상이다. 앞에 언급한 모든 욕구를 충족하기 위해서는 부모에게 의존해야 하기 때문이다. 하지만 이 욕구가 제대로 충족되지 않으면 무언가가 결핍된 성인으로 성장해 타인에게 안심과 칭찬, 애정을 끊임없이 갈구하게 된다.[44] 이 경우에도 희망이 없는 것은 아니다. 적절한 지원을 받는다면 여전히 자아실현을 이룰 수 있으며 그 과정이 본질적으로 그렇듯 자연스레 치유될 것이다. 우리가 해야 할 일은 창조와 창의력, 통찰이라는 '더 높은' 즐거움을 추구해 결핍 동기가 있는 행동에서 성장 동기가 있는 행동으로 전환하는 것이다. 매슬로에 따르면 이런 내적 변화는 자발적 참여를 이끌기 때문에 모든 것을 바꾼다.

> 성장 동기가 있는 사람들에게 만족감은 동기를 저하시키는 것이 아니라 더욱 유발하며 흥분을 경감시키는 것이 아니라

고조시킨다. 성장 욕구도 더욱 강해지고 높아진다. 더욱더 성장하고자 하며 교육 등을 점차 거부하기보다는 더욱더 많은 교육을 원하게 된다. 성장을 향한 욕구는 충족되면 누그러지는 것이 아니라 더욱 돋아난다. 성장은 그 자체로 보람있고 흥미진진한 과정이다.[45]

대부분 매슬로가 설명한 바를 직접 경험해보았으니 익숙하게 느껴질 것이다. 가령 악기를 배운다거나 음식을 맛있게 요리하는 법, 축구장에서 메시처럼 움직이는 법을 배울 때를 생각해보자. 이런 숙련된 행동에 빠져드는 것을 심리학자 미하이 칙센트미하이Mihaly Csikszentmihalyi는 최적의 경험 또는 '몰입flow'이라고 설명했다.[46] 이런 몰입은 당연히 어느 쪽이든 모두 유익한데, 어떤 행동에 몰입할수록 더 큰 즐거움을 느낄 수 있기 때문이다. 돈을 위해 하는 일과 달리 자아실현을 위한 노력은 그 자체가 목적이 된다. 우리는 무언가에 중독된 것처럼 자아실현을 갈망하지만 모든 기능을 둔하게 만드는 마약과 달리 자아실현은 오히려 기능을 더욱 예민하게 연마시킨다. 체조를 생각에 부속된 활동으로 여긴 고대 그리스인에게는 체조 기술을 연마하는 것이 덕을 쌓는 하나의 방법이었을 것이다.

내적 발전에 의존하는 자아실현과 몰입은 현대사회에서 행복을 안겨준다는 소비 위주의 성장에 맞서 균형을 이룬다. 위대한 바이올린 연주자는 매년 자신의 바이올린을 내던지고 새것을 사는 것이 아니라 평생 간직할 믿음 있는 악기 하나로 기술을 연마한다. 마찬가지로 훌륭한 농부는 토양을 파괴하지 않고 오랜 시간에 걸쳐 더욱 비옥하게 가꾼다. 소비 지상주의에서 내적 수련으로, 외적 성장에서 내적 성장으로 변화한다면 삶의 방식은 물론 경제의 토대가 되는 가치가 몰라보게 변화할 것이다.

이 모든 이유 때문에 덕을 추구하는 현대사회에서 음식이 독특한 위치를 차지하는 것이다. 우리가 매일 소비해야 하고 가장 믿을 수 있는 즐거움의 원천이며 자연계에서 수요가 가장 막대한 대상이기도 한 음식은 내적 욕구와 외적 욕구의 투쟁을 가장 직접적으로 드러낸다. 음식에 가치를 부여하고 음식 너머의 진실을 꿰뚫어보는 법을 배우면 이 두 욕구의 균형을 바로잡을 최적의 기회를 얻을 것이다.

2장

몸

소비 지상주의 사회에서는 편안함과 기쁨 중 하나를 택하도록 끊임없이 압박하는데 조금 분명치 않은 점은 편안함을 얻으면 즉각적이고 현시적인 만족을 느끼지만 이후 그에 따른 상실을 명백히 경험한다는 것이다. 계속 이어지는 편안함을 본능적으로 받아들이면서 기쁨을 더 멀리 밀어내고 있다는 사실을 우리는 깨닫지 못하고 있다.

체중 재기

“자, 해봅시다!” 금발에 탄탄한 몸이 돋보이는 30대의 팸이 격려하듯 미소를 지으며 말했다. 나는 숨을 크게 쉰 뒤 체중계 위로 올라갔다. 언제나처럼 다소 맥 빠지는 결과가 나왔다. “예상한 대로 나왔나요?” 동정 어린 목소리로 팸이 말했다. 사실 알고 있었다. 먹는 것을 좋아하는 사람들이 다들 그렇듯 내 몸무게가 늘 많이 과하다는 사실을 모르는 바는 아니었다. 수백만 명과 마찬가지로 다양한 식이법을 시도하며 인생의 상당 부분을 보냈다. 앳킨스Atkins 다이어트, 뒤캉Dukan 다이어트, 일주일 중 5일은 평소처럼 먹고 이틀은 절식하는 5 대 2 법칙 등 유행하는 방법은 모두 해보았고 대부분 얼마간 효과를 보았다. 하지만 밀물과 함께 파도가 몰아치듯 몸무게는 가차 없이 제자리로 돌아왔다. 내가 빵과 버터, 치즈, 초콜릿, 감자, 파스타, 와인을(맞다, 거의 모든 음식을) 좋아한다는 사실은 체중 감량에 전혀 도움이 되지 않는다. 생의 대부분을 책상 앞에 앉아 보낸다는 사실도 도움이 되지 않기는 마찬가지다. 그런데 아직 시도해보지 않은 식이법이 하나 있었다. 사람들 앞에서 체중을 재는 것도 모자라 그 영광을 얻기 위해 돈까지 내야 한다는 것이 썩 내키지 않아서였다. 하지만 가능한 다른 방법은 모두 동원해본 뒤였기에 결국 체중을 재러 웨이트워처스Weight Watchers를 찾았다.

"음식이 도움이 되게 하려는 거예요! 좋아하는 음식을 모두 먹으면서 회원님에게 맞는 식이법을 지키면 됩니다. 식사 계획을 미리미리 세우고 무엇을 먹었는지 기록하기만 하면 되어요. 곧 좋은 일이 일어날 거예요!" 나를 개종시키기라도 하려는 듯 팸이 열의에 차서 말했다. 내 지금 체중을 바탕으로 그는 내가 어떤 식으로든 원하는 대로 '쓸' 수 있는 일일 '음식 포인트' 29점을 할당하고 일주일 동안 간식을 먹을 수 있도록 49점을 추가로 지정해주었다. 배급 통장과 다르지 않아 보이는 작은 책자에는 상대적인 죄악 지수에 따라 수백 가지 음식의 점수가 매겨져 있었다. 그 목록을 내려다보면서 이것이 내 식이법에 어떤 영향을 몰고 올지 가늠해보았다. 과일과 채소는 대부분 '0점', 즉 먹어도 괜찮았는데 다른 항목으로 옮겨가니 점수가 몰라보게 높아졌다. 껍질 없는 닭가슴살은 4점, 와인 작은 잔 역시 4점이었고 40그램짜리 체다치즈 한 조각(기껏해야 성냥갑만 한 크기로, 기내식에서 많이 볼 수 있다)은 5점이었다. 늦은 저녁 비스킷에 곁들여 먹던 치즈와는 이제 작별해야 했다. 물론 이미 예전부터 짐작하고 있었지만.

3년 전에 찍었다는 사진에서 팸은 지금보다 20킬로그램 가까이 더 무거워 보였다. 얼굴에 미소를 머금은 둔중한 몸은 더 육중했던 내 40대 시절과 닮아 있었다. 이렇게나 변하다니 대단하다고 말하자 팸이 오래전 떠나보낸 애완동물에 대해 말하듯 안타까운 목소리로 이야기했다. "네, 그게 저였어요. 지금이랑 조금 다르지요." 팸이 '목표 체중'을 몇 년 동안 유지하고 있다는 것은 곧 그가 웨이트워처스의 식이법이 진정 효과가 있다는 사실을 보여주는 산증인인 만큼 이곳의 지도자로 활동할 수 있다는 뜻이다. 이 점에서 팸은 웨이트워처스의 설립자인 미국의 가정주부 진 니데치Jean Nidetch의 전철을 밟고 있었다. 니데치는 1961년에 친구들에게 자신이 살을 뺄 수 있도록 매주 집으로 와서 체중을 재달라고 부탁했다. 성공적으로 체중을 감량하자 니데치는 다른 여성들을 위해 비슷한 모임을 꾸려서 자신의 성공 사례를 소개하고 용기를 북돋자는 데 생각이 미쳤다. 현재 이런 모임은 전 세계에서 매주 4만 개씩 열리고 있으며 참가하는 회원만 100만 명에 이른다.

팸과 담소를 나누는 사이, 런던 중심부의 구세군회관 건물에 위치한 이곳이 주간 체중 측정을 하러 온 사람들로 가득 차기 시작했다. 그저 수다를 떨기 위해 찾아온 것처럼 보이는 미국인 남성 한 명을 제외하면 모두 여성이었다. 동서고금, 나이를 막론하고 사회 각계각층의 사람들이 찾아왔는데 그중 초고도비만인 사람은 아무도 없었다. 점심시간까지 포기하고 이곳을 찾아왔다는 사실만 보아도 그 이유를 알 수 있을 것 같았다. 팸이 이름을 부르며 맞이하는 단골 회원도 있었고 계약 기간이 끝나서 체중계에 오르려면 재등록해야 하는 회원도 있었다. 등록이 끝난 여성들은 질서 정연하게 줄을 서서 중력이 진실을 말해주는 순간이 눈앞에 닥치면 외투와 신발을 벗었다. 공항에서 보안 검색대를 통과하는 승객들의 모습이 겹쳐 보였다.

체중계를 주관하며 팸은 담소를 꾸준히 이어나갔다. "안녕하세요, 또 뵙네요. 어떻게 지내셨어요?" "별로 안 좋았어요." 젊은 여성이 음울하게 말했지만 체중계 숫자는 그 반대를 말하고 있었다. "무슨 소리예요, 1.5킬로그램이나 빠졌잖아요!" 팸이 소리를 지르자 뿌듯해진 여성은 뺨을 붉히며 줄에서 빠져나왔다. 다음 주자는 그리 운이 좋지 않았다. "왜 하나도 안 빠지는지 모르겠어요. 저 정말 열심히 했거든요." "신경 쓰지 말아요. 다시 정상 궤도로 되돌려드릴게요. 곧 좋은 일이 생길 거예요." 이런 식이었다. 줄이 앞으로 움직일 때마다 사람들은 측정 결과를 받아들고 찬사 또는 격려를 받았다. 문득 교회에서 영성체를 받기 위해 제단 앞으로 나아가는 사람들을 바라보고 있는 듯했다. "3.5킬로그램!" 한 여성이 까악 소리를 질렀다. "3킬로그램 정도밖에 기대 안 했는데!" "정말 잘하셨어요. 대단한데요!" 여성이 흥분으로 벅차오른 채 체중계에서 내려오는 순간, 그 공간이 달라보였다. 원치 않는 무게와 작별하는 변화의 기쁨, 이것이 바로 우리가 매주 6.25파운드씩 내는 이유였다. 모두 미소를 주고받았다.

체중 측정이 끝난 뒤 다들 서성이며 담소를 나누고 있는 사이 나는 웨이트워처스에서 내놓은 상당한 규모의 상품을 둘러보았다. 계산대 옆에 진열된 상품은 대부분 비스킷과 사탕,

초콜릿이었다. 한 중년 여성이 대형 비스킷 한 봉지를 집어 올리며 변명하듯 말했다. "우리 아들이 다 먹어버렸지 뭐예요. 아들이 진짜 비스킷보다 여기 것이 더 마음에 드나 봐요." 나도 한번 맛볼 생각에 캐러멜이 듬뿍 든 초콜릿 바와 비스킷, 하나에 84칼로리밖에 안 되는(포인트도 2점인) 초콜릿 바를 집어 들었다. 떠나기 전에 팸이 추천 메뉴와 요리법이 가득 든 책 한 권과 개인 기록 카드를 건넸다. 카드에는 내 시작 체중이 적혀 있었고 앞으로 몇 주 동안 이론상으로나마 줄어들 체중이 끝도 없이 이어져 있었다.

어여쁜 봄날이었기에 걸어서 공원을 지나가기로 마음먹었다. 그러면서 자연스레 가산점도 몇 점 챙길 참이었다. 모임이 끝나고 보니 이 식이법이 나에게 맞는지 확신이 서지 않았다. 체중을 일일이 계산하는 것이 성가셔 보였고 매주 체중을 재야 한다는 것이 헬스장에 가는 것만큼이나 버겁게 느껴졌다. 노란 수선화밭 앞에 잠시 앉아 쫄깃한 초콜릿 바를 먹어보기로 했다. 포장지에 깨알같이 장황하게 적힌 재료 목록을 들여다보다가 '증량제' 같은 꺼림칙해 보이는 재료도 들어있음을 발견했다. 긍정적으로 보자면 여기에도 진짜 초콜릿이 들어 있기는 했다. 걱정스러운 마음을 날려버리고 초콜릿 바를 한 입 베어 물었다. 날이 좋아서 그런가, 봄날의 기쁨에 만취해서 그런가, 깜짝 놀랄 만큼 맛있었다. 그러면서도 다이어트 초콜릿이라는 개념 자체가 어쩐지 잘못되었다는 생각을 떨쳐낼 수 없었다.

음식과 우리

> 먹는 즐거움을 느끼려면 허기는 없어도 식욕은 있어야 한다.
> —장 앙텔름 브리야사바랭[1]

처음이자 아마도 마지막이 될 웨이트워처스에서의 경험으로 수익성 좋은 세계적 사업을 살짝 들여다보았다. 오늘날 웨이트워처스(2018년에 WW로 바뀌었다)는 오프라 윈프리Oprah Winfrey를 대주주이자 대변인으로 내세우면서 칼로리 조절용 간편 식품과 '건강' 프로그램으로 연간 13억 달러의 수익을 올리고 있다.[2] 인상적인 수치이지만 군살 빼기라는 망망대해에 비하면 물 한 방울에 지나지 않는다. 2019년에 미국 다이어트 산업의 가치는 720억 달러에 달했다.[3]

이런 수치를 보면 인간과 음식이 어떤 관계에 있는가라는 중대한 질문이 떠오른다. 다이어트 인구가 매년 4,500만 명에 이르는 미국은 비만 및 다이어트 분야에서 단연 선두에 있지만 이것은 결코 미국만의 이야기가 아니다. 영국인 네 명 중 한 명은 어느 때든 어떤 형태로든 다이어트 중이며 이 현상은 우리의 허리둘레처럼 늘어나고 있다.[4] 그저 먹는 것을 줄이고 운동을 많이 하면 될 텐데 날씬해지는 제품에 왜 수십 억씩 들이는 것일까? 아니, 바꾸어 말하자면 우리는 왜 살이 찌는 것이며 비만이라는 문제 앞에서 왜 이리 무기력해지는 것일까?

한 가지 이유는 음식에 대한 반응이 마음대로 되지 않기 때문이다. 나는 지금껏 미슐랭 별점을 받은 식당 등에서 맛있는 식사도 더러 했지만 가장 만족스러웠던 식사를 꼽으라면 15세 때 레이크 디스트릭트의 험준한 봉우리 꼭대기에서 허겁지겁 먹은 초콜릿 바 하나라고 말하겠다. 안개가 짙게 깔린 산을 묵묵히 걸어 올라간 뒤 찾아온 미칠 듯한 허기에는 초콜릿이 그만이었다. 배가 고프면 어떤 음식이든 맛있을 수밖에 없다는 사실을 그날 알았다. 이유는 분명하다. 살려면 먹어야 하기 때문에 몸은 음식이 들어오면 보답을 한다. '맛있다'는 몸이 우리에게 '고마워, 계속 좀 줘'라고 말하는 신호다. 다행히 고생스레 산을 오르지 않아도 우리를 맛의 천국으로 인도하는 요리사들이 있다. 요점은 식욕만 있다면 흔해 빠진 음식으로도 천상의 맛을 경험할 수 있다는 것이다. 역시 에피쿠로스가 정확했다.

하지만 요즘에는 배고플 때까지 기다렸다가 식사하는 경우가 드물다. 한때는 눈살을 찌푸리게 하던 간식이 이제 당연한 것이 되었다. 미국인은 하루에 식사 또는 간식을 평균 다섯 차례 즐기며, 전통에 따라 아침, 점심, 저녁을 먹는 이들은 전체의 4분의 1에 불과하다.[5] 영국에서는 식사를 몇 번씩 거르고 간식으로 때운다는 사람이 전체의 57퍼센트, 적어도 하루에 한 끼는 식사 대신 간식으로 먹는다는 사람이 30퍼센트다.[6] 앉아서 하는 일이 점차 늘어나다 보니 지금 우리는 움직일 일이 많았던 조상들만큼 식욕이 돋지는 않는다. 그 결과 허기보다 습관 때문에 음식을 먹고, 다른 일을 하는 와중에 먹는 경우도 많아졌다. 얼마 전 여행을 떠난 시카고에서는 택시 기사가 무릎 위에 파스타 접시를 올려놓고 한 손으로 운전대를 잡은 채 다른 한 손으로 파스타를 몇 덩이씩 퍼 올려 먹는 기이한 광경을 목격했다. 익숙하지 않은 사람에게는 놀라운 광경이었지만 이런 일이 점점 흔해지고 있는 미국에서는 대부분 다섯 끼 중 한 끼를 차에서 해결한다고 한다.[7]

세계 최대의 산업 식품 국가인 미국은 인간과 음식의 관계가 어떻게 변화하고 있는지 이해하려면 반드시 주목해야 하는 곳이다. 미국은 공장식 축산업과 급속 냉동, 슈퍼마켓, 패스트푸드처럼 이제 전 세계 식품 시스템을 장악한 거의 모든 제품과 공정을 개척했다. 그 결과 오래전부터 지구상에서 가장 뚱뚱한 국가로 자리매김했다.[8] 미국 이곳저곳을 다니다 보면 그 이유를 어렵지 않게 찾을 수 있다. 거리며 상점, 공원이나 박물관 어디서든 음식점이 넘쳐나는 데다 양이 어마어마하다. 오헤어공항에서 샌드위치를 하나 샀는데 4인 가족이 함께 먹고도 남을 정도로 컸다. 미국은 물론 다른 지역에서도 식사 시간이라고 하면 음식을 한자리에서 끊지 않고 먹는 시간 정도로 받아들이는 등 인식이 점차 변하고 있다. 음료수나 커피 한 잔을 손에 쥐고 돌아다니는 것이 일상이 되었고 이제 극장 좌석에도 쟁반이 붙어 있는 덕분에 영화를 보면서 한 끼 식사를 할 수 있게 되었다. 이처럼 먹어야 한다는 끝없는 압박 속에서 비만 유발 사회가 만들어졌으니 그곳에 살기만 해도 살이 찌는 것은 당연하다.

오늘날 비만 문제로 시름하는 국가는 미국만이 아니다. 수십 년 전 멕시코와 영국이 그랬듯 미국의 음식 문화를 그대로 들여온 곳은 어디든 미국과 같은 길을 걷고 있다.[9] 그렇다면 왜 그렇게 햄버거와 도넛, 피자를 끊어내기가 어려운 것일까? 답은 음식을 먹을 때 몸이 보상을 내리는 방식, 그리고 에피쿠로스가 경고한 바처럼 쾌락에 지나치게 집착하는 우리의 취약함에서 찾을 수 있다.

미각의 문제

모두 결국 미각으로 귀결된다. 가장 보편적인 쾌락적 자극인 미각은 세계의 화학 구성을 맛보는 감각이다. 분자 수준에서 미각은 영양분과 독을, 즉 좋은 것과 나쁜 것을 구분한다. 해럴드 맥기Harold McGee가 1984년에 발표한《음식과 요리》에서 지적했듯 미각은 단세포 유기체에도 필요한 기술이다. 가령 원생동물은 당 공급원 쪽으로 움직이고 독성 알칼로이드는 피해 간다. 이처럼 미각은 가장 원초적인 감각이다. "영양이란 특정 화학 혼합물을 찾아 섭취하는 문제이기 때문에 이를 분간하는 미각은 생명이 시작되는 시점부터 필요한 감각이다."[10]

보통 기본 맛으로 다섯 가지를 들 수 있다. 짠맛, 쓴맛, 감칠맛, 단맛, 신맛이 그러한데, 혀에 보이는 감지 세포 더미인 미뢰로 그 맛을 인식한다. 음식을 먹으면 침이 용액을 만들어 내고 이를 통해 미뢰가 음식의 화학 성분을 맛본 뒤 결과를 바로 뇌로 보낸다. 다섯 가지 맛은 자연에서 중요한 의미를 띤다. 단맛과 짠맛, 감칠맛이 있는 과일과 생선, 해조류는 대체로 사람에게 좋은 반면 쓰거나 신 물질은 독성이 있을 수 있다. 이런 감식력이 선사하는 자연적 지혜를 장 자크 루소Jean-Jacques Rousseau는 일찍이 알아보았다. 1762년에 발표한 소설《에밀》에서 루소는 이렇게 썼다. "알맞은 음식을 알아보고 선택하는 법을 경험으로 알 때까지 기다려야 한다면 우리는 굶주림이나 독 때문에 죽고 없을 것이다. 하지만 자연의 친절한 섭리 덕분에 쾌락을 자기보호 수단으로 삼을 수 있기에 우리는 몸에 적합한 음식을 미각으로 알아볼 수 있다."[11]

기본적인 맛을 구분하는 것은 미뢰이지만 맛을 총천연색으로 찬란하게 전달하는 것은 후각이다. 음식을 먹기 전에 음식에서 휘발된 물질(공기 중의 입자)을 코 천장에 위치한 후각세포가 감지하면 뇌에 신호를 보내 음식이 들어오고 있다고 알린다. 빵 굽는 냄새만 맡으면 침을 흘리는 것도 이 때문이다. 음식을 씹기 시작하면 더 많은 휘발 물질이 목과 코를 지나면서 다시 한 번 감각세포에 이른다. 전비강과 후비강에서 보내는 신호가 미뢰에서 보내는 신호와 결합할 때에야 비로소 우리는 음식을 '맛볼' 수 있다. 따라서 맛은 입안에서가 아니라 삼각측량을 통해 눈 바로 뒤에 위치한 안와전두피질에서 경험하는 것이다.[12] 이 부위가 기억과 감정을 주관하는 부위와 직결되어 있다는 사실로 미루어보면 특정한 맛이 강력한 향수를 불러일으키는 이유를 설명할 수 있다. 마르셀 프루스트Marcel Proust의《잃어버린 시간을 찾아서》에서 차에 적신 마들렌의 맛이 불현듯 불러온 어린 시절의 기억이 책 일곱 권에 총 4,000페이지가 넘는 이야기로 이어진 것도 이와 연관이 있다.

> 그 따뜻한 액체와 부스러기가 입천장에 닿자마자 온몸에 전율이 훑고 지나갔고 나는 하던 일을 멈춘 채 그 기이한 변화가 일어나는 순간에 온 신경을 집중했다. 절묘하지만 독립적이고 무심한 기쁨이 감각에 침투했는데 어디서 온 것인지 알 수 없었다. 그 즉시 삶의 우여곡절에 무관심해졌고 삶의 재난이 무해하게 느껴졌으며 삶의 덧없음은 환상이 되었다. 이 새로운 감각은 사랑이 그렇듯 내 안에 귀중한 정수를 채워 넣었다. 아니, 그 정수는 내 안에 있는 것이 아니라 나 그 자체였다.[13]

미각과 인간의 관계는 다분히 개인적이다. 눈앞의 풍경이나 소리와 달리 맛과 냄새는 복제할 방법이 없다. 음식을 함께 먹을 때도 있지만 먹는다는 감각적 경험은 본질적으로 개인의 영역이다. 더군다나 새로운 연구에서도 미각이 고도로 개인적이라는 사실이 밝혀졌다. 즉, 맛에 대한 감각이 보거나 듣는 개인의 감각에 비해 훨씬 다양하다는 것이다. 예를 들어 네 명 중 한 명은 '초미각자'로, 역시 넷 중 하나에 속하는 '미맹'보다 미뢰가 16배 더 많다고 한다. 초미각자는 다른 사람보다 맛을 잘 구별해내지만 한 가지 단점이 있다면 방울양배추 등에서 맛볼 수 있는 쓴맛에서 고통에 가까운 불쾌감을 느낀다고 한다. 초미각 유전자가 반드시 유전되는 것은 아닌 까닭에 이런 미각의 차이가 가족의 식사 시간을 난처하게 만들 수도 있다.

부모의 미뢰를 물려받지 않아도 식성은 태어나기 전부터 엄마의 영향을 받을 수 있다. 가령 임신한 여성이 카레를 유난히 좋아하면 카레의 알싸한 마늘 맛과 매운맛 등이 양수를 통해 태아에게 전해져서 태아는 이후 매운 음식을 선호하게 될 수 있다. 하지만 식성은 대부분 태어난 후에 획득하는데 '기차가 터널로 들어갑니다' 같은 식사 놀이에 의존하는 부모라면 누구보다 잘 알 것이다. 특정 음식이 좋고 싫은 문제에서는 익숙함이 전부다. 아이들이 어떤 음식을 받아들이기까지 16번 정도 맛을 보아야 할지도 모른다. 비 윌슨Bee Wilson이 《식습관의 인문학》에서 주목했다시피 이 과정을 뒤엎고픈 유혹에 넘어가서 채소를 '다 먹으면' '말썽을 피워도 된다'는 식으로 아이를 꾀면 이후 아이의 미각이 평생 틀어질 수 있다. '즐거움과 건강을 적대시하도록' 가르치는 셈이기 때문이다.[14] 어린 시절 역시 중요하다. 입맛이 까다로운 세 살배기는 평생 그 입맛을 유지할 수도 있다. 그런가 하면 맛을 느끼는 어떤 감각이 나이가 들면서 변하기도 한다. 가령 나이가 들수록 쓴맛에 둔해지면서 양배추를 앞에 두고 먹느니 마느니 실랑이를 벌이는 일이 점차 사라진다.

우리는 생각보다 미각에 훨씬 더 많이 의존한다. 미각을 잃어버린 사람은 평생 심각한 정신적 혼란을 겪으며 온전한 자신이 아닌 듯한 느낌을 받는다고 한다. 2013년에 방영된 BBC 다큐멘터리에서 미국인 요리사 몰리 번바움Molly Birnbaum은 교통사고로 미각을 잃고 극심한 괴로움에 시달렸다고 한다. 다행히 미각이 돌아오기 시작하면서 그는 미각이 감정과 강하게 연결되어 있음을 알게 되었다. 제일 먼저 다시 분간할 수 있게 된 맛은 로즈마리와 초콜릿, 와인이었는데, 모두 어린

시절의 행복한 추억과 관련된 것이었다.[15]

향과 관련된 기억은 다분히 개인적이고 감정적이며, 수십 년 동안 고이 봉인해둘 수도 있다. 그렇기에 어떤 냄새가 불현듯 기억을 불러내면 충격을 받을지 모른다. 가령 30년 전 즈음의 교실 냄새까지 기억이 난다면 우리는 얼마나 많은 맛과 향을 저장할 수 있는 것일까? 답은 숫자에 있다. 인간에게는 후세포가 4,000만 개씩 있는데, 개보다 50배 적은 양지만 이 정도면 수조 가지 다른 냄새를 충분히 분간할 수 있다.[16] 이 냄새 보관함의 폭발적인 탑재량을 보면 맛을 감지하는 기능이 우리 몸에서 가장 복잡하지만 제대로 규명되지 않았다는 사실을 알 수 있다.

오늘날 맛의 지각은 여러 전문 분야에 급격히 퍼졌고 요리사와 심리학자, 신경과학자가 그 비밀을 밝히기 위해 협력하고 있다. 옥스퍼드 대학 감각통합연구소Crossmodal Research Lab의 교수 찰스 스펜스Charles Spence는 이것이 생물과학에서 가장 새롭고 흥미로운 영역이라고 말한다. "모든 것이 맛의 지각을 바꿀 수 있습니다. 이것은 새로운 과학입니다. 가능성이 무한에 가깝지요."[17] 스펜스는 요리사 페란 아드리아Ferran Adrià(분자요리의 아버지라 불리는 스페인의 유명 요리사)와 영국의 역시 실험적인 요리 연구가 헤스턴 블루먼솔Heston Blumenthal과 협력해 먹는 환경과 더불어 음식의 모양과 색, 질감이 맛에 대한 지각을 어떻게 바꾸는지 알아보았다. 아드리아와 함께 진행한 한 연구에서는 흰색 접시 위에 올려놓은 딸기 무스가 검은색 접시 위에 올려놓은 것보다 10퍼센트 더 달콤하게 느껴진다는 사실이 드러났다.[18] 블루먼솔과 진행한 또 다른 실험에서 사람들이 블루먼솔의 전설적인 베이컨과 달걀 아이스크림을 먹으면서 돼지나 닭의 울음 소리를 얼마나 들었느냐에 따라 음식에서 '베이컨 맛'이나 '달걀 맛'이 더 난다고 평가했음을 알게 되었다. 이제 식품 산업이 그 가능성을 깨달은 이상, 조만간 우리의 미각이 조종당할 것이며 다른 자극이 도달하지 못한 마음의 일부분에까지 이를 것임을 의심할 여지 없이 예상할 수 있다.

맛은 행복의 근본을 이루지만 여러모로 우리가 잃어버린 감각이기도 하다. 왜 우리는 이런 근본적인 기능을 몰라보았을까? 답은 인간의 진화 과정에서 찾을 수 있다. 인류의 조상이 땅 가까이에 살았을 때는 지금의 개가 그렇듯 후각이 세상을 형성했다. 하지만 인류가 직립보행을 하기 시작하면서 수평선을 살펴야 할 필요가 생겼고, 그에 따라 시각이 더욱 중요한 감각이 되었다. 냄새를 감지하는 능력은 약해졌지만 후각이라는 원초적 감각은 우리 안에 깊이 내재해 인식하지 못하는 방식으로 영향을 미치고 있다. 대뇌피질(뇌에서 인간적인 부위)은 고대 파충류의 두뇌와 후신경이 갈라지는 지점에서 진화했기 때문에 맥기가 언급했듯 "냄새에서 마음이 비롯되었다"라고 말해도 무방하다.[19]

내 음식이 먹은 것이 곧 나다

동물은 먹이를 먹고 인간은 음식을 먹는다.

—장 앙텔름 브리야사바랭[20]

무엇이 우리를 인간이게 하는가? 인간은 언제부터 생각하기 시작했는가? 이런 질문에 대한 답은 여전히 규정하기 힘들지만 인류의 조상이 생각을 하게 되기 전부터 먹었음은 분명한 사실이다. 350만 년 전 인류의 선조는 오스트랄로피테쿠스였다. 유인원과 닮은 생명체로, 두 발로 걷고 사회적이고 나무 오르기에 능한 현대의 침팬지와 다르지 않았다. 그들은 현대의 침팬지처럼 소규모로 몰려다니면서 과일을 따 먹고 이따금 사냥할 뿐 삶의 의미에는 철저히 무관심했을 것이다. 그러다 그즈음 불꽃 하나가 튀었을 것이다. 에티오피아 평원에서 날카롭게 잘린 자국이 있는 340만 년 전의 동물 뼈와 의도적으로 뾰족하게 깎은 부싯돌이 나란히 발견되었다. 우리의 조상 중 누군가가 고기를 도살하기 위해 도구를 만든 것이다. 그렇게 기술이 탄생했다.

이런 초기 도구의 본질에는 큰 의미가 있다. 뾰족하게 깎은 부싯돌과 이후 발견된 창끝 및 칼은 체구가 작은 우리의 선조들과 그보다 더 크고 빠른 먹잇감 사이의 힘의 균형을 깨뜨렸다. 현대의 침팬지처럼 오스트랄로피테쿠스는 기회를 노리는 사냥꾼으로, 쉽게 제압할 수 있는 원숭이 같은 작은 동물을 잡았을 것이다. 더 큰 동물을 쫓아가고 절단하는 것은 능력 밖의 일이었으리라. 그러던 것이 무기와 칼로 무장하면서 육식의 세계가 활짝 열렸고 그에 따라 새롭고 풍부한 영양분이 뇌에 공급되었다.

230만 년 전에 오스트랄로피테쿠스가 호모하빌리스로 변모하면서 뇌의 크기가 450에서 612세제곱미터로 커졌다(현재 우리의 뇌용량은 1,400세제곱미터 정도다). 호모하빌리스는 여전히 나무 위에서 잠을 잤지만 그 선조보다 육식을 더 많이 할 수 있었는데, 아마도 고기의 살점을 두드려 스테이크 타르타르의 초기 형태로 만들어 먹었으리라 추정된다. 그로부터 50만 년 뒤에 등장한 호모에렉투스는 처음으로 직립보행을 했으며 외모도 현생인류와 닮아 있었다. 그들이 직립보행을 하면서 말도 할 수 있었는지는 확실하지 않지만 뇌가 870세제곱미터까지 커지며 충분한 용량을 갖추게 되자 인류의 진화에서 가장 획기적인 발전이자 다윈이 "언어를 제외하고 인간이 이룬 가장 위대한 발명"이라고 찬사를 보낸 업적을 이룬다. 180만 년에서 80만 년 사이 즈음, 불을 통제하는 법을 익힌 것이다.[21]

이 발명으로 모든 것이 바뀌었다. 인류의 조상은 불을 통제하면서 숲을 개간하고 방목 가축을 끌어들이는가 하면 빛과 따뜻함을 누렸고 포식 동물을 내쫓아 땅 위에서 안전히 잠을 청할 수 있게 되었다. 더불어 중심지focus(라틴어로 '불'이라는 뜻)를 정하면서 그 주위로 사람들이 모이고 어울릴 수도 있었다. 결정적으로 요리를 할 수 있게 되면서 리처드 랭엄Richard Wrangham이 《요리 본능》에서 주장했듯 인간의 가장 탐욕스러운 기관인 내장과 뇌의 관계가 바뀌는 엄청난 변화가 일어났다.

일요일 점심에 깜빡 졸아본 사람이라면 누구나 증명할 수 있듯 소화는 에너지를 소모하는 과정이다. 실제로 소화를 하는 데에만 안정시대사율RMR(쉬고 있을 때 신체가 기능하기 위해 필요한 에너지—옮긴이)의 10퍼센트가 쓰인다. 한편 인간의 뇌는 전체 체중의 2퍼센트밖에 차지하지 않지만 RMR의 5분의 1을 소비한다.[22] 그렇다면 체육관에 가는 대신 주기적으로 십자말풀이를 하면 되겠다는 희망에 부풀었다면 이내 낙담할 텐데, 이렇게 강도 높은 정신 활동을 해도 에너지 사용량은 아주 조금 증가할 뿐이다. 의식적으로 생각하든 안 하든, 뇌가 언제나 살아 있으려면 전력을 최대한 공급받아야 하기 때문이다. 겉으로 어떻게 보이든 뇌는 언제나 켜져 있다.

뇌와 내장은 인체가 생산하는 총 에너지의 3분의 1이 필요한 기관으로, 사실상 서로 경쟁하는 관계다. 더 큰 뇌를 원한다면 내장을 줄여야 할 것이다. 비싼 조직 가설expensive tissue hypothesis이라고 알려진 진화의 논리가 그렇다.[23] 이런 관점에서 요리가 인류의 조상을 변화시켰다고 랭엄은 설명한다. 조리한 음식이 날음식보다 소화하기가 훨씬 쉬우므로 호모에렉투스는 소화에 쓰던 에너지를 생각하는 데 쓸 수 있었다. 현대의 침팬지처럼 음식물을 씹는 데 하루 여섯 시간씩 보내는 대신 더 많은 시간을 사냥과 사교에 할애할 수 있었다. 위가 줄어들고 뇌가 늘어나면서 더 모험적인 식단을 감행한 끝에 생선 같은 음식도 먹으면서 뇌가 가장 좋아하는 별 다섯 개짜리 연료인 오메가3 지방산을 가득 섭취했다. 그렇게 요리를 기점으로 진화의 선순환이 시작되었고 20만 년 전에 현생인류인 호모사피엔스가 등장했다.

불장난

> 천천히 변화하는 모든 것이 삶으로 설명된다면 빨리 변화하는 모든 것은 불로 설명된다.
>
> —가스통 바슐라르24

인류에게 불이 중요하다는 사실은 고대 그리스인들도 모르지 않았다. 신에게서 불을 훔친 프로메테우스가 제우스에게 영원히 벌을 받았다는 이야기가 전해진 곳이 고대 그리스다. 고대 그리스인에게 불은《창세기》속 아담과 이브가 알게 된 지식과 같았으니 이런 관계로 미루어 프로메테우스라는 이름(그리스어로 '신중, 숙고'라는 뜻이다)이 붙여진 연유도 짐작할 수 있다. 고대인에게 불과 지식은 인간이 획득한 신의 속성으로, 인간이 소유하기에 부적합하다는 인식이 컸다. 이런 인식도 일리가 있다. 불과 지식은 가지고 살기 힘든 자산이다. 지식으로 인간은 창의력을 얻었고 불로 인간은 생각을 행동에 옮길 수 있었다. 이 둘 덕분에 인간의 삶은 한없이 풍족하고 편안해졌지만 바로 이 때문에 인간이 파멸 직전까지 내몰리기도 했다. 우리는 이런 창의력과 파괴력 사이에서 균형을 유지하기 위해 분투하고 있다. 어쩌다 이렇게 된 것일까?

한 가지 실마리는 타임라이프북스에서 1965년에 처음 펴낸 《초기 인류》에서 찾을 수 있다. 책에 실린 유명한 그림 〈진보의 행진March of Progress〉은 과거의 인류가 왼쪽에서 오른쪽으로 걷는 모습을 시간의 흐름에 따라 나열해 인간의 진화 과정을 보여준다. 2,200만 년 전 긴팔원숭이를 닮은 플리오피테쿠스에서 유인원의 탈을 조금 더 벗은 인류, 조금 더 꼿꼿하게 걷는 인류에서 창을 든 초기 인류로, 마지막으로 자신 있게 성큼성큼 걷는 호모사피엔스로 이어진다. 점점 몸집이 커지는 인류의 모습이 승리의 행진처럼 묘사되었다는 비판에 이 그림을 그린 루돌프 잘링거Rudolph Zallinger는 맹렬히 부인했지만 그럼에도 〈진보의 행진〉은 우리의 상상 속에서 진화라는 개념과 결합한다.[25] 그다음 인류의 모습을 그리고자 안달이 난 만화가들도 이 그림을 요긴하게 활용했다. 많이 알려졌다시피 다음 인류로는 컴퓨터 앞에 웅크려 앉은 사람과 햄버거를 우적우적 먹는 뚱보 게으름뱅이가 등장한다. 이런 그림이 시사하는 바는 한결같다. 인간은 지나치게 진화했다.

일리 있는 말이다. 비만은 흡연을 앞질러 서양인의 사망 원인 1위에 올랐고 미국 의무총감은 최근 나쁜 식습관과 좌식 위주의 생활 습관 때문에 미국의 다음 세대가 부모보다 평균 기대 수명이 더 낮은 첫 번째 세대가 될 수도 있다고 경고했다.[26] 후기 산업사회의 생활 방식도 바라던 만큼 유익하지는 않은데, 건강과 장수에 대한 인간의 집착과 전례 없이 발전한 의학 지식, 약물에 쉬이 접근할 수 있는 편의성 등을 고려하면 결과는 아무리 보아도 실망스럽다.

이와 관련해 〈진보의 행진〉이 보여주지 않은 문제가 있다. 그림에는 과거 인류가 거주한 환경의 변화가 담기지 않았다. 2,200만 년 전에 플리오피테쿠스가 지구를 배회한 이후 어떤 인류도 등장하지 않은 채 2,000만 년이 흘렀다. 인류의 조상이 불을 길들이게 된 것은 200만 년도 채 되지 않았고 언어를 개발한 것은 지난 10만 년 안팎의 일이다. 인류가 농경 생활을 시작한 것은 1만 2,000년 전이고 도시를 지은 것은 그 절반인 6,000년 전이다. 증기 동력을 개발한 것은 300년 전이며 개인 컴퓨터를 사용한 것은 50년, 인터넷을 사용한 것은 그 절반인 25년에 지나지 않는다. 이 위대한 유인원이 시간의 흐름에 따라 획득한 기술 역량을 한 표에 담아보면 하키스틱을 닮은 곡선이 나올 것이다. 수백만 년 전에는 평행선과 비슷하던 것이 불을 길들이기 시작한 지점부터 점차 완만한 상승 곡선을 그리더니 신석기시대에 경사가 가팔라지기 시작해 오늘날에는 수직에 가까운 궤적을 그린다.

바꾸어 말하면 인류는 기술을 사용해 진화의 논리를 뒤엎었고 그것이 문제가 되었다. 인간이 되는 과정에서 우리는 환경에 적응하기를 멈추고 그 대신 환경을 우리에게 적응시켰다. 이런 '외부 진화적exo-evolutionary' 접근법은 한동안 효과가 있었지만 최근 속도가 가파르게 상승하면서 인간의 몸이 세계와 조화를 이루지 못하게 되었다. 지금까지 살아 있었다면 다윈은 인간이 근본적인 진화의 오류를 범했다고 말할 것이다. 다윈의 관점에서 시간을 뛰어넘은 것이다. 자연주의자 에드워드 O. 윌슨Edward O. Wilson이 언급했듯 "감정은 석기시대에 머물러 있고 제도는 중세에 멈추어 있으며 기술은 신의 경지에 이르렀다".[27] 그러니 우리가 현대사회에서 살아가기 위해 분투하는 것도 당연하다. 우리는 다른 행성에서 왔다.

알파와 오메가

> 모든 육체는 풀과 같다.
>
> —《이사야》[28]

이런 시간의 부조화는 먹는 방식에서 더욱 명확히 드러난다. 지난 2세기 동안 산업식 농업이 행해진 끝에 선진국의 거대한 땅에서 굶주림이라는 고난이 사라졌다. 하지만 그 성취는 겉으로 보이는 것과 다르다. 산업화에 기대어 속도를 높인 식량 생산은 생태계와 인간의 막대한 희생을 담보로 하며, 이에 더해 식량 증가로 인구가 폭발하면서 식량의 전 세계적 수요가 몰라보게 증가하는 곤경에 빠졌다. 말하자면 맬서스의 이론이 뒤집힌 셈이다. 음식 자체의 질도 생각하지 않을 수 없다. 세계를 주도하는 산업국가의 국민이 지구상에서 영양 상태가 가장 좋으리라 생각하겠지만 여러 방면에서 보았을 때 그들의 영양 상태는 최악 수준이다.

잘 먹는다는 것은 무슨 의미일까? 메덴 아간meden agan(매사에 지나치지 말라)을 실천하는 절제된 그리스인에게는 균형과 절제가 건강 식단의 중요한 두 가지 요인이었다. 음식에 무엇이 들어 있는지 모르더라도 이런 접근법에서는 몸에 필요한 다량 영양소인 지방과 단백질, 탄수화물이 합리적 균형을 이룰 가능성이 크다. 식물에서 주로 얻는 탄수화물은 에너지와 섬유질을 제공해 소화를 돕고, 동물과 식물에서 얻는 지방과 단백질은 몸이 스스로 구축하고 정비하는 데 필요한 물질을 제공한다. 지방과 단백질 역시 에너지를 제공하기 때문에 탄수화물을 극소량 섭취하더라도 생명을 유지할 수 있다. 이누이트족이 성공적으로 살아남은 것도, 그에 미치지는 않지만 앳킨스 다이어트를 시도한 사람들이 미약하나마 성공을 거둔 것도 그 때문이다. 반면 단백질과 지방 없이는 누구도 살 수 없다.

음식은 몸을 통과하면서 점진적 변태 과정을 거친다. 소화기관에서 음식이 그 구성 성분으로 분해되고 몸이 사용할 수 있는 형태로 재조립되는 것이다. 탄수화물에서는 몸이 선호하는 에너지 연료인 포도당이 채굴되고 단백질은 아미노산이 되어 세포를 조직하고 복구하는 데 쓰이며 지방은 지방산으로 분해되어 뇌와 간, 신경계 구축에 요긴하게 쓰인다. 우리에게 필요한 일부 영양소는 몸에서 합성되는 반면 그 밖에 다른 영양소는 그렇지 못한데, 그 때문에 '필수' 영양소라 불린다. 몸에 필요한 20가지 아미노산 중 여덟 가지가 필수아미노산이고 지방산 중에는 오메가3 알파리놀렌산과 오메가6 리놀렌산이 필수지방산이다. 탄수화물 중에는 몸에 필수적인 것이 없지만 탄수화물이 부족하면 간이 혹사당한다. 지방과 단백질에서 포도당을 만들어내기 위해 간이 쉬지 않고 일해야 하는 탓이다. 또 섬유질이 부족하면 소화 장애가 일어날 수 있다. 마지막으로 이 과정에서 과잉 생산된 에너지는 누구나 알고 있듯 지방 조직, 즉 지방의 형태로 몸에 저장된다.

세 가지 다량 영양소 외에도 우리 몸에는 약 40가지 필수 미네랄이 필요하다. 그중에 일곱 가지(칼슘, 마그네슘, 인, 칼륨, 나트륨, 황, 염화물)는 비교적 많은 양이 필요한 반면 나머지 '미량' 영양소(철, 코발트, 구리, 크롬, 요오드, 망간, 아연 등)는 몇 그램 미만의 적은 양만 필요하다. 이들 미량영양소는 극소량만 필요하지만 신체 기능을 유지하는 데 있어 다른 영양소 못지않게 중요하다. 비타민 역시 극소량만 필요한(100분의 몇 그램 정도만 있으면 된다) 유기화합물이지만 결핍되면 병에 걸리거나 죽음에 이를 수도 있다. 오랜 항해 후 오갈 길이 막힌 고대 선원들이 호된 고생 끝에 알게 된 사실이다.[29]

선원들이 마주한 고통을 보면 식단이라는 개념이 정립되기 훨씬 전에도 균형 잡힌 식단이 중요했음을 알 수 있다. 물론 건강한 식단이라고 모두 균형 잡힌 것은 아니다. 이누이트족과 마사이족 같은 전통 부족들이 좋은 예다. 이누이트족은 바다표범과 바다코끼리, 생선과 새, 달걀을 비롯해 몇 가지 덩이줄기와 뿌리식물, 나무딸기류 열매를 주로 먹은 반면 마사이족은 소의 피와 우유를 주로 먹고 살았다. 인간이라서 누릴 수 있는 호사 중 하나는 소화기관의 적응력이 상당히 뛰어나다는 점이다. 인간은 8만 가지에 이르는 각종 동식물을 탐식했고 그중 3,000가지 종은 식재료로 널리 사용했다.[30] 더군다나 인간의 몸은 열악한 환경에도 잘 적응했다. 일례로 저탄수화물 식단으로 살아간 이누이트족은 단백질과 지방을 에너지로 전환하기 위해 간의 크기를 키웠다. 북유럽인 역시 다른 인간에게 없는(하지만 마사이족에게는 있는) 이점을 누렸는데, 바로 우유 속 탄수화물인 젖당 분해 능력이 탁월하다는 것이다.[31] 약 5,000년 전에 폴란드와 터키의 양치기들 사이에서 처음 발생했다고 여겨지는 유전 돌연변이 덕분에 북유럽인의 몸에서는 우유를 소화하는 유당분해효소(대부분 젖을 떼고 나면 이 효소가 사라진다)가 성인이 되어서도 활성화된다. 우유를 마실 수 있다는 사실이 이점이라는 것은 곧 이런 유전 돌연변이가 진화론의 형태로 빠르게 퍼져나갔음을 의미한다.[32]

요리가 발명된 이후 농업이 시작되면서 인간의 식단에 가장 위대한 변화가 찾아왔다. 우리 조상의 식단이 육류와 어류, 견과류와 나무딸기류 위주에서 곡류와 콩류 위주로 바뀌면서 먹는 음식의 구성뿐만 아니라 다양성에서 지각 변동이 일어났다. 이제는 밀과 쌀, 옥수수라는 단 세 가지 식물 종이 전 세계 인구의 4분의 3이 의존하는 기본 식량이 되었다.[33] 인간을 먹여 살리는 이와 같은 접근법은 회복력이 부족하다는 사실 외에도 곡물 위주의 편식이 과연 인간에게 좋은 것이냐는 의문을 낳는다. 일각에서는 인간의 몸이 곡물 위주 식단에 맞지 않기 때문에 소위 원시인 혹은 팔레오 식단으로 되돌아가야 한다고 주장한다. 이에 반해 곡물 없이 어떻게 살아가느냐고 반문할 수도 있지만 잠시 제쳐두고 현실을 보자면 인간은 소화기관이 유연하기 때문에 '자연적인' 식단이란 애초에 존재하지 않으며 그저 더 좋거나 더 나쁜 수많은 식이법이 있을 뿐이라고 할 수 있다.[34]

먹는 것과 관련해 우리가 마주하는 주된 문제는 선택이

다. 마이클 폴란Michael Pollan 역시 《잡식동물 분투기》에서 이 점을 지적했다. 인간은 적응하지 못하면 살아남을 수 없는데 역설적으로 인간의 식량 체계는 지나치게 일차원적이다. 슈퍼마켓에서 아침에 먹을 시리얼을 구입하려면 50가지가 넘는 선택지를 마주하지만 결국은 모두 여러 방법으로 조작하고 조리하고 영양을 강화한 시리얼일 뿐이다. 폴란이 지적했듯 식단이 건강하다는 것은 선택할 수 있는 음식의 종류가 다양하다는 뜻이 아니라 식량 자체가 풍부하다는 뜻이다. 당신이 먹는 것이 곧 당신 자신이라는 말은 곧 '당신이 먹는 음식이 먹는 것이 곧 당신'이라는 뜻이라고 폴란은 강조한다.[35]

이누이트족이 번성한 것은 그들이 주로 먹은 바다표범과 바다코끼리가 물고기를 먹었고, 그 물고기가 오메가3 지방산과 비타민C가 풍부한 조류 및 플랑크톤을 먹고 자랐기 때문이다. 그들의 식단은 단순해 보이지만 모두 지구에서 가장 큰 영양의 보고인 바다에서 얻은 것이다. 지역의 음식 문화에 따라 사람들은 어느 지역에서든 잘 먹는 법을 익혔고 그에 맞추어 생리 기능이 적응했다. 이누이트족과 1845년에 그들의 영역으로 운명처럼 표류한 영국 선원들의 큰 차이점이라면 현지인인 이누이트족은 바다 깊은 곳에서 식량을 끌어온 반면 이방인들은 바다 위에 그저 떠 있기만 했다는 것이다. 많은 경우 이런 차이가 삶과 죽음을 갈랐다.

곡물을 거슬러

음식이 약이 되고 약이 음식이 되게 하라.

—히포크라테스

후기 산업사회에 사는 우리는 어떻게 먹는지 당연히 알아야만 한다. 전통 식단에는 필요한 모든 영양소가 들어 있다. 그렇지 않았다면 누구도 이 자리에 없을 것이다. 미국의 코미디 프로그램 〈빅뱅이론〉의 초괴짜 셸던 쿠퍼Sheldon Cooper가 재치 있게 꼬집었듯, 일반적인 건강식을 먹으면서 종합 비타민까지 챙겨 먹는 것은 '아주 값비싼 소변'을 만드는 셈이다.[36]

다양하고 균형 잡힌 식사를 하는 한 별 문제 없을 것이다. 하지만 비뚤어진 산업 식품 시스템 때문에 그러기가 점점 더 힘들어지고 있다. 당근을 예로 들어보자. 산업식 농업을 가장 열렬히 지지하는 사람들도 땅에서 방금 뽑아 그 자리에서 맛보는 당근이 봉투에 담아 가스를 주입하고 표백하거나 얼린 뒤 눈 돌아가게 바쁜 현대 식품 물류체계를 거쳐 수천 마일을 건너온 끝에 집 앞에 배달된 당근보다 훨씬 맛있다는 사실을 인정한다. 가공식품과 포장 식품을 먹는 사람은 생산지에서 멀리 떨어져 사는 대가를 일부 지불하는 것이다. 더 우려스러운 점은 당근 자체에 포함된 성분이다. 지난 50년 동안 농부들이 화학비료와 살충제에 점점 더 의존하면서 한때 비옥하고 기름졌던 토양이 고갈된 탓에 당근의 성분도 급격히 변화했다. 1940년부터 1991년까지 기록된 영국의학연구협회British

Medical Research Council 자료를 보면 이 기간 동안 당근에서 구리와 마그네슘은 75퍼센트, 칼슘은 48퍼센트, 철은 46퍼센트가 소실되었다.[37]

소고기도 마찬가지다. 한때 영국인들은 식지 않는 소고기 사랑으로 레 로스비프les Rosbifs(구운 소고기roast beef를 뜻한다—옮긴이)라는 프랑스어 별명까지 얻었다. 오래전부터 초원에서 기른(바다에 접한 영국에는 초원이 많다) 소고기는 미네랄과 비타민, 복합 오메가3 지방산이 풍부한 슈퍼 푸드다. 인간에게 최고의 친구라는 칭호를 두고 개와 앞뒤를 다투는 소는 풀을 씹어 먹는 반추동물로, 인간이 먹을 수 없는 섬유소를 영양이 풍부한 소고기와 우유로 바꾸어준다. 소에게 반추위라는 꽤 큰 발효 탱크가 있어서 복합분자를 잘게 부수어 인간이 소화할 수 있는 고급 식품으로 만들어주기에 가능한 일이다. 하지만 요즘 소는 대부분 풀이 아닌 곡식을 먹고 자라는 탓에 이런 아름다운 시너지 효과를 보기 힘들어졌다. 소에게는 곡물이 맞지 않는다. 곡물을 먹은 소는 영구적인 소화불량에 시달리고 혈류로 독소를 내보내는데 이를 누그러뜨리기 위해 항생제가 사용된다. 소가 이런 패스트푸드를 섭취한다는 것은 곧 오메가3가 풍부한 근육이 아니라 오메가6 지방산을 만들어낸다는 뜻이기도 하다.[38]

그러면 인간의 식단에서도 오메가3 지방산이 급격히 사라지고 있다는 뜻이니 소와 인간 양쪽에 모두 좋지 않은 소식이다. 녹색 채소와 어유에 많이 함유된 오메가3 지방산은 뇌 기능과 시력, 항염증 작용에 중요한 슈퍼 푸드다. 오메가6 지방산 역시 우리 몸에서 상호 보완적인 역할을 하기에 필요한 성분이지만 산업화된 식단을 통해 이미 과다하게 섭취되고 있다. 이 두 지방산은 몸에 흡수되기 위해 경합을 벌이기 때문에 오메가6 지방산이 과다하면 오메가3 지방산은 더욱 결핍된다. 두 지방산을 일대일 비율로 소비하는 것이 이상적이고(수렵 채집을 하던 선조들이 그랬다) 4 대 1 비율까지는 웬만큼 괜찮다고 여겨지지만 서양인이 소비하는 비율은 10 대 1에 이르기도 한다. 이 정도면 정신과 육체의 건강이 위험할 수 있다. 최근 미국에서 진행된 한 연구 결과, 미국인의 60퍼센트는 오메가3 결핍 상태이고 20퍼센트는 오메가3 수치가 심각하게 낮아서 감지할 수 없는 정도였다.[39] 옥스퍼드 대학 생리학 교수 존 스타인John Stein이 말했듯 "오메가3 지방산의 결핍은 기후변화처럼 심각한 수준으로 인간의 뇌를 바꿀 것이다".[40]

소고기와 당근은 산업식 농업이 바꾸어놓은 식품의 한 사례일 뿐이다. 할머니가 요리해주시던 이런 신선한 재료는 산업 식품이라는 빙산의 일각에 불과하다. 2018년에 학술지《공중 보건 영양학Public Health Nutrition》에서 19개 유럽 국가를 상대로 진행한 연구 결과, 영국인이 구입한 음식 중 절반 이상이 가정 부엌에서는 찾아볼 수 없는 공업용 원료를 사용해 공장에서 만들어진 '초가공'식품인 것으로 드러났다.[41] 쇼핑 바구니에서 초가공식품이 차지하는 비율은 예상대로 영국이 50.7퍼센트로 제일 높았고 프랑스는 14.2퍼센트, 이탈리아는 13.4퍼센트였다.[42] 이렇게 원재료로 직접 요리하기를 단념하고 공장식 모조 식품을 선호하면서 타격을 받는 것은 지갑만이 아니다. 파리 소르본 대학에서 2018년에 진행한 연구 결과, 이런 초가공식품 섭취와 특정 암의 발병률 사이에 직접적인 관련이 있다는 사실이 밝혀졌다.[43]

우리가 먹는 음식의 질은 지난 50년 사이에 몰라보게 바뀌었고 그중 일부는 인간에게 실질적인 해를 입히고 있다. 휴대용 화학실험용품을 가지고 다니거나 음식을 직접 길러 먹지 않는 한 자신이 먹는 음식이 좋은지 나쁜지 어떻게 알 수 있을까? 이상적으로는 신선한 재료로 처음부터 직접 요리하고 산업 시스템을 모두 피해 믿을 만한 지역 생산자와 투명한 공급망을 거친 식품을 직접 구입하면 된다. 현재 농산물 직판장과 유기농 농산물 꾸러미 등이 그 역할을 하고 있으며 높아지는 수요를 맞추기 위해 영국과 미국 슈퍼마켓에서 취급 품목을 늘리고 있다. 하지만 많은 이들이 음식에서 여전히 최우선순위에 두는 것은 시간과 비용이다.

슬로푸드Slow Food 운동을 창안한 카를로 페트리니Carlo Petrini가 지적했듯 좋은 음식이라고 비쌀 필요는 없다. 쿠치나 포베라cucina povera라고 알려진 이탈리아의 서민 음식은 세계 최고의 요리로 손꼽힌다.[44] 하지만 이렇게 먹으려면 지식과 시간, 기술은 물론이고 제대로 된 재료를 구할 수 있는 믿을 만한 시장이 있어야 한다. 즉, 전통적인 음식 문화가 있어야 하는 것이다. 이런 전통이 고집스럽게 이어진 곳이라면 잘 챙겨 먹는 것이 어렵지 않겠지만 이런 문화가 존재하지 않는 곳, 가령 신선한 식품을 구할 수 없는 도시 빈곤층 등 식품 사막에 사는 사람들에게는 오히려 더 힘든 일이다.[45] 음식 문화가 사라진 곳에 사는 사람들이 잘 챙겨 먹지 못하는 것은 시간이나 돈, 기술의 문제도 있지만 몸 자체가 저항하기 때문이기도 하다. 일례로 영국의 요리 연구가 제이미 올리버Jamie Oliver가 열악한 환경에 사는 학생들을 데리고 신선한 딸기를 따러 갔는데 많은 학생들이 딸기의 낯선 맛에 구역질을 했다. 신선한 과일을 접해본 적이 없는 터라 딸기 맛에 거부감을 느낀 것이다.[46] 영국에서 이런 현상은 전혀 새롭지 않다. 1937년에 출판된《위건 부두로 가는 길》에서 조지 오웰은 가공식품을 끊임없이 먹는 식습관 때문에 사람들의 미각이 '산업화'되었다고 지적했다.

> 영국인, 특히 노동자 계층의 미각은 이제 좋은 음식을 거의 자동적으로 거부하는 수준에 이르렀다. 진짜 콩과 진짜 생선보다 통조림 콩과 통조림 생선을 선호하는 사람들이 매년 늘어나고 마시는 차에 진짜 우유를 곁들일 형편이 되는 사람들도 머지않아 캔에 든 우유를 마시게 될 것이다.[47]

세계 최초의 산업국가인 영국은 오래전부터 잘 챙겨 먹지 못했다. 빅토리아시대 때부터 콘비프corned beef(소금에 절인 소고기. 주로 통조림 형태로 나온다—옮긴이)와 연유, 복숭아 통조림에 열광하던 풍습이 대중에게 저렴한 가공식품을 판매하는 데 주력하는 산업을 탄생시켰다. 컵라면과 즉석 조리 타르트, 치즈맛 과자가 슈퍼마켓 진열대의 한가운데를 차지하고 있는 지금 현실에서 이런 식습관은 우리 몸에 여전히 깊이 배어 있다. 유기농 음식이 찾기 힘든 하위 범주에 들어가 있다는 사실이 모든 것을 말해준다.

기름진 땅

> 인간은 빵만으로 살 수 없다. (…) 피넛 버터가 있어야 한다.
>
> —미국 대통령 제임스 A. 가필드

산업 식품이라는 지뢰밭을 무사히 건널 수 있는 사람은 드물다. 건강해지려면 몸에 무엇이 필요한지 대다수는 짐작도 하지 못한다. 예전에는 이런 사실을 모두 전통 음식 문화에서 알려주었다. 내가 어렸을 때인 1960년대에 구이 요리와 스튜, 고기 요리, 생선과 감자튀김은 이국적이지는 않았지만 적어도 부모님이 처음부터 직접 요리해준 음식이었기에 우리가 무엇을 먹고 있는지 알 수 있었다. 이제는 부모님 대신 슈퍼마켓이 주요 음식 제공자가 된 지금, 모든 것이 백지가 되었다. 슈퍼마켓은 우리가 건강하게 먹든 말든 조금도 신경 쓰지 않는다. 그들의 목적은 가능한 한 많은 수익을 내는 것이다. 슈퍼마켓이 있는 한 우리는 피자와 감자칩을 양껏 먹을 수 있다. 기회만 있다면 많은 이들이 그렇게 하고도 남을 것이다.

우리 잘못이 아니다. 우리의 몸은 때가 좋으면 포식하도록 설정되어 있다. 이제는 사냥이나 채집을 할 일이 없다는 사실을 몸은 알지 못한다. 매리언 네슬Marion Nestle이 2002년에 자신의 책 《식품정치》에서 지적했듯 미국 식품 산업에서 생산되는 식품의 양이 미국인이 안전하게 먹을 수 있는 양의 두 배에 이른다는 사실은 소비자는 물론 생산자에게도 문제가 된다. 기업 입장에서 식품을 팔아야 한다는 압박을 받기 때문이다. 그 결과 '특대 사이즈' 판촉 상품과 원 플러스 원 상품을 내놓고 수십 억 달러를 들여 의회에 로비를 벌이는가 하면 '우호적인' 연구를 후원하고 유아동을 직접 겨냥한 마케팅을 펼친다.[48] 정크 푸드가 단연 최고의 이윤을 남겼으니 예산의 대부분이 그쪽으로 향하는 것도 당연했다. 2012년에 미국의 패스트푸드 산업에서 정크 푸드 광고에 들인 비용은 46억 달러에 달한 반면, 미국농무부Department of Agriculture, USDA에서 과일 및 채소 판촉에 들인 비용은 650만 달러에 그쳤다.[49]

그러니 미국인의 70퍼센트가 과체중이고 40퍼센트가 비만인 것도 놀랄 일이 아니다.[50] 더군다나 소외 계층에서 이런 수치가 더욱 두드러진다는 사실도 놀랍지 않다. 사회 취약 계층은 잘 먹지 못했다. 정부의 푸드스탬프food stamp(저소득자를 위한 식료품 할인 구매권—옮긴이)에 의존하는 미국 시민 4,700만 명이 식품 사막에 살고 있는 탓에 지원금을 정크 푸드에 쓸 수밖에 없다는 사실은 현대사회의 모순을 여지없이 드러낸다. 최근 진행한 갤럽 여론조사 결과가 말해주듯 미국인 대다수는 식품 선택 문제와 관련해 덫에 걸린 느낌을 받는다. 응답자의 76퍼센트는 패스트푸드가 '별로 좋지 않다' 혹은 '전혀 좋지 않다'고 생각하지만, 47퍼센트가 패스트푸드를 일주일에 최소한 한 번씩 먹는다고 답했다.[51]

신세계 증후군

막을 수 없는 파도처럼 미국의 음식 문화가 세계 전역으로 퍼지면서 가는 곳마다 큰 혼란을 일으키고 있다. 그 효과를 제일 먼저 체감한 이들이 마셜제도 주민이다. 태평양에 위치한 이 군도는 제2차 세계대전 당시 미군에 함락되었다. 세계대전 이전에는 주민 대다수가 수렵 채집인이었고 생선과 조개, 코코넛, 빵나무 열매, 푸른 잎줄기 채소, 카로티노이드(강력한 산화 방지제)가 풍부한 섬유 열매인 판다누스 등을 먹었는데, 이야말로 영양학자들이 그리는 꿈의 식단이었다. 하지만 미군이 비키니환초를 핵실험 기지로 사용하게 되면서 주민 대다수가 수도 마주로로 이주해야 했고 그곳에서 미국산 수입 식품을 먹으며 살아야 했다. 백미와 콘비프, 채소 통조림과 단 음료로 이루어진 식사에 노출되면서 마셜제도 주민의 영양 상태는 머지않아 전 세계 최하위 수준으로 떨어졌다. 현재 이곳 여성의 75퍼센트, 남성의 50퍼센트에 가까운 인구가 과체중이거나 비만이고 35세 이상 성인 중 절반 가까이가 당뇨병을 앓고 있으며 이 제도에서 시행된 수술의 절반가량이 당뇨로 인한 절단 수술이었다. 변화한 식단이 몰고 온 결과가 끔찍한 지경이다 보니 이를 지칭하는 꼬리표가 붙었다. 신세계 증후군New World Syndrome이었다.[52]

마셜제도 주민은 미국식 식단을 따르는 수밖에 달리 방법이 없었지만 주민 스스로 선택해서 미국식 식단을 따른 지역도 있었다. 패스트푸드가 침범한 또 다른 지역은 1991년 걸프

전쟁이 한창이던 중동이었다. 미군 부대를 겨냥해 들어온 버거킹, 피자헛, 타코벨을 비롯한 여러 체인점이 현지인 사이에서 열광적인 인기를 얻은 끝에 전쟁이 끝난 뒤에도 그곳에 남았고 현지인의 수요를 충족하기 위해 피자헛의 베스트셀러인 치즈버거 피자 크러스트 같은 잡종이 만들어졌다. 현재 쿠웨이트는 전체 인구의 88퍼센트가 과체중이거나 비만으로, 미국을 제치고 지구상에서 가장 비대한 국가가 되었다.[53]

이렇게 비대한 징후를 보이면서도 패스트푸드는 세계 전역을 휩쓸며 미식의 나라로 알려진 프랑스와 이탈리아, 인도, 중국까지 장악했다. 처음에는 일부 저항도 있었다. 1986년에 맥도날드가 로마에 상륙했을 때 이에 격분한 카를로 페트리니는 그 맞은편에 노점을 차리고 '이탈리아 슬로푸드'인 손수 만든 파스타를 행인들에게 나누어주다가 3년 뒤 슬로푸드 운동을 창시했다. 마찬가지로 피레네 산지에 위치한 프랑스 도시 미요에 맥도날드의 금색 아치가 들어서던 1999년에 목양업자인 조제 보베Jose Bové는 '미식 제국주의'에 항의하며 맥도날드 창문에 벽돌을 던졌다.[54] 이런 저항이 모두 허사로 돌아갔다. 맥도날드는 여전히 세계 최대의 버거 체인점으로 군림하면서 전 세계 119개국에 3만 6,000개 매장을 거느리고 있는데 그중 미식의 본고장에 연 매장만 1,400여 개에 이른다.[55] 이제 프랑스는 미국을 제외하고 세계에서 빅맥을 두 번째로 많이 소비하는 나라가 되었다. 2014년에 생폴쉬르테르느와 주민들이 맥도날드 지점의 개설을 요구하며 행진을 벌일 정도로 맥도날드를 향한 열광은 식을 줄 모른다.[56]

대체 왜 뵈프 부르기뇽boeuf bourguignon(소고기, 버섯, 양파 등을 적포도주로 조리한 음식—옮긴이)이나 라자냐를 두고 빅맥을 먹고 싶어하는 것일까? 다량의 소금과 설탕, 기름은 문화적으로 명망 있는 음식만큼이나 매력적이다. 앤디 워홀이 지적했듯 패스트푸드의 매력은 누구에게나 두루 어울리는 상업 문화가 아메리칸드림과 매끄럽게 들어맞았다는 점에 있다.

> 미국의 위대한 점은 이곳에서 가장 부유한 소비자와 가장 빈곤한 소비자가 기본적으로 동일한 제품을 구입하는 전통이 시작되었다는 것이다. 누구든 TV에 나오는 코카콜라를 보면서 대통령도 콜라를 마시고 엘리자베스 테일러도 콜라를 마시니 자신도 콜라를 마실 수 있다고 생각할 수 있다. 콜라는 콜라일 뿐이다. 아무리 많은 돈을 주어도 길거리 부랑자가 마시는 것보다 더 좋은 콜라를 손에 넣을 수는 없다. 콜라는 모두 똑같고 콜라는 모두 좋다. 엘리자베스 테일러도 알고 대통령도 알고 부랑자도 알고 당신도 아는 사실이다.[57]

이런 잠재의식 메시지를 누구보다 능란하게 활용한 사람이 억만장자 대통령 도널드 트럼프Donald Trump다. 백악관으로 햄버거를 주문하는 습관 덕분에 트럼프는 '서민 정치인' 이미지로 팬들의 사랑을 받았다. 다른 어떤 행동으로도 이루지 못한 성과였다. 인도와 중국 등지에서 이제 성인이 된 신세대들에게 패스트푸드는 미국에서 비롯된 십대들의 천국이라는 낙관적 정취를 불러일으킨다. 1950년대의 행복한 시절이 디지털 시대에 재현되는 것이다. 인도의 길거리 음식 판매점마저 미국 패스트푸드 음식점과 비슷하게 재단장하고 이에 맞게 음식도 미국화했다. 인도 전통식 벨 푸리Bhel puri(튀긴 쌀에 향신료 등을 버무려 먹는 인도 음식—옮긴이)나 알루 티키Aloo tikki(인도의 감자 크로켓—옮긴이)를 먹고 싶다면 더 늦기 전에 인도로 떠나는 편이 좋을 것이다.

규칙이나 전통 없이 음식을 먹는 새로운 방식을 선보이면서 패스트푸드는 자유의 한 형태를 제안하는 듯하다. 한계나 책임이 없는 음식은 〈게으름뱅이의 천국〉에 드러난 중세의 꿈을 반영하며 에덴동산을 그대로 옮겨놓은 듯 먹을 것이 주렁주렁 달린 세계를 그린다. 산업 식품 덕분에 이제 우리도 그런 땅에 살고 있다. 원한다면 하루 종일 먹으면서 이 음식이 어디서 왔는지, 그럴듯한 허울 뒤에 가려진 실제 풍경은 어떤 모습인지 걱정할 것 없는 태평한 세상 말이다.

환락궁

> 나는 모든 것을 거부할 수 있다. 단 유혹은 예외다.
>
> —오스카 와일드58

에피쿠로스는 인간이 쾌락주의자이며 육체적 욕구를 주기적으로 충족시켜야 한다는 사실을 깨달았다. 욕구 충족에 지나치게 탐닉하면 쾌락이 이내 고통이 된다는 사실 역시 알았다.

이제 그 이유를 신경 과학자들이 밝혀내기 시작했다. 1950년대에 미국인 과학자 제임스 올즈James Olds와 피터 밀너Peter Milner가 뇌에서 쾌락과 고통을 주관하는 독립 영역을 발견하고 이를 보상 및 처벌 중추라 이름 붙였다. 이제 우리는 이들 중추가 뇌의 다른 부위와 연결될 때 도파민 같은 신경전달물질이 이동하는 신경 경로를 통한다는 사실을 안다. 특정 음식이나 약물에 자극을 받으면 도파민 수치가 치솟으면서 보상 체계가 활성화된다. 이 과정은 현대의 뇌 영상 장치 덕분에 실시간으로 확인할 수 있다.

결정적으로 이런 자극에 대한 반응은 무의식적으로 일어난다. 맛은 의식적인 두뇌, 즉 전두엽 피질에서 경험하지만 음식에 대한 반응은 훨씬 오래된 잠재의식의 영역으로 척수 꼭대기에 자리한 파충류의 뇌와 그 바로 위에 위치한 변연계에서 일어난다. 이 두 영역이 동기 유발을 담당해 음식과 안전, 섹스를 (반드시 이 순서로 이루어지는 것은 아니다) 추구하도록 유도한다. 위협적인 상황에서는 감정 중추(편도체)가 호르몬 중추(시상하부)를 자극해 혈류로 코티솔을 방출해 삼엄한 경계 태세에 돌입하게 한다. 반면 기분 좋은 자극을 받으면 쾌락 중추(측좌핵)에서 뇌의 동기 부여 중추(선조체)로 도파민을 방출해 방금 전 받은 자극을 더욱 추구하도록 유도한다. 한편 기억 저장고(해마)에서는 우리의 반응을 충실히 기록하고 저장한다. 50년이 지난 후에 마들렌을 앞에 두고 불현듯 눈가가 촉촉해지는 것도 그 때문이다.

파충류의 뇌와 변연계에서 호르몬을 분비해 기분을 이리

저리 흔드는 동안 전전두엽 피질은 위엄 있게 초연한 상태를 유지한다. 자아의식을 관장하는 부위가 전전두엽 피질로, 이 때문에 쾌락과 고통 앞에서 우리가 이중인격에 가까운 상태에 놓이는 것이다. 초콜릿 도넛을 먹을 때 뇌에서 반짝이는 모든 부위 중에서 이다음 도넛을 또 먹는 것이 좋을지 묻는 것은 전전두엽 피질뿐이다. 간단히 말해 유혹과 싸우는 유일한 뇌 부위가 전전두엽 피질이다.

내장의 감각

다행히 인간의 뇌는 어떻게 먹는지를 규제하는 유일한 신체 부위가 아니다. 내장 역시 중요한 역할을 맡는다. 뇌가 비대해지면서 다소 줄어들었을지 모르지만 위장 기관은 여전히 만만치 않은 기관이다. 길이가 9미터에 표면적이 4,500제곱미터이며(복식 테니스 코트 17개의 크기와 맞먹는다) 얼마 전까지도 가장 알려지지 않았고 가장 가치 절하된 신체 부위였는데 이제는 이야기가 다르다. 최근 현미경 검사 기술이 발전하면서 내장에 1억 개의 신경 세포와 30개의 신경전달물질이 있다는 사실이 밝혀졌고, 이로써 내장이 두 번째 뇌로 기능하면서 위쪽에 위치한 뇌와 서로 협력한다는 사실이 드러났다.[59] 이런 소위 장-뇌 축은 우리가 먹는 방식뿐만 아니라 세상을 감지하고 이해하는 방식의 핵심을 이룬다.

변연계와 마찬가지로 내장은 동기 부여 회로와 함께 작용하면서 호르몬을 분비해 쾌락과 고통을 받아들이는 뇌의 기능을 촉진하거나 억제한다. 속이 비기 시작하면 내장은 그렐린과 PYY를 비롯한 '배고픔' 호르몬을 분비해 식욕을 돋우고 음식을 찾도록 유도한다. 음식을 다 먹고 나면 렙틴과 세로토닌을 분비해 순서를 뒤집어 도파민 수용성을 줄이고 먹는 즐거움을 줄인다. 그렇게 고통에서 쾌락으로 이끌었다가 다시 돌아오기를 끝없이 반복하며 하루의 리듬과 동기화된 쾌락 주기를 만들어낸다. 두 번째 뇌는 첫 번째 뇌에 명령을 내려 언제 먹는지 뿐만 아니라 생활 리듬까지 지시하는 등 우리의 기분에 깊이 영향을 미친다. 이 모든 사실로 미루어보면 내면의 소리를 잘 들으라는 말이 단순히 은유적인 표현이 아님을 알 수 있고, 임금 인상을 원할 경우 점심시간이 끝난 후에 요청하는 게 낫다는 말이 왜 나왔는지를 알 수 있다.

이런 시스템은 역사적으로도 효과가 있었다. 채집 생활을 한 선조들은 늘 배고픔을 안고 살았기 때문에 음식을 찾아내려면 몸이 지속적인 각성 상태에 머물러 있어야 했다. 그들에게 먹는 것은 강렬한 쾌락을 안겨주었을 테고 과식하는 경우가 드물었을 테니 먹는 즐거움이 식사 시간 내내 이어졌을 것이다. 꿀처럼 당분이 높은 음식은 구하기 힘들어서 대단히 귀하게 여겨졌기 때문에 당대의 수렵 채집인은 이 귀중한 물질을 획득하기 위해 벌에 끔찍하게 쏘여 목숨을 잃을 각오를 하고 높은 나무 위로 올라가기도 했다.

그 당시와 신체 구조는 비슷하지만 생활 방식은 몰라보게 달라진 지금, 우리의 보상 체계는 바뀐 환경에 대응하기 위해 분투하고 있다. 요즘에는 꿀을 먹고 싶으면 나무에 오르는 대신 꿀병을 카트에 담기만 하면 된다. 더없이 편리하다는 이점에도 불구하고 이런 상황은 먹는 만족감을 상당 부분 앗아간다. 배 속을 지나치게 채워 넣는 이 세계에서는 먹는 즐거움이 매우 급격히 줄어든다. 타파스나 딤섬, 스시 등 한 입 음식이 큰 인기를 끌게 된 것도 이 때문이라고 할 수 있다. 이런 음식은 적은 양으로 다양한 즐거움을 선사하면서 한때 노동자의 배 속을 가득 채운 파이나 스튜보다 더 오랫동안 쾌락을 연장한다.

거듭되는 과식은 더욱 심각한 영향을 미친다. 내장이 뇌에 보낸 신호를 무시하고 중독과 비슷한 악순환에 빠지는 것이다.[60] 쥐를 대상으로 신경 심리학자 폴 J. 케니Paul J. Kenny가 실험한 결과, 소시지와 초콜릿, 치즈케이크가 갖추어진 '설치류 식당'에 들어갈 수 있게 된 쥐는 주기적으로 전기 쇼크가 가해져도 굴하지 않고 계속 먹는다는 사실이 밝혀졌다. 반면 일반 먹이를 먹은 쥐는 전기 쇼크 앞에서 안전을 찾아 허둥지둥 도망쳤다. 이로 미루어보아 치즈케이크를 먹을 때 느끼는 쾌락이 고통을 감내할 만큼 가치가 있는 듯하다. 케니의 '식당'에 들어간 쥐는 그곳의 음식에 푹 빠진 나머지 말 그대로 죽을 때까지 먹었다. 케니가 언급한 대로 "실험쥐의 쾌락주의적 욕망이 자기 보호라는 기본 감각마저 압도했다".[61] 비슷한 실험에서도 실험쥐가 보이는 행동은 정확히 똑같았는데, 이번에 중독된 물질은 코카인이었다.

인간은 설치류가 아니지만 치즈케이크 같은 음식의 중독

성 짙은 유혹은 이성적 사고로도 쉬이 떨쳐내지 못하는 것으로 보인다. 왜 그러는 것일까? 케니에 따르면 이런 음식이 야생에서는 전혀 찾아볼 수 없는 조합으로 이루어져 있기 때문이다. 자연에서는 설탕 한 가득, 지방 한 가득씩을 각각 찾을 수는 있어도 이 둘이 결합된 것은 결코 찾을 수 없다. 이렇게 치명적으로 맛있는 음식(솔티드 캐러멜 아이스크림을 생각해보라)을 만들어낼 줄 아는 것은 오직 요리하는 동물인 인간뿐이다. 이런 특별한 음식을 주기적으로 먹다 보면 뇌의 보상 체계가 압도되어 도파민이 지나치게 흘러넘치는 나머지 쾌락에 대한 반응이 수그러들고, 결국 예전과 같은 수준의 쾌락을 느끼려면 더 많이 먹어야 하는 상황에 놓이고 만다. 케니는 주기적으로 과식하는 사람들(즉, 비만인)도 이처럼 내성이 생기는 것과 상당히 흡사한 상황에 놓인다고 말한다. "알코올 중독자나 마약 중독자처럼 그들은 더 많이 먹을수록 더 많이 원한다."[62]

프랑스인의 역설

비만을 유발하는 이 세상에 수백만 명이 살고 있다. 그런데 왜 모든 사람이 뚱뚱하지는 않은 것일까? 내놓을 수 있는 한 가지 답은 게으름뱅이의 천국에서 잘 사는 능력이 행복해지는 능력만큼이나 다양하기 때문이라는 것이다. 어떤 이들은 다른 이들보다 음식에 조금 더 흥미를 보인다. 음식에 대한 흥미 정도를 따졌을 때 게걸스럽게 탐욕의 끝으로 향하는 사람이 있는가 하면(내가 그렇다) 음식에 좀체 흥미가 없어서 먹는 것을 잊어버리는 사람도 있다. 이런 차이는 유전학에서 일부 원인을 찾아볼 수 있다. 킹스 칼리지 런던의 유전 역학 교수 팀 스펙터Tim Spector가 쌍둥이들을 대상으로 장기간 연구를 진행한 끝에 아이의 유전자가 이후 성인이 되어 비만이 될 가능성에 끼치는 영향이 25퍼센트라는 사실을 알아냈다.[63] 어떤 활동을 하는지 역시 비만에 영향을 미친다. 올림픽 수영 선수 마이클 펠프스Michael Phelps는 하루에 1만 2,000칼로리를 먹어 치운다고 알려졌는데 수영장 밖으로 나온 뒤에는 체중이 순식간에 늘었다.

체형과 성격, 습관, 환경과 교육, 유전자 등 무수한 요인들이 우리가 얼마나 뚱뚱해질지를 결정하는 데 관여한다. 지난 수십 년 동안 과체중이나 비만에 이르는 주된 요인으로 사회적 취약함이 꼽혔다. 하지만 최근에는 사회적 지위가 비만에 미치는 영향력이 점차 감소하는 추세다. 우리를 살찌게 만드는 요인은 그것이 무엇이든 사회계층의 경계를 넘어 영향을 미치고 있다.[64] 영국에서는 오직 두 사회집단(부유한 여성과 빈곤한 남성)만이 최근 추세를 거스르고 있다. 이 사실은 살이 찌는 것이 그저 다이어트할 의지가 부족해서라는 주장에 찬물을 끼얹는다. 특정한 경우 맞는 이야기이겠지만 대다수는 단순히 비만 유발 사회에 살고 있는 피해자일 뿐이다.

그렇다면 한 사회가 다른 사회보다 비만을 더 유발하는 이유는 무엇일까? 가령 영국에 살면 살이 찌는데 반해 프랑스에 살면 적어도 당분간은 살이 잘 찌지 않는 이유는 무엇일까?

답은 산업화가 전통 음식 문화를 해체한 과정에서 찾아볼 수 있다. 영국인이 뚱뚱한 이유 중 하나는 산업화를 거치면서 지역 고유의 음식 풍습을 오래전에 저버렸기 때문이다. 반면 프랑스의 음식 문화는 비록 맥도날드의 위협에서 안전하지 않다 해도 여전히 비교적 온전하게 유지되고 있으며, 프랑스인들의 식사 방법은 물론 생활 방식에까지 영향을 미치고 있다.

익히 알려졌다시피 프랑스인은 음식을 상당히 진지하게 생각한다. 일례로 미슐랭 가이드가 생긴 것도 사람들이 이동 중일 때조차 잘 먹는 것을 고집했기 때문이다. 프랑스에서는 지금도 식품의 품질과 원산지, 계절성이 무엇보다 중요하고 양질의 독립 식료품 매장이 여전히 흔히 보인다. 요리를 하는 '옳고' '그른' 방법이 존재하며, 요리는 반드시 격식에 맞게 제공되어야 한다고 여긴다. 영국인이나 미국인과 달리 프랑스인은 음식을 음미하는 데 꽤 많은 시간을 할애한다. 평일 한낮에 파리 거리를 거닐다 보면 식당마다 푸짐한 점심을 즐기는 근로자들로 가득한 풍경을 볼 수 있다. 미국과 영국에서 흔히 보이듯 샌드위치로 끼니를 급히 때우는 모습은 보기 힘들다.[65] 다른 어떤 서방국가보다 음식과 식사에 많은 시간을 할애하는데도 불구하고 프랑스인은 뚱뚱하지 않으며 오히려 유럽에서 비만율이 가장 낮은 축에 속한다. 이와 관련해 프랑스인의 역설이라는 말도 생겼다. 프랑스인이 치즈와 크림을 즐겨 먹기로 유명한 데도 심장병 발병률이 부러울 정도로 낮은 사실을 빗댄 것이다.

프랑스에서 식사를 해본 사람은 알겠지만 역설 같은 것

은 없다. 식당에서 탄성이 나올 만큼 풍성한 치즈 모듬이 나오면 프랑스인은 대부분 그중 두세 가지를 조금씩 맛볼 뿐이다. 와인 한 잔을 곁들이면 가끔 눈물이 날 정도로 톡 쏘는 치즈도 오랫동안 즐길 수 있다. 전통 음식 문화가 그렇듯 식사 규칙은 무엇을 먹는지만이 아니라 어떻게 먹는지까지 규정한다.

폴 로진Paul Rozin과 애비게일 K. 레믹Abigail K. Remick, 클로드 피슐러Claude Fischler가 2011년에 프랑스와 미국의 음식 문화에 대해 진행한 연구 결과, 프랑스인이 음식을 대하는 태도는 식탁을 넘어 꽤 멀리까지 뻗어나간다는 사실이 밝혀졌다.[66] 가령 프랑스인은 식사를 즐기면서 어떤 죄책감도 느끼지 않는 반면 미국인은 식사의 즐거움을 느끼면서 죄책감을 함께 느꼈다. 연구진이 주장하는바, 이런 차이는 가톨릭교와 개신교가 두 문화에 끼친 역사적 영향에서 기인한다.

> 개신교에서는 자기 절제와 신체 제어, 개인성에 역점을 둔다. 따라서 미국인은 즐거움을 죄악이나 죄책감과 혼동할 여지가 많다. 건강하고 탄탄하고 날씬한 몸을 유지하는 것은 모두 개인의 몫이며 이에 실패하는 개인은 무책임한 사람이라고 간주될 수 있다. 이처럼 미국인은 건강과 다이어트, 비만에 상당히 도덕적인 요소를 결부했다.[67]

연구에 따르면 프랑스에서는 먹는 것이 훨씬 더 사회적인 행동으로 여겨졌으며, 이로 인해 개인의 선택을 희생해가면서 '올바른' 방식으로 먹는 것이 널리 받아들여졌다.

프랑스는 미국보다 역사가 길고 요리가 훨씬 더 명확하게 규정되어 있으며 삶에서 음식이 맡는 역할이 뚜렷이 인식된다. 여기서 내릴 수 있는 결론은 프랑스인이 요리에서 미세한 변화조차 좀처럼 추구하지 않는 까닭은 어떤 요리나 음식이든 널리 인정된 (최고의) 형태가 존재하기 때문이라는 것이다. 미국인은 스테이크에 감자튀김이나 으깬 감자, 구운 감자, 집에서 튀긴 감자 중 무엇을 곁들일지 고민하는 반면 프랑스인은 스테이크에 당연히 프리테frites(감자튀김)를 곁들여야 한다고 생각한다.[68]

프랑스에서 전통적인 식습관이 비교적 온전하게 유지되고 있다는 사실은 언어에서도 드러난다. 예를 들어 프랑스어에는 소울푸드와 같은 개념이 없을뿐더러 먹는 대상을 가리키는 만능 단어인 음식food과 같은 말도 없다. 피슐러가 지적했듯 프랑스인은 ma nourriture préférée(내가 좋아하는 음식)이라고 하지 않고 mon plat préféré(내가 좋아하는 요리), ma cuisine préférée(내가 좋아하는 조리법), ma pâtisserie préférée(내가 좋아하는 빵) 등 조금 더 구체적으로 언급한다.[69]

음식 문화에서 드러나는 이런 차이는 삶의 다른 측면에서도 드러난다. 예를 들어 옷을 사러 갈 때 프랑스인은 기꺼이 전문가의 조언에 따르는 반면 미국인은 스스로 옷을 고르려 한다. 음식과 옷에 관해서라면 프랑스인은 양보다 질을 추구하는 반면 미국인은 그 반대를 추구한다. 이런 성향은 프랑스 음식이 미국 음식에 비해 가격은 비싸고 양은 더 적다는 사실에서도 드러난다. 저자들은 또한 편안함을 인식하는 사고방식에서도 뚜렷한 차이를 발견했다. 가령 여행을 할 때 미국인은 좋은 침대와 에어컨이 갖추어진 편안한 방을 중시하는 반면 프랑스인은 호텔 편의용품보다는 극장에 가는 것 등 현지에서 즐길 수 있는 여가 활동에 더 관심을 보였다.

편안함과 기쁨

> 적을수록 좋다.
>
> —미스 반 데어 로에70

대조적인 이 두 문화에서 무엇을 배울 수 있을까? 프랑스인이 중시하는 가치는 구시대적이고 전통적인 것이라면 미국인이 중시하는 가치는 신세계적이고 소비 중심적이다. 프랑스 문화가 더 사회적이고 맥락을 중시한다면 미국 문화는 더 개인주의적이고 도덕적이다. 프랑스인은 품질과 전문 지식, 즐거움을 추구한다면 미국인은 양과 선택, 편안함을 추구한다. 그렇다면 어떤 가치가 행복한 삶에 더 어울리는가? 중요한 질문이다. 지금 미국인의 가치가 소비 중심적 자본주의라는 형태로 세계 전역에 뻗어나가고 있기 때문이다.

헝가리계 미국인 경제학자인 티보르 스키토프스키Tibor Scitovsky가 1976년에 저서《기쁨 없는 경제》에서 지적했듯 전통사회와 소비주의 사회의 큰 차이점 하나는 즐거움을 도모하는 방식에 있다. 전통 문화에서는 전후 맥락과 관련지어 즐거움의 범위를 결정한다면 소비주의 문화에서는 즐거움을 하루 24시간, 일주일 내내 누리는 것을 목표로 삼는다. 후자와 같은 접근법은 파충류의 뇌가 관심을 보이겠지만 신체의 동기 부여 체계를 방해해 즐거움이 줄어들 수도 있다고 스키토프스키는 말했다. "기분이 나쁘거나 좋을 때, 고통이나 즐거움을 느낄 때 우리는 각성의 수준을 감지한다. 더욱이 고통은 피하고 즐거움만 좇으려 하기 때문에 행동의 이유를 설명하려면 언제나 각성이라는 개념을 중심에 두게 된다."[71]

이런 각성 상태가 그리 오래 이어지지 않는다면 실제로 즐거울 수 있다고 스키토프스키는 말했다. 감각이 고양되어 마침내 욕구가 충족되면 기쁨의 파도가 몰아치고 이내 편안함과 만족감으로 천천히 가라앉는다. 그렇게 얼마간 만족감에 젖어 있다가 모든 주기가 다시 시작되는 것이다.

우리 선조들은 이런 리듬이 익숙했을 것이다. 아리스토텔레스의 말을 빌리자면 만족감(편안함)은 인간의 쾌락 주기가 이르고자 하는 목표이며 인간의 보상 체계가 전달하고자 하는 것으로, 욕구와 과잉의 중간 상태다. 여기에 문제가 있다. 편안함이 아닌 기쁨을 추구하면 각성 수준이 높아지는 것을 용납해야 한다. 최상의 쾌락은 불쾌와 접해 있을 때에야 맛볼 수 있기 때문이다. 독일의 실험 심리학자 빌헬름 분트Wilhelm Wundt가 1874년에 처음 이런 현상에 주목해 도표로 나타내면서(그래서 분트 곡선Wundt curve이라 알려져 있다) 현대인의 딜레마를 잘 드러냈다. 삶을 만끽하기 위해서는 즉시 만족감을 얻기보다 욕구 충족을 미룰 필요가 있다. 쾌락을 최고조로 느끼려면 그전에 노력하고 고대해야 하는 것이다. 하지만 스키토프스키가 언급했듯 이런 연기postponement는 소비주의 문화가 추구하는 지향점과 정반대된다. 결국 욕구가 너무 쉽게 충족되다 보니 기쁨을 놓치고 마는 것이다.

편안함과 기쁨은 어느 정도 상호 배타적이라고 알려져 있다. 기쁨을 느끼고 싶으면 편안함을 일부 포기할 준비가 되어 있어야 하지만 우리가 생각하는 좋은 삶은, 즉 진보라는 개념으로 구현된 좋은 삶은 편안함을 단계적으로 늘리는 것이다. 소비 지상주의 사회에서는 편안함과 기쁨 중 하나를 택하도록 끊임없이 압박하는데 조금 분명치 않은 점은 편안함을 얻으면(가령 간식을 먹으면) 즉각적이고 현시적인 만족을 느끼지만 이후 그에 따른 상실(저녁에 식욕이 없다)을 명백히 경험한다는 것이다.[72] 계속 이어지는 편안함을 본능적으로 받아들이면서 기쁨을 더 멀리 밀어내고 있다는 사실을 우리는 깨닫지 못하고 있다.

과일과 견과류

> 식도락이 시작되면 국가의 몰락이 시작된다.
>
> —존 하비 켈로그[73]

무한한 선택권이 주어지는 현대 음식 문화에서는 누구보다 소비자가 가장 잘 알고 있다고 가정하는데, 그 때문에 사람들은 무엇을, 어떻게 먹어야 할지 깊은 혼란을 느낀다. 이런 당혹감이 열풍으로 거침없이 이어지면서 한때 가문 대대로 유산처럼 전해져 내려왔을 지식과 지침을 앞다투어 찾게 되었다.

세계 최대의 문화적 용광로인 19세기의 미국은 이런 열풍이 자연스레 호된 시험을 거친 장이었다. 새로운 제2의 조국에서 어떻게 먹어야 할지 배우고자 열망하는 이민자 수백만 명 사이에서 온갖 돌팔이와 괴짜 들이 나타나 자신의 열렬한 신봉자를 어렵지 않게 찾아냈다. 당시에는 영양에 대해 알려진 것이 거의 없었기에 이 권위자들이 하는 일은 무척 쉬웠다. 영양학은 인간에게 더없이 중요한 과학이지만 놀라울 정도로 늦게 시작되었다. 핵심 다량 영양소인 지방, 탄수화물, 단백질은 영국 화학자 윌리엄 프라우트William Prout가 1825년에 처음 발견했고 이들 영양소의 기능을 처음 가정한 것은 유스투스 폰 리비히Justus von Liebig였다. 꽤 오랜 시간 비료를 연구하던 리비히는 1842년에 관심을 돌려 단백질이 세포조직과 근육 생성에 쓰이고 지방과 탄수화물은 연소되어 에너지를 만든다고 주장했다. 틀린 부분도 있었지만 그럼에도 리비히는 처음으로 영양에 관해 일치된 이론을 세우려 시도한 학자였다.

한편 미국에서는 이상적 식이법을 추구하는 움직임이 미국적인 또 다른 열광의 대상인 구원과 결합하고 있었다. 유행을 선도한 것은 장로교회 목사 실베스터 그레이엄Sylvester Graham으로, 곡물을 빻는 것이 "신이 결합한 것을 갈라놓는" 행위이기 때문에 죄악이라고 하면서 통곡물이 도덕적이고 건강한 식이법의 기본이라고 주장했다.[74] 1829년에 그레이엄은 통곡물과 과일, 채소에 소량의 신선한 우유와 치즈, 달걀을 추가해 세계 최초로 개인이 고안한 채식 식이법을 선보였다. 현대 영양학자는 대부분 그레이엄의 식이법을 인정하겠지만 사실 이 목사가 새로운 식이법을 고안한 것은 의학이 아닌 도덕적 이유에서였다. 그가 육식에 반대한 것은 육식이 '불순한 생각'을 품게 한다고 믿었기 때문이다. 이런 종교적 강박은 조롱을 받을지 몰라도 그레이엄은 숭배의 대상이 되었다. 1863년에 제임스 C. 잭슨James C. Jackson이라는 한 열성 지지자가 그레이엄의 빵을 잘게 부순 뒤 작은 덩어리로 만들어 다시 구워서 그래눌라Granula로 만들었다. 우유에 녹여 부드럽게 먹을 수 있는, 전투식량 같은 혼합물이었다. 그레이프 너트Grape Nut로 이름을 바꾼 이 음식은 세계 최초의 아침 식사용 시리얼이었다.

그레이엄의 명성은 드높았지만 현재 우리의 아침 식탁에 자주 등장하는 이름은 켈로그다. 역시 신앙심이 깊었던(제칠일안식일예수재림교의 신자였다) 존 하비 켈로그John Harvey Kellogg는 그레이엄과 마찬가지로 당시 미국에 지배적이었던 식이법이 건강과 도덕에 해를 입히며 탐욕이 인간성을 타락시키는 최대의 악이라고 믿었다. 켈로그는《노인과 청년이 알아야 할 명백한 사실Plain Facts for Old and Young》이라는 충격적인 책에서 이렇게 간추려 말했다. "생리학에서는 생각이 먹는 것에서 비롯한다고 가르친다. 돼지고기와 흰 빵, 기름진 파이와 케이크, 조미료를 먹고 차와 커피를 마시며 담배를 피우는 사람은 순결한 생각을 하느니 차라리 하늘을 나는 시도를 하는 편이 낫다."[75]

식이법에 있어서 켈로그는 그레이엄보다 훨씬 엄격했다. 통곡물과 견과류, 과일, 채소를 제외한 거의 모든 음식을 식단에서 퇴출했고 '요거트라고 알려진 불가리아식 조제 우유'만 유일하게 인정했다.[76] 켈로그는 자신의 식이법을 신이 직접 하사한 것이라 믿었다. 이것이 제칠일안식일교회의 배틀 크릭 요양원 원장으로서 그가 설파한 교리였다. 요양원 환자들은 개인에게 맞는 엄격한 식단을 지키면서 호흡 훈련, 소화 촉진을 위한 식사 후 걷기 등을 실천하는 것은 물론 음식이 식도로 자연스레 흘러 내려갈 때까지 잘게 씹으라는 권유를 받았다. 무엇보다 켈로그가 선호하는 치료법으로 누구도 피할 수 없는 것이 있었는데, 바로 '유해한 박테리아'가 가득한 장을 정화하기 위해 '불가리아식 조제 우유'을 몸의 양 끝에 투여하는 일상 의식이었다.

과학적으로 검증되지는 않았지만 켈로그는 당대 굴지의 영양학 전문가가 되었고 그의 요양원에는 미국의 석유 사업가 존 D. 록펠러John D. Rockefeller와 미국 대통령 시어도어 루스벨트Theodore Roosevelt 등이 찾아왔다. 무엇보다 켈로그라는 이름이 지금까지 널리 퍼진 것은 그와 사업수완이 좋았던 동생 윌이 1895년에 삶은 밀 알갱이를 납작하게 민 뒤 노릇하고 바삭하게 굽는 아이디어를 떠올렸고, 이후 밀을 옥수수로 바꾼 뒤 설탕을 첨가해 세계에서 가장 유명한 아침 식사용 시리얼, 콘플레이크를 만들어낸 덕분이었다.[77]

새로운 영양

영양이라는 황제는 벌거벗은 임금님이다.
—마이클 폴란[78]

부족한 과학 지식을 내세워 음식에 좋고 나쁘다는 도덕적 꼬리표를 붙이면서 열렬한 추종자를 거느린 켈로그와 그레이엄은 사실상 현대 식품 유행food faddism의 창시자다. 요즘은 음식 권위자라고 하면 우락부락한 목사보다 인스타그램에 친화적인 젊은 여성이 될 가능성이 크지만 겉으로 드러나는 현상은 변함이 없다. 전통적인 음식 문화가 계속 해체되는 지금, 곧잘 속아 넘어가는 대중에게 판매할 식이법이 있다면 누구에게든 기회는 열려 있다.

마이클 폴란이 '영양주의의 시대'라고 이름 붙인 진화의 다음 단계는 영양학이 제품 판매에 미치는 경이적인 잠재력을 식품업계가 알아차리는 것이다.[79] 1920년대와 1930년대에 이상하리만큼 등한시되던 분야에 가정학자와 생화학자, 언론인의 관심이 몰리면서 미국인은 새로운 정보의 포화에 휩싸였고, 고기 한 종류에 채소 두 종류를 기본으로 먹는 식사가 사실은 단백질과 탄수화물, 지방이 어우러진 것이었으며, 애플파이와 크림을 맘껏 즐기기 전에 칼로리를 따져보아야 한다는 사실을 알게 되었다.

식이법은 더 이상 욕망을 억제하고 신을 섬기기 위한 것이 아닌 건강과 장수, 그리고 그레이엄과 켈로그가 그렇게 악착같이 근절하려 한 섹스를 위한 것이 되었다. 영양학적으로 새로운 사실이 발견될 때마다 기적적인 치료법이라는 환호를 받았고 최신 가공식품에 다급히 추가되어 시장에 나왔다. 일본인 과학자 우메타로 스즈키Umetaro Suzuki가 1910년에 처음으로 분리해낸 비타민은 통제 불가능한 흥분에 가까운 반응을 일으키면서 위궤양과 충치 치료에 효과적이라거나 에너지와 뇌 기능 증진에 탁월하다는 터무니없는 주장까지 몰고 왔다. 1920년대에 신여성들이 날씬함을 여성의 이상적인 아름다움으로 내세우자 미국인 여성 수백만 명이 자신의 사이즈에 조바심을 내기 시작했다. 1942년에 메트로폴리탄 라이프Metropolitan Life 생명보험에서 (25세 인구 데이터를 기준으로) '이상적' 몸무게를 표방한 잘못된 표를 선보이며 전 국민의 절반을 과체중으로 낙인찍은 결과, 날씬한 몸매에 대한 대중의 광적인 집착은 쉬이 수그러들지 않았다.[80] 1947년에 디올에서 잘록한 허리에 풍만한 엉덩이를 강조한 뉴룩을 선보이자 미국의 다이어트 산업이 폭발했다.

1959년에 출시된 225칼로리의 다이어트 음료 메트리컬Metrecal은 열망과 현실 사이의 큰 간극을 처음으로 이용한 식품이었다. 탈지유와 콩가루, 옥수수기름에 비타민과 미네랄을 첨가하고 바닐라 향을 가미한 이 음료는《포브스》에서 인정했듯 '약상자에서 부엌으로, 테라스로, 수영장으로 옮겨온' 새롭고 매력적인 생활 방식을 제시했다. 1960년에 이르러 메트리컬은 그리스와 사우디 왕실의 열렬한 지지를 얻기도 했다.《타임》에서는 당시의 현상을 이렇게 기록했다. "메트리컬을 한 방울도 남기지 않고 들이켜야 한다는 폭신한 볼링핀 같은 슈무Schmoo 체형의 중독자들이 점차 증가하자 지난주 미국 전역의 약국과 슈퍼마켓 관계자들은 신선한 제품을 조속히 납품할 것을 강력히 요구했다."[81]

얼마 뒤 메트리컬은 무수한 경쟁 제품을 맞닥뜨려야 했지만, 사람들의 몸매를 날씬하고 성공적으로 만들어준다는 전제를 달고 끈적거리는 음료를 판매해 떼돈을 벌 수 있음을 직접 증명해 보였다. 비슷한 시기에 미국의 다이어트 산업은 앤설 키스Ancel Keys라는 미국인 병리학자 덕분에 더 멀리 나아갈 힘을 얻었다. 1950년대에 키스는 국제적 연구를 진행해 포화지방이 콜레스테롤 수치를 높이고 심장병을 유발한다고 주장했다. 증거에 결함이 있었는데도(키스의 피실험자들은 모두 남성이었고 대다수가 흡연자였다) 그 의견을 납득시킨 끝에 결국 1961년에 미국심장협회American Heart Association에서 미국인에게 포화지방 섭취를 줄일 것을 당부하기에 이르렀다.[82]

식이법에 대한 공식 기관의 조언이 국가의 건강에 이렇게 엄숙한 영향을 미치는 경우는 드물었다. 버터가 저지방 스프레드에 자리를 내주고 베이컨과 달걀이 오렌지 주스와 시리얼로 대체되면서 미국인의 식습관에 끔찍한 일이 벌어졌다. 첫째, 맛이 현저히 떨어졌고 둘째, '저지방'을 내세운 대다수 특별 제품에서 탄수화물 함량이 급격히 증가했다. 셋째, 트랜스지방(상온에서 변질되지 않도록 수소를 인공적으로 결합한 지방)이 빠르게 확산했다. 세 가지 모두 그 자체만으로도 좋지 않지만 결합하면 파괴적인 폭풍을 몰고 오는 것들이었다.

새로운 지방공포증의 위험을 처음으로 감지한 사람은 영국의 영양학자 존 유드킨John Yudkin이었다. 이미 1950년대부터 유드킨은 과도한 탄수화물, 특히 과도한 정제 설탕 섭취가 인슐린 수치를 높여 비만을 유발할 수 있다고 경고했다. 이에 키스는 유드킨을 쉴 새 없이 공격하면서 과학 언론을 통해 그를 웃음거리로 만들고 그의 견해가 '산더미 같은 헛소리'라고 일축했다. 결국 수백만 명에게 피해를 입히며 키스가 논쟁에서 승리를 거두었고 이후 반세기 동안 지방은 대다수 미국인에게, 그리고 미국식 식습관을 택한 영국인에게 접근 금지 구역이 되었다. 이후 닭 껍질이나 달걀노른자, (지방분을 빼지 않은) 전유 등 지방의 흔적이 조금이라도 보이는 음식은 모두 쓰레기 취급을 받으면서 신경질적이고 생기 없는 식사의 시대가 뒤따랐다. 한편 식품 산업은 지방 없는 식품을 먹기 좋게 만들 방법에 골몰하며 과열되었는데, 결국 가장 확실한 방법은 설탕과 소금을 더 넣는 것이었다.[83]

이제는 다들 알겠지만 따분한 무지방 음식만 먹어야 했던 이 시기에 비만과 식이 관련 질환이 역사상 최대로 급증하면서 모든 것이 수포로 돌아간 듯했다. 2010년에 영양학자 로널드 M. 크라우스Ronald M. Krauss가 10년간 포화지방과 심장병의 관계에 관한 모든 증거를 메타 분석한 결과를 발표하면서 둘 사이에 아무 관련이 없다고 결론내렸다.[84] 2014년에 영국심장재단British Heart Foundation의 후원을 받은 한 과학자 집단에서도 72가지 각기 다른 연구를 검토해 같은 결론에 이르렀다. 적당히 먹는다는 가정하에 포화지방은 공식적으로 예전의 지위를 되찾았고 그 지위를 강탈했던 설탕은 유드킨이 1972년에 내놓은 책 제목처럼 '순백의 치명적인Pure, White and Deadly' 식품인 것으로 드러났다.[85]

살과의 전쟁

> 날씬해진 기분만큼 맛있는 것은 없다.
>
> —케이트 모스[86]

오늘날 미국과 영국에서 다이어트는 삶의 한 방식이 되었다. 새로운 유행이 일 때마다 기적적인 치료법이라는 환호가 쏟아지고 체중을 감량한 셀러브리티는 지방을 소탕한 우상으로 보도되어 TV와 책에서 홀쭉해진 몸매를 내보이며 수익을 거두어들인다. 여기서 한 가지 문제점이 있다. 다이어트는 효과가 없다. 물론 처음에는 효과가 있는 **것처럼** 보인다. 새로운 식이법을 시도한 후 한 주나 두 주 만에 몇 그램을 떨쳐내고는 체중계에서 한껏 고무되어 뛰어내려온 적이 없는 사람이 어디 있겠는가? 문제는 이렇게 떨구어낸 체중이 그리 오랫동안 떠나 있지 않다는 것이다. 간혹 처음 떼어낸 것보다 더 많은 체중이 얹히기도 하지 않았던가. 비만 전문 교수 줄 허쉬Jules Hirsch에 따르면 우리의 몸은 처음 다이어트를 시작할 때 살이 얼마나 찐 상태였는지와 상관없이 다이어트를 굶주리는 것으로 인식한다. 시작할 때의 몸무게를 기준점으로 설정하고 어떻게 해서든 그 수준으로 되돌아가도록 신진대사를 조절하는 것이다.[87] 미네소타 대학 심리학과 교수 트레이시 만Traci Mann이 다이어트하는 사람들을 대상으로 20년간 연구한 결과(역대 최대 규모의 연구였다) 이들이 2년에서 5년 사이 감량한 평균 체중은 1킬로그램이 채 되지 않은 것으로 드러났다. 더군다나 다이어트하는 사람들의 3분의 1은 결국 처음 잃은 것보다 더 많은 체중을 얻었다. 그래서 만이 내린 결론은 무엇일까? 다이어트는 애초에 하지 않는 편이 낫다는 것이다.

해도 효과가 없는 다이어트를 왜 계속하는 것일까? 한 가지 답은 처음 몇 주간 초반의 '성공'으로 맛본 쾌감을 잊지 못하고 계속 찾다 보니 다이어트에 중독되다시피 했기 때문이다. 다이어트를 한번 해본 사람들이 계속하게 되는 것도 이 때문이라 할 수 있다. 최근 진행된 한 연구에서는 평균 45세의 영국 여성이 시도한 다이어트가 최소 61가지라는 사실이 밝혀졌다.[88] 영국의 십대 소녀를 대상으로 하면 수치는 더욱 치솟는다. 유명인의 일거수일투족에 초미의 관심이 집중되는 문화와, 소셜 미디어가 야기한 또래 문화라는 유독 물질이 혼합한 결과다. 최근 한 연구 결과, 14세에서 15세의 영국 소녀 중에 자기 자신에게 만족한다는 이들은 33퍼센트에 불과했고 만족하지 않는다고 답한 이들 중 3분의 2는 그 이유를 '너무 뚱뚱해서'라고 밝혔다.[89] 응답자 중 14퍼센트는 그날 아침 식사를 걸렀다고 답했다. 이렇게 낮은 자존감이 결국 이르고 마는 비극적인 결말 역시 오름세를 보인다. 2010년부터 2018년까지 영국에서 심각한 식이 장애로 입원한 환자는 7,260명에서 1만

6,023명으로 두 배 이상 증가했으며 영국의 식이 장애 관련 주요 자선단체 비트Beat의 전화 상담 서비스에 걸려온 전화는 2017년과 2018년 사이 1만 7,000건에서 2018년과 2019년 사이 약 3만 건으로 치솟았다.[90]

소셜 미디어가 등장하면서 이런 장애가 증가했다는 것은 우연이 아니다. 페이스북도 (남자) 대학생이 동료 (여자) 학생을 '매력지수'에 따라 평가하기 위해 고안한 게임에서 시작되었다는 사실을 잊지 않기 바란다. 페이스북과 그 아류 매체 덕분에 오늘날 십대 청소년이 또래에게 공개적으로 평가받아야 하는 것은 피할 수 없는 현실이다. 대다수 젊은이에게 먹는 것이 근심 걱정 없이 기쁜 일이 아니라 불안으로 가득한 고역이라는 사실도 그리 놀랍지 않다. 유명 인플루언서들이(대부분 식이 장애에 시달린 적이 있는 이들이다) 영양학적으로 미심쩍은 식이법을 귀가 얇은 십대들에게 강요하다시피 해서 최신 열풍이 된 소위 '클린 이팅clean eating'(식품 첨가물과 가공식품 섭취를 줄이고 자연 그대로의 식품을 섭취하는 것—옮긴이)은 취약한 이들을 먹이로 삼아 이득을 취하는 데 음식과 성의 잠재적 관계가 사용될 수 있음을 보여주는 최근 사례다.[91]

우리가 음식과 뒤틀린 관계를 맺은 최초의 사회는 아니지만(유행을 좇는 다이어트는 오래전부터 사회적 무기가 되었다) 음식 문화가 사회적 열망과 이렇게 어긋난 적은 없었다. 많은 십대들에게 음식은 영양을 얻는 것이 아닌 사회적 인정을 얻기 위해 싸워야 할 대상으로 여겨진다. 많은 이들에게 음식이 적이 되고 말았다.

비만을 유발하는 세상에서 양상추만 먹고 마라톤 하프 코스를 뛰며 사는 것 말고 우리가 잘 지내는 방법은 무엇이 있을까? 위우회술 같은 극단적인 해법 외에 유일한 선택지는 다이어트를 아예 그만두고 자신이 조금 통통하다는 사실을 그저 받아들이는 것이다. 30년간 이어진 연구 보고서 〈미국의 식사 패턴Eating Patterns in America〉에서 최근 발표한 결과, 미국의 다이어트 인구가 처음으로 감소했다고 한다. 1991년에 다이어트 중이라고 밝힌 성인은 31퍼센트였는데 2013년에 이 수치가 20퍼센트까지 떨어졌다. 특히 다이어트 중인 여성의 수가 34퍼센트에서 23퍼센트로 가장 뚜렷한 감소세를 보였다.[92] 미의 개념이 재평가되면서 대중의 반란이 시작되었다. '과체중이 아닌 사람이 훨씬 더 매력적'이라고 생각하는지 묻는 질문에 1985년에는 미국인 응답자 중 55퍼센트가 그렇다고 답한 반면 2012년에는 그 수치가 23퍼센트로 떨어졌다. 미국인은 살과 벌이는 전쟁에, 그리고 자기 자신을 하찮게 여기는 삶에 진저리가 난 것으로 보인다. 이제 공식적으로 인정하자. 살이 찐다는 것은 멋진 일이다.

물만 부어라

> 디지털 시대에 음식 같은 간단한 문제로 걱정한다는 것이 기이하다.
>
> —롭 라인하트[93]

풍족함은 기쁨의 적일까? 분명히 그렇게 생각한 에피쿠로스는 비물질적인 대상에서 행복을 찾는 것을 해결책으로 삼았다. 그는 식사에 조미료 대신 대화를 가미해 흥미를 돋웠다. 현대 신경 과학이 지지할 만한 접근법이다. 현대의 판독 장치 덕분에 우리는 대화와 놀이, 독서가 컵케이크를 먹는 것만큼이나 두뇌를 밝힌다는 사실을 알고 있다. 신체 활동 역시 도파민을 적재적소에 분비하는 믿을 만한 방법이다. 활기차게 산책하면 기분이 좋아지고 마라톤을 하는 사람들은 30킬로미터 정도를 뛸 때쯤 '한계에 부딪힌' 뒤 최고의 쾌감을 맛본다. 이야말로 쾌락과 고통의 복합적 관계가 잘 드러나는 예다.

이런 활동으로 쾌락적 해결책을 추구할 때의 이점은 한계없이 즐길 수 있다는 것이다. 음식은 먹으면 금방 배가 부르지만 달리기나 뛰기, 노래 부르기, 춤추기, 생각에 잠기기, 퍼즐 맞추기는 원한다면 동이 틀 때부터 해가 질 때까지 계속할 수 있다. 잘 먹는 것은 좋은 삶의 기본이지만 멈추어야 하는 때도 있다. 전 세계 전통 음식 문화에서 행해지는 단식 기간이 대표적이다. 반면 산업 식품 국가에서는 먹지 말아야 할 시기를 우리 스스로 결정해야 하는데, 이를 능숙하게 해내는 사람은 드물다.

그렇다고 모든 사람이 음식의 유혹 앞에서 애쓰는 것은 아니다. 일부 디지털 세대는 먹는 것이 더 흥미진진한 일을 하기 위한 부수적 활동에 불과하다며 시간 낭비라 여긴다. 2012년에 롭 라인하트Rob Rhinehart라는 24세의 엔지니어가 샌프란시스코의 스타트업 회사에서 휴대전화 송신탑을 디자인하는 일을 하고 있었다. 패스트푸드를 주식으로 먹는 생활에 신물이 난 데다 먹기 위해 들이는 시간과 비용에 불만을 느낀 라인하트는 엔지니어 특유의 사고방식으로 어떻게 먹을 것인가에 대한 답을 찾기로 했다. "모든 것은 부분으로 되어 있다. 모든 것은 잘게 쪼갤 수 있다." 그는 익살맞게 이름 지은 자신의 블로그 '대체로 무해한Mostly Harmless'에 이렇게 썼다. "몸에 필요한 것은 음식 자체가 아니라 음식에 포함된 화학물질과 여러 성분이라는 가설을 세웠다. 이에 따라 한 가지 실험에 착수하려고 한다. 몸이 에너지로 쓰는 원재료만 먹는다면 어떻게 될까?"[94]

2013년 1월에 라인하트는 건강한 신체 기능에 필요한 영양소를 35가지로 좁힌 뒤 그 성분을 온라인으로 주문했다. 그 중에는 탄수화물(귀리 가루와 말토덱스트린)과 지방질(카놀라유와 어유), 단백질(쌀)을 비롯해 각종 미네랄과 비타민이 포함되었다. 이렇게 구한 모든 재료를 믹서기에 넣고 물과 함께 갈아서 찐득거리는 연갈색 액체를 만들었는데(날씬해지는 효과는 없는 메트리컬의 후손 격이었다) 팬케이크 믹스 같은 맛이 의외로 괜찮았다. 그렇게 만들어진 음료를 소일렌트Soylent라고 이름 붙였다. 1966년에 출판된 해리 해리슨Harry Harrison의 SF 소설 《메이크 룸! Make Room! Make Room!》에서 따온 이름으로, 종말론적 세상에서 뉴욕 시민이 콩과 렌틸콩으로 만든 정부 배급품인 '소일렌드 스테이크'로 연명하는 모습이 그려졌고 뒤이어 1973년에 개봉한 영화 〈소일렌트 그린〉에서는 이 정부 배급품이 인간 사체로 만들어졌다는 사실이 밝혀졌다.

라인하트는 오직 소일렌트만으로 살아가기 시작하면서 자신의 경험을 일기로 남겼다. 처음부터 모든 것이 계획대로 된 건 아니었다. 사흘째에는 심장이 마구 뛰기 시작했는데 혼합물에 철분을 첨가하는 것을 깜박했기 때문이었고 뒤이어 황이 부족해서 관절 통증을 느꼈으며 칼륨과 마그네슘 양을 천천히 조절하면서 추이를 지켜보는 동안 심장부정맥과 작열감에 시달렸다. "소일렌트에서 잘못될 수 있는 것은 무엇이든 나에게 제일 먼저 일어나기를 바랐다." 라인하트가 2013년에 한 인터뷰에서 밝혔다.[95] 그리고 한 달 뒤, 자신의 경험을 세상에 공유할 준비가 되었다고 생각한 끝에 자신의 블로그에 '내가 음식 섭취를 중단한 방법'이라는 제목의 글을 올렸다.

> 지난 30일 동안 음식은 입에도 대지 않았고 그렇게 내 삶이 바뀌었다. (…) 600만 달러의 사나이가 된 기분이다. 체격은 몰라보게 좋아졌고 피부도 더 깨끗해졌으며 치아도 더 하얘졌고 머리카락도 굵어지고 비듬도 사라졌다. (…) 잠도 더 잘 자고 아침에 더 개운하고 상쾌하게 일어나며 낮 동안 한 번도 졸린 적이 없었다. 커피는 지금도 가끔 마시지만 필요해서 마시는 것이 아니기 때문에 만족스럽다.

이 글이 빠르게 퍼졌다. 며칠 만에 라인하트는 자신의 미래가 휴대전화 송신탑이 아닌 음식에 있다는 사실을 알게 되었다. 그의 재치 넘치는 SF 기술적 접근법은 삶의 묘책 모으기life hacking('재미있는 일'에 집중하기 위해 자질구레한 일을 줄이는 것)

가 생활 방식이 된 과학광들의 즉각적인 관심을 얻었다. 라인하트가 자신의 소일렌트 조제법을 기꺼이 공유하면서 열성적인 DIY 커뮤니티가 만들어졌고 이곳에서 자신만의 조리법을 나누고 결과를 취합하는 논의가 활발히 진행되었다. 2014년에 소일렌트 사이트에서만 2,000가지가 넘는 조리법이 공유되었고 51개국의 사람들이 사람 식량People Chow, 굶주린 부랑자Hungry Hobo, 이게 음식이 아니라니 말도 안 돼!, 회색 덩어리Grey Goo 같은 닉네임으로 활동했다. 아니나 다를까 각국의 마니아들이 자신의 조리법에 바닐라나 초콜릿 향을 첨가해 브라우니나 죽, 아이스크림으로 만드는 등 개성을 드러냈다. 바꾸어 말해 그들이 소일렌트를 음식으로 되돌리고 있었다.

유명인사가 된 새로운 현실을 받아들이면서 라인하트는 블로그의 영역을 삶의 철학으로까지 확장했다. "세상은 변했다. 우리는 조상들과 전혀 다른 삶을 살고 있다. 그들처럼 일하지도 않고 그들처럼 말하지도 않으며 그들처럼 생각하지도, 그들처럼 여행하지도, 그들처럼 싸우지도 않는다. 그런데 도대체 왜 여전히 그들처럼 먹으려 하는 것일까? (…) 과거에 음식은 생존과 관련 있었다. 이제 우리는 이상적인 무언가를 만들어낼 수 있다."[96] 2015년에 소일렌트의 가치는 1억 달러로 추정되었고 NASA와 미군에서 라인하트에게 접근했다. 2017년에는 소일렌트가 편의점에서 판매되기 시작했다.[97] 무수한 팬들 사이에서 소일렌트는 미식계를 지배하는 현자의 돌이 된 듯했다. 삶의 모든 묘책 중에 진정한 묘책으로서 라인하트의 영웅인 리처드 버크민스터 풀러Richard Buckminster Fuller가 말한 '효율 극대화ephemeralization'를 달성한 듯하다. 효율 극대화란 기술적 진보를 통해 사람들이 '점점 더 적은 것으로 점점 더 많은 일을 해내며 종국에는 무에서 모든 것을 해내는' 상태를 뜻한다.[98] 그래도 성가신 문제가 아직 남아 있다. 즐거움을 안겨주는 가장 위대한 제공자이자 즐거움의 가장 믿을 만한 원천인 음식 없이 정녕 살고 싶은가?

에피쿠로스는 소일렌트를 어떻게 생각했을지 궁금해진다. 에피쿠로스라면 누구보다 먼저 흔쾌히 자신만의 조제법을 완성해 온라인에 공개했을까? 그러지는 않았을 테지만 에피쿠로스와 라인하트의 철학이 여러모로 묘하게 겹치는 부분이 있다. 둘 다 단순한 삶을 지향한다. 둘 다 만물이 그 구성 입자로 잘게 쪼개진다고 믿으며, 둘 다 자기 수양을 지지하고 둘 다 비합리적 공포를 몰아내기 위해 이성에 호소한다. 라인하트는 근본주의 기독교 사상 아래에서 자란 자신의 가정환경을 극복하려고 노력했다. 이 둘의 큰 차이점은 그들을 밀접하게 이어주는 음식에서 드러난다. 라인하트에게 먹고 요리하기는 너무 따분해서 기꺼이 잊어버리고 싶은 대상이지만 에피쿠로스에게 먹고 요리하기는 좋은 삶을 이루는 핵심이다.

에피쿠로스와 라인하트는 전혀 다른 시대를 살았지만 그들의 견해는 시간을 초월한다. 에피쿠로스가 지금 이 시대에 살았다면 먹는 시간을 줄이고 트위터에 더 많은 시간을 쏟았을지도 모르지만 언제나 유쾌한 대화에 기꺼이 가담하면서도 여전히 자신이 먹을 빵을 직접 굽지 않았을까. 좋은 삶의 형태는 다양하다. 관건은 자기 자신이나 타인에게 해를 입히지 않으면서 최상의 즐거움을 안겨주는 것이 무엇인지 헤아리는 것이다. 이 점에서 에피쿠로스와 라인하트는 먹는 것에 대한 견해는 물론이고 삶 자체에 대한 접근법도 정반대되는 양극단에 서 있다. 라인하트가 삶의 필수적인 부분을 피하려 애쓴 반면 에피쿠로스는 삶의 필수적인 부분을 충족하는 데서 기쁨을 찾았다. 이 둘의 접근 방식에 대해서는 사람마다 생각이 다르겠지만 무엇이 더 직접적인 삶의 방식인지는 의심할 여지가 없다.

3장

집

미래의 집이 어떤 모습일지 몰라도 음식은 여전히 집의 핵심에 자리할 것이다. 사회적 동물인 인간에게 음식을 함께 먹는 것은 언제나 타인과 유대감을 형성하고 결국 집에 있는 듯 마음이 편안해지는 생활의 핵심이 될 것이다. 음식은 좋은 삶의 기본일 뿐만 아니라 인간다움의 기본이다.

핀란드 농장

천장이 낮고 어둑한 어느 농가의 긴 나무 식탁에 앉아 있다. 핀란드에 사는 친척 헬레의 집이다. 나이는 50대 후반이지만 햇볕에 그을리고 주름진 얼굴에 지친 미소가 서린 모습이 실제보다 더 나이 들어 보인다. 핀란드 호수 지역의 중심부에 위치한 헬레의 농장, 림필라는 헬싱키에서 북쪽으로 200킬로미터 떨어진 곳에 있다. 그곳에서 전시의 유년시절 대부분을 보낸 어머니는 농장에서의 삶을, 우유를 짜고 돼지 등에 올라탄(올라탄 즉시 돼지가 떨쳐냈지만) 이야기며 거대한 농장 말을 타고 호수로 가서 저녁 수영을 즐긴 이야기 등을 끝없이 들려주었다. 그리고 이번에 처음으로 자신의 영국인 가족을 데리고 핀란드 친척을 만나러 온 것이었다. 여덟 살인 나는 긴 여정에 지치고 어리둥절하다. 해외여행을 처음 와본 탓에 모든 것이 새롭고 낯설다. 헬레의 딸 헬레나를 제외하고 아무도 영어를 할 줄 모르며 엄마는 부엌에서 그간 하지 못한 이야기를 주고받느라

통역을 해줄 겨를이 없다.

아버지와 오빠, 나는 식탁에 가만히 앉아 있다. 식탁 위에는 빵이며 버터를 올려놓은 앙증맞은 그릇과 린넨 냅킨이 어여쁘게 놓여 있고 둥둥거리는 핀란드어가 우리의 머리 위로 떠다닌다. 핀란드에서는 손님 접대를 굉장히 중요하게 여긴다고 어머니에게 이미 들은 터였기에 차려주는 음식은 무엇이든 최선을 다해 먹을 각오를 하고 있다. 그렇게 살짝 긴장한 채 점심을 기다린다. 마침내 헬레가 갈색 푸딩 같은 음식이 담긴 둥그런 도기 사발을 들고 부엌에서 나와 우리에게 차례대로 나누어준다. 푸딩은 내가 먹어본 무엇과도 닮지 않은 맛이다. 빽빽하면서 부드럽고 믿을 수 없이 진한 데다 고기 맛이 났다가 달콤했다가 금속 맛이 나는 등 내 입맛에 맞는 것인지 도통 알 수 없는 맛의 조합이다. 나중에 알게 되었는데 막살라티코makksalaatikko라고 불리는 이것은 소간과 시럽, 달걀, 쌀가루, 건포도, 우유로 만들어 핀란드에서 크리스마스 때나 특별한 손님을 대접할 때 먹는 전통 음식이다.

내 몫을 충실하게 다 먹고 나니 첫 번째 시련이 끝났다는 생각에 뿌듯하다. 그런데 아버지가 이 임무를 그리 가뿐히 넘기지 못하고 있다. 크게 한 덩이를 받아든 뒤 감탄하는 소리를 적절히 곁들이며 음식을 해치웠더니 입에 맞지 않는데 그저 예의를 차리느라 억지로 먹는 것 같다는 헬레의 말을 어머니가 그대로 전한다. 아주 정확한 관찰력이다. 헬레가 푸딩 접시를 치우고는 얼마 뒤 다시 부엌에서 나와 전혀 새로운 또 다른 음식을 아버지에게 권한다. 아버지는 감탄할 만큼 의연하게 또다시 크게 한 덩이를 받아들고는 다시 먹기 시작하는데, 얼굴 표정만 보아도 벌써 지쳐가고 있음을 알 수 있다. 한 그릇을 비울 때마다 끔찍한 마법에 걸린 것처럼 어느새 또 다른 푸딩이 나타나면서 아버지는 결코 완수할 수 없는 임무를 받아든다. 이렇게 음식을 다섯 번 쯤 건네받고 나서야 누가 보아도 파리해진 낯빛으로 패배를 인정한다. 그래도 그간의 노력이 헛되지 않았던 모양인지 흐뭇해진 헬레가 마침내 아버지가 푸딩을 정말 좋아하는 것 같다고, 진정한 영국 신사라고 어머니에게 말한다. 모든 사람에게 만족스러운 영예가 돌아간 뒤에야 다들 긴장을 내려놓는다.

50년 전 있었던 이런 의식은 이제 모두 사라졌다. 물론 지금도 핀란드인은 손님에게 지극한 환대를 베풀지만 헬레처럼 그 자리에 서서 손님을 대접하는 사람은 드물고, 나중에야 안 사실인데 우리 친척처럼 손님에게 예의를 갖추기 위해 송아지를 직접 도축하는 경우는 더욱 드물다. 이제 핀란드인 대다수가 영어를 하기 때문에 한때 우리 가족을 반으로 갈라놓았던 언어의 장벽은 더 이상 존재하지 않는다. 공용어가 없었던 1960년대에 아버지와 헬레는 더 오래된 소통 방식인 음식 주고받기에 의존했다. 환대라는 의식을 통해 그들은 말보다 더 강력한 유대를 맺었다.

핀란드로 떠난 그때의 여행은 생생한 감동이 가득한 추억으로 남았다. 런던에 살던 터라 농장에 가본 적이 없었던 나에게는 대다수가 농부였던 여러 친척들을 방문한 것이 생애 처음 맛본 전원생활이었다. 마음에 들었다. 닭 모이를 주고 소를 들여와 우유를 짜고 숲을 탐험하고 이끼로 뒤덮인 고대 암석을 오르는 모든 것이 좋았다. 저녁에 숲속에서 하는 사우나도 즐거웠다. 어둑한 공간에서 알싸한 솔잎 향이 나는 증기를 들이마시다가 은빛 호수에서 몸을 식히다 보면 야생 엘크 떼가 소름 끼치도록 가까이 와 있었다. 스튜에 버터 가득 든 감자를 곁들인 따뜻한 아침 식사도 정겨웠다. 햇볕에 그을린 농장 노동자 몇 명도 함께 식사했는데 나중에 안 사실이었지만 그들에게는 그것이 점심이었다.

그때는 친척이 누리는 삶의 방식이 특이하다고 생각해보지 않았다. 시골 생활이 다 그러려니 넘겨짚었을 뿐이다. 동요에 나올 법한 이런 농장들은 그 당시에도 서유럽에서 점차 자취를 감추고 있었다. 1960년대에 핀란드 농장은 대부분 전쟁 이전의 상태를 유지하고 있었다. 토지 용도는 다양했고 여전히 말에 의존하면서 가족이 운영하는 방식이었다. 비교적 고립된 위치에 있었기에 대부분 자급자족하며 살아갔다. 얼마 전 친척 헬레나에게 그런 농장에서 보낸 어린 시절이 어땠는지 묻자, 그가 1940년대에 림필라에서 보낸 어린 시절을 떠올리며 이런 이야기를 들려주었다.

> 농장에는 열 명 정도 있었어. 우리 가족 다섯 명에 집안일과 낙농장 일을 돕는 여자 세 명, 나머지 두 명은 농장 일꾼이었지. 말은 다섯 마리 있었는데 다 농장에서 낳아 기른 것이었고 우유를 내어주는 젖소가 15마리 있었어. 수송아지는 도축해서 질 좋은 고기를 얻었고 양과 돼지, 닭도 길렀어. 호밀과

귀리, 보리, 밀, 아마도 키웠지. 아마로는 베틀로 실을 자아 침대보를 만들어 썼어. 양털은 뜨개질해서 스웨터를 만들어 입었고. 2년에 한 번씩 가을과 봄에 재봉사가 오면 옷을 지어주었어. 제화공도 와서 부츠를 만들어주었고.

채소밭이 크게 있었어. 거기서 감자며 당근, 비트, 양배추, 꽃양배추, 순무, 완두콩, 양파, 시금치, 파슬리, 딜, 상추, 토마토, 오이를 키웠지. 과수원도 있었는데 거기서 사과, 구스베리, 대황, 블랙베리, 자두, 체리를 키웠어. 정원사가 정말 재주가 많은 분이었어. 그런 북쪽 지방에서 자두 키우는 방법까지 알고 있었다니까! 호수로 낚시도 하러 가고 쐐기풀이나 버섯, 나무딸기류, 괭이밥을 찾아다니기도 했지. 엄마가 야생 산딸기 잎을 주워다가 차를 만들어주시기도 했어. 여름이면 먹을 게 얼마나 많았는지 몰라! 일은 많이 고되었지만 농장 일꾼들이 많았으니 그럭저럭 할 만했어. 잼이나 절임 음식도 많이 만들었고 고기랑 버터, 밀가루를 보관하는 저장고도 따로 두었지. 물론 빵도 직접 만들어 먹었어. 5킬로미터 정도 떨어진 물레방앗간까지 곡식을 직접 가져갔지.

따로 물건을 살 필요는 별로 없었어. 사야 할 게 있으면 동네 판매점에 우유를 팔고 시장에서 양이나 양털을 팔았지. 목재도 팔았어. 여러모로 숲에 얹혀산 거야. 엄마는 등유나 성냥, 차, 소금, 설탕, 커피 같은 것을 사오셨어. 집에 찾아온 손님에게 커피 한 잔 내주지 않는 것은 아주 무례한 일이라고 다들 생각했거든. 어머니는 풀라pulla(달콤한 핀란드 빵—옮긴이)를 만들고 싶으면 밀가루를 사오기도 했어. 전쟁 때문에 물건 수입이 힘들어졌지만 1950년대 초반까지는 이렇게 살았어. 그 이후부터 조금씩 바뀌었지. 쌀이 수입되기 시작하면서 전쟁이 끝난 후에는 크리스마스마다 쌀죽을 해 먹었어. 그전에는 보리로 죽을 해 먹었는데 사실 맛은 더 있었지만 조리하려면 훨씬 오래 걸렸거든.

헬레나의 이야기를 듣다 보니 나보다 단 20년 전에 겪은 일인데도 그의 어린 시절이 나의 어린 시절과 매우 다르다는 사실이 놀랍기만 했다. 헬레나의 가족이 그들만의 방식으로 생활하면서 보인 회복력과 기술이 감탄스러웠다. 핀란드어에 시수sisu라는 단어가 있다. 역경을 마주한 사람의 강인함과 투지, 집념을 일컫는 말이다. 이런 자질이 있어야 1년의 절반이 춥고 어두우며 이웃 마을과 30킬로미터씩 떨어져 있는 지역에서 살아남을 수 있다고 다들 생각할 것이다. 이런 불굴의 의지는 잘 알려졌다시피 몇 시간씩 침묵을 이어갈 수 있는 핀란드인의 능력과 분명 관련이 있다. 사람과 지형은 떼어놓을 수 없다. 우리는 모두 나고 자란 곳에 따라 형성된다.

이런 삶의 방식을 이상화하기는 쉽다. 나는 헬레나에게 어린 시절을 떠올리면 애틋한 마음이 드는지 물었다. 물론이라고, 림필라에서 지내던 시절이 좋았다고 그가 답했다. 육체적으로는 힘들었지만 언제나 다정했고 목적의식으로 충만했다고 한다. 조금 생각해보면 당시에는 다른 삶의 방식을 알지 못했으니 자신의 삶을 기꺼이 받아들일 수 있었다고 덧붙였다. 전쟁 통이었지만 어린 시절은 행복했다고 한다.

이제 림필라는 헬레나의 조카 칼레가 운영하고 있다. 현대식 기계 장비의 도움으로 농장일 대부분을 혼자 도맡아 하고 필요할 때 임시 일꾼을 고용한다. 이제는 밀과 보리, 귀리, 유채 등 경제 작물을 기르고 목재도 판매한다. 일부 토지는 목초지로 삼아서 농장의 자연적 다양성을 보존하려 한다. 오늘날의 농장은 휴가용 별장처럼 깔끔하다. 들판에는 뛰노는 닭 한 마리 없이 자동차만 보이고 한때 어머니가 위층에서 잠을 자고 아래에서는 소들이 생활하던 오래된 목재 헛간은 이제 텅 비었다. 헬레나가 한때 마을의 젊은 농부들과 춤을 추었던 마을회관은 문을 닫은 지 오래다. 한때 사람과 가축, 삶과 사랑으로 가득했던 핀란드의 어느 시골은 이제 기계화되어 인적이 드물어졌고 지형과 기술과 양심이 허락하는 한도에서 효율적으로 기를 수 있는 환금 작물에 생존을 맡기게 되었다.

림필라 이야기는 누구에게나 익숙하다. 전 세계를 휩쓴 현대화의 물결이 여기서도 그대로 드러난다. 수백 년 된 대하소설의 마지막 장에 이르러 사람들은 서서히 땅을 떠나 도시에 정착하고 있다. 인간이 기술과 이어나가는 관계, 자기 자신을 먹여 살려야 하는 부담을 덜기 위해 기술을 이용하는 인간의 모습이 비친다. 생활 무대가 시골에서 도시로 옮겨오면서 삶이 바뀌었고 많은 이들은 지금이 낫다고 말한다. 하지만 자유를 얻은 대가로 우리가 잃어버린 것은 무엇일까? 먹어야 하는 필요성이 한때 우리 삶의 터전을 결정했다. 먹어야 하는 필요성이 우리가 어디에 속해야 하는지를 말해주었다. 그 연대가 끊어진 지금 이 세계에서 우리는 어떻게 자기 자신을 찾을 수 있을까? 무엇보다 '집'이라 부를 만한 특별한 장소를 어떻게 찾을 수 있을까?

자기만의 공간

> 집은 세계 안 우리의 구석이다.
>
> —가스통 바슐라르[1]

집은 무엇이고 어디에 있는가? 가장 단순하게 보았을 때 집은 우리가 사는 건물 또는 장소다. 주택이든 아파트든 오두막이든 캠핑카든, 자신의 물건을 두고 매일 밤 돌아와 잠을 청하는 곳이 바로 집이다. '집'에는 다른 의미도 있다. 태어난 곳일 수도 있고 자란 지역이나 동네, 혹은 한 번도 보지 못한 먼 조상의 땅일 수도 있다. 어디가 되었든 제일 소속감을 느끼는 장소가 가장 깊은 의미의 집이라는 사실은 변함이 없다.

물론 넓게 보면 우리의 집은 지구라는 행성이다. 궤도를 도는 우주 비행사의 집은 우주선이 아니라 창밖으로 보이는 행성이다. 창밖으로 지구를 바라보며 느끼는 집에 대한 갈망이 자신을 영원히 바꾸어놓았다고 많이들 이야기한다. 지구에 묶여 있는 우리로서도 우주에서 바라본 지구의 모습은(1972년에 아폴로 17호 승무원이 찍어 유명해지면서 영원히 인식에 박힌 '푸른 구슬'

사진 속 지구는) 깊은 반향을 일으키면서 지구와 관계 맺는 방식을 바꾸어놓았다.

이렇게 강력한 반응에서도 알 수 있듯이 집은 장소이면서 **관념**이다. 어딘가에 붙박인 느낌을 얻기 위해서는 세계에서 자신의 위치를 파악할 수 있어야 한다. 이런 관점에서 집은 우리의 닻이며 이 세상을 떠돌게 하는 출발지이고 정서적 삶이 언제나 그 주변을 맴돌게 될 중심축이다. 하지만 집과 관련해 고정된 것은 없다. 집은 동적일 수도, 정적일 수도 있으며 판잣집이나 배, 주택, 마을이나 도시, 풍경, 국가, 행성 등 어떤 규모로든 존재할 수 있다. 그런데 단 한 가지, 먹을 수 없는 곳은 집이라 할 수 **없다**. 집은 삶을 지속할 수 있는 곳이어야 한다.

이런 관점에서 우리가 처음 깃든 집은 어머니다. 태어나기 전부터 태어난 직후까지 어머니는 우리에게 음식과 사랑, 안식처를 함께 베풀었다. 이후 만나는 모든 집은 이 세 가지 기둥에 기반을 둔다. 어린 시절에 경험한 맛이 마음 깊숙이 아로새겨지는 것도 이 때문이다. 그 맛은 집에 있는 듯 편안하다는 것이 어떤 의미인지 알게 되는 시절의 산물이다. 어린 시절의 집은 어떤 모습으로든 한평생 우리의 삶에 가장 중요한 영향을 미칠 것이다. 이와 관련해 가스통 바슐라르는 이렇게 썼다. "우리가 태어난 집은 우리 몸에 깊이 새겨져 있다."[2] 첫 번째 집, 특히 가족이 둘러앉은 식탁은 사회적 존재로서 행동하는 법을 배운 곳이기도 하다.

먹는 법을 배워야 했듯 우리는 나누는 법도 배워야 했다. 가족의 식사 시간은 올바른 정치적 동물로서 행동하는 법을 익히는 유년기의 가장 중요한 훈련이었다. 미처 깨닫지 못하겠지만 함께하는 식사는 공동으로 행하는 가장 원시적인 의식으로 남아 있다. 어른이 되고 나면 식사를 함께하는 이들이 자신의 음식을 빼앗지 않는 것이 당연하다고 생각한다. 물론 남은 음식을 먼저 낚아채는 것은 차치하고 말이다. 다른 잡식동물이 음식을 나누어 먹는 광경을 보면 우리가 당연시하는 것이 얼마나 귀중한지 깨닫게 된다. 일례로 수컷 침팬지는 사냥이 끝나면 포획물을 두고 광란의 전투를 벌이는데, 고기를 잡아 뜯고 절규하는 소리가 수 킬로미터 밖에서도 들릴 정도다.[3] 결국 힘없는 침팬지는 채소만 먹을 수밖에 없다.

다른 종과 달리 인간은 폭력의 위협 없이 음식을 나누어 먹는 법을 발전시켰다. 그렇다고 함께 먹을 때마다 폭력의 위험이 아예 없는 것은 아니다. 오히려 식사 예절은 중요하지만 과소평가된 생존 기술로 남아 있다. 냅킨을 접는 방식이나 수프 스푼을 쥐는 법에 지나치게 신경 쓰는 것처럼 보인다면 그것은 더 깊은 행동 규범이 우리 안에 새겨져 있어서 인지할 수 없기 때문이다. 이런 규범은 먹는 행위 자체처럼 선천적으로 알게 되는 것이 아니다. 가령 파티에서 케이크를 나누어 먹는 어린이들은 미쳐 날뛰는 침팬지와 닮아 보일 수 있다. 음식을 잘 나누어 먹는 법을 배우는 것이 중요한 이유는 남의 케이크를 뺏어 먹지 않기 위해서가 아니라, 문명사회의 일원으로 살아가는 데 꼭 필요한 자제력과 상호 신뢰를 배우기 때문이다.[4]

음식을 나누어 먹는 행위의 중요성은 언어에서도 드러난다. 가령 벗이라는 뜻의 companion에는 빵을 함께 쪼개 먹는 사람이라는 의미(함께라는 뜻의 라틴어 com과 빵이라는 뜻의 panes가 결합했다)는 물론이고 단체를 이룰 수 있을 정도로 믿을 만한 사람이라는 의미도 있다. 마거릿 비서Margaret Visser가 《식사 의식The Rituals of Dinner》에서 언급했듯, 환대hospitality는 '집주인host'과 '손님'은 물론 '적대적hostile'일 수 있는 외부인(모두 이방인이라는 뜻의 인도-유럽 어족 ghostis에서 비롯되었다)이 친구가 되어 화합하게 하는 것이다.[5] 무엇보다 먹는 것은 사회 활동이다. 누구든 혼자 먹는 것을 상당히 부자연스럽게 여긴다. 실제로 공공장소에서 혼자 먹을 때 느끼는 불안은 오래된 본능에서 비롯된다. 야생에 살던 인류의 조상은 음식을 먹을 때 공격에 가장 취약했기 때문이다. 반면 가까운 이들과 음식을 나누어 먹으면 행복과 안정감, 편안함을 느낀다. 이런 식사에서 우리는 다른 어떤 의식에서도 쉬이 느끼지 못한 소속감을 강하게 느낀다.

인간을 결속하는 음식의 힘은 오래전부터 인식되었고 널리 이용되었다. 장 앙텔름 브리야사바랭도 이를 알아보았다. "지금껏 일어난 엄청난 사건이나 음모는 모두 식사 도중에 구상되고 실행되고 조직되었다."[6] 최근에서야 우리는 친밀감과 생물학이 어떻게 융합하는지 이해하기 시작했다. 영국의 인류학자 로빈 던바Robin Dunbar가 설명했듯 함께 먹는 행위는 엔도르핀(모르핀과 화학적으로 연관된 오피오이드로, 뇌의 통증 관리 체계 중 일부다)을 유발해 자연스럽게 기분을 고양시킨다. 따라서 식사를 함께하는 것은 쓰다듬거나 껴안는 등의 다정한 몸짓과 유사한 효과가 있으며 영장류 사촌인 침팬지처럼 사회집단으로 결속하도록 돕는다.[7]

미국 신경과학자 폴 J. 잭Paul J. Zak이 발견한바, 식사를 함께하면 옥시토신이 분비되는데 이는 모유 수유나 다른 형태의 감정적 유대와 관련된 호르몬이다. 잭이 이 효과를 우연히 발견한 것은 경제적 '신뢰' 실험(참가자들끼리 현금을 교환하는 실험도 있었다)에 참여한 피실험자들이 예측한 수준보다 더 관대하게 행동하는 이유를 알아보면서였다. 피실험자가 실험 파트너에게 관대하게 행동하면 상대방의 뇌에 옥시토신이 분비되어 그 역시 친절하게 응대한다는 사실을 발견한 것이다.[8] 잭이 '도덕적 분자moral molecule'라 이름 붙인 옥시토신이 분비되면 우리는 "대접받고자 하는 대로 남을 대접하라"라는 황금률을 따르게 된다. 바꾸어 말해 큰 파이 한 조각을 혼자 차지하려 하지 않고 물러서면 남도 그럴 것이고, 결국 모두 두 번째 조각을 얻을 수 있는 것이다.

인식의 대지

> 연회는 삶의 모든 면에 영향을 미친다.
>
> —장 앙텔름 브리야사바랭[9]

음식이 집처럼 편안하게 느껴지는 것은 그로 인해 우리가 사회적으로나 육체적으로 세계에 뿌리내리기 때문이다. 과거 조상들은 그 지역에서 기르거나 채집할 수 있는 것들만 먹었으니 문자 그대로 땅에 뿌리내리고 살았다. 지금 우리는 대부분 자신을 먹여 살리는 땅에서 멀리 떨어진 도시에 산다. 이런 삶의 변화로 집에 대한 감각은 어떻게 달라졌을까?

답부터 말하자면 어디에 살든 음식은 여전히 우리의 정체성과 소속감의 핵심을 이룬다. 영국식 아침 식사는 덴마크산 베이컨과 네덜란드산 소시지, 프랑스산 달걀로 만들어지겠지만 이렇게 기름에 튀긴 추억 속 음식은 생각만으로도 여전히 많은 영국인에게 익숙함과 편안함을 안겨준다. 이렇게 우리가 공감하는 음식이 어떤 면에서는 허구라는 사실이 중요할까? 스타벅스 1호점을 흉내 낸 곳에서 프라푸치노를 홀짝인다고 해서 스스로 실존적 피해를 입을까? 어떤 답이 나오든 의심의 여지가 없는 사실은 우리가 진실이라고 느끼는 음식에 반응하도록 설계되어 있으며, 그런 음식 앞에서는 멀리 떠나 있어도 집을 떠올리게 된다는 것이다.

홍콩에서는 일요일마다 필리핀인 가정부 수천 명이 센트럴이라고 알려진 중심 업무 지구에 모여 홍콩 상하이 은행 같은 예상 밖의 장소를 차지하고 앉아 음식을 나누어 먹는다. 번쩍거리는 기업의 외양 아래에서 그들은 돗자리를 펼치고 앉아 매콤한 음식이 담긴 도시락 통을 펼쳐놓은 채 수다를 떨고 노래를 부르는가 하면 가족이나 친구에게 온 편지를 읽고 고향에서처럼 손으로 음식을 집어먹는다. 출신 지역이 다르면 모이는 장소도 달라진다. 그렇게 필리핀의 맛 지도로 바뀐 센트럴에 풍기는 낯선 냄새에 이웃들이 눈살을 찌푸리더라도 필리핀 가정부들은 그 냄새로 일주일 중 어느 때보다 더 집에 온 듯한 편안함을 느낀다.[10]

이주와 추방은 언제나 인간사의 일부분을 차지했다. 잃거나 버리고 떠난 집은 에덴동산이 그렇듯 신화의 중심 주제가 되었다. 집을 비유한 서사에서는 출세하려는 욕구와 남기고 떠나온 것에 대한 그리움 사이의 깊은 긴장감이 드러난다. 향수에 시달리던 이주자는 제2의 조국에서 고향을 되살려보려다가 의도치 않은 결과를 마주하기도 한다. 일례로 일찍이 북아메리카에 정착한 스웨덴인은 고향의 농장과 마을을 그대로 옮겨와 숲속에 통나무집을 지었다. 이런 집이 전형적인 미국식으로 자리잡으면서 미국 원주민이 실제로 거주하던 휴대용 원형 천막과 원형 잔디 움막을 밀어냈다.[11] 미국 원주민에게는 건물이 아니라 세심하게 관리된 넓은 영역이 모두 집이었는데 농장과 들판, 울타리가 많지 않다 보니 유럽인들이 이를 알아보지 못한 것이다.

집은 주변 풍경에 응답하는 것이며 어떻게 살 것인지에 대한 관념에 따라 구성된다. 집을 형성하는 것은 언제나 음식이다. 가령 나무딸기를 따고 들소를 사냥하며 사는 사람의 집은 농사를 짓고 사는 사람의 집과 사뭇 다르다. 우리가 거주하는 세상은 특정 지역에서 살아남기 위한 조상의 노력이 대대로 누적되면서 계승된 문화에 따른 것이다. 시간이 흐르면서 인간은 밀림과 사막, 초원과 숲, 산, 바다 등 특성은 전혀 다르지만 모두 살아가기에 충분한 식량을 내어주는 곳에 적응했다. 알맞은 장소를 찾아 불을 지피고 울타리를 쳐서 짐승을 몰아내고 물을 끌어오고 연료를 모으고 먹을 것을 찾아다니는 등, 황무지를 거주할 수 있는 곳으로 바꿈으로써 인간은 편히 쉴 곳을 만들었다. 요리를 하고 안식처를 지으면서 야영지를 만들고 농장을, 마을을, 결국에는 도시를 만들었다. 스스로 먹여 살리는 법을 익히면서 이 세상에 자신이 거할 곳을 찾았다.

식품 저장고에서의 삶

과거에 음식과 집의 직접적 관계가 인정된 것은 이 둘을 상징적으로 묶는 설립 의식을 통해서였다. 일례로 인도에서는 제물함인 가르바garbha에 보석과 흙, 뿌리와 허브 같은 지상의 보물을 가득 채우고 향후 사원이나 도시가 될 장소에 놓은 뒤 그 위에 초석을 올렸다.[12] 로마인 역시 성스러운 굴, 문두스mundus 안에 지하 세계의 신에게 바치는 음식을 두고 이를 배불리 먹은 신의 축복을 받아 토양이 비옥해져서 도시가 번성하기를 염원하며 그 위에 도시를 세웠다.[13]

산업화 이전 시대의 농부와 도시인도 자신을 먹여 살리는 땅과 강한 교감을 느꼈지만 수렵 채집 생활을 한 조상들이 땅과 느낀 교감에 비할 수는 없었다. 그들에게 집은 말 그대로 식품 저장고였다. 영국 인류학자 콜린 턴불Colin Turnbull이 1950년대에 콩고 동부의 음부티Mbuti 피그미족과 3년 동안 함께 생활하면서 발견한 사실이었다. 고전이 된 책《숲 사람들》에서 턴불은 1,000년 동안 거의 변하지 않은 그들의 삶의 방식을 전했다. 숲속 깊은 곳에 살던 음부티족은 세월이 흘러도 변치 않는 지식과 기술에 의존해 살아남아 서식지와 완전히 하나가 되었다.

다른 부족이 숲에 이른 건 비교적 최근의 일이지만 피그미족은 수천 년 전부터 숲에 거주했다. 피그미족의 세상인 숲은 그들이 보내는 애정과 신의에 보답하듯 필요한 모든 것을 내어준다. 농장을 짓기 위해 숲을 벨 필요도 없다. 그 지역에서 사냥하는 법, 그곳에 풍부하게 자라지만 외부인에게는 눈에 띄지 않는 야생 과일을 채집하는 법을 잘 알고 있기 때문이다. 그들은 평범해 보이는 이타바 덩굴과 흡사한 무수한 종을 구분할 수 있으며 그 덩굴을 따라가면 영양가 높고 달콤한 뿌리를 만날 수 있음을 안다. 미세한 소리를 구분해 꿀벌이 꿀을 어디에 숨겨놓는지 알 수 있고 어떤 날씨에 각종 버섯이 대지를 뚫고 솟아나는지 안다. 어떤 나무와 잎이 이런 음식을 숨기는지도 안다. 중요한 별미를 얻기 위해 잡아야 하는 흰개미떼가 득시글거리는 정확한 순간은 이들 외에 누구도 알지 못한다. 다른 외부인은 모르지만 숲에서 살아남으려면 반드시 필요한 비밀의 언어를 그들은 알고 있다.[14]

턴불이 알게 된 것처럼, 음부티족은 서식지를 구석구석 알고 있었기에 대담하고 느긋했다. 그들은 숲을 '어머니' 혹은 '아버지'라 불렀는데 이에 대해 한 연장자가 이렇게 설명한다. "숲은 우리에게 아버지이자 어머니다. 부모가 그러듯 숲은 우리에게 음식과 옷, 안식처와 온기, 애정 등 필요한 모든 것을 내어준다."[15] 자주 미소 짓거나 웃는 것으로 보아서 음부티족이 삶에 만족하는 듯 보인다고 턴불은 언급했다. "그들은 자신의 삶을 살 만한 가치가 있는 것 이상으로 만들어주는 무언가를 숲에서 발견한 민족이다 (…) 모든 고난과 역경과 비극 속에서 근심걱정 없이 기쁨과 행복으로 가득한 멋진 삶으로 만들어주는 무언가를 발견한 것이다."[16]

자신이 거하는 영역과 깊이 이어졌다는 느낌은 수렵 채집인들에게서 보편적으로 드러난다. 오스트레일리아 서부 왈비리족을 연구해 마찬가지로 유명해진 《사막의 사람들Desert People》에서 오스트레일리아의 인류학자 머빈 메깃Mervyn Meggitt이 언급한 바에 따르면 왈비리족은 주변 풍경을 조상들의 살아있는 화신으로 여기며, 꿈이라고 알려진 과거에 조상들이 이 풍경을 창조했다고 믿는다. 소년이 성인이 될 준비가 되면 후견인 및 연장자와 함께 두세 달 동안 주변 환경을 둘러보는 여행을 떠난다. 그때 주변의 모든 동식물군을 파악하고 그것들의 실질적이고 상징적인 의미를 익힌다. 풍경을 이루는 모든 형상에는 그것이 만들어진 이야기가 있다. 가령 솟아오른 암석은 잠든 조상의 형상을 드러내고 물웅덩이는 어딘가에서 물이 샘솟고 있다는 증거일 수 있는 것이다.[17]

영국의 사회 인류학자 팀 잉골드Tim Ingold가 주장했듯 이렇게 직접 '보여주고 들려주는' 가르침의 방식은 초심자에게 특별한 지식을 심어준다. 단순히 지식을 머릿속에 주입하는 것이 아니라 자신의 혈통과 소속감을 느끼게 하는 것이다. 이런 '관심 교육'에서 소년은 정보뿐만 아니라 인식을 얻는다. "특정 상황에서 초심자는 이것을 느끼거나 저것을 맛보고 이런저런 것을 주의하라는 가르침을 받는다. 이렇게 지각 기술을 미세하게 조정하면 환경에 담긴 의미는 (…) 구축되는 것이 아니라 발견된다."[18] 그 결과 수렵 채집인이 주변 환경에 느끼는 감정은 도예가가 찰흙에, 목수가 나무에 느끼는 감정과 다르지 않다고 잉골드는 말한다. 그들에게 물질과의 유대감은 어디에나 있으며 쉽게 감지할 수 있는 것으로, "지각을 통해 적극적으로 관계하는 방식이며 세상과 말 그대로 '접촉'하는 방식이다".[19] 수렵 채집을 하던 인류의 조상에게 집은 단순히 사는 곳 이상이었다. 주변의 모든 면면이 익숙하고 살아 숨 쉬며 목적과 연대와 의미로 가득한 영역이었다.

난로와 집

> 모든 사회 중에 가장 오래되었고 유일하게 자연적인 것은 가족 사회다.
>
> —장 자크 루소[20]

인류의 조상에게는 황야가 집이었지만 불을 다스리는 법을 익히면서 난로가 집의 중심이 되었다.[21] 요리를 하게 된 최초의 인류인 호모에렉투스는 공식 지도자 없이 30명에서 60명이 무리지어 살았고 그들의 삶은 난로를 중심으로 돌아갔다. 남성들이 매일 야영지를 떠나 사냥이나 채집을 나서면 여성들은 남아서 불을 지키고 아이들을 돌보며 덩이줄기를 캐 혹시 사냥이 실패할 경우 모든 사람이 먹을 수 있도록 저녁을 준비했다. 리처드 랭엄이 주장했듯 이렇게 예비 식사를 준비해두는 것은 무리의 생존에 매우 중요했다. 그러면 무리 중 일부가 전문 사냥꾼이 될 수 있으니 무리 전체로 보면 이득이었기 때문이다.[22]

'사냥은 당신이, 요리는 내가'는 단연 가장 오래된 형태의 사회계약이다. 어떤 음식을 다른 음식과 교환하는 것(가령 고기나 꿀을 뿌리채소 요리와 교환하는 것)은 인간만의 독특한 습성이다. 이런 분업으로 소규모 경제가 생겨났고 그에 따른 신뢰 관계가 새로운 사회제도인 가족의 핵심을 이루었다.[23] 분업은 처음부터 성별에 따라 이루어졌다. 여성보다 더 빠르고 힘이 센 남성이 사냥을 하는 것이 당연하게 여겨졌기에 여성은 야영지에 남아 집안일을 도맡았다. 이런 합의는 음식을 나누어 먹는 방식에서도 드러난다. 오늘날의 수렵 채집인이 그렇듯 사냥을 마치고 돌아온 이들은 가장 좋은 포획물을 자신의 배우자 및 자녀들과 먼저 나눈 뒤 남은 음식을 무리의 다른 일원들에게 넘겼다. 이런 식으로 가족은 더 큰 무리의 기본이 되는 사회 단위가 되었으며 그 합의가 놀라울 정도로 오래 지속되었다.

에드워드 O. 윌슨이 《지구의 정복자》에서 주시했듯 불을 다루며 살아가려면 전에는 상상하지 못한 사회 기술이 필요했다. 새로운 역할 분담과 보상을 위해서는 의사소통과 협력, 신뢰와 공감이 필요했다. 그중에서도 공감하는 능력이 가장 중요했는데 타인의 의도를 읽고 동맹을 조직하는 것이 야영이라는 경쟁적 환경에서 생존에 필수적이었기 때문이다.[24] 석기시대에 옥시토신 수치는 분명 하늘을 찔렀을 것이다.

오랜 시간에 걸친 복잡한 야영 생활로 인류의 위대한 발명품인 언어가 탄생했다. 이로써 공동육아 같은 더 복잡한 사회적 상호작용이 가능해진 것은 물론이고 관용부터 이중성에 이르기까지 행동 범위가 마음껏 넓어졌다. 개인의 성공은 야영지 내의 지위는 물론이고 무리 전체의 지위에 따라 달라졌기 때문에 이기심과 이타심 사이의 긴장 역시 존재했다. 그 결과 "가족 구성원 사이에서는 물론이고 가족 간, 성별 간, 계급 간, 부족 간에 고도로 유연한 동맹"이 맺어졌을 것이라고 윌슨은 말한다.[25] 이렇게 과열된 환경에서 성공하려면 온갖 사회적 기술을 습득해야 했는데 모든 기술이 훌륭한 것은 아니었다. "이 게임의 성공 전략에는 이타주의와 협력, 경쟁과 지배, 상호 이익, 변절과 기만이 치밀하게 조정되어 뒤얽혀 있었다."[26]

우리 선조들이 정치의 한복판인 영국 국회의사당에 있었다면 집에 있는 듯한 편안함을 느끼지 않았을까. 실제로 많은 학자들이 야영지에서의 과열된 정치 덕분에 7만 년 전에서 3만 년 전 사이에 '인지 혁명'이 촉발되었다고 믿는다. 그렇게 호모사피엔스가 창의력 강화 단계에 진입하면서 선박과 석유등, 활과 화살, 그리고 문명사회의 필수 장비인 예술을 발명하기에 이르렀다.[27]

쿨투스

> 철과 옥수수로 사람은 문명을 이루었고 또 파멸에 이르렀다.
>
> —장 자크 루소[28]

인류의 조상이 불로 요리만 한 것은 아니다. 약 4만 5,000년 전에 그들은(오스트레일리아 원주민이 지금도 그러듯) 새로운 식물을 키우고 사냥감을 잡기 위해 숲과 관목 지대를 불로 태웠다.[29] 다시 말해 인간이 환경을 스스로 구축하며 가축을 길들이기 시작했다는 것이다. 1만 2,000년 전쯤에는 더 진화해 스스로 먹여 살리는 전혀 새로운 방법을 개발했다. 바로 농업이었다.

농업이 인류 역사에 미친 영향은 아무리 과장해도 지나치지 않는다. 농업으로 선조들의 삶은 먹는 음식부터 살아가는 방식, 세상을 보는 관점까지 모든 것이 바뀌었다. 인류가 수천 년 동안 씨앗을 먹었지만 씨앗을 경작하는 습성은(단순히 심는 것이 아니라 한곳에 정착해 수확물을 거두어들이고 최상의 씨앗을 선별해 다음 해에 심는 방식은) 가히 혁명적이었다. 곡류가 풍부한 에너지원이고 대량 저장이 가능하다는 말은 곧 좁은 땅덩어리(들판)에서 생산된 음식으로 그곳에 사는 모든 사람이 1년을 나는 것이 처음으로 가능해진다는 뜻이었다. 이제 더 이상 이동할 필요가 없었다. 한곳에 정착해 사냥과 채집이 아닌 다른 일에 더 많은 시간을 쏟을 수 있었다. 그렇게 시와 도자기, 계산이 생겨났고 뒤이어 건축과 제도, 마침내 도시가 형성되었다.[30]

선조들 역시 농장과 문명의 관계를 모르지 않았다. 로마어로 쿨투스cultus는 경작과 문화를 모두 뜻한다. 메소포타미아인과 멕시코인, 그리스인, 중국인 모두 곡류를 섭취하면서 인류의 문명이 발전했다는 사실에 동의하며, 각 문명의 창조 신화에서도 밀이나 옥수수, 쌀의 발견을 다양하게 찬양했다.[31] 하지만 모든 이들이 이 변화를 환영한 것은 아니었다. 《창세기》는 물론이고 다수의 고대 문서에서 농사를 천벌로 여겼다. 초기의 농사는 사냥이나 채집보다 훨씬 더 고된 노동이었다. 실제로 노동이라는 개념이 생긴 것도 인류가 농사를 짓기 시작하면서부터였다.[32] 비슷한 시기에 활동한 수렵 채집인은 일주일에 20시간씩 사냥을 나서거나 채집을 했고 이런 과업을 일상적인 사교 행위와 의식에 포함시켰지만 노동이라는 개념은 알지 못했다.[33] 그들에게 노동은 그저 삶 자체였다.

반면 초기 농부들에게 삶은 오직 노동에 지나지 않았을 것이다. 처음에 그들은 땅을 일구고 간 뒤 씨를 뿌리고 물을 줄 뿐만 아니라 해충과 포식자로부터 땅을 보호해야 했으며 그러는 와중에 햇빛이나 비가 지나치거나 부족하지는 않은지 근심 가득한 눈으로 하늘을 올려다보아야 했다. 곡물은 정확한 시기에 수확해야 했고 먹을 수 있는 부분을 겉껍질에서 떼어내야 했는데 그러려면 곡물을 구워서 돌 사이에 넣고 거친 가루로 빻는 수고로움도 마다하지 않아야 했다. 여기에 물을 섞으면 까끌까끌한 반죽이나 죽이 되었다. 누군가가 기발한 생각을 떠올려 반죽을 구우면서 오늘날 전 세계 인구의 3분의 1을 먹여 살리는 주식인 빵을 처음 만든 것은 불과 기원전 5000년의 일이었다.

그렇게 피나는 노력이 동반되었지만 농사로 건강이 더 나아지지는 않았다. 오히려 초기 농부는 수렵 채집인보다 체구가 작았고 수명도 짧았다. 일례로 그리스와 터키에서 발견된 화석으로 미루어보면 마지막 빙하기가 끝나갈 무렵에 살았던 수렵 채집인은 평균 키가 남성이 175센티미터, 여성이 165센티미터였는데 기원전 3000년에는 평균 키가 남성이 165센티미터, 여성이 152센티미터로 줄어들었다.[34] 일리노이 리버 밸리에 남아 있는 기록에서도 인류가 농사를 짓기 시작하면서 기대 수명이 26년에서 19년으로 짧아졌음이 드러났다.[35] 더군다나 전에 없이 한정된 식단을 섭취하면서 초기 농부는 이전에 알려지지 않은 구루병과 괴혈병, 빈혈에 시달렸다.[36]

신석기시대의 주부

농사가 그렇게 보람이 없는 일이었다면 왜 사람들은 굳이 농사를 하며 골머리를 썩은 것일까? 간단히 답하자면 다른 선택의 여지가 없었기 때문이다. 빙하기가 끝나고 기후가 온화해진 결과, 원하는 것을 얻을 수 있는 현실 세계의 에덴동산(비옥한 초승달 지대라 불리는 푸른 숲)이 북쪽으로 물러나면서 초원과 작은 사냥감만 남겨졌다. 더 따뜻하고 건조해진 기후 덕분에 인구까지 늘어났으니 이제 환경에 적응하지 않으면 죽음에 이르는 상황이었다.

인기가 있든 없든 농사는 급속히 퍼져나갔다. 기원전 1만 년쯤 비옥한 초승달 지대 주변에서 시작된 농경 생활은 기원전 5000년에 이르러 오스트레일리아를 제외한 모든 대륙으로 확산되었고 기원전 2000년에는 거의 모든 인류가 농사를 짓고 살았다.[37] 이 시기에 인류는 지금도 의지하며 살고 있는 동식물(밀과 옥수수, 쌀, 보리, 호밀, 소, 돼지, 닭, 오리, 거위)을 재배하고 길들였다. 그즈음 도시 생활도 나란히 증가했지만 인구 대다수가 여전히 시골 지역에 머물렀고 이 현상이 21세기까지 이어졌다. 5,000명 이상이 거주하는 정착지에 사는 사람은 1800년에 전 세계 인구의 3퍼센트에 불과했고 1950년에는 여전히 전체 인구의 3분의 1이 채 되지 않았다.[38] 지금은 인구 대다수가 도시에 살고 있지만 역사적으로 대다수 사람의 고향은 농장이었다.

농사가 미친 가장 운명적인 영향이라면 인간과 자연의 관계를 변화시켰다는 점일 것이다. 한때 모든 인간의 고향이었던 황야가 적이 되었다. 농본주의 신화는 자연에서 휴식을 취하는 유순한 조상이 아니라 복수심에 불탄 채 삶에 필요한 햇빛이나 비, 비옥한 토양을 내어주지 않는 신에 대해 이야기했다.[39] 집도 변화했다. 자연 속의 피난처가 아니라 자연에서 탈취해 고된 노동으로 획득한 영토가 집이 되었다. 사람들이 건물 안에 살게 되면서 집은 외부가 아닌 실내가 되었고 춥지 않고 따뜻한 곳, 공적이지 않고 사적인 곳이 되었다. 간단히 말해 집은 세상과 구분되는 별개의 영역이 되었다. 진정한 의미의 가정이 된 것이다.

그런데 이 변화 과정에서 가정생활의 한 측면이 살아남았다. 바로 남성과 여성의 역할 분담이었다. 신석기시대에 남성이 밭을 일구고 나무를 베고 울타리를 짓는 동안 여성은 집과 가까운 곳에서 농작물을 가꾸고 수확하고 곡식을 빻아 가루를 만들며 자녀와 가축을 돌보고 물론 요리도 했다. 신석기시대부터 이어진 집안일에서 여전히 빠져나오지 못하고 있다던 1970년대 주부들의 불평이 틀린 말은 아니었다. 사냥과 요리 사이에 맺은 고대의 합의가 지금까지 이어졌고 집 안에 머무는 사람은 인류의 번성에 매우 중요했지만 그들의 가치는 지속적으로 평가 절하되었다.

가정경제

> 남자로서 좋은 아내를 얻는 것만큼 좋은 일은 없고 나쁜 아내를 두는 것만큼 비참한 일도 없다.
>
> —헤시오도스[40]

고대 아테네의 집은 그 자체로 이런 가부장적 조약을 반영했다. 집은 대부분 식구가 생활하고 요리하는 뜰을 둘러싼 형태로 배치되었고 더 격식을 차린 공적인 장소가 거리에 면해 있었다. 여기서 가장 중요한 공간은 연회실andron(남자의 방), 즉 식사 공간이었는데 그곳에서 중요한 손님들을 맞이해 토론회가 열렸고 도시의 사회적·정치적 삶이 형성되었다. 명칭에서 뚜렷이 드러나듯이 아테네에서 공적 생활은 모두 남성이 몫이었고 여성과 아이들, 노예들의 사적 영역은 이디온idion이라 불렀으며 여기서 바보idiot라는 말이 파생되었다.

아리스토텔레스에게 가정oikos은 폴리스polis의 토대였다. 《정치학》에서 설명했듯 가정은 남성과 여성이 번식을 위해 만나면서 자연스럽게 형성된 곳이었다.[41] 그렇게 가정을 꾸리고 나면 다음 단계는 가족을 먹여 살릴 방법을 찾는 것이 동물이나 인간에게나 자연스러운 과정이었다. 이렇게 가정을 관리하는 일 또는 오이코노미아oikonomia(가정을 뜻하는 oikos + 관리하다를 뜻하는 nemein)가 국가의 근간을 이루었다. 아리스토텔레스는 가정 관리가 가정의 '목적이자 완성'인 자급자족의 바탕이 된다고 보았다.[42]

짐작했겠지만 오이코노미아에서 지금 우리가 쓰는 경제economy라는 단어가 나왔는데 그러면 가정경제라는 말은 유의어를 반복하는 셈이 된다. 그리스인에게 오이코노미아는 케이크를 굽는 것보다 훨씬 큰 의미로, 좋은 삶의 기반을 이루는 것이었다. 이와 관련해 헤시오도스Hesiod는 기원전 8세기에 발표한 글《일과 날Works and Days》에서 자신의 동생에게 분명히 말했다.

> 빚을 청산하고 기근을 피하는 방법을 깊이 생각해보기 바란다. 첫째, 가사와 여성, 밭을 일구는 소 문제다. 결혼하지 않은, 재산으로서의 여성으로 소떼를 잘 따라갈 줄 아는 사람이 좋다. 집 안의 시설은 모두 잘 갖추어져야 한다. 그렇지 않으면 다른 설비를 청해야 하고 상대가 거절할 경우 제대로 설

비를 갖추지 못한 채 적절한 시기가 지나가버려 경작에 차질을 빚는다. 할 일을 내일이나 다음 날로 결코 미루지 마라. 헛된 노력을 들이고 일을 미루는 사람은 곡물 창고를 채우지 못한다.[43]

꽤 길게 이어지는 헤시오도스의 설교는 사실상 세계 최초의 작물학 논문이다. 농부는 가정을 사업처럼 이끌어야 하며 기업과 같은 가정에서 아내는 유순한 잡역부처럼 행동해야 하고(여기서 말하는 '재산chattel'은 '가축cattle'과 어원이 같다) 남편과 동등한 동반자처럼 행동해서는 안 되며, 남편은 자연히 짐승 '관리husbandry'도 맡아서 한다.

기원전 4세기에 그리스의 가정생활을 세세하게 그린 크세노폰Xenophon의 《오에코노미쿠스Oeconomicus》에서는 이런 합의가 민주적인 아테네에 굳건히 자리 잡았음을 암시한다. 여기서 크세노폰의 스승인 소크라테스가 모범 시민이자 농부인 이스코마쿠스Ischomachus에게 가정을 꾸리는 것에 대해 질문하는 장면이 나온다. 당대 전형적인 아테네 부유층인 이스코마쿠스는 도시에 있는 큰 저택과 시골에 있는 대규모 농장을 소유하고 있었으며 두 곳에서 상당수의 노예를 두고 있었다. 그는 소크라테스에게 열다섯이라는 나이에 자제력이 높고 수양이 쌓인 아내를 어떻게 선택했으며 아내에게 가정을 꾸리는 법을 어떻게 가르쳤는지 이야기하기 시작한다. "그대가 할 일은 집 안에 머물면서 밖에서 일하는 노예들을 내보내고 들어오는 물건을 잘 받아 필요한 곳에 나누며 비축된 것을 잘 지켜서 1년 동안 쓸 것들을 한 달 안에 써버리지 않도록 주의를 기울이는 것이다."[44]

이스코마쿠스는 아내에게 자신이 매일 아침 밖으로 나가 '모내기든 개간이든 파종이든 수확이든' 해야 할 일을 관리하는 동안 '벌집 속의 여왕벌'이 되어야 한다고 일렀다. 그는 말의 기량을 시험해본 후 말을 노예에게 넘겨 집에 필요한 물건 등과 함께 돌려보낸다. 그런 뒤 자신은 걷거나 뛰어서 집으로 돌아와 점심 식사를 하고 오후에는 도시에서 업무를 처리한다. "물론 저는 집 안에서 시간을 보내지 않습니다. 아내가 가정은 물론 자기 자신도 꽤 잘 꾸려가고 있기 때문이지요."[45] 그가 소크라테스에게 말한다. 아내의 건강과 관련해서는 체력을 유지하기 위해 본격적으로 집안일에 착수하라고 조언한다. "밀가루를 개고 반죽을 치대고 옷과 천을 털고 개는 것이 훌륭한 운동이라고 말했습니다. 이런 활동을 하면 식욕도 좋아지고 건강도 나아지고 안색도 좋아진다고 말했지요."[46]

소크라테스는 이런 합의가 좋은 삶에 대한 그리스의 이상과 조화를 이룬다며 기뻐했다. 오이코노미아가 중요한 것은 경제적 자급자족이라는 개념 때문만이 아니라 부 자체를 위해 부를 쫓는 크레마티스티케chrematistike와 반대되기 때문이었다. 자연적 한계가 있는 오이코노미아와 달리 부만 쫓는 삶에서는 결코 만족할 수 없으며 따라서 결코 행복할 수 없었다. 아리스토텔레스가 주장했듯 크레마티스티케를 추구하는 이들은 "삶을 열망할 뿐 좋은 삶을 열망하지는 않는다".[47]

가족의 재산

> 나는 이렇게 부르기로 했다. 우리가 잃어버린 세계는 낙원이 아니었다고.
>
> —피터 래슬렛[48]

크세노폰이 묘사한 복합적 가정은 남부 및 동부 유럽에 남아 있었고 중동에서는 여전히 흔한 형태였던 반면 북유럽 지역에서는 1500년에 이르러 다른 형태의 가정이 나타났다. 여성이 20대 후반까지 결혼을 미루고 성년 초기에 집을 떠나 일을 하게 되면서 드러난 새로운 체계였다.[49] 이 변화는 흑사병 이후 대다수 농노들이 자유를 얻은 뒤 자신의 땅을 소유한 소작농이 되면서 새로운 토지 보유권이 나타난 것과 일부 연관이 있다.[50] 부지가 작은 탓에 자녀들은 집을 떠나 다른 곳에서 일을 찾아야 했고 이후 부모의 농장을 물려받거나 결혼을 해서 자신의 토지를 소유하게 되었다.[51]

결혼이 늦어지면서 남성과 여성의 관계는 훨씬 더 대등해졌다. 십대에 신부가 되어 남편의 농장에 들어가 사는 대신 부인은 남편과 독립된 가정을 일구고 때로는 동등한 동반자로 사업을 꾸려갔다.[52] 천을 부지런히 개는 일뿐만 아니라 돈을 벌어오는 능력으로 여성의 가치를 인정받는 경우가 늘었다. 많은 이들이 과부가 된 뒤 1년 안에 재혼했다는 사실에서도 이런 변화가 드러난다.[53] 시골의 주부들은 자녀 양육과 요리 외에 버터나 치즈, 빵, 맥주, 설탕 절임을 만들고 가금을 기르며 빨래를 걷고 실을 잣고 바느질을 하는가 하면 장부를 적고 상인 및 공급업자와 거래하기도 했다. 역사학자 주디스 플랜더스Judith Flanders가 언급했듯 "여자의 일은 해도 해도 끝이 없다"라는 속담의 기원을 찾아내려고 골몰할 필요가 없다.[54] 이처럼 고되게 살았지만 북유럽 국가의 부인들은 지중해 국가의 여성보다 자녀를 조금 낳았고 더 오래 살았으며 사람 수도 더 많았다.

도시에서 일하는 가정의 삶도 고되기는 마찬가지였다. 1619년 런던의 한 제과점에는 주인 제빵사와 그의 아내, 자녀 두세 명에 직공 넷, 도제 둘, 하녀 두 명을 포함해 도합 12명에서 13명이 있었다.[55] 1층에 작업장이 있었고 뒤쪽으로 곡물 및 석탄, 소금을 보관하는 창고가 있었으며 위층에 살림집이 있었다. 식사는 모든 사람이 함께했고 직공(숙련 노동자로 여러 제과점을 돌아다니다가 독립할 자격을 얻는다)을 제외하고는 모두 한 지붕 아래에서 잠을 잤다. 즉, 한 집에 거주하는 사람들이 하나의 대가족을 이룬 것이다.

이런 산업화 이전의 가정에서 자란 어린이들의 삶은 평탄치 않았다. 성인이 되기 전에 사망하는 아동이 많은 데다 아동의 노동력이 필요한 시대였기에 자녀에게 많은 감정을 쏟을 가치가 없다고 여겨졌다. 열 살 정도 된 도제들은 선택된 사범과 함께 7년 정도 지낸다는 계약을 맺었고 사범의 자녀들도 어린 나이에 일을 시작했다. 1697년에 존 로크John Locke는 모든 인간이 3세부터 일을 해야 한다고 선언했다.[56] 많은 아이들이 어딘가에 고용되어 떠났고 때로 부모들이 자녀를 서로 바꾸기도 했는데, 다른 사람의 자녀가 자기 자식보다 더 고분고분하다는 이유 때문인 것으로 짐작된다. 1800년에 삶의 어느 시점에 어딘가에 고용되어 본 적이 있는 북유럽인이 40퍼센트에 달했고 여성만 따지면 그 수치는 90퍼센트까지 치솟았다.[57] 이와 관련해 역사학자 피터 래슬렛Peter Laslett은 이렇게 말했다. "산업이 도래하면서 경제적 압박과 착취가 시작된 것이 아니다. 압박과 착취는 이미 우리 곁에 있었다."[58]

농장과 공장

> 그래 이곳에 예루살렘이 세워졌는가/ 이 음울한 사탄의 공장 한가운데에?
>
> —윌리엄 블레이크[59]

앞서 이야기했듯 오늘날 우리가 생각하는 가정생활은 산업화 이전의 가정생활과 몇 광년씩 떨어져 있다. 1800년 이전에 '가족'은 어쩌다 한 지붕 밑에 함께 살면서 일하게 된 사람들의 모임에 지나지 않았다. 가정은 휴식하는 곳이라기보다 도시 및 시골 경제의 주축이었고, 가정의 주된 기능은 편안함과 사랑을 베푸는 것이 아니라 생산성을 엄격히 높이는 것이었다. 현대의 기준에서 보면 이런 집은 안락함과 거리가 멀다. 특히 농촌의 집은 어둡고 축축하고 서늘했으며 가구도 얼마 없이 노동에 필요한 도구와 재료 들만 즐비해 있었다. 물론 같은 사회에서도 부유한 계층은 훨씬 더 편안한 삶을 누렸지만 대다수의 삶은 명백히 가혹했다. 그렇다면 우리는 왜 그렇게 증기 시대 이전의 삶에 향수를 느끼는 것일까?

우선 부분적으로는 그 시절 이후의 삶이 훨씬 더 가혹했기 때문이다. 랭커셔에 방직공장이 처음 들어선 1720년대부터 전통적인 영국 시골 생활이 막을 내리기 시작했다. 비록 고되기는 했지만 사람과 땅 사이에 강한 유대를 다졌던 생활 방식이 종말을 고한 것이다. 농촌 생활에서는 특히 수확물을 거두어들이는 등 계절적 노동을 해야 하는 시기에 지속적인 협력이 필요했다. 이런 관점에서 마을은 가정이 확장된 개념으로, 물을 길어오고 방앗간에 가고 농작물을 거두어들이는 등 고대 부족의 사교성을 모방한 활동이 공동으로 이루어지는 곳이었다.

1770년대 이후 산업혁명에 속도가 붙으면서 기존의 생활 방식이 휩쓸리듯 사라지고 급증하는 도시 인구를 먹여 살리기 위해 농업 생산력을 높인다는 목적으로 토지가 정부에 강제 포위되었다. 1761년과 1844년 사이에 마을 소유였던 400만 에이커의 개방 경작지는 지금 우리가 알고 있듯 울타리를 간결하게 두른 사각형의 개인 소유지로 탈바꿈했다. 같은 시기에 200만 에이커의 공유지 및 미개간지(누구나 무료로 사용할 수 있는 공공 숲 및 습지, 황무지 등)가 개간되었다.[60] 이와 같은 인클로저enclosure로 소작농은 경작할 땅을 잃었을 뿐만 아니라 농촌 경제의 중요한 부분을 차지하던 공유지를 박탈당했다. 1688년에 잉글랜드와 웨일스의 3분의 1을 차지하던 공유지는 가축을 방목하고 새나 토끼를 잡고 가구와 땔감에 쓸 목재나 토탄, 잠자리에 쓸 이끼와 고사리를 모으는가 하면 골풀과 밀랍, 꿀, 야생식물과 나무딸기, 허브를 채취하는 곳이었다.[61] 요약하자면 그곳은 오이코노미아를 가능케 하는 공유 자원이었다. 공유지가 없으면 시골 생활은 뿌리째 잘려나간 것이나 다름없었다. 이미 널리 퍼져 있던 가난이 나폴레옹 전쟁 이후 찾아온 농업 공황으로 더욱 악화하면서 사람들은 고통에 시달렸다.[62] 그런 상황에서 공장 취직은 대다수에게 유일한 선택지였다.

시인 올리버 골드스미스Oliver Goldsmith는 농촌 질서가 사라져가는 현실을 애도하는 뭇 논객 중 하나였다. 1770년에 발표한 시 〈황폐한 마을The Deserted Village〉에서 그는 사라져가는 세계를 향한 향수를 일깨웠다.

땅이 순식간에 고된 삶으로 가득하고 고난에 발목 잡히고
재산은 증식하고 사람은 부패하고
왕자나 영주는 번성할 수도, 사라질 수도 있지
숨결 하나로 그렇게 될 수 있지, 숨결 하나로 그렇게 되었으니
허나 대담한 농민, 나라의 자부심은
한번 파괴되면 결코 되돌릴 수 없으니.

그런 때가 있었지, 영국의 슬픔이 시작되기 전,
모든 땅덩이가 사람을 건사하던 때가
힘들이지 않은 그의 노동이 그녀의 건강한 저장고를 채웠지
그저 삶에 필요한 것만 내어줄 뿐 더 이상은 주지 않았지

최고의 벗은 순수함과 건강함,
최고의 재산은 부를 모르는 것이니[63]

소작농이 사라진 현실을 모든 이들이 한탄한 것은 아니다. 1783년에 발표한 시 〈마을The Village〉에서 조지 크래브George Crabbe는 골드스미스를 비롯해 농촌 생활의 가혹한 현실을 낭만적으로 묘사하는 이들에게 이렇게 응수했다.

그렇게 뮤즈는 행복한 시골 청년에 대해 노래하지
그 고통을 결코 알지 못했으니
다들 소작농의 담뱃대를 추켜세우지만 그는 이제
담뱃대를 내려놓고 쟁기질을 하지
시골 사람 중 몇이나 시간이 있을지
음절수를 세고 운율을 맞추어 놀 시간이[64]

산업혁명이 몰고 온 사회 격변과 이런 변화가 궁극적으로 좋은 것인지 아닌지를 두고 벌어진 팽팽한 갈등에서 시작된 논쟁은 18세기 영국에서 그랬듯이 지금도 전 세계에서 이어지고 있다. 산업화를 어떻게 바라보든 그로써 고대의 생활 방식이 종말을 고했다는 사실은 의문의 여지가 없다. 여러 단점에도 불구하고 산업화 이전의 일하는 가정은 공장노동으로 결코 대신할 수 없는 이점을 누렸다. 협력과 동료, 수작업, 지식과 기술, 그리고 경제적으로 독립할 최소한의 기회를 누릴 수 있었다.[65] 공장에서는 이 중 무엇도 얻지 못했다. 공장이 요구하는 것은 언제든 마음대로 고용하고 해고할 수 있는 저렴한 저숙련 노동이었다. 장인과 도제 사이의 친밀한 유대(최악의 경우에는 억압적이고 최상의 경우 세대를 초월하는 관계)가 사라진 자리에 익명의 착취가 들어섰다.

1842년에 프리드리히 엥겔스Friedrich Engels라는 22세의 독일 청년이 영국의 산업도시 맨체스터에 도착했다. 엥겔스는 눈앞에 펼쳐진 광경에, 특히 공장노동자들이 모여 살던 올드타운Old Town의 악명처럼 다닥다닥 붙은 집들에 경악을 금치 못하고《영국 노동계급의 상황》이라는 제목의 글을 남겼다.

> 더럽고 황폐하고 사람이 살 만하지 않은 곳에 대한 인상을 검다는 말로는 정확히 전달하기 힘들다. 이 단일 지구에 들어선 건축물의 특징을 말하자면 청결함과 환기, 건강은 일절 신경 쓰지 않은 곳이다. (…) 사람이 얼마나 좁은 공간에서 움직일 수 있는지, 얼마나 희박한 공기 안에서 숨 쉴 수 있는지(그 공기란!), 얼마나 한정된 문명을 공유할 수 있으며 그러면서도 살 수 있는지에 대해 알고 싶다면 직접 와서 보는 수밖에 없다.[66]

공장노동이 극심한 빈곤만 야기한 것이 아니었다. 남녀 간의 권력도 바뀌었다. 공장에 동력직기가 들어오면서 예부터 남성의 전유물이던 육체적 힘이나 직조 기술이 필요한 일자리가 급격히 감소했다. 노동력이 더 저렴할뿐더러 손이 빠른 여성과 아동이 새로운 기계를 다루기에 더 적합했다. 1834년에 이르러 공장노동자 중 성인 남성은 4분의 1에 불과했고 나머지 노동력은 여성과 아동이 채웠다.[67] 이런 역할 전환이 가정생활에도 큰 혼란을 야기했다. 엥겔스가 언급했듯 남성이 집 안에 머물며 '여자가 하던 일'을 하게 되었다.

> 여성이 고용되면서 대다수의 가정은 완전히 해체된 것이 아니라 뒤집어졌다. 부인이 가족을 부양하고 남편은 집 안에서 아이들을 돌보며 방을 쓸고 요리를 했다. (…) 쉬이 짐작할 수 있듯이 가족 내의 모든 관계가 역전되자 일하는 남성들 사이에서 격노가 일었는데 그 외의 다른 사회 조건은 여전히 그대로였다.[68]

"이보다 더 정신 나간 상황을 상상할 수 있겠는가?" 엥겔스가 따지듯 물었다. 그의 분노가 곧이어 《공산당선언》으로 이어졌고, 여기서 그는 카를 마르크스와 함께 인간의 가치를 기술이나 능력, 특성이 아니라 단일 상품인 노동으로 판단하는 새로운 경제 질서를 상세히 논했다.

즐거운 우리 집

> 집은 (…) 평화로운 곳이다.
>
> —존 러스킨[69]

이전에 농사가 그랬듯 이번에는 산업화가 집의 속성을 바꾸어 놓았다. 산업화 이전 경제에서는 가정이 생산 엔진이었다. 그런 점에서 고대 그리스 이후로 크게 달라진 점은 없었다. 하지만 공장이 출현하면서 일이 임금에 따라 보상받는 노동으로 새롭게 정의되어 집 밖으로 나왔다. 사람들은 먹을 음식이나 가구, 옷을 직접 생산하는 대신 돈을 모아 기성품을 구입했다. 생산의 중심지였던 집은 소비하는 곳이 되었고, 집의 이런 역할이 산업 프로젝트에 매우 중요한 것으로 입증되었다.

19세기 중반에 이르러 산업화가 큰 이익을 내기 시작했다. 1833년과 1847년에 시행된 공장법The Factory Acts으로 여성과 아동의 노동 시간이 제한되는 한편 사업과 기업 경영, 전문직 등 새로운 분야에서 남성이 열망할 수 있는 일자리가 무수히 쏟아졌고 가족들이 일할 필요가 없을 만큼 충분한 돈을 안겨주었다. 이렇게 등장한 중산층이 1851년에 전체 인구의 15퍼센트를 차지했다.[70] 아이들도 새로운 관점으로 바라보게 되었다. 극빈층 자녀들은 여전히 가족 전체 수입의 절반을 벌어들이고 있었지만 중산층 자녀들은 교육을 받고 애정과 관심을 받아야 할 작은 보물이 되었다. 사회 역사학자 시어도어 젤딘Theodore Zeldin 역시 이 현상에 주목했다. "아동은 돈을 벌어오는 것이 아닌 부모의 돈을 쓰는 존재로 역할이 바뀌었다."[71] 한편 여성은 전업주부이자 어머니라는 역할을 맡아 이디온이라는 오래된 영역으로 돌아갔다.

가정에서의 일은 '집안일'로 재분류되었고 경제적 우각호oxbow lake(하천의 일부가 분리되어 만들어진 호수—옮긴이)처럼 수익의 흐름으로부터 단절되면서 가치를 잃었다. 산업 경제에서는 임금으로 보상받는 노동만이 일로 간주되었다. 한때 가정의 생산성에 필수적이었던 집안일은 생색이 나지 않는 외롭고 따분한 일로 격하되어 지금까지 이어지고 있다. 예전에는 할머니가 빵을 구워 식탁 위에 올려놓으면 그만이었지만 이제 여성은 가장인 남편이 빵을 구입할 돈을 벌어올 때까지 기다려야 했다.

철도가 놓이면서 이런 역할 분리가 더욱 극명해졌다. 빅토리아시대의 중산층 노동자들이 처음으로 기차를 타고 통근하면서 도시도 아니고 시골도 아닌 중간 어디쯤에 있을 법한 새롭고 진기한 주거 지역이 생겨났다. 교외 지역은 논평가들의 열렬한 환호를 받고 이후 줄곧 영국인의 사랑을 받으면서 도시와 시골의 좋은 점을 모두 갖춘 곳으로 그려졌다. 이에 대해 J. E. 팬턴J. E. Panton이 1888년에 자신의 책《부엌에서 다락까지From Kitchen to Garrett》에서 열변을 토했다.

> 런던에서 다소 떨어진 곳을 강력히 추천한다. 집세가 저렴하고 응당 있을 듯한 먼지와 오염이 없다. 작은 정원에 아담한 온실까지 두는 것도 큰 무리가 없다. '에드윈'이 통근하려면 정기 승차권을 구입해야 하겠지만 그 밖에 다른 금전적 부담 없이 공기가 신선한 곳에서 잠을 청하고 여름에는 테니스를 치며 겨울밤에는 음악을 듣거나 체스, 게임도 할 수 있다는 사실에 비하면 아무것도 아니다.[72]

에드윈의 일상이 말해주듯 철도는 일과 여가를 구분 짓고 새롭게 정의내렸으며 남편과 아내를 멀리 떨어뜨려놓았다. 에드윈이나 푸터 같은 남편 수천 명이 매일 아침 집을 떠나 도시로 향하면 그들의 부인은 집에 남아 아이들을 돌보고 커튼 천을 고르고 저녁에 먹을 소고기나 양고기를 주문했다.[73] 중산층 '숙녀'가 일을 하지 않는 것이 당연시되자 하인을 적어도 한 명씩 두는 것이 필수가 되었다.[74] 오이코노미아가 사라지면서 바빠질 일이 없어진 부유층 가정주부들은 침체되었다. 산업화가 남긴 훌륭한 업적인 여가는 축복인 동시에 저주였다.

대다수 영국인에게 여가는 요원한 꿈이었다. 1851년에 전체 인구의 54퍼센트가 도시에 거주했고 노동자 가정은 방 한두 칸짜리 누추한 집에 모여 살았다. 대부분은 하루하루 찾아다녀야 하는 시간제 노동에(남성은 육체노동, 여성은 청소나 바느질에) 의존했다. 철도로 자유를 얻기는커녕 사실상 철도에 갇힌 셈이 된 빈곤층은 집세가 더 저렴하지만 일자리가 없는 교외에 살 형편이 되지 않은 탓에 도심의 빈민가로 몰렸다. 적어도 그곳에는 일자리가 있었고 도움이 되는 이웃이 있었으며 저렴한 음식을 구입할 시장도 있었는데 그마저도 19세기 말이 되자 식량 구입에만 수입의 절반에서 4분의 3을 써야 하는 상황에 이르렀다.[75] 빅토리아시대의 슬럼은 인도의 델리와 나이지리아의 라고스, 브라질의 리우데자네이루 같은 현대 도시를 둘러싼 판자촌이나 빈민가의 원형이었다. 이곳은 농촌 이주자들이 더 나은 삶을 꿈꾸며 살아가는 전이와 추방의 공간이었다.

영웅의 집

경직된 사회 질서를 뒤엎으려는 사회 개혁가들의 노력은 제1차 세계대전으로 사실상 좌절되었다. 전쟁으로 남성 노동 인구가 대거 사망하면서 여성의 고용 가능성이 증가했고 상류사회가 의존하던 하인 계층이 사라졌다. 전쟁이 발발할 당시 일하는 여성은 전체의 24퍼센트였는데 1918년에 37퍼센트에서 47퍼센트로 증가했다.[76] 결정적으로 전쟁이 일어나면서 노동자 계층이 누리는 열악한 삶의 질에 대해 영국 사회가 양심의 가책을 느끼기 시작했다. 이와 관련해 로이드 조지Lloyd George 정부의 일원은 이렇게 말했다. "그들(우리의 영웅)을 물에 잠긴 끔찍한 참호에서 그보다 나을 게 없는 돼지우리 같은 집으로 돌려보내는 것은 범죄나 다름없다."[77]

그 결과 영국에서 역사상 최초이자 최대의 주택 건설 계획이 단행되었다. 사회 개혁가 B. 시봄 라운트리B. Seebohm Rowntree와 전원도시 건축가 레이먼드 언윈Raymond Unwin이 감독을 맡은 프로젝트로 주요 도시 외곽에 노동자 수천 명이 거주할 넉넉한 규모의 집(가장 매력적인 최초의 임대 주택 유형)이 세워졌다. 그렇게 교외 노동자 계층이 탄생했고 더불어 현대 가정의 딜레마가 시작되었다.

빅토리아시대와 달리 20세기의 가정주부는 하인을 두지 못한 채 여전히 남편을 위해 집안일을 돌보아야 했다. 1936년에는 영국 남성의 60퍼센트가 집에 들러서 점심 식사를 했다.[78] 노동자이자 가정주부라는 이중 역할을 도맡아야 했던 노동자 계층 여성에게 교외에서의 삶은 더욱 가혹했다. 일자리와 시장, 친근한 이웃 등 필요한 서비스는 더 이상 가까이 있지 않았다. 중산층 부인이 맞닥뜨린 충격은 더욱 거대했다. 노동자 계층과 달리 그들은 남편을 위해 요리를 해본 적이 없었다. 부엌에서 무얼 해야 하는지 감조차 잡을 수 없는 이들이 대부분이었다.

전쟁 이후 대서양 양끝 지역의 가정에 닥친 위기가 식품 기업에게는 요긴한 선물과 같았다. 즉시 행동에 뛰어든 기업들이 가정주부가 직접 만든 것인 양 뽐낼 수 있는 간편식을 내놓았다. 미국 식품 기업이 앞장서서 베티 크로커Betty Crocker 케이크 믹스(1940년 이후로 가까운 곳에서 얼마든지 구할 수 있게 되었다)부터 데우기만 하면 되는 반조리 칠면조 요리까지 가능한 모든 요리를 생산했다. 이런 속임수로 인해 광고인이 꿈에 그리던 고객이자 동반자가 등장했다. 바로 고명까지 완벽하게 곁들인 구이 요리를 선보일 뿐만 아니라 향기롭고 화려하게 등장해 남편의 손님들을 맞이하는 '현모양처'상이었다.[79]

19세기 초 이후 비교적 하인이 부족하던 미국에서 여성의 가정 내 역할이 문제시되자 여권 향상의 선구자, 캐서린 비처Catherine Beecher가 1842년에 《가정경제 논문Treatise on Domestic Economy》에서 더 효율적인 부엌 디자인을 제시하며 여성의 가사 노동을 존중할 것을 요구했다. "점차 야만의 잔재를 떨쳐내는 사회의 흐름에 따라 여성의 의무와 그 의무를 적절히 수행하는 데 필요한 지적 능력을 더욱 정확히 평가할 필요가 있다."[80]

비처의 공격으로 미국의 여권 신장 운동이 시작되었고 하인 없는 세상에서는 부엌 디자인이 중요하다는 인식이 뚜렷해졌다. 1869년에 출판된《미국 여성의 가정American Women's Home》에서 급진적 디자인의 붙박이 조리 시설 및 저장 공간이 소개되며 혁명의 불씨가 당겨졌고 그리트 리호츠키Grete Lihotsky가 1926년에 내놓은 프랑크푸르트 부엌으로 혁명은 정점에 이르렀다. 이로부터 사실상 모든 주방이 영향을 받으면서 전형적인 주방 형태가 자리 잡았고 오늘 많은 이들이 아침을 만들어 먹었을 주방 역시 같은 모습을 띠게 되었다.[81] 하지만 아무리 매끈한 디자인과 맵시 있는 저장고를 갖추어도 집 안팎에서 여성이 맡은 이중 역할은 누구도 대신해줄 수 없었다.

1945년에 이르러 영국과 미국인 여성 중 3분의 1이 제1차 세계대전 당시에 그랬듯 해외에 나가 싸우는 군인을 대신해 일터에 나가 '남자의 일'을 했다. 여성도 이런 일을 충분히 잘 할 수 있음을 스스로 증명해 보였지만 전쟁이 끝나자 그들은 다시 집 안으로 돌아가야 했다.[82] 겉보기에는 고요하지만 속으로는 부글부글 끓고 있던 1950년대의 가정주부는 현대 가정에 도사린 긴장(이상적인 핵가족을 본의 아니게 끌고 가는 핵심 인물과 가족 식사라는 가장 상징적인 의식을 마지못해 제공하는 사람)을 그대로 드러냈다.

디지털 홈

사람은 필요하지도 않은 물건을 사기 위해 하기 싫은 일을 온종일 하지.

—타일러 더든, 〈파이트 클럽〉

집에 대한 꿈과 흔히 그보다 완벽하지 못한 현실 간의 차이를 강력하게 보여주는 의식으로 가족 식사만 한 것이 없다. 1960년대의 식당 광고에서 미소 짓는 부모와 귀여운 아이들이 일요일에 구이 요리를 함께 먹는 모습은 언제나 얼마간 허구였다. 20세기 중반의 번영기에도 가족 식사의 허울 아래에는 금방이라도 터질 듯한 긴장이 서려 있었다. 당사자들이 아무리 마지못해서 하거나 무능력해도 가족이 함께하는 점심이나 저녁 식사에는 어떤 식사로도 모방할 수 없는 중요한 무언가가 담겨 있다. 음식을 준비하고 함께 먹는 것은 먼 조상들에게 그랬듯 우리에게도 소속감의 근원이 된다. 운이 좋아 부모가 차려주는 식사를 주기적으로 먹은 사람들이 집을 떠올릴 때 중심을 차지하는 것도 가족 식사 시간, 그리고 사랑받고 있다는 느낌이다.

오늘날 가족 식사가 완전히 사라진 것은 아니지만 앵글로색슨족의 세계에서 가정생활은 상당히 파편화되었다. 2017년에 자녀가 있는 미국 가정 중 31퍼센트가 한 부모 가정이었고 영국 가정 중 28퍼센트가 1인 가정이었다.[83] 양친 가정 중 부모가 맞벌이인 가정은 2016년에 미국이 61퍼센트, 2017년에 영국이 72퍼센트였다.[84] 2010년에는 미국의 성별 문제가 중대한 시점에 이르렀다. 처음으로 일하는 여성 수가 일하는 남성 수를 앞지른 것이다.[85] 이런 통계만 보아도 알 수 있듯 요리할 시간이 없다는 말이 괜히 나온 것이 아니다. 바쁜 건 부모만이 아니다. 2018년에 진행된 미국의 여론조사 결과, 십대들이 하루에 온라인에서 보내는 시간은 평균 9시간으로 아이들 본인조차 걱정할 정도였으며, 응답자 중 60퍼센트는 이런 상황이 '심각한 문제'임을 시인했다.[86] 이런 현실에서 점점 더 많은 사람이 간편식에 의존하는 것도 놀랍지 않다. 영국인의 간편식 사랑은 워낙 유별난데 2017년에 영국인이 먹어 치운 간편식은 전체 유럽인이 소비한 양의 절반에 이른다.[87]

우리가 주기적으로 함께 식사하는 일이 더는 없다고, 혹은 가정생활이 해체되고 있다고 조바심을 내야 할까? 디지털 시대에 가정의 역할은 무엇일까? 한때 그랬던 것처럼 소속감이 중요할까, 아니면 가정의 이런 기능을 페이스북에서 찾을 수 있는 '가족'에게 빼앗긴 것일까? 어떤 답이 나오든 가정의 속성이 변하고 있다는 사실에는 의문의 여지가 없다. 한때 가족이 함께 살고 함께 일하는 생산의 중심지였던 집은 이제 개별화된 소비의 중심지가 되었다. 우리는 소파에 편히 기대 앉아 쇼핑을 하고 음식을 주문하고 사교 활동을 하며 여흥을 즐긴다. 대다수에게 집은 전 세계 공급망에 연결되어 자본주의라는 서커스가 쉼 없이 돌아가게 하는 공간에 지나지 않는다. 이제 집에서 취하는 휴식은 하지 않아도 되었을 일을 한 뒤(누구도 서명하지 않았지만 현대사회의 근간이 되는 계약을 맺은 뒤) 누리는 보상이 되었다.

물론 농사를 짓던 선조들도 일을 하고 싶지 않기는 마찬가지였다. 앞서 살펴보았지만 일은 농업이 시작되면서 생긴 개념이었다.[88] 현대인이 하는 일이 가령 17세기 농부의 일과 다른 점은 깊이와 다양성이 부족하다는 것이다. 일주일 동안 시골 사람은 불을 지피고 밭을 갈고 말을 타고 울타리를 짓고 물고기를 잡고 바구니를 짜고 빵을 굽는 데 반해 현대인은 그에 비해 특별한 기술이 필요 없는 단조로운 일을 한다. 요즘 시대에 전형적인 비전문직으로는 콜센터 업무나 진열대에 상품 채우는 일, 피자 배달 등이 있다. 사무직 중에서도 따분한 행정 업무가 더러 있다 보니 BBC TV 시리즈 〈더 오피스The Office〉에서 풍자적으로 다루어지기도 했다. 미국의 사회학자 데이비드 그레이버David Graeber가 "개똥 같은 일bullshit job"이라고 한 이런 직업이 디지털 시대에 급증했다.[89] 2015년에 진행한 유고브YouGov 조사에서 자신이 하는 일이 세상에 의미 있는 기여를 한다고 생각하는지 묻는 질문에 응답자 중 37퍼센트는 아니라고 답했고 13퍼센트는 잘 모르겠다고 답했다.[90] 이런 일은 지갑을 채워줄 뿐 내면을 채워주지는 않는 것으로 보인다.

산업화 이전의 가정생활은 고되었지만 현대 가정생활에서 결여된 목적의식과 소속감이 뚜렷이 존재했다. 막대한 물질적 부를 얻기 위해 진보한 대가로 돌아온 것은 점차 단순해지고 비인간화하는 일과 그에 따라 커지는 단조로움과 고립감이었다. 이제 많은 이들에게 집은 화면을 통해 접근할 수 있는 교류와 유흥, 소비재에서 위안을 찾는 곳이 되었다. 인스타그램에 아무리 많은 친구를 두었다 해도 내 방에서 만나는 진짜 친구를 대신할 수는 없다. 로빈 던바가 보여주었듯 타인과의 물리적 접촉은 행복에 필수적이다. 이 발견이 미래의 생활 방식에 깊은 영향을 미칠 것이다.[91] 일례로 옥스퍼드 이코노믹스Oxford Economics에서 2018년에 진행한 연구에 따르면 누군가와 식사를 함께 할수록 행복지수가 높아지며 주기적으로 혼자 식사하는 생활은 불행과 더욱 강력히 연관되어 정신질환을 제외한 다른 어떤 요소보다 심각한 영향을 미쳤다.[92]

우리에게는 교류도 중요하지만 아리스토텔레스와 매슬로가 파악했듯 개인적 성취도 중요하다. 티보르 스키토프스키가 주시한 것처럼 지금의 소비주의 문화는 개인적 성취와 전혀 다른 길을 가고 있다. 물질적 위안에서 얻는 기쁨이 오래가지 않는 탓이다. 자본주의 사회에서 물건을 향한 사랑은 필수이지만 한편으로는 불만의 근원이 되기도 한다. 먹기와 사교 생활 다음으로 우리가 가장 의지할 수 있는 기쁨인 만드는 기쁨을 앗아가기 때문이다.

손재주꾼

50년 전에는 일이라고 하면 대부분 옷이 되었든 자동차나 배, 가구나 음식이 되었든 여전히 무언가를 만드는 것이었다. 모두 공업과 관련된 일이었지만 대부분 산업화 이전 일터의 특성을 얼마간 간직하고 있었기에 협동 작업과 지식, 기술이 필요했다. 집안일 역시 50년 전에는 수작업 위주였다. 가정주부는 빵을 굽고 음식을 하며 바느질을 할 수 있었고 기계장치를 다룰 줄 아는 사람들은 차를 직접 고치기도 했다. 반면 오늘날 무언가를 만들거나 고칠 줄 아는 사람은 극히 드물다. 대부분 필요한 것이 있으면 구입해서 쓰고, 일상 용품은 시간이 지나면 구식으로 취급받는 계획의 산물이 되었다. 매슈 크로퍼드Mathew Crawford가 《직접 만드는 삶The Case for Working with Your Hands》에서 꼬집었듯 요즘 물건은 의도적으로 소비자를 배제하도록 고안되었다. 가령 극도로 매끈한 아이폰은 나사 머리가 아주 작은 별 모양이어서 일반 드라이버를 쓸 수 없고 BMW의 컴퓨터화된 '블랙 박스' 엔진은 '내부를 파헤치지' 못하게 되어 있다.[93]

소비주의의 부단한 압박을 받은 끝에 우리는 아직 잘 돌아가는 오래된 물건을 새로운 물건으로 대체하는 삶에 익숙해졌다. 이렇게 쓰다 버리는 문화는 지구만 훼손하는 것이 아니라 인간의 근본적인 무언가를 위협한다. 크로포드가 주목한 것처럼 물건을 고치는 데 필요한 창조성에는 고도로 정교한 인지적 노력이 수반되며 특별한 보상도 따른다. 인간의 뇌가 이런 수작업에서 기쁨을 느끼도록 설계되었다는 사실도 그리 놀랍지 않다. 결국 우리는 350만 년 동안 도구와 함께 진화한 존재가 아닌가. 우리의 조상은 머리만이 아니라 손도 함께 써서 해답을 찾아 나갔다. 답을 향해 '손을 뻗고' 아이디어를 '붙잡는다'는 말에서도 이런 사실이 드러난다.[94] 손을 쓰는 것은 머리로 생각하는 것과 마찬가지로 인간의 선천적인 활동이다. 크로포드가 지적했듯 두 기능은 의식에서 서로 나눌 수 없는 절반씩을 형성한다.

무언가를 만들면 기분이 좋아진다. 몸과 마음이 비로소 하나가 되기 때문이다. 그러면서 온 존재가 몰입하는 경험을 하는데, 이는 어떤 행위로도 맛보기 힘들다. 더군다나 유용하기 때문에 만족감도 크다. 우리를 세상에 발붙이게 하고 직접 가리키며 '내가 했어'라고 말할 수 있는 결과물을 안겨준다. 이런 소속감은 제작에 깊이 관여한 중세 시대의 수공업자들이 느낄 법한 감정이라 생각할 수 있다. 현대의 농부들은 조상이 대대로 형성한 땅을 측량하며 이런 감정을 느낀다. 이와 같은 수작업과 노동에서 집에 대한 관념이, 즉 자신이 만들어낸 장소와의 유대감이 자란다. 지금은 자신이 살 집을 직접 지을 기회가 거의 없지만 누구나 학창 시절에 기우뚱한 솥이나 보송보송한 천으로 만든 크리스마스 달력 같은 것을 만들고 집으로 가져와 부모님께 자랑스레 뽐냈을 때 느끼던 만족감을, 유용하고 아름답고 좋은 무언가를 만들어냈다는 사실에서 비롯된 내면의 반짝거림을 느껴보았을 것이다.

요즘에는 본업에서 이런 기쁨을 느낄 일이 거의 없다. 창의력과 손재주는 일터에서 떨어져나갔다. 집에서는 어떤가? 한가한 시간을 원하는 대로 보낼 여력이 있는가? 그리스인에게 번영이란 세상에서 달아나는 것이 아니라 세상에 적극적으로 참여하는 것이었다. 스포츠가 중요한 것은 전투를 준비하고 정신을 가다듬는 활동이기 때문이었다. 온라인에 빠져 있을 때처럼 몸을 무시하고 정신을 산란케 하는 것은 그리스인에게 생각조차 할 수 없는 일이었다. 로봇이 우리가 할 일의 상당 부분을 대신하고 알고리즘이 우리의 모든 욕구를 예측하는 지금, 소통하고 교류할 수 있는 물리적 현실은 그리 많지 않다. 요즘 아이들에게 가상 세계가 현실 세계보다 더 실제적으로 보이는 이유도 어렵지 않게 알 수 있다. 아이들이 가상 세계를 훨씬 더 자주, 즉시, 만질 수 있을 것처럼 경험하기 때문이다. 그 결과 자연에 무지하고 사회적 기술이 결여될 뿐만 아니라 신체 기능이 심상치 않은 수준으로 쇠퇴했다. 최근 연구 결과에서 현재의 아동은 디지털 이전 시대의 아동보다 근시가 더 많고 균형 감각이 떨어지는 것으로 나타났다.[95]

후기 산업화 사회는 인류가 진화를 이룬 야생의 자연과 정반대된다. 선조들에게 그랬듯 마찰을 일으켜서 참여와 창의력을 자극하기보다 우리의 모든 필요를 예측하며 고객 카드와 쿠키를 들고 따라붙는다. 우리는 야생에서 살아남는 법을 익히면서 인간이 되었다. 지금은 나르시시즘을 부채질할 뿐인 디지털 거울의 전당에 살고 있다. 이런 세계에서 인류는 번영할 수 있을까, 아니면 무엇이 좋은 삶인지 다시 생각해보아야 할 때일까?

잃어버린 낙원?

그리스인은 좋은 삶을 얻으려면 고생이 따른다고, 그렇지 않으면 인간으로서 아무런 의미가 없다고 믿었다. 그들은 좋은 시민이 되기 위해 필요한 자질로 근면과 검소를 예찬했다. 현대 영국과 미국이 내세우는 정치적 수사를 보면 우리 역시 같은 생각을 한다고 느낄 테지만(이상적인 모습으로 '근면한' 가족이 꾸준히 언급되는 것만 보아도 그렇다) 요즘 우리가 꿈꾸는 것은 오이코노미아가 아니라 부유함이다. 고대 아테네에서도 마찬가지였을 것이다. 크레마티스티케가 위협이라고 생각하지 않았다면 아리스토텔레스도 이를 언급하지 않았을 것이다. 오직 인간만이 편한 삶을 원한다. 그런데 현대 도시인은 여가를 선택할 때 어떤 행동이나 도전을 갈망한다. 모험 가득한 휴가를 주기적으로 떠나거나 편안한 집을 놔두고 별 아래에서 캠핑을 하고 불을 지피거나 물고기를 잡으며, 아니면 빗속에서 소시지를 구워 먹으며 살아 있다는 것의 의미를 생각한다.

수렵 채집인의 삶을 직접 경험할 수는 없지만 우리는 몸과 정신, 생리적·심리적 욕구는 물론이고 자연에 대한 의존성까지 조상과 닮아 있다. 그렇다면 채집 생활을 하는 우리의 이웃이 지구에서 완전히 사라지기 전에 그들에게 이 세계에서 집처럼 편안하게 지낼 수 있는 법을 배울 수 있지 않을까? 콜린 턴불이 언급한 음부티족은 주변 환경과 놀라울 정도로 조화를 이루며 살았는데 고향인 콩고에서 인구 과잉과 벌목, 내전, 야생동물 고기를 탐하는 수요의 급증 등이 닥치자 그들의 생활 방식이 심각한 위협에 처했다.

음부티족 등과 비교해 현대인의 위신이 어쩐지 낮아 보인다면 이는 우리가 처음 느끼는 감정이 아니다. 존 드라이든John Dryden이 1672년에 만들어낸 고결한 야만인이라는 말은, 최소한 로마 시대 이후 도시에 사는 사람들이 야생에 사는 이들에게 경외와 감탄(그러면서 선심 쓰는 듯한 태도)이 뒤섞인 감정을 느꼈음을 압축해 보여준다.[96] 농사를 짓는 한 인간은 기술이 새로이 진보할 때마다 이를 축복이자 저주로 받아들였다. 새로운 기술은 고된 노동에서 해방시켜준다는 의미에서 축복이었고, 또 같은 이유에서 저주였다.

도시 문명으로 전환하는 오랜 기간 동안 인류가 치른 가장 큰 희생은 세상과의 접촉이 끊어지면서 인간으로서의 기능을 잃어버린 것이 아닐까. 생존에 필요한 것은 무엇이든 외부에 위탁하면서 우리는 일련의 어떤 기술을 다른 기술과 맞바꾸었다. 풍경을 읽고 화살을 만들고 사냥감을 추적하는 기술을 저버리고 컴퓨터 프로그램을 설정하고 문자 메시지를 주고받으며 인터넷을 탐색하는 기술을 얻었다. 양쪽 기술 모두 그 맥락 안에서는 더없이 유용하지만 근본적으로 성격이 다르다. 전자의 기술이 생존과 직결되는 것이라면 후자의 기술은 생존과 다소 떨어져 있다. 수렵 채집인은 자신의 삶에 직접적으로 책임이 있는 반면 현대인은 생존하려면 무수한 타인에게 의존해야만 한다. 식량을 찾아 헤매던 선조들이 보았다면 입을 벌리고 경탄할 만한 기술 역량을 얻었지만 컴퓨터가 아니라고 답할 때마다 좌절에 빠지듯 삶을 제대로 영위하는 것은 능력 밖의 일이 되었다.

노동과 지식의 분할로 도시 문명이 세워지고 인간은 개개인의 총합보다 훨씬 더 위대한 존재가 되었지만 진보의 여러 면면이 그렇듯 상당한 대가가 뒤따랐다. 일반적인 수렵 채집인과 비교했을 때 현재 인류는 주변 환경과 조화를 이루거나 변화를 예민하게 관찰하는 능력이 부족하고 스스로 먹여 살리거나 보호하는 일에 취약하며 전체적으로 자립하는 능력도 크게 떨어진다. 부수적인 자극은 살면서 넘치도록 마주하지만 세상과 맺는 근본적 관계에는 늘 굶주려 있다.

필요라는 덕목

> 필요는 발명의 어머니다.
>
> —영국 속담

여전히 인간과 세상을 직접 잇는 것은 음식이다. 음식이 인류의 진화를 이끌었다. 1,000년이 넘는 시간 동안 스스로 먹여 살리는 새로운 방식을 찾아내면서 우리가 집이라 부르는 공간은 알아볼 수 없을 만큼 변화했지만 먹는 음식은 놀라우리만큼 그대로다. 소일렌트와 크리스피크림 같은 새로운 음식이 미식의 세계에 진입했지만 우리는 여전히 조상들이 먹던 것과 같은(물론 알게 모르게 조금씩 변했지만) 동물과 곡식, 콩과 덩이줄기, 견과류와 채소를 먹으며 살아간다.

디지털 시대에 영국과 미국 등의 산업국가에서 음식 만드는 기술에 관심이 모이고 있다는 사실도 우연이 아니다. 도축 수업이든 절임 음식 만들기든 양조나 사워도우 빵 만들기든, 직접 손을 걷어붙이고 음식을 만들어보려는 갈망이 어느 때보다 강렬해졌다. 영국에서 주말농장을 마련하려는 사람이 제2차 세계대전 이후 어느 때보다 많아졌고 과일 및 채소 씨앗의 판매량이 꽃씨 판매량을 넘어섰다. 개인 제빵사나 치즈 제조업자, 양조업자나 커피 전문점 역시 유럽과 북미에서 되살아나면서 산업화의 물결에 휩쓸려 사라지는가 싶었던 일하는 가정도 얼마간 활기를 되찾았다.

이처럼 음식에 다시 관심이 쏠리는 현상은 산업 식품의 개성 없는 맛과 파괴적 특성 때문이기도 하지만 훨씬 더 깊은 원인을 드러내는 징후이기도 하다. 음식에 신경을 쏟는 생활이 비물질화한 가상 세계에서의 삶을 치유하는 완벽한 해독제로 작용하는 것이다. 또 음식이 인간의 생존에 필요한 자연 속 생물로 이루어져 있다는 사실로 미루어볼 때 현대사회가 의도적으로 감추려 하는 것, 즉 '필요'라는 덕목의 존재를 새삼 깨닫게 된다. 음식은 우리가 만들 수 있고 우리를 화합하게 하며 땅에 붙박게 하는 것이다. 재료를 키우고 음식을 요리하고 보관하는 일 모두 손기술로서 인간이 잘할 수 있는 일이며, 그 과정에서 우리는 무수한 벗도 얻었다. 다시 말해 우리가 세계에 사회적으로나 물리적으로 뿌리내리게 하는 것이 음식이다.

음식에 다시 관심을 보이는 지금의 상황을 활용해 집에 대한 개념도 바꿀 수 있을까. 이미 그 길을 가본 이들이 있다. 2002년 런던 서튼 지구에 다목적 지속 가능 개발을 위해 세워진 베드제드BedZED는 널찍한 정원과 발코니, 시민 농장을 기본 설계에 포함시켜 주민의 탄소 발자국 최소화와(베드제드는 베딩턴 탄소 에너지 제로 개발Beddington Zero Carbon Energy Development을 뜻한다)

공동체 의식 함양을 목표로 삼았다.[97] 그 결과 두 목표 모두 효과가 있는 것으로 보인다. 2009년에 시행한 연구 결과, 베드제드 주민의 평균 생태 발자국은 인근 마을 주민보다 19퍼센트 낮았고 가까이 지내는 이웃은 20명으로 인근 마을 주민이 여덟 명과 가까이 지내는 것보다 많았다.[98] 베드제드 생활에서 가장 마음에 드는 점을 묻는 질문에 주민들은 친근감을 꼽으며 시골 마을에 사는 기분이라고 말했다.

베드제드는 인구 밀도가 높으면서 환경에 부담이 덜 되고 다목적으로 이용 가능한 접근법을 통해 탄소 제로 경제에서 다 함께 번성하는 법을 제안한다. 건축가 빌 던스터Bill Dunster와 함께 이 프로젝트를 개발한 자선단체 바이오리저널Bioregional은 이를 '한 행성 살이One Planet Living'라고 부른다. 양질의 친환경 디자인과 주민들이 함께 살고 키우고 일하고 놀 수 있는 넉넉한 공적·사적 공간을 결합해 한때 시골 마을과 도시 인근에 생기를 불어넣은 공동체 의식을 되찾고 사람들이 진심으로 원하는 생활 방식을 창조하는 것이다. 베드제드는 그곳만의 생산성과 자립, 협동 정신을 통해 일하는 가정의 가장 긍정적인 모습을 재창조한다. 모든 주민이 집 안이나 집 근처에서 일할 수 있다 보니 누가 저녁을 준비하고 누가 아이들을 돌볼 것인지의 문제는 더 이상 큰 걱정거리가 아니고 이따금 발동하는 소비욕은 주기적으로 배달되는 채소 상자로 잠재울 수 있다. 이런 촌락 같은 곳에서의 삶을 통해 집이라는 개념을 다시 생각해보면 소비 중심적 습관을 내다버리고 그보다 훨씬 더 나은 삶, 즉 활동적이고 생산적이며 사회적이고 자연적인 삶을 얻게 될 것이다. 이런 생각이 도시 규모로 확장된다면 일대 변혁이 일어날 수도 있다. 그리스인도 알고 있었듯 행복과 회복력은 집에서부터 시작된다.

미래의 집이 어떤 모습일지 몰라도 음식은 여전히 집의 핵심에 자리할 것이다. 사회적 동물인 인간에게 음식을 함께 먹는 것은 언제나 타인과 유대감을 형성하고 결국 집에 있는 듯 마음이 편안해지는 생활의 핵심이 될 것이다. 생애 첫 식사부터 마지막 식사까지 음식과 사랑은 우리의 뇌와 서로 뗄 수 없이 결합되어 있다. 일생을 통틀어 음식으로 사랑을 전할 기회는 재료를 키우고 요리하고 먹는 모든 순간에 있다. 음식은 좋은 삶의 기본일 뿐만 아니라 인간다움의 기본이다.

4장

사회

사람을 먹여 살리는 것은 인생의 가장 큰 즐거움이자 특권이다. 좋은 사회는 “너의 이웃을 너 자신처럼 먹여라”라는 좌우명을 중심으로 세워질 것이다. 음식을 원래 있던 곳으로, 언제나 그랬던 것처럼 사회의 중심으로 되돌려놓는다면 불확실한 시대를 헤쳐나갈 수 있을 것이다.

두 시장 이야기

> 치즈 종류만 246가지가 넘는 국가를 어떻게 다스릴 수 있겠는가?
>
> —샤를 드골[1]

빛이 희미하게 서린 오전 다섯 시, 파리 남부에 위치한 거대 산업 단지를 지나가고 있다. 대형 창고가 어둠 속에 우뚝 솟아 있고 아스팔트로 포장된 앞마당을 가득 메운 트레일러 트럭이 하역을 기다리거나 적재 구역으로 후진해 들어가면서 전조등을 비추며 경적을 울리는가 하면 출구로 향하는 흐름에 합류하려 한다. 이 어마어마한 규모와 다급한 광경을 보고 있으면 공항이 떠오르지만 여기서 옮겨지는 것은 승객이 아니라 식재료다. 정확히 하루에 2만 4,000톤에 달하는 식재료가 이곳에서 옮겨진다. 세계 최대 신선 식품 도매시장, 헝지스Rungis다.

헝지스에서는 모든 것이 크다. 234헥타르에 달하는 부지는 모나코공국의 면적을 거뜬히 넘는다. 2018년에 이 시장에 고용된 사람이 1만 2,000명이고 이로 인해 프랑스 전역에 창출되는 일자리가 10만 2,000개에 달했으며 연매출은 90억 유로에 이르러 프랑스 총 GDP의 0.33퍼센트를 차지했다.[2] 과일 및 채소를 판매하는 동만 여덟 곳이고 3.7킬로미터에 걸쳐 늘어선 판매 공간에서 1년에 과일과 채소 약 120만 톤이 이동한다. 이 정도면 모든 파리 시민의 하루 권장 과일 채소 섭취량의 절반을 차지한다. 모든 제품을 운반하기 위해 일주일에 차량 150만 대가 운행한다. 아침 혼잡 시간대에 짐꾼 및 행상, 지게차 운전자 등이 화물 운반대 더미 사이를 누비고 다니는 광경은 뮤지컬 영화 〈올리버〉의 첫 장면을 닮았는데 그만큼 부산스럽고 규모는 더 크다.

그렇게 숨 가쁘지는 않지만 마찬가지로 인상적인 유제품동은 누구나 바라고 기대하듯 세계 최대의 치즈 시장을 자랑한다. 헝지스에서 판매하는 치즈는 45킬로그램에 달하는 육중한 콩테 치즈부터 짚을 채운 상자에 재가 내려앉은 화산 모양으로 부서질 듯 조심스레 포장된 염소 치즈까지 1년에 6만 5,000톤에 달한다. 시장 관리인에게 이곳에서 판매하는 치즈가 모두 몇 종류인지 묻자 그가 싱긋 웃으며 프랑스인 특유의 어깨를 으쓱해 보이는 몸짓을 해보인다. "누가 알겠어요? 수천 가지는 되겠지요!" 그러면서 손으로 치즈의 무수한 크기와 형태를 그려 보인다.

경질 치즈는 헝지스의 숙성실에서 몇 달씩 대기할 수 있지만 시장의 2만 4,000제곱미터를 차지하는 수산물동, 마레에서는 속도가 생명이다. 매일 밤 연어와 가자미, 바닷가재, 굴, 성게 1,500톤이 몇 시간 사이에 도착하고 출발한다. 위급한 의료 상황에 닥친 듯 흰옷을 입은 짐꾼들의 손에 얼음에 싸인 채 황급히 운반되는 어패류는 시장에 반짝이는 바다를 옮겨다 놓은 듯한 신기루를 연출하고 동이 트면 교각 밑 얼어붙은 공기에 떠다니는 미네랄 냄새만 희미하게 남긴 채 사라진다.

훨씬 더 세속적인 풍경이 펼쳐지는 곳은 육류동이다. 붉고 허옇고 퍼런 소고기와 돼지고기, 양고기가 길게 뻗은 금속 레일에 매달려 있다. 2017년에만 다리살과 살코기, 스테이크용 갈빗살 27만 톤이 판매되어 15억 유로를 거두어들였다. 미식의 나라 프랑스답게 위 부위만 취급하는 동이 따로 있으며 여기서 같은 해에 2만 톤 이상이 판매되었다. 맥도날드가 기세등등하게 전진하고 있지만 프랑스 미식의 일부 면면은 적어도 아직은 고스란히 남아 있다.

헝지스는 서양에서 점점 사라지고 있는 시설, 즉 주요 도시를 먹여 살리는 핵심 역할을 맡은 시장의 본보기다. 국제적으로 영향력 있는 시장이지만 취급하는 식재료는 대부분 파리 및 주변 지역의 시장과 가게, 식당으로 팔려나가고, 도시 중심에 위치하지는 않았지만 도시의 소화기관을 담당한다. 철도가 깔리기 전에 세워진 마을 어디를 가나 시장과 도시의 강력한 유대가 분명히 드러나는데 그런 곳에서 시장은 반드시 도시의 중심에 자리한다는 사실을 알 수 있다. 지금은 상인보다 여행객으로 가득 차는 일이 훨씬 더 많지만 시장은 도시 생활 형성에 음식이 얼마나 중요한 역할을 맡았는지 여실히 보여주는

곳이다.[3]

아테네의 아고라부터 로마의 포럼, 런던의 스미스필드, 암스테르담의 담 광장에 이르기까지 시장은 역사를 만들었다. 시장에서 민주주의가 탄생했고 제국이 건설되었으며 혁명의 불이 지펴졌고 왕이 즉위되거나 폐위되었다. 수 세기 동안 시장을 배경으로 모든 공공 생활이 펼쳐졌다. 하지만 시장의 힘은 국가의 상황이나 화려함에서 비롯된 것이 아니라 사람들이 찾아와 음식물을 구입하고 소식을 주고받는 장이라는 일상적인 역할에서 비롯되었다. 무엇보다 시장은 나누고 만나는 곳이며, 도시의 내막이 드러나는 곳이다. 근방의 교회나 사원에서 시장 광장에 위치한 시청이 내려다보이는 구도는 세계 어디를 가나 비슷하게 반복되는 도시의 전형적인 풍경이다. 신이 지켜보는 가운데 시민이 통제하는 상업의 형태인 것이다. 다른 어떤 공간보다 시장은 사회의 동력이 결합하는 곳이다.

50년 전에도 파리의 식품 시장은 여전히 도시 중앙에, 잘 알려졌다시피 유리와 철로 이루어진 레 알Les Halles의 홀에 열렸다.[4] 에밀 졸라Émile Zola가 '파리의 위장Le Ventre de Paris'이라 부른 이 시장에서는 모든 과일과 채소, 버터, 치즈, 생선, 조개, 육류 및 파리 시민이 먹을 수 있는 여러 짐승 고기를 사고팔 뿐만 아니라 사람들이 소화할 수 있는 온갖 소식과 소문, 농담까지 주고받았다. 시장의 이른 아침 풍경을 묘사한 졸라의 글에서도 이런 분위기가 뚜렷이 드러난다.

보도에 쌓아 올린 채소 더미가 차도까지 넘쳐흘렀다. 높이 쌓인 각종 식품 사이로 사람들이 지나갈 수 있도록 상인들이 좁은 길을 냈다. 넓은 보도는 끝에서 끝까지 어두운 둔덕으로 뒤덮였다. 손전등 불빛이 닿을 때마다 보이는 것은 아티초크 꾸러미, 상추의 여린 녹색, 당근의 산호빛 분홍색, 순무의 매끈한 상아색이 자아내는 풍성함 외에 아무것도 없었다. (…) 보도는 이제 사람들로 가득 찼다. 사람들이 진열된 상품 사이를 오가며 재잘거리고 소리쳤다. "꽃상추요! 꽃상추!" 라고 외치는 소리가 멀리서 들려왔다. 차도 사이를 오가는 움직임과 함께 서로 부딪치고 욕설을 퍼붓는 사람들로 시장의 열기는 더욱 뜨거워지고 한두 푼을 두고 끈질기게 옥신각신한 끝에 쉬어버린 목소리가 여기저기서 울려 퍼졌다. 플로랑은 이 모든 아우성 속에서 평온을 잃지 않는 농장 여성들, 그을린 피부에 밝은색 머릿수건을 쓴 그들의 모습에 놀라움을 금치 못했다.[5]

센강의 강변에 위치해 파리의 주요 곡식 항구로 기능하던 그레브 광장과 가깝고 루브르궁전 요새와도 가까운 곳에 12세기에 설립된 레 알은 얼마 안 있어 파리 식료품 거래의 북적이는 중심으로 자리 잡았다. 18세기에 이르러 자체 규율과 시계, 마피아를 닮은 교역 왕조에 힘입어 요새와 같은 거점으로 성장했다. 시장이 도시 전역으로 뻗어나가던 런던과 달리 파리의 식료품 거래는 한곳에 집중되었고 적어도 이론상으로는 왕의 명령을 따르는 '곡물 경찰'의 통치를 받았다. 그 이유 중에는 지리적 여건도 한몫했다. 템스강은 바다로 나가는 배가 드나들 수 있었기 때문에 원하는 곳에서 런던으로 식료품을 수입할 수 있는 반면 센강은 그렇지 않았기에 파리 시민들은 주변 지역에서 식료품을 얻을 수밖에 없었다.[6] 이런 구조가 야기하는 위험이 1780년대에 드러났다. 연이은 흉작으로 식량이 고갈되어 폭동이 일었는데, 일부 폭동은 이 모든 기근의 책임을 왕에게 묻는 레 알 짐꾼들이 선동한 것이었다.[7]

이렇게 혹독한 일을 당하고 난 뒤 루이 16세는 특히 식량 공급이 원활하지 않을 때 백성을 먹여 살리는 책임을 지는 것이 위험한 임무임을 깨달았다. 놀랄 것도 없이 전 세계 지도자들도 가능하다면 언제든 이런 책임을 저버리려 했다. 영국 왕조 역시 기꺼이 책임을 전가하며 런던 사람들이 알아서 먹고살게 했다. 18세기에 파리에서 식량과 정치의 충돌로 혁명이 촉발되었지만 반 세기 뒤 철도가 놓이자 관계는 영원히 바뀌었다.

철도가 먼 지역으로 식량을 신속히 운반하게 되면서 이전까지 도시의 성장을 막아선 지리적 제약을 지워나갔다. 즉각적인 효과를 미치며 철도가 확장하자 시장의 오랜 역할도 해체되기 시작했다. 머릿수건을 쓴 억센 촌부들이 양배추를 수레에 잔뜩 싣고 끌고 갈 필요가 더는 없어졌다. 이제 도시가 먹고사는 방식이 전혀 새로워졌다. 시장의 역할을 상점이 대신하면서 생산자와 유통업자가 공급권을 나누어 가졌고 그들의 관심이 점차 전 세계로 뻗어나갔다. 다른 대형 시장과 마찬가지로 레 알 시장은 유통기한을 훌쩍 넘어서까지 그 자리를 지키다가 결국 1971년에 해체되어 화려한 역사를 마감했고 같은 해에 런던의 코번트 가든은 비슷한 운명을 간신히 벗어났다. 예전 시장 부지를 점령한 지금의 포럼 데 알은 삭막한 쇼핑몰이 되었고 내리 덮칠 듯한 연갈색 지붕은 한때 도시의 약동하는 심장이었던 이곳에 미치는 불길한 영향을 걷어내지 못하고 있다. 파리의 배추 속 식물과 브리 치즈가 다시 헝지스로 향했지만 문명의 원동력인 도시와 지방의 필수적 연대는 점점 눈앞에서 사라졌고 이해에서 멀어졌다.[8]

가상 시장

오늘날 파리에서 거래가 일어나는 곳은 도시가 아니라 강철과 유리로 된 금융 열도인 라데팡스, 즉 사이버 공간이다. 변화는 급격했다. 한 세대 전만 해도 선물 거래업자는 줄무늬 외투 차림으로 인파를 밀치고 나가 땀내 나는 거래소 너머로 서로 고함을 치면서 거래를 따내기 위해 자신의 인생과 목숨과 목청까지 걸었다. 하지만 이제 금융이 되었든 식료품이나 다른 상품이 되었든 가장 큰 거래는 냉난방 잘 되는 창고에 들어앉은 초대형 컴퓨터가 윙윙거리는 소리만 내며 수 조 가지 계산 알고리즘을 처리하면서 눈 깜박할 사이에 수백만 달러를 얻거나 잃는 일이 되었다.

거래의 중심이 인간에서 디지털 초단타매매HTF로 넘어간 것은 2세기 전부터 점차 변화한 매매 방식의 가장 최근 모습일 뿐이다. 파리의 경우 이런 변화의 흔적은 둥근 모양의 부르스드 코메르스Bourse de Commerce에서 시작된다. 이곳은 그레브 광장의 진흙투성이 시장을 대신하기 위해 1763년에 지어진 곡물 거래소다. 그 최첨단 디자인에 영국에서 온 굴지의 농학자 아서 영Arthur Young은 넋이 나가고 말았다.

> 거대한 원형 건물에 지붕은 모두 나무로 되어 있다. (…) 요정들이 떠받치고 있는 듯 가볍게 얹혀 있다. 넓은 구역에서 밀과 완두콩, 콩, 렌즈콩 등이 비축되고 판매된다. 그 주변 구역에서는 나무 가판대 위에 밀가루가 놓여 있다. 이중으로 구불구불한 계단을 지나면 호밀과 보리, 귀리 등을 취급하는 널찍한 공간에 이른다. 전체적으로 아주 잘 설계되었고 감탄스러울 만큼 훌륭히 제작되었다. 프랑스나 영국을 통틀어 이곳을 능가하는 공공건물은 알지 못한다.[9]

1세기 남짓 곡물 거래소로 기능하던 부르스는 1885년에 상업 거래소로 전환했다. 이제 식료품은 현장에 비축되어 판매되는 것이 아니라 선물이라는 새로운 거래를 통해 원격으로 거래될 것이었다. 1864년에 시카고 상품 거래소에서 시작된 선물 거래는 철도가 개설된 미국 중서부의 농부 및 구매자를 극심한 가격 변동의 충격에서 보호하기 위해 고안되었다. 당시에 시장은 풍작으로 곡물이 과잉 공급되고 시민전쟁으로 수요가 밀려들면서 대혼란에 빠졌다.[10] 결국 추수를 앞두고 가격을 합의함으로써 농부는 작물의 공정한 거래를 보장받고 구매자는 시장 상황을 예측할 수 있게 되어 위험을 막을 수 있었다.

이제 선물 거래가 식료품뿐만 아니라 거의 모든 제품의 거래를 장악하고 있다. 기초 자산에서 파생되었기에 파생 상품으로도 알려진 이 거래는 본래 용도를 위해 상품을 구입하는 대신 상품의 미래 가격에 간편하게 돈을 걸을 수 있다는 원칙을 내세우며 순전한 추측에 기반한 메타 시장을 창출하기에 이른다. 현재 식료품 선물을 거래하는 이들의 80퍼센트는 식품을 생산하거나 인도받을 의향이 전혀 없다.[11] 비식료품 투자자가 급증한 것은 2000년에 미국이 상품 거래업의 규제를 철폐하면서 '장외OTC' 파생 상품(거래소를 통하는 것이 아니라 두 당사자 사이에 직접 이루어지는 거래)이 당국의 감시 감독을 면제받게 되면서부터였다.[12] 그 결과 투기 거래가 폭발적으로 늘어났고 상품 인덱스 펀드CIFs, 즉 곡식이나 가축 등 선별된 상품의 지수를 따르면서 규제를 받지 않는 투자에 대한 관심이 폭증했다. 2003년에서 2008년 사이에 상품 인덱스 펀드는 보유 자산이 130억 달러에서 3,170억 달러로 급증하며 시장 변동성에 불을 지폈고 2008년 주가 폭락을 야기했다. 이 기간에 밀과 쌀 가격은 각각 127퍼센트, 170퍼센트 올랐고 옥수수 가격은 세 배 가까이 뛰어 세계 30개국의 식량 폭동을 야기했다.[13] 선물 시장은 식료품 가격을 안정화하기는커녕 변동성을 더욱 부채질하고 있다.

유럽 최대 증권 거래소 유로넥스트Euronext의 전직 수장 올리버 라벨Oliver Raevel은 2016년에 이런 변동성 관리가 자신의 주요 임무라고 말했다. 라데팡스 중앙 광장이 훤히 내려다보이는 사무실에 앉아 그는 UN 식량농업기구에서 최근 발표한 그래프를 보여주며 앞으로 수십 년간 세계 인구 1인당 경작 가능 농지가 줄어들 것이라고 말했다. "세계는 향후 30년에서 40년 안에 두 가지 시련을 마주할 겁니다. 세계가 먹여 살려야 할 인구가 20억 명 더 늘어나는 데다 이들이 모두 도시에 거주하게 될 테니까요." 그러려면 곡물 수확량이 80퍼센트까지 늘어나야 한다. 농부들이 이 목표를 달성할 수 있도록 돕는 것이 그의 임무라고 한다.

다른 상품과 달리 식료품에는 독특한 면이 있다고 라벨은 설명했다. 일반적인 수요 공급 법칙이 적용되지 않는 탓이다. 변덕스러운 날씨 때문에 수확량은 해마다 크게 달라지는 반면 수요는 비교적 꾸준히 유지된다. 따라서 모든 기능을 시장에만 맡기면 가격이 크게 변동하고 흉작과 식량 부족으로 가격이 치솟는 시기에는 농부가 잘못된 방향으로 노력을 기울일 위험이 있다. 무엇보다 농부는 매년 어떤 작물을 얼마나 심어야 하는지를 두고 중대한 결정을 내려야 한다. 시장이 불안정하면 가격이 안정적일 때처럼 위험을 무릅쓰려 하지는 않을 텐데 그러면 전체 생산량이 줄어든다. 선물 거래는 농부에게 '가격 예시price discovery' 기능을 제공하기 때문에 이 모든 문제를 해결할 수 있다고 한다. 하지만 이런 거래도 다소 구식인 것이 기초 자산을 물리적으로 인도할 수도 있기 때문이다. 가령 어느 때든 상관없이 사고팔 수 있는 금과 달리 곡물은 살아 있는 물질이기에 익으면 수확해야 하고 결국 누군가가 먹게 되는 것이다.[14]

이렇게 물리적 현실과 연결되어 있다는 것은 식료품 선

물이 현실 상황을 반영하기 위해 끊임없이 수정되어야 한다는 뜻이다. 예를 들어 수확기에 폭우가 쏟아지면 수확량이 감소하면서 작물의 가치가 계약서에 명시된 것보다 낮아질 것이다. 모든 당사자의 위험을 최소화하기 위해 계약은 지속적으로 '증거금화'된다. 즉, 각 당사자의 증거금이나 예수금(거래액의 20퍼센트까지)이 현재 시장 상황에 따라 조정되는 것이다. 더불어 각 당사자는 언제든 '현물교환방식EFP'으로 계약을 끝낼 수 있다. 그러면 주식이 실제 '현물' 시장 시세에 따라 판매되어 구매자는 원계약보다 높은 가격에 물량을 확보하면서 인도를 보장받는다. 이런 합의가 거래의 근본 방식이 된다. 실제로 만료 기간까지 유지되는 선물 계약은 단 1퍼센트에 불과하다.

곡물과 비, 햇빛과 토양에 관한 라벨의 이야기를 유리로 둘러싸인 방에서 듣고 있자니 유체 이탈이라도 할 것 같았다. 음식이라는 현실에서 멀리 떨어진 기분이었다. 책상 위 화분에 꽂힌 밀 몇 줄기 외에는 자동차 보험 이야기나 하는 편이 나을 뻔했나. 건물 꼭대기에 올라와서야 유로넥스트가 실제로 무엇을 하는 곳인지 어렴풋이나마 알게 되었다. 사방이 유리에 둘러싸이고 층고가 일반 건물보다 두 배는 높은 공간 안에 20명 남짓한 사람들이 앉아 모니터를 응시하고 있고 그 위로 피카딜리 광장처럼 둥근 대형 스크린에 전 세계의 최신 시세가 전시되고 있었다. 거래소는 이런 곳이었다. 시장을 감시하고 무수한 고객에게 최신 데이터를 중계하는 곳. 부르스의 웅장함에 비하면 아무런 감명도 일으키지 않았지만 이곳에서 이루어지는 거래량은 과거에 거래소를 거쳐간 어떤 거래보다 수백만 배 더 많았다.

매년 1조 5,000억 달러어치의 식료품이(전 세계 식량 공급량의 4분의 1이) 이런 시장에서 거래된다.[15] 우리에게 가장 중요한 상품이 세계화된 거대 카지노와 다름없는 곳에서 유통된다는 사실을 걱정해야 하는 것일까? 인권 변호사이며 2008년부터 2014년까지 UN의 식량권 특별 보고관을 역임한 올리비에 드 슈터Olivier De Schutter는 반드시 걱정해야 한다고 생각한다. 2010년에 내놓은 짧은 보고서에서 드 슈터는 2008년 식료품 가격 폭등의 주된 요인이 투기라고 비난하면서 "또 다른 식료품 가격의 위기를 피하려면 더 넓은 범위의 전 세계 금융권에서 근본적인 개혁을 조속히 단행해야 한다"라고 결론내렸다.[16] 하지만 금융화가 만병통치약처럼 통용되는 세계에서 이런 개혁이 가까운 미래에 단행될 것 같지는 않아 보인다.

2000년대에 들어선 이후 규제 완화와 자동화가 시행되면서 세계경제의 작동 방식 자체가 바뀌었다. 디지털 금융이 발달하면서 상업과 정부, 시민사회를 가르던 오랜 경계가 희미해졌다. 한때 도시의 물리적 구조를 드러내던 부와 권력은 이제 보이지 않는 곳으로 감추어졌다. 유로넥스트의 가상 거래소처럼 기관 및 기업의 실제 범위는 실체도 없고 사실상 한계도 없다. 공권력의 감시 아래에서 상인들이 물건을 팔던 역사적 시장과 반대로 디지털 시대의 거래소는 찰나적이고 은밀하며 모호하다.

이런 경제구조는 우리가 누릴 자유와 기회, 정의에 어떤 영향을 미칠까? 현대사회에서 우리를 지배하는 권력 구조에 맞서는 것은 둘째 치고 이런 구조를 어떻게 알아볼 수 있을까? 산업화에 따른 공간의 변화가 디지털 분화를 거치며 더욱 극심해지면서 모든 권력과 영향력이 눈에 보이지 않게 되었다. 이런 변화가 워낙 급격하고 급속히 이루어지다 보니 그 의미가 이제야 겨우 파악되기 시작했다.

공적 영역의 본질 자체가 변화하자 사회 중심부에서 이루어지던 생각 및 물건의 교환 방식도 변화하고 있다. 공공장소는 한때 누구나 마음껏 행동할 수 있는 물리적 장소로 민주주의의 진화에 필수적이었다. 시민들이 모여 투표하고 논쟁하던 아테네의 아고라부터 여론이 형성되고 근대 언론이 발달하던 17세기 런던의 커피 하우스에 이르기까지 이들 공간은 담론의 장을 자처하며 자유로운 사회를 형성했다.[17] 이제 거래 공간이 온라인으로, 디지털 플랫폼으로 점차 옮겨가고 있다. 2016년 브렉시트 투표 당시 페이스북 사용자를 대상으로 투표에 불법 관여한 사건이 보여주듯 이런 변화는 대중이나 민주주의와 거리가 멀다.[18] 이렇게 새로워진 현실 세계에서 번영하려면 우리의 관계를 실체가 있는 것으로 다시 구축할 필요가 있으며, 그러기 위해서는 공유의 의미가 무엇인지 헤아려야 한다.

좋은 사회

아리스토텔레스가 언급했다시피 인간은 정치적 동물이다. 무리를 지어 사는 것이 인간의 본능이며 개인은 사회에 속한다.

힘을 모음으로써 우리는 개개인의 총합보다 더 큰 존재가 되었지만 협력하다 보니 공유 방식을 개선할 필요를 느꼈고 그 과정에서 무엇보다 언어와 경제가 발달했다.

공유는 모든 사회의 근간을 이룬다. 그런데 정확히 무엇을 공유하는 것일까? 지구 차원에서 우리는 천연자원을 공유한다. 같은 인간만이 아니라 다른 모든 종과 공유하는 상황이라서《창세기》저자가 애써 지적했듯 그에 따른 책임을 지는 것도 우리의 몫이다. 집을 중심으로 보면 영역과 생각, 가치, 언어와 지식, 기술 등 지역 문화를 구성하는 모든 요소를 공유한다. 운이 좋다면 친밀한 관계 안에서 사랑도 공유한다. "네 이웃을 네 몸과 같이 사랑하라"라는 기독교 가르침이 말해주듯 사랑이라는 미덕은 다른 모든 것을 어떻게 공유해야 하는지 알려주는 열쇠다.

우리가 공유하는 것 중 가장 중요한 물적 자원은 물론 음식이다. 더불어 음식을 생산하는 데 필요한 땅과 바다, 물과 다른 자원도 마찬가지다. 어떻게 하면 음식을 공정하게 나눌 수 있는가라는 질문은 어떻게 하면 좋은 사회를 만들 수 있는가의 근간이 된다. 초기 인류에게 이 질문은 비교적 간단했다. 그들에게는 음식을 찾고 온기를 유지하고 포식 동물의 공격을 막아내는 것이 가장 중요한 문제였으며 여기에 모호할 틈은 없었다. 공정하게 나누는 것이 집단의 생존에 필수적이었고 단결과 신뢰의 핵심이었다. 하지만 사회가 더 발전하면서 문제는 더 복잡해졌다. 음식을 나누는 양은 물론 관념만으로도 의가 상하고 심지어 목숨을 잃을 수도 있었으니 인간 사회가 성년에 이르렀다고 말할 수 있었다.

유발 하라리Yuval Harari가 주장한 바처럼 인간에게는 관념이 중요하다. 이야기를 만들어내는 능력이 협력에 필수적인 것은 신화를 공유하면서 공통된 의식을 얻기 때문이다. 하라리가 《사피엔스》에 썼듯 "인간의 대규모 협력은 모두 공통 신화에 뿌리를 두고 있는데 그 신화는 사람들의 집단 상상 속에서만 존재한다. 현대 국가, 중세 교회, 고대 도시, 원시 부족 모두 그렇다".[19] 이런 공유된 허구는 지극히 필수적이어서 그 존재를 알아차리기도 힘들다. 가령 변호사가 법정에서 항변할 때나 회계사가 대차대조표를 확인할 때에도 그 바탕에 허구가 있다. 친구와 일곱 시에 저녁 약속을 할 때에도 하루가 같은 크기의 작은 덩어리 24개로 나뉘어 있으며 이를 시간이라 부른다는 관습을 이용하는 것이다.

이런 관념이 사회에 필수적이라면 이상적 세계란 사람들이 모두 똑같이 생각하는 곳이라고 결론지을 수도 있겠다. 하지만 잠깐만 생각해보아도 이런 세상이 얼마나 끔찍한 곳일지 금세 알 수 있다. 사람들이 모두 같은 일과 같은 집, 같은 휴가와 같은 배우자를 원한다고 생각해보라. 그야말로 이상향과 먼 악몽이 아니겠는가. 다양성은 좋은 사회의 본질이지만 여기서 또 다른 딜레마에 빠진다. 사람들이 모두 다른 방향을 바라본다면 어디서 합의를 찾을 수 있을까? 사회가 어떻게든 기능하려면 반드시 얼마간의 공통 목표가 있어야 하고 그 목표를 향해 이론적으로 모든 이들이 분투할 수 있어야 한다. 그런 공통 목표는 무엇이 있을까? 모든 사람이 공통으로 원하는 것은 무엇일까?

아리스토텔레스가 내놓은 답은 물론 행복이었다. 하지만 그 자신이 인정했듯 행복이 무엇인지에 대한 관점은 사람마다 다를 것이다. 그럼에도 모든 사람이 번영할 수 있는 환경을 만드는 것이 정치의 궁극 목표라고 아리스토텔레스는 주장했다. 사회는 공공의 이익을 구축하고자 하는 무수한 협의를 거쳐 형성된 타협과 규율, 경계에서 탄생한다. 집에서도 우리는 항상 규칙을 만든다. "내가 오른쪽에서 잘 테니 당신이 왼쪽에서 자, 혼자 이불 다 가져가지 마" 같은 규칙 말이다. 반면 공적 사회에서 우리가 지키는 규칙은 대부분 과거에서 이어진 것이다. 무엇을 언제, 어떻게 먹는지, 어떻게 입고 어떻게 행동하고 어떻게 말할지, 무엇이 좋고 나쁜지, 무엇이 합법적이고 무엇이 금지되는지, 무엇이 공적이고 사적인지, 무엇이 예의 바르고 무례한지, 학교는 언제 다니는지, 예배는 어떻게 하고 투표는 누가 하러 가는지, 도로에서 차는 어느 쪽으로 지나가는지 모두 우리가 태어난 사회에서 대대로 전해져 내려온 것들이다. 자라면서 이런 규율에 저항할 수도 있지만, 그때쯤이면 이미 규율이 몸에 밴 뒤일 것이다. 지형이 그렇듯 사회는 우리 안에 깊이 새겨져 있다.

소크라테스가 어렵게 발견했듯 확립된 규범을 수용하는 것과 이에 끝없이 저항하는 것 사이에 균형을 이루어야 한다. 소크라테스가 처음으로 인식한바, 사회에 산다는 것은 곧 그 규율이 마음에 들지 않아도 따라야 한다는 뜻이다. 장 자크 루소가 1762년에 《사회계약론》에서 지적한 것처럼 자유에는 대가가 따른다. 사회의 구성원이 되려면 개인의 권리를 포기해야 하는데 누구든 예외 없이 포기하는 것이니 결국 모든 사람이 시민으로서 자유를 되찾게 된다. “저마다 자신을 바치면 누구에게도 바치지 않는 것이다.”[20] 시스템은 모든 사람이 따를 때만 작동한다는 사실에서 루소는 다소 놀라운 결론에 이르렀다. “누구든 전체에 복종하지 않는 사람은 전체에 의해 복종하도록 강요받아야 할 것이다. 그 외에는 무엇도 그를 자유롭게 하지 못할 것이다.”[21]

루소가 인식한 것처럼 개인의 자유와 사회의 결속은 언제나 긴장 관계에 있었다. 그렇다면 좋은 정치적 동물이 되고자 하는 우리는 어떻게 되는 것일까? 앞서 보았듯 이기주의와 이타주의 모두 인간의 본능이다. 그 기원은 부족 생활을 위해 묘책을 고안하던 시절까지 거슬러 올라간다. 그렇다면 이 둘 사이에 균형을 이루는 것이 행복의 핵심일까? 미국의 심리학자 샬롬 슈워츠Shalom H. Schwarz는 그렇다고 믿었다. 2006년에 67개국을 대상으로 진행한 연구에서 슈워츠와 연구진은 사람들에게 삶에서 무엇을 제일 소중하게 여기는지 물으며 권력과 안전, 전통, 성취, 자극 등 광범위한 보기를 제시했다. 그 결과 놀라울 만큼 일관된 사실을 발견했다. 사람들이 가치를 두는 것은 대체로 두 극단의 중심에 자리하고 있었다. 하나는 이기주의와 이타주의의 중간이었고 다른 하나는 혁신과 보존의 중간이었다.[22]

팀 잭슨Tim Jackson이 《성장 없는 번영》에서 주장한 바와 같이 슈워츠의 연구 결과는 경제성장(크레마티스티케)을 추구하면 왜 결코 행복해질 수 없는지를 여실히 보여준다. 현대 민주주의 사회에서 국가는 국민의 안정과 번영을 보장하기 위해 경제를 관리하려 하며, 그 과정에서 슈워츠가 인식한 긴장을 균형 있게 조절한다. 하지만 정부가 목표를 단순히 경제성장에만 맞추면 이기주의와 혁신이 언제나 이타주의와 보존을 억누르고 승리할 것이며 사회는 자멸적인 갈등상태에 이를 것이다. 번영하기 위해서는 경제에 이타주의와 안정성을 되돌려놓아야 한다고 잭슨은 제안한다. 그래야만 우리가 마음속 깊이 원하는 바를 경제에서 얻을 수 있을 것이다. 그래야 쇄신과 전통의 균형을 이루는 사회, 공정하게 번영하는 사회에서 살 수 있을 것이다.

아프리카 대륙에서 뻗어 나온 이후 7,000년 동안 인류가 마주한 딜레마는 거의 변하지 않았다. 우리는 민주주의와 독재, 세속 국가와 칼리프 체제를 비롯해 놀랍도록 다양한 사회 형태를 만들어냈다. 이런 다양한 사회가 1,000년 동안 공존해 왔다. 그사이 때로는 고립을 택했고 더러 교역했으며 자주 전쟁을 벌였다. 이렇게 점점 더 복잡하게 연결된 세계에서 공존이 새로운 의미를 띠게 되었다. 전 세계에 위협이 닥치면서 협력이 어느 때보다 필요해진 것이다. 공존은 꽤 버거운 임무이지만 과거를 돌아보면 도움이 될 만한 단서를 찾을 수 있을 것이다. 불 주변에 모여 살던 때만 해도 우리는 모두 타고난 협력자였으니까.

당신은 사냥을, 나는 요리를

> 옷이 그렇듯 정부는 잃어버린 순수를 상징한다.
>
> —토머스 페인[23]

언젠가 먼 과거에 인류의 조상은 힘을 모으면 더 나은 삶을 누릴 수 있음을 깨달았다. 그 핵심에 언어의 발명이 있었고 분업이 있었다. 남성이 사냥하러 나가고 여성이 뒤에 남아 요리하는 것은 앞서 살펴보았듯 사회계약의 원형이었고 그 어떤 동물도 의식적으로 모방하지 못한 추상으로 도약하는 길이었다. 이런 계약은 초기 사회의 근간을 이루었고 모든 노동의 결실을 어떻게 나눌 것인가라는 문제로 이어졌다. 이어 이 문제가 정치의 핵심을 꿰뚫으면서 공정과 가치라는 쟁점이 부각되었다. 가령 나무딸기를 따오는 일과 물을 길어오는 일, 식사를 준비하는 일과 생선을 잡아오는 일, 하루 종일 영양을 쫓아다니다 결국은 놓치고 마는 일의 경중을 어떻게 비교할 수 있을까?

다른 사람들과 텐트를 쳐본 경험이 있다면 분명히 알겠지만 이런 노동을 얼마나 공정하게 나누는지가 캠핑의 행불행을 가른다. 하지만 성질이 다른 임무에 가치를 부여하려면 고도로 세심해야 한다. 특히 노력이나 기술, 위험도가 각기 다른 일의 경우에는 더욱 그렇다. 인류의 조상은 이런 가치판단의 결과를 노력에 따른 보상, 즉 저녁 식사를 나누는 방식으로 드러냈다. 일례로 우리와 동시대를 사는 탄자니아의 하드자족은 고기나 벌꿀 등 특별히 맛있거나 영양가 있거나 획득하는 데 위험이 따르는 음식을 아주 귀하게 여기는데 그런 음식의 가치는 그들이 의례적으로 먹는 방식에서 그대로 드러난다. 사냥에 성공한 사람들은 모든 이들이 보는 앞에서 포획물을 요리하며 사냥을 자축하고 요리한 음식을 나눌 때 가장 많은 양을 자기 가족의 몫으로 지정한 뒤 남은 음식을 다른 이들에게 전달한다.[24] 음식 값을 지불하지는 않지만 음식에 내재한 가치를 분명히 알고 있는 것이다.

식사를 나누어 먹는 일은 가장 오래된 경제 형태이기도 하면서 단연 가장 예민한 문제다. 직접적이고 투명하며 언제든 바뀔 수 있는 음식 분배는 가격이나 시장에 따르는 것이 아니라 본능적으로 의식하는 공통된 가치에 따른다. 20명 남짓한 집단 안에서라면 이런 방식이 더없이 이상적이다. 그런데 사회 규모가 커지면 어떻게 될까? 수렵 채집인 무리는 기본적으로 합의를 거친다. 오직 인격의 힘으로 무리를 이끄는 '중요 인물'이 있을 수 있지만 공식 지도자는 없다. 로빈 던바가 지적했듯 이런 합의를 거치려면 사회 지능이 높아야 한다. 무리의 각 일원이 다른 모든 이들과 개인적 관계를 유지해야 하기 때문이다. 사람들이 감당할 수 있는 이런 관계는 범위가 제한적일 수밖에 없는데 던바가 발견한 바에 따르면 약 150명 정도라고 한다. 이를 '던바의 수Dunbar's number'라고도 한다.[25]

따라서 인간의 사회적 능력에 따라 비공식 사회가 성장할 수 있는 규모는 한정되어 있다. 적정 규모를 넘어서면 집단은 공식적으로 족장을 지정하고 그 또는 아주 가끔 그녀를 지원하기 위해 적절한 관료 체계를 구축한다. 그렇게 해서 집단이

족장 지배 집단 또는 부족이 되고 이 시점부터 모든 것이 변화한다. 합의가 권위로 바뀌고 규율은 위에서 지정되며 공통된 정체성은 나누어 먹는 식사가 아니라 법과 구호, 상징을 통해 강화된다. 기원전 5500년경에 이런 족장 지배 집단이 존재했다는 증거가 발견되었는데 그즈음이면 농업이 발달해서 생산성이 낮은 지배계층도 무리 없이 먹여 살릴 수 있었다.[26] 이런 집단이 등장하던 시기는 한곳에 정착한 농업 공동체가 증가하는 시기와 맞물렸고 지도자와 피지도자, 음식을 생산하는 자와 받아먹는 자로 새로이 분열된 사회는 이후 조직적 계층으로 나뉘면서 도시의 특징으로 자리 잡았다.

사회 진화적으로 볼 때 불평등의 증가가 문명을 이루기 위해 반드시 치러야 할 대가라고 하지만 정말 반드시 그래야 하는 것일까? 틀림없이 무시할 수 없는 사실은, 고대 그리스와 로마 시대부터 중세 중국과 오토만제국, 영국과 미국에 이르기까지 모든 위대한 문명의 바탕에 노예제도가 있었다는 것이다. 세계 최초의 민주주의국가인 아테네에서는 세 명 중 한 명이 노예였다.[27] 플라톤은 이것이 전적으로 자연스러운 현상이라 여겼다. 그도 그럴 것이 플라톤이 그리는 이상국가의 통치계급은 철학자인데 이들이 농사와 요리, 세탁 문제를 해결하려면 수많은 노예가 필요할 것이었기 때문이다. 아리스토텔레스는 그렇게 단언하지는 않았지만 자신의 책《정치학》에서 평소답지 않게 논점을 흐린 대목에서 태어날 때부터 통치를 받아야 할 운명으로 '천성이 노예'인 이들이 있다고 말했다.[28]

플라톤이나 아리스토텔레스처럼 위대한 사상가 역시 노

예제도를 '자연' 현상으로 받아들였다는 사실만 보아도 우리의 관념이 문화라는 틀에 얼마나 강력히 맞추어지는지 알 수 있다. 아테네의 자랑스러운 시민인 두 철학자 모두 타인이 자신보다 자격이 부족한 사람이라 여겼다. 실제로 아테네의 노예 대다수가 타인이었고 전쟁 포로로 잡혀온 이방인이었다. 전 세계적으로 이주민이 늘어나는 지금, 국가의 자부심과 편견에 잠재된 긴장이 드러나고 있다. 사람들이 자본주의의 실패한 약속에 반발하며 이런 운명에 처한 책임을 이주자에게 돌리면서 포퓰리즘과 국수주의가 세력을 얻고 있다. 역설적인 점은 저임금 이주민 노동자가 바로 자본주의의 산물이며 그들이 한때 노예가 맡은 역할을 대신하고 있다는 사실이다. 21세기에 적합한 사회를(다시 말해 착취가 아닌 협력이 바탕이 되는 사회를) 구축하고자 한다면 공유를 위해 더 나은 구조를 고안해야 할 것이다. 그런 구조가 무엇인지 헤아리려면 먼저 우리가 어떻게 해서 지금의 현실에 처하게 되었는지 파악해야 한다. 다름 아닌 민주주의에 이바지하며 발달한 정치사상을 살펴보아야 한다는 뜻이다.

자연 상태

> 지금까지 시도된 다른 통치 체제를 제외하면 민주주의는 최악의 정부 형태다.
>
> —윈스턴 처칠[29]

민주주의는 서양 문명이 이룬 최고 업적이라 할 수 있다. 민주주의라는 말은 그전에 만연하던 귀족정치aristokratia 또는 엘리트층의 지배에서 시작된 그리스의 데모크라티아(사람, demos + 규율, kratia)에서 파생되었다. 아테네는 기원전 6세기경에 스스로 민주주의국가임을 선포했지만 현재의 관점에서는 이를 인정하기 힘들다. 가부장제 사회였던 고대 아테네는 노예와 여성의 공적 역할을 허락하지 않았다. 그럼에도 아테네가 얼마간 이룬 성취라면 그 이후 민주주의의 원칙을 다시 한 번 진지하게 헤아리게 되기까지 2,000년의 세월이 흘러야 했다는 점이다.

새로운 논의를 일으킨 주인공은 네덜란드 법학자 휘호 흐로티위스Hugo Grotius다. 1625년에《전쟁과 평화의 법칙에 대하여De Jure Belli ac Pacis》에서 그는 인간이 모두 태어날 때부터 자유롭고 평등하며 타인으로부터 자신을 지킬 자연권이 있다고 주장했다. 흐로티위스가 말하는 자연권이라는 개념이 지금은(적어도 현대 민주주의 사회에 살고 있는 사람에게는) 명백해 보일지 몰라도 당시에는 상당히 선동적인 사상으로 여겨졌는데, 특히 이런 사상이 왕권신수설에 도전한다고 생각되었기 때문이다. 흐로티위스는 사람들이 사회에 참여하면서 개인의 자주권이 희생되었다고 주장하면서(이 사상은 앞서 살펴보았듯 이후 루소가 이어받았다) 최고의 권력은 군주나 신에게 있는 것이 아니라 사람들 자신에게 있다고 제안했다. 이로써 그는 강제 망명길에 올랐고 세계는 새로운 난제를 마주했다. 권력이 사람에게서 비롯된다는데 그렇다면 사람은 어떻게 모여서 사회를 형성하는가?

처음으로 답을 찾으려 한 사람은 토머스 홉스Thomas Hobbes였다. 어렸을 때 알코올에 중독된 성직자 아버지에게 버림받고 영국 내전을 겪었기에 같은 인간을 바라보는 시선은 당연하게도 얼마간 비뚤어져 있었다. 1651년에 발표한 책《리바이어던》의 서문에서 그는 인간이라는 종족을 냉혹히 비판한다. "인간의 본성은 이렇다. 아무리 많은 이들이 자신보다 더 재치 넘치고 더 언변이 좋고 학식이 높아도 자신만큼 현명한 사람은 없다고 굳게 믿는다."[30] 이어서 인간은 이성적으로 생각할 수 있지만 격한 감정에 쉬이 빠지는 탓에 판단력이 흐려지고 결국 잘못된 길에 이르고 만다고 덧붙였다. 인간은 환상을 진실로 오해하는 경향이 있는데 특히 기본 원칙에 따라 생각하려 하지 않고 타인에게 얻은 일반 통념에 의존한다고 말했다. 그러면서 이렇게 경고한다. "저자를 신뢰해 결론을 그대로 받아들이는 자는 (…) 노동력을 잃고 아무것도 알지 못한 채 오직 믿을 뿐이다."[31] 간추리면 인간은 감정적이고 쉽게 속아 넘어가기에 다양한 형태의 **부조리**에 희생되는 존재라는 것이다.

홉스가 '자연 상태state of nature'라 부른 애석한 상황을 계속 상상한 끝에 이른 결론은 다들 예상하듯 매력적인 것과는 거리가 멀었다.[32] 그는 사람들이 권력과 부, 영광 등 모두 같은 것을 원하기 때문에 서로 목을 겨눌 것이고, 누구도 이 모든 것을 손에 넣지 못할 테니 "결국 서로 파괴하거나 제압하려 애쓸" 것이라고 말했다.[33] 그 결과 전쟁은 끝없이 계속될 것이고 사람들은 "비명횡사하리라는 두려움과 위험에 지속적으로"

시달리며 살아갈 것이다.[34] 이미 잘 알려진 음울한 개요에서 언급했듯 삶은 "고독하고 빈곤하고 고역스럽고 잔인하며 짧을" 것이었다.

이런 존재가 평화롭게 더불어 사는 유일한 방법으로 홉스가 내린 결론은 절대주권(책 제목과 같은 리바이어던)을 내세워 절대 권력 앞에 백성을 복종시키고 필요하다면 무력을 사용하는 것이었다. 다른 대안이 훨씬 더 끔찍할 테니 사람들도 기꺼이 이런 정권에 굴복하리라고 홉스는 주장했다.[35] 《리바이어던》의 극적인 속표지에 왕관을 쓴 거대한 인물이 손에 칼과 제사장의 나무 지팡이를 든 채 축소된 풍경 위에 위압적으로 드리워진 그림은 모두 홉스의 사상을 압축해 보여준다. 언뜻 보면 이 인물이 쇠사슬 갑옷을 입고 있는 것 같지만 자세히 살펴보면 작은 사람 수천 명의 몸으로 만들어져 있음을 알 수 있다. 다시 말해 리바이어던은 말 그대로 '정치 통일체'로, 권력은 사람들에게 있지만 권위는 '지상의 신mortal God'과 가까이 있다.[36]

결국 《리바이어던》은 신성을 모독했다며 흐로티위스의 논문이 얼마 전 받은 것과 비슷한 격분을 마주했고 홉스는 이단 죄로 재판에 회부되기 직전에 이르렀다. 논란이 훨씬 덜했던 작품은《리바이어던》과 여러모로 자연적 대응 관계에 있었던 존 로크의 《통치론》이었다. 《리바이어던》 이후 40년 뒤인 1690년에 명예혁명의 평화로운 여파 속에 쓰인 이 책에서 로크는 더 낙관적인 입장을 견지했다.[37] 실제로 로크가 홉스의 뒤를 이어 자연 상태의 인간을 상상했을 때 결과는 더 이상 다르기 힘들 정도였다.

> 자연 상태에서는 자연법이 모든 사람에게 의무를 부과한다. 그리고 이성, 즉 이 법은 모든 인류에게 인간은 모두 평등하고 독립적이며 누구도 상대의 목숨이나 건강, 자유나 소유물에 해를 입혀서는 안 된다고 알린다.[38]

아리스토텔레스가 그랬듯 로크 역시 인간이 이성의 힘으로 스스로 완벽히 다스릴 수 있다고 믿었다. 인간의 주된 과업은 신이 모든 이를 위해 하사한 지상의 풍요로움을 어떻게 나눌지 해결하는 것이었다. "지상과 그 위의 만물은 인간의 생계와 안락을 위해 주어진 것이다. 자연히 자라는 모든 과일과 이를 먹는 모든 짐승은 인류의 공동소유물이지만 (…) 그에 대해 누구도 다른 인간을 배제하고 개인적인 지배권을 행사할 수 없다."[39]

로크는 지구가 모든 인간에게 속해 있다고 말했는데 그렇다면 무언가를 자신의 것이라고 말할 권리는 누가 부여하느냐는 의문이 제기된다. 그에 대한 답으로 로크는 신이 누구도 굶기려 하지 않았으니 인간은 스스로 먹고 살 권리가 있으며 따라서 필요한 음식을 야생에서 직접 취하는 등의 방식으로 소유할 수 있다고 논증했다. "무엇을 사유화할 줄 모르고 여전히 공유하며 살아가는 야생 인디언에게 영양을 공급하는 과일이나 사슴고기는 그들의 것이며 그들의 일부이기에 다른 누구도 그 권리를 주장할 수 없다."[40]

신이 명을 내렸듯 인간은 먹어야 하는 필요에 따라 소유권을 얻는다. 나무에서 과일을 따든 사슴을 쓰러뜨리든 자연

상태에서 떼어낸 순간부터 음식은 인간 소유가 된다. 음식을 획득하기 위해 노동을 하는 순간 음식은 개인의 것이 된다고 로크는 말했다. 더불어 이런 노동력을 땅에 투입하는 것이 인간의 도덕적 의무다. 그렇게 해야 땅의 생산량이 늘어나고 그래야 사람들에게 돌아가는 몫도 늘어난다. 신이 인간을 땅에 보낸 것은 그저 빈둥거리라는 뜻이 아니라 오히려 "근면함과 이성을 활용"해 "땅을 경작되지 않은 황무지로 남겨두지 말라"라는 뜻이라고 로크는 말했다.[41]

땅을 경작하면서 인간은 자신의 생존에 필요한 땅은 줄이고 타인이 이용할 수 있는 땅을 늘림으로써 사실상 같은 인간에게 선물을 제공하는 것이라고 로크는 추론했다. 단, 누구든 **필요를 충당하기에 충분한 만큼**의 땅만 소유할 수 있다고 엄중히 경고했다. 필요 이상을 취하면 남의 것을 앗아가는 것이며 음식을 낭비할 때와 마찬가지로 "공통된 자연법을 거스르게" 된다는 것이다.[42]

로크, 서쪽으로 향하다

> 만물의 가치에 차이를 부여하는 것이 노동이다.
>
> —존 로크[43]

로크의 사상이 대서양을 건너 멀리까지 뻗어나간 이유는 간단하다. 로크가 그린 것처럼 신을 숭배하는 근면한 이들로 이루어진 평화로운 농업 사회는 미국에 정착한 개신교 사회를 목격한 자의 증언처럼 보일 정도다. 경작 의무에 대한 로크의 신념은 미국에 정착한 개신교 정착민이 추구하는 가치와 일치했고 자신과 같은 도덕적 의무를 느끼지 않는 듯 보이는 북아메리카 원주민을 향한 정착민의 양가적 감정에 힘을 실었다. 온화한 태도를 고수한 로크조차 진취성이 부족해 보이는 이들 원주민에 대한 경멸을 굳이 숨기지 않았다. "미국의 야생 숲과 미개간 황무지의 개선되거나 경작되거나 관리되지 않고 자연에 방치된 1,000에이커의 땅이 데본셔의 똑같이 비옥하지만 잘 경작된 10에이커의 땅만큼 이 가련한 거주자들에게 편의를 제공할 수 있을지 의문이다."[44]

로크의 견해는 그의 사상을 채택한 이들, 특히 이 사상이 정치적 자유에 새로운 관점을 제시한다고 본 이들의 발목을 잡았다. "인간은 본래 자유롭고 평등하며 독립적이다. 누구도 이런 권리를 잃을 수 없으며 그 자신의 동의 없이는 어떤 정치 권력의 지배도 받을 수 없다."[45]

익숙한 말처럼 들린다면 그건 이 사상이 이후 미국 독립 선언서를 작성한 토머스 제퍼슨Thomas Jefferson에게 영감을 주었기 때문이다. 버지니아주 몬티셀로의 농장에서 나고 자란 제퍼슨은 평생 농업경제학에 열의를 품고 자신의 정원에서 토양 보존과 윤작, 작물 육종 등을 직접 실험했다. "땅에서 무언가를 재배하는 것만큼 기쁨을 안겨주는 일은 없으며 정원 재배에 비할 것은 아무것도 없다."[46] 제퍼슨은 로크의 사상이 자신의 정치적 비전에 이상적으로 부합한다는 사실을 발견했다.

그가 알아본 사회의 청사진은 군주와 백성 간 계약에 근거한 것이 아니라 개개의 동등한 농민 간의 계약에 근거한 것이었다. 제퍼슨은 역사적인 독립선언서 초안을 작성하면서 로크의 정신을 따랐다. "우리에게 이 진리는 자명한바, 모든 인간은 평등하게 태어났고 창조주로부터 양도할 수 없는 권리를 부여받았다. 생명권과 자유권, 행복추구권이 바로 그것이다."[47]

여전히 사람을 감동시키는 힘이 있는 말이지만 그로부터 탄생한 사회는 제퍼슨이 바란 모습과 사뭇 달랐다. 선진국 중 싱가포르에 이어 두 번째로 불평등한 국가인 미국은 미사여구와 현실의 간극이 얼마나 벌어질 수 있는지 여실히 보여준다. 로크의 평등주의 원칙을 다른 어디보다 온전히 수용한 나라에서 상위 0.1퍼센트가 하위 90퍼센트의 재산을 모두 합친 만큼의 부를 거머쥐고 있고 4,700만 명이 빈곤하게 살고 있다.[48] '자유의 땅'에서 번영에 실패한 이들에게 행복추구권이라는 이론상의 권리는 공허하게 들릴 뿐이다.

무엇이 잘못된 것일까? 사실 처음부터 흠이 있었다. 미국은 영국으로부터 독립을 요구하면서 정작 식민지 주민인 그들 자신이 아메리카 원주민의 땅을 가로채는 데 몰두했다. 제퍼슨 본인도 이런 절도 행위를 우려했지만 그저 로크의 관점을 고수할 수밖에 다른 도리가 없었다. 제퍼슨 역시 '타인'을 향한 명백한 불평등인 노예제 앞에서 눈을 감았다. 그 자신이 노예 소유주로 1808년에 국제 노예 매매를 종식시키는 데 앞장섰지만 이 관습을 명백히 금지시키는 데에는 실패했고 심지어 자신이 아끼는 집안 노예를 몬티셀로에서 백악관으로 데려오기까지 했다. 모든 인간이 태어날 때부터 평등한 듯 보였지만 누군가는 태어날 때부터 다른 이보다 더 평등한 것이 현실이었다.

이 시스템에는 로크 자신도 치명적일 수 있다고 인정한 또 다른 흠이 있었다. 아리스토텔레스가 경고했듯 인간의 탐욕이 민주주의에 가장 큰 위해가 될 수 있었던 것이다.

> 인간은 모두 (…) 누구도 고생하는 일 없이 최대한 땅을 이용할 수 있어야 한다. 세상에는 그 위에 사는 생명의 두 배를 먹여 살릴 수 있는 땅이 충분하기 때문이다. 하지만 돈이 발명되고 돈에 가치를 부여한다는 암묵적 합의가 이어지면서 인간은 동의하에 더 큰 소유물을 접하게 되었고 그에 대한 권리를 주장하기에 이르렀다.[49]

소비주의 시대가 닥치기 한참 전에 아리스토텔레스와 로크는 개인이 부를 추구하는 현상이 사회의 파멸을 초래할 수 있다고 우려했다. 하지만 두 사람이 내다보지 못한 점이 있었으니, 돈이 단순히 사회를 형성하기만 한 것이 아니라 선에 대한 인간의 관념까지 구현한다는 사실이었다.

선물

교역을 위한 첫 번째 조건은 창을 내려놓는 것이다.

—마르셀 모스[50]

돈은 오늘날 인간의 삶에 필수가 되었고 돈이 없는 세상은 상상하기 힘들어졌다. 돈이 없다면 일상의 모든 행동이 초현실적 가치를 띠겠지만(그 자동차 한 대에 닭 1,000마리를 주겠소) 사회를 돌아가게 하는 이 변덕스러운 물체는 생각보다 신뢰성이 많이 떨어지고 역사가 꽤 오래되었다.

인류의 역사 대부분에서 돈은 존재하지 않았다. 그 대신 마르셀 모스Marcel Mauss가 1950년에 《증여론》에서 말했듯 사회는 선물 교환에 기반을 두었다. 일례로 파푸아뉴기니의 트로브리안드 섬 주민들은 쿨라Kula라고 알려진 의식에서 조개 팔찌와 목걸이를 교환하기 위해 배를 타고 수백 킬로미터를 갔다.[51] 그와 함께 음식 및 도구 같은 일상 물품도 교환되었겠지만 쿨라는 주된 거래망이라기보다는 명성이 높은 물물교환으로 거래 당사자 양쪽에 명예와 지위를 수여하는 자리였다.

쿨라에 쏟는 엄청난 시간과 노력이 현대인의 관점에서 다소 기이해 보일 수 있다. 왜 수백 킬로미터씩이나 배를 타고 나가 익사 위험까지 무릅쓰면서 실용성도 전혀 없고 간직하지도 않을 물건을 교환하는 것일까? 모스가 주장한 바에 따르면 이런 선물 교환이 도덕적·정신적·경제적 접착제 역할을 하며 사회를 단결했다. “영혼은 사물과 얽히고 사물은 영혼과 얽힌다.

삶은 한데 어우러지고 이렇게 인간과 사물이 뒤섞여 각자 자신의 영역에서 벗어나 함께 버무려진다. 바로 이런 일이 계약과 교환에서 이루어지는 것이다."[52]

돈이 없어도 이런 선물 경제는 지금 우리의 경제처럼 상호 간의 높은 신뢰에 의존한다. 이 문화에서 선물 교환은 근엄하고 엄숙한 행위이며 교환에 실패했을 경우 죽음이나 전쟁까지 이어질 수 있었다. 지금의 디지털 시대에 이와 같은 의무에 얽힌 막대한 부담을 상상하기는 힘들지만 그와 비슷한 감정은 간간이 느낄 수 있다. 가령 결혼식에 초대받아 행복한 예비부부에게 건넬 선물을 구입해야 할 때도 그렇다. 알맞은 샐러드 접시나 화병을 고를 때 느껴지는 불안은 지금 같은 물질주의 시대에도 선물에 영혼과 가까운 무언가가 담겨 있음을 나타낸다. 예비부부가 작성한 결혼 선물 목록이 있으면 선물을 고를 때 드는 노력과 당혹스러움을 면할 수는 있지만 그만큼 즐거움이 사라지기도 한다. 결혼 선물로 현금을 요구하는 요즘 추세는 논리적이지만 삭막한 현대사회의 분위기를 반영한다.

이런 복잡함에서 돈이 현대성의 발전에 그토록 중요한 한 가지 이유를 추론할 수 있다. 관념적이고 비인격적인 돈은 교환의 괴로움을 덜어주고 한때 사람들을 결속한 의식과 의무를 덜어준다. 사회적 유대는 행복에 필수적이지만 경제 발전과 대조를 이루기에 효율성이라는 핵심 목표를 달성하는 데 방해가 된다. 사람들이 돈으로 무엇을 할 수 있는지 알게 된 이상 돌이킬 수 없는 현실이다.

점토로 지불하기

놀랄 것도 없이 돈은 음식에서 시작되었다. 곡식은 남을 수도 있으며 쉽게 저장하고 이동할 수 있다는 이유로 초기 도시의 교역에 이상적인 물질로 여겨졌다. 스스로 먹고사는 문제를 해결하자마자 수메르인이 세운 도시국가인 우르크와 우르, 에리두에서는 이윤을 남기기 위해 식량을 재배하기 시작했다. 기원전 3000년경에 교역망은 이들 도시국가가 자리한 남부 메소포타미아 지역에서 시리아와 터키 아나톨리아 지역으로, 동쪽으로는 이란, 남쪽으로는 페르시아 만과 인도까지 뻗어나갔다.[53] 수메르인은 밀을 수출하면서 구리와 원석, 청금석, 설화석고를 들여와 사원과 집을 장식하고 몸을 치장했다. 세계 최초의 도시에서는 곡물이 재산이었고 사원의 곡물 저장고가 지금의 중앙은행 역할을 맡았다.

수메르인이 곡물만 재배한 것은 아니었다. 양파와 마늘, 완두콩과 콩, 렌즈콩, 오이와 상추, 무화과, 대추와 올리브, 포도, 석류를 재배한 것은 물론이고 소와 양, 돼지를 비롯해 50종이 넘는 어류를 키웠다.[54] 이렇게 다양한 물품을 거래하려면 물물교환보다 더 유연한 교환 수단이 필요했다. 그렇게 시장이 필요해졌고, 시장이 돌아가게 하려면 돈이 필요했다.

돈의 초기 형태는 점토판이었다. 여기에 가령 소와 보리를 교환한 거래 내역을 기록했다. 이런 거래는 추수가 한창일 때에야 성사될 수 있었기 때문에 시간이라는 요소가 교환에 포함되기에 이르렀고 이로써 직접적 물물교환이 선물 계약의 초기 형태로 바뀌었다.[55] 신용 전표나 차용증서를 발행해 거래 완료 시점을 연기하는 것은 본질적으로 돈이 하는 일인데 그렇게 되면 거래 당사자 양측의 관계가 채권자와 채무자로 바뀐다. 채무자가 약속을 지키지 않으면 신용 전표는 가치가 없어지기 때문에 빌려주는 사람과 빌리는 사람의 관계에 신뢰가 바탕이 되었고, 여기에서 신용거래credit(라틴어 credo에서 유래한 것으로 '나는 믿는다'라는 뜻이다)라는 단어가 파생되었다.

소 한 마리 값어치의 보리 양을 기록한 점토판은 물론 지금 우리가 아는 돈이 아니다. 이런 점토판으로 보리만이 아니라 소와 가치가 동등한 물건은 무엇이든, 누구나, 언제, 어디서든 교환할 수 있게 되면서 발달의 다음 단계가 시작되었다. 다시 말해 이때부터 돈이 가치를 드러내는 추상적 징표로 변했고 그 가치는 어느 때보다 신뢰에 의존하게 되었다. 초기 동전이 귀금속으로 만들어진 것도 이런 이유 때문이며 줄리어스 시저Julius Caesar가 자신의 얼굴을 동전에 새겨 넣은 것도, 그리하여 제국에서 멀리 떨어진 백성들이 계속해 동전을 기린 것도 이 때문이었다.

동전은 꽤 멀리 떨어진 사람들과 신뢰를 구축하고 교역을 맺는 데 도움이 되었지만 귀금속으로 만들어졌다는 사실 때문에 혼란을 빚기도 했다. 사람들이 동전이 대변하는 가치가 아닌 동전 자체를 부와 결부하기 시작한 것이다.[56] 이런 오류로 인해 애덤 스미스Adam Smith는 '사용가치'와 '교환가치'의 차이를 구분했다. 심한 갈증을 느끼는 상황이라면 다이아몬드가 든 가방보다 물 한 잔이 더 유용할 것이다. 여기서 물은 고유한 가치, 즉 **사용**가치가 있는 반면 다이아몬드는 **교환**가치만 있을 뿐이다. 평상시에는 사용가치와 교환가치의 구분이 불분명하다. 가령 평소라면 누구든 물보다 다이아몬드를 택할 것이다. 극한 상황에 처할 때에야 둘의 구분이 명확해진다. 일례로 제1차 세계대전 이후 독일 바이마르 공화국이 어마어마한 빚더미에 빠져 있을 때는 빵 한 덩이를 사려면 수레 하나를 지폐로 가득 채워야 했다. 초인플레이션으로 돈은 사실상 아무 가치가 없었지만 빵의 가치는 여전히 그대로였다. 음식은 누구에게나 필요했으니 사람들은 어떤 상황에서도 통용되는 유일한 교환 형태, 물물교환으로 되돌아갔다.

야성적 충동

> 은을 더 이상 원치 않을 만큼 많이 소유해본 사람은 없다.
>
> —크세노폰[57]

망각의 소용돌이로 내모는 돈의 능력이 처음 드러난 시기는 해상무역과 탐험이 활발하게 이어지던 15세기였다. 베니스의 상인들은 항해 자금을 조달하기 위해 막대한 금액을 빌려야 했는데 그것도 운이 좋으면 여러 달이 지난 후 비단과 향신료가 무사히 상륙해 판매된 다음에야 갚을 수 있었다. 항해가 이렇게 본질적으로 위험하다 보니 상인들은 돈을 빌려준 사람이 떠안은 위험을 보상하기 위해 이자를 지불했다. 그러자 더 큰 문제가 발생했다. 당시에는 돈을 빌려주고 이자를 받는 행위(고리대금업)가 교회에서 금지되었기 때문이다. 결국 유대인이 대금업자 역할을 맡으면서 남부러운 부를 쌓게 되었다. 이렇게 새로운 품종의 금융 서비스가 탄생했다. 대금업자들이 업무를 처리하던 나무 의자banci에서 이름을 딴 은행업banking이 생겨난 것이다.[58]

네덜란드가 1602년에 세계 최초 주식회사인 네덜란드 동인도회사를 세우면서 17세기 바다의 주인으로 부상했다. 동인도회사는 재정의 일부를 정부에서 지원받고 일부는 주식 발행으로 충당해 그 자체로 하나의 국가처럼 처신하며 조약을 협정하고 식민지를 설립하는가 하면 심지어 교역이라는 명목 아래 전쟁을 벌이기도 했다. 17세기 중반까지 육두구 씨, 정향, 말린 육두구 껍질 등의 향신료 교역을 독점하다시피 했고 중국산 금과 비단으로 수익성 좋은 부업을 병행했다. 주식은 이미 활발하게 매매되고 있었는데 1608년에 주식 거래를 위한 특별건물인 암스테르담 뵈르Amsterdam Beurs가 세워지면서 세계 최초의 증권 거래소가 탄생했다. 이듬해에 세계 최초 중앙은행인 비셀방크Wisselbank 또는 암스테르담 외환은행이 문을 열면서 상인이 지금처럼 계좌에서 직접 송금하거나 수표를 통해 직접 거래할 수 있게 되었다.

바다의 무법자인 네덜란드가 자본주의의 거의 모든 수단을 개척했지만 임무를 완수하는 역할은 스웨덴에 돌아갔다. 비셀방크에서는 상인이 한 계좌에서 다른 계좌로 예치금만 옮길 수 있었던 반면 스톡홀름 방코Stockholms Banco에서는 이자를 받고 돈을 빌려주기 시작했다. 부분지급준비제로 알려진 이런 관행이 현대 금융의 초석이 되었다.[59] 이름이 시사하듯 그 원리는 은행이 이자를 받고 돈을 빌려주는 대신 충분한 자금을 비축해두어(예치금의 10퍼센트가량) 현금 인출을 원하는 고객에게 돈을 지급하는 것이다. 시스템의 장점이자 위협이 되는 점은 유동성이 몰라보게 높아진다는 것, 다시 말해 현실에서는 아무 근거가 없는 돈이 유통된다는 것이었다. 가령 은행이 예치금 100파운드의 10퍼센트를 지급준비금으로 두고 나머지 90파운드로 2차 대출을 창출해 대출금이 예치되면 또다시 10퍼센트를 제하고 81파운드가 대출되는 것이다. 그렇게 네 번만 거치면 현금은 100파운드에서 271파운드(100 + 90 + 81)까지, 그러니까 원금의 세 배 가까이 불어난다.[60]

이 모든 것이 다단계 금융 사기처럼 들린다 해도 그리 틀린 말은 아니다. 실제로 이 시스템은 호황과 불황이 끝없이 이어지도록 고안되었다. 자신감 넘치는 '상승'장에서 투자가 이어지면 주가가 상승하다가 기초 자산의 가치와 관련이 없는 지점에 이르면 사람들이 매도하기 시작한다. 시장의 희열로 주가가 지나치게 높아지면 공황 매도가 이어질 수 있고 끔찍한 '예금 인출 소동'이 벌어져 은행이 ('대마불사'가 아닌 한) 파산에 이를 수도 있다. 간단히 말해 시장은 존 메이너드 케인스 John Maynard Keynes가 말한 야성적 충동animal spirits에 반응한다. 기분 변화가 집단의 정신 상태로 증폭할 때 투기 거품이 일 수 있고, 거품의 특성상 커질 대로 커지면 결국 터져버릴 수 있는 것이다.

보이지 않는 손

> 모든 문명사회의 대규모 교역은 도시 거주자와 지방 거주자 사이에서 일어난다.
>
> —애덤 스미스[61]

은행업은 언제나 위태로웠다. 하지만 설탕과 향신료, 노예무역이 가능해지면서 영국이나 네덜란드 같은 해양 국가가 믿을 수 없이 부유해졌다. 1700년에 이르러 막대한 부가 런던과 암스테르담으로 밀려들어오면서 이들 도시뿐만 아니라 시골 지방도 변화를 맞닥뜨렸다. 농부들은 치솟는 식량 수요를 충족시키기 위해 허둥거렸다. 육지가 부족한 네덜란드에서 개척한 윤작과 목축, 사료 작물 재배 등 새로운 농경법이 떼 지어 브리튼 섬으로 몰려왔다.[62] 습지가 배수되고 땅에 울타리가 둘러지고 시골이 기업 활동으로 가득 찼다.[63] 가금류 판매상과 야생동물 사육 관리인은 대출을 받아 사업을 확장했고 과일 장수는 과수원을 만들어 세를 놓았으며 정육업자는 목축업자이자 가축 사육가가 되었다.[64] 1720년에 영국을 여행하던 대니얼 디포Daniel Defoe는 이 모든 활기가 어디에서 비롯되었는지 의심의 여지 없이 알아냈다.

> 시골에서는 옥수수며 맥아, 가축과 가금류, 석탄, 어류를 모두 런던으로 올려 보내고 런던에서는 향신료와 설탕, 와인, 의약품, 목화와 리넨, 담배를 비롯해 해외에서 들여온 모든

필수품을 시골로 내려 보낸다. (…) 런던은 모든 것을 소비하고 순환시키고 수출하며 결국 모든 비용을 치른다. 이것이 교역이다.[65]

이렇게 사업가적 열의가 치솟는 영국과 달리 프랑스 지방은 무기력에 가까운 정체 상태에 빠졌다. 이 사실에 혼란을 느낀 애덤 스미스는 1766년에 파리에 머물면서 일류 경제학자 프랑수아 케네François Quesnay와 자크 튀르고Jacques Turgot를 만났다. '중농주의자physiocrats'(그리스어 phusis, 자연 + kratia, 규칙)인 두 사람은 파리를 어떻게 먹여 살릴 것인지와 같은 난처한 문제로 씨름하며 농촌 경제를 진창에 빠뜨린 중세 시대의 조세 및 재산법을 현대화하고자 갈망했다.[66] 세 경제학자는 국가의 부를 이루는 궁극적인 원천이 토지라는 사실에 동의했다. 실제로 케네는 사회에서 농부만이 유일하게 생산성 높은 일원이며 토지 소유자는 자신이 창조한 부를 분배할 뿐이고 상인과 장인은 아무것도 생산하지 않는다고 말할 정도였다.

생산성과 관련해 스미스는 케네와 의견이 달랐지만 교역을 가로막는 모든 내부 장벽을 제거해야 한다는 케네의 제안에는 깊이 감명받았다. 튀르고 역시 1774년에 재무장관직을 맡으면서 이 원리를 현실에 적용하고자 했다. 그 당시 프랑스가 처참한 흉년과 그에 따른 식량 부족을 겪지 않았다면, 그래서 백성들이 비타협적인 자연이 아닌 중농주의자의 참견에 책임을 무는 일이 없었다면 역사는 지금과 많이 달라졌을지도 모른다. 튀르고는 재무장관직에서 해임되어 개혁의 기회를 놓

쳤고, 결국 1780년대의 식량 위기와 그로 인해 촉발된 프랑스 혁명을 피하지 못했다.[67]

한편 영국에서 일어난 전혀 다른 성격의 혁명이 애덤 스미스를 다른 길로 이끌었다. 중농주의자들은 프랑스를 보호무역주의 농업 사회로 탈바꿈하고자 꿈꾸었지만 스미스는 자신의 고국이 더 원대한 무언가가 되리라 생각했다. 영국이 산업무역 국가로 성장해 부가 기하급수적으로 늘어나리라는 사실을 알아본 것이다. 스미스가 1776년에 《국부론》에서 〈부유함의 자연적 진보에 대하여〉라고 이름 붙인 장에 설명했듯 핵심은 도시와 시골 사이에 자연적으로 일어나는 교역이었다.

> 물건을 재생산하지도 않고 재생산할 수도 없는 도시는 모든 부와 생계를 시골에서 얻어야 한다고 말하는 것이 매우 적절할 것이다. 하지만 이런 이유를 들어서 도시의 이득이 곧 시골의 손실이라고 말해서는 안 된다. 양측의 이득은 상호 보완적이며 노동의 분배는 다른 모든 경우에 그렇듯 이로운 것이다.[68]

스미스는 노동의 분배가 효율성을 크게 높이기 때문에 부의 창출에 매우 중요하다고 말했다. 그러면서 잘 알려진 핀 공장의 사례를 들어 전문화(노동자가 한 가지 작업만 수행하는 것)가 생산성의 핵심이라고 주장했다.[69] 그런데 모든 사람이 한 가지만 생산하면 생활필수품은 어떻게 얻을 수 있을까? 시장을 통해 자신의 노동 산물을 다른 이들의 노동 산물과 교환하면 된다고 스미스는 답했다. 로크의 뒤를 따르고 마르크스의 등장을 예고한 스미스는 다름 아닌 **노동**이 상품의 교환가치를 결정해야 한다고 주장했다. 부의 궁극 원천인 땅은 공짜로 주어졌다. 시장은 '보이지 않는 손'처럼 사람들에게 필요한 물건을 공급할 것이다. 모든 사람이 자연스럽게 개인의 이익을 추구하면 그 안에서 자신에게 알맞은 곳을 찾게 되기 때문이다. "우리가 저녁을 먹을 수 있는 것은 푸줏간 주인이나 양조장 주인, 빵집 주인의 자비심 때문이 아니라 각자의 이익을 추구하려 한 그들의 욕구 때문이다. 우리가 주목하는 것은 그들의 인간성이 아니라 그들의 자기애다."[70]

마지막 주장은 탐욕이 좋은 것이라는 말처럼 비친 탓에 논란을 일으켰다. 스미스가 그런 식으로 말하지는 않았지만 성공한 공장 주인이 사회에 득이 된다고 생각한 것은 사실이다. 그들이 벌어들인 돈을 다시 사업에 투자하면 더 많은 일거리가 생기고, 그렇게 더 많은 부가 만들어지기 때문이다. 이런 '낙수 효과trickle-down' 이론(부가 늘어날수록 좋은 이유는 다른 경제가 닿지 않는 사회 곳곳으로 부가 흘러들기 때문이라는 견해)은 자본주의의 중심 교리다. 그 이면에 소비 지상주의가 필요하다. 사람들이 더 많은 제품을 사들이지 않으면 공장 주인도 사업을 더 확장할 수 없기 때문이다. 다행히 스미스는 삶에서 꼭 필요하지 않은 물건을 탐하는 인간의 욕구가 끝이 없음을 알아보았다. "인간의 위장이 작은 탓에 누가 되었든 음식을 탐하는 욕구는 한정되어 있다. 하지만 건물이나 의상, 마차, 가구 등 편의용품이나 장식품을 탐하는 욕구는 한계도 없고 경계도 없다."[71]

아리스토텔레스나 로크와 반대로 스미스는 이런 한계 없는 욕구가 좋은 삶에 이르는 핵심이라고 보았다. 그래야 경제가 성장하고 전 세계의 번영을 누릴 수 있기 때문이다. 따라서 상인이나 장인은 비생산적이기는커녕 부를 창출하는 핵심이며, 부의 기반이 되는 상업이라는 바퀴를 기름칠하는 존재다. '부유함의 자연적 진보'는 불행을 낳는 것이 아니라 "모든 사람이 (…) 얼마간 상인이 되어 사회 자체가 이른바 상업 사회가 되는 것이다".[72]

'애덤 스미스 문제'

《국부론》을 굳이 읽어보지 않아도 스미스의 사상은 익숙할 것이다. 이미 우리의 사고방식에 깊이 박혀 있기 때문이다. 자유시장 자본주의로 자유 민주주의가 성장하면서 로크와 스미스는 서구 근대의 공동 창시자로 간주되었다. 자유주의와 자본주의는 오늘날 우리의 정신에 깊이 결합해 사실상 분간하기 힘들 정도다. 그 원칙이 번영과 자유라는 개념의 근간을 이루다 보니 인지하지 못한 사이 호모사피엔스가 호모 이코노미쿠스로 변모했고, 경제성장이 선이라는 개념과 동의어처럼 쓰이게 되었다.

자유 민주주의 사회는 역사상 가장 행복하고 자유로운 곳이지만 그런 성공으로도 스미스가 약속한 '부유함의 자연적 진보'가 실현되지 못했음은 숨길 수 없는 사실이다. 소수의 사람들은 더 부유해졌지만 대다수는 침체되어 상대적 빈곤에 빠졌다. 그러면 무엇이 잘못된 것일까? 이 질문 앞에 늘어선 여러 답 중에 대체로 일치하는 의견은 호모 이코노미쿠스가 인간적이지 않다는 점이다.[73] 역설적이게도 스미스에게는 이 사실이 새롭지 않을 것이다. 사실《국부론》이 선풍적인 인기를 얻지 못했다면 스미스는 1759년에 발표한 또 다른 역작《도덕감정론》으로 명성을 얻었을 것이다. 여기서 그는 우정과 공감에서 얻는 행복의 중요성을 이야기했다.

> 인간이 아무리 이기적이라 해도 분명 천성적으로 다른 사람의 행운에 관심을 보이고 그들에게 행복이 꼭 필요하다고 믿게 하는 원칙이 있을 것이다. 비록 자신은 남의 행복을 바라보는 즐거움 외에는 아무것도 얻지 못한다 해도 말이다.[74]

자본주의의 아버지가 했을 법한 말과는 정반대로 스미스는 인간이 느끼는 비참함이 대부분 "부자와 권력자를 존경하고 심지어 숭배하면서 가난하고 평범한 이들은 경멸하거나 적어도 무시하는 잘못된 성향" 때문이라고 말했다.[75] 고삐 풀린 듯 부를 좇는 데 일생을 바친 사람의 말이라고는 생각하기 힘들다. 사실《도덕감정론》에서 스미스가 그린 좋은 삶은 '유용성을 찾기 힘든 값싼 장신구'에 있는 것이 아니라 이성적으로 사고하고 공감하며 아름다움을 음미하는 능력에 달려있다는 아리스토텔레스의 관점과 닮아 있다.[76] 스미스에게 좋은 사회란 탐욕에 바탕을 두기보다는 '인간성과 정의, 관대함과 공공

심'에 의존하는 곳이며 결국 사랑이 중심이 되는 곳이었다.[77] "공감은 기쁨을 북돋고 슬픔을 달랜다."[78]

1759년에는 이렇게 애정이 넘치던 사람이 어떻게 1776년에 이르러 '탐욕이 최선'이라는 괴물로 변한 것일까? '아무 이유 없다'가 답이다. 모두 같은 사람이다. 사실 스미스는 생이 다하는 날까지 《도덕감정론》을 퇴고하고 그 최종본을 《국부론》 다음에 내놓았다. 소위 애덤 스미스 문제를 해결하는 실마리는 스미스의 저서가 상호 보완적인 두 세계를 그렸다는 사실에서 찾을 수 있다. 산업혁명의 여명기에 책을 쓰면서 그는 기계화의 이점을 목도했지만(핀 공장 사례는 실제 사례에 바탕을 둔 것이다) 머지않아 산업혁명이 야기한 참상을 목격하지는 못했다. 산업화에 필요한 변혁이 오히려 그 사회를 파괴하는 광경을 살아생전에 보지 못한 것이다.

거대한 전환

산업화에서 대변동은 필수였다. 칼 폴라니Karl Polanyi가 《거대한 전환》에서 지적했듯 산업화에는 근본적으로 새로운 사회 환경인 '시장 사회'가 필요했기 때문이다. 시장은 산업 시대가 시작되기 수 세기 전부터 존재했지만 물품 거래는 대부분 사회 교류였지 신뢰와 관용, 도의가 중요시되는 경제 교류가 아니었다. 폴라니에 따르면 시장 거래의 주된 동기는 이익이 아닌 지위였다. 따라서 사람들이 시장에서 자연히 활기를 띨 것이라던 스미스의 가정은 틀렸다.

> 다름 아닌 애덤 스미스라는 사상가는 사회의 분업이 시장의 존재에 좌우된다고, 또는 그의 말대로 물건을 교환 및 운반, 거래하려는 인간의 성향에 좌우된다고 말했다. 여기에서 이후 경제인이라는 개념이 탄생했다. 돌이켜보면 과거를 오독하는 것만큼 미래를 잘 내다보는 것은 없다고 할 수 있다.[79]

현실적으로 시장 사회에서의 삶, 즉 경제가 사회적 유대와 별개로 작동하는 삶은 결코 자연스럽지 않았다. 하지만 산업에는 이런 시장이 필수적이었는데 공장이나 기계 등에 대한 막대한 투자는 고정적인 생산량과 판매량이 보장되지 않는 한 위험이 컸기 때문이다. 그렇기에 원자재 및 노동력을 제공할 믿을 만한 공급처가 필요했고 이것들을 획득하려면 부의 두 가지 주요 원천인 자연과 사람을 상업화해야 했다.

> 상업 사회에서 기계 생산을 하려면 사실상 사회의 자연적·인간적 자산을 상품화해야 한다. 그에 따른 결과는 기이하지만 피할 수 없다. 무엇도 그 목적에 부합하지 못하게 되는 것이다. 이렇게 기계장치가 야기하는 혼란으로 인간관계는 단절되고 인간의 자연 서식지는 전멸하는 위협에 처할 것이다.[80]

시장경제가 돌아가려면 사회가 파괴되어야 한다. 시장이 사회적 제약 없이 자유롭게 기능하는 것이 시장에서 무엇보다 우선시되는 필수 사항이기 때문이다.

> 노동을 삶의 다른 활동과 분리해 시장의 법칙에 종속시키는 것은 곧 존재의 모든 유기적 형태를 말살한 뒤 이를 다른 유형의 조직으로, 즉 원자론적이고 개별적인 조직으로 대체하는 것이다. (…) 다시 말해 실제로 친족이나 이웃 관계, 직업 및 교리에 따른 비계약적 조직은 개인의 충성을 요구하고 개인의 자유를 억압하기 때문에 없애야 한다는 뜻이다.[81]

새로운 체제에서 자유란 시장에 참여하는 능력을 의미하고 이것이 경제인을 정의하는 활동이 된다. 따라서 거대한 전환은 주변 풍경과 공동체를 파괴할 뿐만 아니라 한때 인간의 삶을 뒷받침한 가치와 의미를 변화시켰다. 조지 왕조 시대의 영국 이전에는 어떤 사회도 이를 좋은 삶이라 부르지 않았을 뿐더러 경제성장으로 인식하지도 않았다. 사람들은 남부럽지 않은 생활을 할 만큼만 벌어도 충분히 만족스러웠다. 하지만 이제는 단순히 생계를 유지하는 정도로는 충분치 않았다. 시장 사회에서 개인의 주된 목표는 부유해지는 것이어야 했다.

초기의 공장주는 새롭게 바뀐 이런 환경이 얼마나 비정상적인지 누구보다 잘 알았다. 농장에서 나고 자란 공장노동자들은 단조롭기 그지없는 새로운 일을 견디기 힘들어했다. 대다수가 일을 필요 이상으로 참아내는 것이 의미가 없다고 생각했다. 따라서 일주일 생활비 정도는 벌었다 싶으면 일하던 도구를 내려놓고 집으로 갔다. 노동자들이 더 오래 일하도록 임금을 올리면 오히려 역효과가 났다. 다들 더 빨리 퇴근해버리는 것이었다. 결국 공장주들은 유일한 대안을 취했다. 노동자들이 하루 종일 일해야 생계를 간신히 유지할 수 있도록 임금을 대폭 삭감한 것이다. 이로써 지금도 자본주의의 핵심으로 남아 있는 원칙이 확립되었다. "일하지 않으면 굶어 죽는 상황에 처해야 사람들이 아무 대가 없이 일을 한다."

제로아워

> 견고한 모든 것은 공기 중에 녹아 사라진다.
>
> —카를 마르크스, 프리드리히 엥겔스[82]

오늘날 아마존 물류센터에서 제로아워 계약을 맺고 일하는 사람들은 앞과 같은 논리가 어디로 향했는지 생각할 필요가 없다. 시장경제에서 노동의 이상적 비용은 사실상 0이다. 카를 마르크스는 부르주아 계급이 '생산 수단'(공장 및 기계)을 독점 소유하고 권력을 이용해 프롤레타리아 계급을 착취해 최저임금만으로 일하게 만드는 현실에서 이 문제가 비롯된다고 말한다. 1848년에 그는 프리드리히 엥겔스와 함께 이 이론을 명확히 표명하며 혁명적인 반자본주의 신조인 《공산당선언》을 발표했다.

> 부르주아 계급은 어디든 우위를 점하는 곳에서 모든 봉건적·

가부장적·목가적 관계에 종지부를 찍었다. 인간을 '태생적으로 높은 계층'에 결부시키는 봉건적 관계를 가차 없이 찢어버리고 인간과 인간 사이에 적나라한 사리사욕과 냉담한 현금 결제 외에는 어떤 연결 고리도 남기지 않았다. (…) 개인의 가치는 교환가치로 변형되었고 파기할 수 없이 공인된 무수한 자유를 대신해 단 하나의 부조리한 자유, 즉 자유무역이 들어섰다.[83]

마르크스와 엥겔스는 스미스가 그랬듯 자본주의가 지속적 성장에 의존한다는 사실을 알아보았다. 하지만 이들 공산주의자에게 자본주의는 '부유함의 자연적 진보'로 그려지기는커녕 '영원히 지속되는 불확실함과 불안'을 의미할 뿐이었다.[84] 더군다나 성장에 필요한 합리적 효율은 노동자의 품위와 만족을 모두 앗아갔다. "기계의 광범위한 사용과 노동의 분리로 프롤레타리아 계층의 노동은 개성을 모두 잃어버렸고 결국 노동자 개인의 매력까지 모두 빼앗겼다."[85]

《공산당선언》을 읽고 나면 다급히 달려가 공산당에 가입하고픈 유혹이 들 수도 있다. 마르크스와 엥겔스는 설득력 있는 비평가로 자본주의의 정체를 격정적으로 정밀하게 파헤친다. 하지만 그들이 제시하는 해결책(프롤레타리아 계급이 봉기해 생산 수단을 장악해야 한다)은 맹렬한 성공을 거두지 못했다. 오히려 국가가 상업과 통신부터 운송과 농업에 이르는 모든 것을 통제해야 한다는 주장은 자유주의가 낳은 어떤 것보다 더 극심한 고통과 억압을 초래했다. 실제로 러시아와 중국은 자본주의와 공산주의가 무리 없이 공존할 수 있음을 증명하며 국가가 권력을 단 한 줌도 포기하지 않은 채 자본주의로 매끄럽게 넘어갈 수 있음을 보여주었다. 뒤늦은 깨달음도 없이《공산당 선언》은 홉스와 상당히 유사한 분위기를 풍긴다. 공산주의 국가는 사실상 리바이어던의 다른 이름이며 홉스가 상상한 그 어떤 것보다 더욱 끔찍하다고 판명되었다.

대다수 사회에서 부와 권력은 위에서 아래로 떨어지는 것이 아니라 아래에서 위로 올라간다. 바탕이 되는 사회적 비전이 무엇이든 이론과 현실의 격차는 메울 수 없이 벌어져 있는 경우가 많다. 독재 정권에서 이런 격차는 대중이 체념하고 받아들이거나 혁명을 통해 전복해야 한다. 하지만 이런 분열이 서구에도 존재한다는 사실은 어떻게 설명할 수 있을까?

돈 벌기

> 시간이 돈이다.
>
> —벤저민 프랭클린[86]

고든 게코Gordon Gekko가 "점심은 겁쟁이들이나 먹는 것"이라고 호통치기 2,000년 전에 아리스토텔레스는 부 자체를 추구하는 삶의 위험성을 경고했다. 그로서는 지금의 경제라는 말이 크레마티스티케가 아닌 오이코노미아에서 비롯되었다는 사실이 아이러니하게 느껴질 것이다. 물론 크레마티스티케가 발음

하기 더 힘들다는 사실은 인정해야겠다. 이런 개념의 전략을 헤아리면 자유주의와 자본주의가 어떻게 융합해 리바이어던이 되었고 어떻게 점차 서구를 지배하는 신자유주의적 자본주의, 줄여서 신자유주의가 되었는지 설명할 수 있다.

1905년에 발표한 글《프로테스탄트 윤리와 자본주의 정신》에서 막스 베버Max Weber는 이 불경한 동맹의 뿌리를 찾아 네덜란드 공화국까지 거슬러 올라갔다. 네덜란드의 칼뱅주의자들은 네덜란드 동인도 회사에서 폭포처럼 쏟아내는 물건과 근면 절약에 대한 믿음을 조화시키기 위해 분투했다.[87] 개신교도들은 신이 인간을 지상에 보낸 것이 생산을 위해서라고 믿었기 때문에(존 로크도 칼뱅파였다) 부 자체를 위한 부의 추구는 죄악이지만 재물 축적은(그 과정을 그다지 즐기지 않는다는 전제하에) 그리 나쁜 것이 아니라고 결론내렸다. 실제로 개신교도는 숙명을 믿었기에 행운이란 단지 신이 그 사람을 선택해 구원을 내렸음을 알리는 신호일 뿐이라고 생각했다.[88] 따라서 네덜란드인은 실로 엄청난 부를 누리며 경건하고 근면한 삶을 위해 더욱 노력하면서 자신의 돈을 값비싼 장신구에 쓰지 않고 막대한 자금이 모이는 자선 행위에 썼다.

베버가 보기에 경이적인 부 앞에서 소박한 삶을 유지하는 능력이야말로 자본주의 정신의 본질이었다.[89] 개신교 이주자들은 아메리카 대륙으로 건너가면서 이런 검소함을 함께 가져갔고, 이것이 자본주의의 도가니 속에서 마법을 발휘했다. 벤저민 프랭클린Benjamin Franklin은 1748년에 발표한 글《젊은 상인에게 보내는 편지》에서 검소한 정신에 대해 언급하면서 새로운 기업가 정신을 설명했다.

> 시간이 돈이라는 사실을 명심하시오. 노동으로 하루에 10실링을 벌 수 있는 사람이 하루의 절반을 일하지 않고 밖으로 나가거나 한가롭게 앉아 있다고 해보시오. 그렇게 기분 전환하거나 게으름을 부리면서 6펜스를 쓴다면 정작 그 사람은 6펜스만 쓴 것이 아니라 노동으로 벌 수 있었던 5실링을 더 써버린 것, 아니 내다 버린 것이나 다름없소.[90]

인쇄업으로 재산을 모으고 이후 미국 헌법에 서명한 인물로 거듭난 프랭클린은 돈이 사람을 자유롭게 한다고 보았다. 그가 유독 사랑한 것은 저절로 불어나는 돈의 능력이었다. "돈은 많을수록 더 많이 불어나며 이익도 더욱 급격히 늘어난다."[91] 그런 한편으로 자신의 청교도적 뿌리 역시 충실히 지키면서 '젊은 상인'에게는 아무리 많은 돈을 벌어도 늘 겸손하고 근면하라고 충고했다.

> (…) 이 '윤리'에서 '최고선'은 돈을 많이 벌고, 또 벌면서 억압되지 않은 모든 즐거움을 엄격히 피하는 것이오. 사실 이것은 쾌락주의는 고사하고 순수하게 그 자체가 목적이라고 여겨지는 충만함을 추구하려는 어떤 동기도 수반하지 않기에, '행복'이나 개인의 이익을 넘어 완전히 초월적이고 비이성적이라고 보는 것이오.[92]

오늘날 거부들이 쾌락주의와 담을 쌓은 모습은 좀처럼 눈에 띄지 않지만 '돈을 많이 벌고 또' 벌어야 한다는 강박은 뚜렷이 드러난다. 이제는 부자가 되는 것이 대중의 꿈이 되었고 그 꿈은 유명 아이돌처럼 가능한 한 많은 자동차와 요트, 집과 가방을 마음껏 구입하는 자유를 상징하게 되었다. 자본주의는 청교도적 뿌리를 뒤집어놓았을지 몰라도 돈 자체가 좋다는 중심 사상은 여전히 굳게 고수하고 있다.

노예의 길

> 사회주의는 노예제를 뜻한다.
>
> —프리드리히 하이에크[93]

철도가 발명되어 자본주의 발달에 필요한 도구가 완성되자 철도 건설 자금을 조달하기 위해 기업 규제를 완화하는 물결이 일었다. 1844년에 영국에서 제정된 주식회사법Joint-Stock Comapnies Act은 가능한 모든 방법으로 자본이 원활하게 흘러갈 수 있도록 고안된 획기적인 법안이었다. 이로써 법인 설립 절차가 파격적으로 간소화되어 누구든 단돈 10파운드의 지분으로 회사를 세우고 기업을 법'인persons'으로 만들어 개인과 같은 보호를 받을 수 있었다. 이후 1856년에 유한 책임이 추가되면서 투자자가 회사 부채를 감당하는 한도가 원래 지분 가치로 제한되었다.

얼마 뒤 미국이 영국의 뒤를 이었다. 미국의 여러 주에서 기업의 투자를 유치하기 위해 인수합병 금지와 같은 보호조치를 앞다투어 철폐하자 미국 기업 수가 1898년에 1,800개에서 1904년에 157개로 급감했다.[94] 철도 거물과 기업가 들이 막대한 부를 벌어들이고 소비하는가 하면 포드를 비롯해 새로이 능률성을 높인 여러 공장이 값싼 소비재를 대량 생산하면서 (원한다면 어느 색이든 가능하다, 그것이 검은색이기만 하다면) 경제적 희열의 시기, 즉 광란의 20년대가 뒤따랐고 아메리칸드림은 멈추는 법을 모르는 듯했다. 그러던 1929년 10월 29일, 상상하지 못한 일이 일어났다. 시장이 붕괴된 것이다.

붕괴의 직접적 원인은 어렵지 않게 알아낼 수 있었다. 과열된 시장 낙관주의가 키운 전형적인 투기 거품 때문이었다. 더 시급한 문제는 그로 인한 대공황을 어떻게 타개할 것인가였다. 존 메이너드 케인스에게 답은 분명해 보였다. 그는 경제가 멈추어선 이유가 사람들이 시장에서 자신감을 잃었기 때문이라고 말했다. '야성적 충동'이 사그라들면서 사람들이 본능적으로 움츠러들었고 돈을 쓰기보다는 쌓아두었다는 것이다. 경제를 부양하려면 정부가 현금을 투입하고 이자율을 낮추어서 자신감을 되찾아야 했다. 케인스에게 영감을 받아 시작된 프랭클린 D. 루스벨트Franklin D. Roosevelt의 뉴딜 정책은 금융 개혁 및 혜택, 사회기반시설 구축 사업 등의 전면적인 개혁으로 사람들을 직장으로 복귀시키고 미국이 지금껏 경험한 것 중 복지국가에 가장 흡사한 형태를 창조하기 위해 고안되었다.

일반적으로 대성공이라고 알려졌지만 뉴딜 정책이 모든

사람을 만족시킨 것은 아니었다. 오스트리아 출신 경제학자 프리드리히 하이에크Friedrich Hayek가 보기에 이 정책은 재앙이었다. (전쟁 이후 금융 붕괴의 여파로) 1920년대와 1930년대에 발흥한 파시즘을 직접 경험한 그에게는 국가가 경제에 개입하는 상황이 공포로 다가왔다. 1944년에 발표한 《노예의 길》에서 하이에크는 이런 간섭이 국가의 탄압으로, 결국 전체주의로 이어질 뿐이라고 주장했다. 사회주의가 노예주의와 닮은 것은 모든 이들이 규정에 따라 동일한 목표를 향해 노력하도록 의무를 지우기 때문이라고 했다. 또한 사회주의는 사실상 실현이 불가능한데, 국가가 이익과 임금의 가치부터 부의 분배까지 모든 것을 결정해야 하기 때문이라고 주장했다. 국가가 내리는 이런 결정이 결코 공정할 수 없는 까닭은 사회가 워낙 복잡해서 어떤 개인도 가치를 부여할 수 없을뿐더러 이해할 수도 없기 때문이다. 결정을 믿고 맡길 수 있는 것은 오직 자유시장(추상적이고 공정하며 마찬가지로 복잡한)뿐이었다. 자유시장은 유일하게 자유를 보장하는 곳으로 진정한 가치를 발견하고 사람들이 행동하는 법을 스스로 결정할 수 있게 하는 유일한 구조라고 그는 주장했다. "우리는 경제문제에서 자유를 지속적으로 내버렸다. 경제적 자유 없이는 개인적 자유와 정치적 자유도 존재할 수 없다."[95]

1945년 4월에 다소 뜻밖에도 《리더스 다이제스트》에 소개되면서 《노예의 길》은 미국에서 즉각적이고 열광적인 반응을 얻었다. 무엇보다 자유가 절실하던 국가에 로크가 영감을 주었듯 하이에크는 기회균등이 일확천금을 얻는 지름길이라 여긴 이들의 마음을 끌었다. 하이에크의 비전이 아메리칸드림에 완전히 장착되려면(자유주의가 신자유주의로 변모하려면) 이미 그러고 있었지만 미국이 로크의 사상을 지지하는 농장 주민의 나라에서 도시 사회로 변모해야 했다.

금권정치가의 등장

> 부는 이해를 가로막는 매정한 적이다.
>
> —J. K. 갤브레이스[96]

1970년대에 이르자 뉴딜 정책의 끝이 보였다. 베트남전쟁과 1973년 석유파동, 브레턴우즈Bretton Woods 체제하의 통화 규제가 종식되는 등 세계적 사건이 연달아 일어나면서 유럽과 미대륙 양쪽의 경기 침체와 사회불안을 초래하고 있었다.[97] 마거릿 대처Margaret Thatcher와 로널드 레이건Ronald Reagan은 각각 1979년과 1981년에 집권하면서 사회주의를 문제로 인식하고 하이에크를 해결책으로 제시했다. 대처가 "사회 같은 것은 없다"라고 주장하는 동안 레이건은 영어에서 가장 무시무시한 말이 "정부에서 도움을 드리러 왔습니다"라면서 금융 규제 완화, 세금 인하, 공공서비스 민영화, 노동조합 박멸에 착수했다. 그렇게 신자유주의 실험이 시작되었다.

그로부터 40년 뒤, 실험이 어떤 결과를 낳았는지 우리는 알고 있다. 2008년에 신자유주의의 가장 주목할 만한 결과로서 금융 위기가 닥쳤음에도 불구하고 기업 권력은 계속 치솟아 빅토리아시대 이후 경험한 적 없는 수준의 불평등을 야기하고 있다. 2018년에 미국 내 상위 350개 기업 CEO의 평균 임금은 일반 직원보다 312배 더 높았다.[98] 미국과 영국 중하위 계층의 소득은 침체되었지만 긴축정책으로 복지 예산은 더 이상 줄일 수 없을 만큼 줄어들었다. 영국에서는 빈곤층에 지급되는 음식 꾸러미food parcel가 2019년 4월까지 한 해에 140만 개에 이르렀다.[99] 한편 국제무역은 계속해서 기업의 필요에 부응했고 세계은행과 국제통화기금IMF, 관세 및 무역에 관한 일반협정GATT 모두 개발도상국을 상대로 환경보호 및 노동자 권리 보호 등의 '산업 장벽'을 제거할 것을 강요했다.[100]

신자유주의의 다소 치명적인 유혹이라 할 수 있는 점은 1929년 대공황 당시의 대응과는 대조적으로 2008년 금융 위기가 닥쳤을 때 대부분 평상시처럼 사업을 재개하려 했다는 것이다. 이 재앙에 일부 책임이 있음에도 불구하고 영국 은행은 '대마불사'로 간주되어 무려 1조 1,620억 파운드라는 엄청난 자금을 들여 구제되었다.[101] 내부자 거래 및 역외 탈세, 리보Libor(런던 은행 간 금리) 불법 조작을 비롯한 스캔들이 계속 이어지는데도 금융 규제는 기껏해야 피상적인 수준에 머물렀다.

신자유주의가 좋은 사회를 이끈다는 것은 이상한 나라에 떨어진 앨리스가 만난 티파티의 모자장수 중에서도 가장 정신이 나간 자만이 믿는 사실인데 우리가 왜 이것을 고집해야 하는 것일까? 조지프 스티글리츠Joseph Stiglitz가 《불평등의 대가》에서 지적했듯 문제는 신자유주의가 사회 최상층의 입장에서

만큼은 훌륭하게 작동한다는 점이다. 노동에 바탕을 둔 애덤 스미스의 가치 모델과 달리 우리 경제를 이루는 부는 대부분 불로소득이다. 부자들은 생계를 위해 핀을 만드는 대신 자산 관리나 이자소득, 부동산 임대 등 다양한 형태의 '지대 추구'에 참여할 뿐이다. 스티글리츠는 이렇게 말했다. "최상층에 있는 사람들은 다른 이들이 알지 못하는 방식으로 타인에게서 돈을 빼내는 법을 익혔다."[102] 현재 금권정치는 사리사욕을 추구할 뿐 그 이상은 없다.

시장경제에서 자유는 개인의 지불 능력에 의존하기 때문에 하이에크의 이론이 통하지 않는다는 사실을 알기 위해 경제학 천재까지 끌어들일 필요는 없다. 그보다 마이클 샌델Michael Sandel이 《돈으로 살 수 없는 것들》에서 언급했듯 자유시장은 상류층만이 진정한 자유를 누리도록 보장한다.[103] 진료 시간이 지난 뒤에 병원에 가고 극장에 우선 입장하고 미슐랭 스타를 받은 식당에서 식사할 형편이 되는 부자들만이 사회가 제공하는 모든 것을 누릴 수 있다. 더군다나 돈만 내면 시골에 쓰레기를 버릴 수 있고 버스 전용 차선으로 차를 몰 수 있는 세상이 되면 돈이 도덕을 대신할 것이라고 샌델은 꼬집었다. 시장 사회에서는 부유할수록 도덕적이어야 할 필요는 더욱 줄어든다. 부자는 근면하고 재능이 있으며 가난한 자는 무기력하거나 미련하다는 일반 관념을 생각하면 아이러니한 결과다.

이런 믿음이 어디보다 굳게 이어지고 있는 곳이 미국이다. 미국에서는 여전히 재산은 벌어서 모으는 것이라고 생각한다. 그와 반대되는 증거가 차고 넘치는데도 말이다. 2016년에 도널드 트럼프가 그랬던 것처럼 대통령 후보가 자신이 '영리'한 덕분에 세금을 거의 내지 않는다고 인정하고도 처벌을 받지 않을 수 있는 곳은 미국뿐이다. 미국 경제학자 J. K. 갤브레이스J. K. Galbraith가 1958년에 《풍요한 사회》에서 언급했듯 미국인은 타인의 부는 용인하면서 사회주의에는 깊은 적대감을 보이는 독특한 성향을 보인다. 언젠가 자신도 부자가 되리라는 꿈을 품으면서 자신이 힘들게 번 돈 한 푼 한 푼에 집착하기 때문이다.

> 가난한 사람들은 대체로 평등이 확대되는 것에 찬성했다. 다만 미국에서는 평등을 지지하는 이들이 적었는데, 막대한 세금을 내야 하는 부자들의 고통스러운 비명에 동정하는 이들이 있는가 하면 언젠가 자기 자신도 부유해지리라는 희망에 부푼 이들도 있었기 때문이다.[104]

1950년대의 **행복한 시절**에는 근면한 미국인이 크게 성공할 기회가 **실제로** 꽤 있었다. 일자리가 풍부했고 중산층은 점점 늘어났으며 미국식 생활 방식이 전 세계의 부러움을 사던 때였다. 현재 미국과 영국에서 더 부유해지리라는 희망을 품는 이들은 이미 부유한 사람들뿐이다. 가장 놀라운 점은 세계화와 자동화, 기업의 탐욕으로 이미 심하게 훼손되었는데도 아메리칸드림이 여전히 지속되고 있다는 사실이다.

로봇을 들이다

2016년에 영국과 미국의 유권자들은 지금까지 진행된 신자유주의 실험에 대한 생각을 드러낼 기회를 얻었다. 그 결과(브렉시트 국민투표 결과와 도널드 트럼프의 당선이라는 충격적인 형태로) 승리가 확실하다고 자신하던 자유주의 엘리트 계층에게 거센 야유가 쏟아졌다. 두 투표 결과에서 테리사 메이Theresa May가 말한 '남겨진 자들left behind'의 깊은 분노가 드러났다. 임금으로 생활비를 간신히 충당하는 노동자들이 비난의 화살을 세계화와 이민, 그리고 무엇보다 부패한 정치 계층에게 돌렸다. 두 투표 모두 신자유주의가 덮어버리려 한 깊은 사회 분열을 드러냈고 신자유주의가 마침내 명을 다했는지를 두고 강경 우파와 좌파 양측이 상대편을 포퓰리즘 정당이라 비난하며 격렬한 논쟁을 벌였다.

독일과 프랑스, 이탈리아에서 포퓰리즘이 강력히 부상하면서 기존의 우파 및 좌파가 이 문제를 해결하기에 적합하지 않은 것 아니냐는 의문이 제기되었다. 애덤 스미스가 구상한 산업자본주의는 물건 제작이 부를 창출한다는 관념에 바탕을 둔 경제구조였다. 이런 경제구조에서 무역은 생산자에게 새로운 시장을 열어줄 뿐만 아니라 소비자에게 더 많은 선택의 기회를 부여하기 때문에 이로운 것이라 여겨졌다. 생산자가 벌어들인 이익은 다시 산업에 투입될 테니 자연스레 더 많은 무역이 창출되어 더 많은 성장을 이끌 것이라고 사람들은 내다보았다.

한동안 시스템은 잘 기능했다. 새로이 등장한 중산층은 낙수 효과가 실제로 일어나고 있음을 보여주는 증거였다. 그런데 시장의 금융화와 함께 기이한 일이 일어나기 시작했다. 거래가 스스로 생명을 얻으면서 어떤 실제적인 것과도 단절되는 듯 보인 것이다. 이에 대해 1890년에 영국의 경제학자 앨프리드 마셜Alfred Marshall이 상품의 가치는 노동에 근거한 것이 아니라 사람들이 상품에 얼마나 지불할 준비가 되어 있는지에 달려 있다고 주장했다.[105] 국가의 부는 사람들이 무엇을 생산하는지가 아니라 무엇을 **소비하는지**에 달려 있다고 말했다. 경제에 대한 소위 신고전주의적인 이런 접근이 부를 측정하는 새로운 방식을 제시했다. 단순히 사람들이 무엇을 소비하는지를 계산해 그 총액을 국내총생산GDP으로 나타내는 것이다. GDP가 실제 제조 비용을 무시하고 가령 교량 건축에 든 비용과 범죄 발생 후 처리 비용을 구분하지 않았다는 사실은 신경 쓰지 않아도 된다. 이제부터 경제활동은 **무엇이 되었든** 좋은 것으로 간주된다.

마셜이 제안한 교묘한 속임수는 영국과 미국 같은 국가가 제조업 성적이 시원치 않은데도 경제 서열에서 상위권을 차지하는 이유를 설명한다. 이제 번영은 식량이나 제품 생산이 아니라 다른 곳에서 만들어진 상품을 바탕으로 한 금융 거래에 달려 있다. 후기 산업사회가 대부분 그렇듯 경제의 80퍼센트는 서비스업(금융, 운송, 건강, 교육 등)을 근간으로 한다. 즉, 필수품을 대부분 해외에서 수입한다.[106] 우리가 구입하는 물건이 이를 제작하는 곳에 해를 끼치지 않는다면 원칙적으로 아무 문제가 없지만, 문제는 한때 우리 사회를 지탱하던 생산직 대다수가 더 이상 존재하지 않으며 그나마 있는 이들도 값싼 수입품에 위협받고 있다는 것이다.

규제 완화와 보호주의 사이에서 우리가 마주하는 딜레마는 애덤 스미스와 중농주의자들이 2세기 전에 해결하기 위해 분투한 문제와 근본적으로 같다. 다른 점은 18세기에 시장을 자연히 규제했던 사회적 견제가 바로 그 시장에 의해 파괴되었다는 것이다. 도널드 트럼프의 보호무역주의 정책이 결코 '미국을 다시 위대하게' 만들지 못한 이유를 들자면 오늘날의 부는 그것이 창출되는 곳, 즉 금융 시스템에 머물러 있기 때문이다. 이와 유사하게 브렉시트가 마주한 비극은 브렉시트에 찬성표를 던진 많은 이들, 즉 산업화 이전의 빈곤 지역에 살던 이들이 자유시장주의 이념 때문에, 브렉시트 옹호자들이 그토록 주창한 이념 때문에 생계가 파괴되었다는 것이다.

여러 면에서 후기 산업화 시대의 위기는 식량과 돈의 차이로 귀결된다. 식량이 부의 근간이었을 때에는 부자가 될 기회가 제한적이었지만 그럼에도 삶은 물질적 현실에 기반을 두고 있었다. 하지만 돈을 받아들인 지난 5,000년 사이에 문명이 번성했고 땅이나 노동과 깊이 단절된 부가 출현했다. 많은 이들이 외면하고 있는 질문은 산업이 완전히 순환하고 난 뒤 현재 우리의 운동화와 새우를 생산하는 사람들이 더 이상 이들을 생산하지 않겠다고 하면 어떤 일이 생기느냐는 것이다. 이런 일은 중국에서 이미 벌어지기 시작했다. 그렇다면 우리가 먹는 테이크아웃 음식은, 편하게 사 입고 버리는 옷은 누가 만들게 될까? 로봇이? 만약 그렇다면 2050년에 지구에 살고 있을 것으로 예상되는 100억 명의 사람들은 하루 종일 무엇을 하고 보낼까? 성적인 메시지를 주고받으며 컴퓨터 게임이나 하게 될까?

이런 질문은 포퓰리즘 운동의 이면에 자리한 진정한 문제, 즉 후기 산업사회를 어떻게 하면 좋은 곳으로 만들 것인가라는 문제를 드러낸다. 이미 그런 사회에 살고 있다고 생각할 수도 있지만 우리의 소비 지상주의적 생활 방식은 보이지 않는 노동자 수백만 명의 도움으로 유지되고 있다. 그들은 한때 음험하고 사악한 공장에 만연했고 지금도 크게 변하지 않은 노동 조건 속에서 노예와 다를 바 없이 살며 여전히 고통받고 있다. 2013년에 노동자 권리 단체인 중국노동감시협회China Labor Watch에서 연구한 결과, 애플의 두 번째로 큰 중국 공장에서 주당 66시간 일하는 미성년자 및 임신부 노동자의 임금이 최저임금의 절반도 채 되지 않는다는 사실이 밝혀졌다.[107] 이듬해에 《가디언》에서는 태국 새우 어업의 인신매매와 강제 노동, 살인이 폭로되었는데 이 상황은 지금도 이어지고 있다.[108] 멀리서 찾아볼 필요도 없다. 2016년에 영국 의회 특별위원회에서 보고한 바에 따르면 의류 회사 스포츠 다이렉트Sports Direct는 '빅토리아시대의 작업장처럼' 운영되면서 화장실에 너무 오래 있거나 임신을 한 근로자를 처벌하는 등 노동자를 '인간이 아닌 상품으로' 대했다고 한다.[109]

노동자를 상품처럼 취급하는 것은 자본주의가 항상 해오던 일이다. 실제로 진정한 자유시장이 체계적으로 짓밟는 것

중 제일로 손꼽히는 것이 인간의 존엄성이다. 현재 위험에 처한 것은 직공이나 농부만이 아니다. 최근에 인공지능 기술이 발전하면서 이미 로봇이 의사나 변호사, 언론인을 대체하기 시작했고 패턴 인식을 활용해 환자를 진단하고 법률 문서를 분석하며 광고 문안을 작성하고 있다. 옥스퍼드 마틴 스쿨의 수석 연구원인 칼 프레이Carl Fray와 마이클 오스본Michael Osborne이 2013년에 추정한 바에 따르면, 미국의 전체 일자리 중 47퍼센트가 자동화에 취약하며 사무직의 3분의 1이 20년 안에 사라질 가능성이 크다고 한다.[110] 이와 유사하게 2017년에 영국 국립 통계청에서 진행한 연구 결과, 연구 대상이 된 2,000만 개 일자리 중 150만 개(7.5퍼센트)는 자동화에 희생될 위험이 크며 1,300만 개(65퍼센트)는 중간 정도의 위험에 처한 것으로 드러났다.[111] 한때 면직 공장이 농부와 장인을 쫓아낸 것처럼 제2의 기계시대가 제1의 기계시대에서 가장 큰(혹은 유일하다고 할 수 있는) 이익을 창출한 중산층을 파괴할 태세를 갖추고 있다.

불교 경제

> 이 시대가 저지른 가장 운명적인 실수는 생산 문제가 해결되었다고 믿은 것이다.
>
> —E. F. 슈마허[112]

자동화로 오래된 일자리가 파괴되고 새로운 일자리가 창출되더라도 충분할 것 같지는 않다. 그렇다면 피할 수 없는 현실을 그저 받아들인 채 빙고 게임장과 골프장을 늘려야 하는 것일까? 단호하게 그렇다고 대답하는 사람도 있을 것이다. 2017년에 발표한《리얼리스트를 위한 유토피아 플랜》에서 네덜란드의 경제학자 뤼트허르 브레흐만Rutger Bregman은 사람들이 주당 최대 15시간씩만 일하고 기계화된 노예, 즉 로봇의 노동으로 벌어들인 공유 이익을 보편적 기본 소득universal basic income, UBI의 형태로 나누어 가지는 새로운 여가의 시대를 받아들여야 한다고 주장한다.[113] 그리고 이런 결과는 "자본주의가 줄곧 추구했어야 하는 것"이라고 말한다.[114] 우리가 '지난 세대의 피와 땀, 눈물'의 결과인 부를 공유함으로써 역사상 처음으로 가난을 근절할 수 있을 만큼 충분히 부유해졌다는 것이다.[115]

정말 가능한 이야기일까? 자본주의의 불평등을 해결하면서 사회복지라는 오명을 지울 방법으로 보편적 기본 소득은 분명 매력적이다. 이를 옹호하는 사람들은 너무 좋아서 믿어지지 않는 이 단순함이 충분히 가능할 것이라고, 이로써 현대 복지 시스템의 부조리한 복잡함이 없어질 것이라고 주장한다. 그렇다면 인간적인 면은 어떻게 되는가? 여가를 무한히 즐기는 삶을 우리는 감당할 수 있을까, 아니면 일부 은퇴자들이 이미 그러고 있듯 아무 목적 없는 무감각 상태에 빠지고 말까? 새로울 것도 없는 질문이다. 이미 1930년에 다름 아닌 존 메이너드 케인스가 던진 질문이기도 하다. 사회가 진보하면 필연적으로 주당 노동시간이 단축될 테고 사람들은 끝이 없는 여가 생활을 감당하는 데 애를 먹으리라 내다본 케인스는 이

것이 미래 세대에게 닥칠 최대의 시련이라고 보았다.[116] 케인스는 의미 있는 일이 좋은 삶에 필수적이라고 여겼기에 사람들이 무언가에 몰두하는 새로운 방식을 개척할 수 있도록 여가 사회로의 전환이 점진적으로 진행되어야 한다고 주장했다. "앞으로 오랫동안 과거의 아담이 우리 안에 여전히 강하게 남아 있을 테니 스스로 만족하기 위해서는 누구든 얼마간 일을 해야 할 것이다. 우리는 자기 자신을 위한 일을 오늘날의 부자보다 더욱더 많이 해야 할 것이며 사소한 임무와 과업, 일과에 누구보다 기뻐할 것이다."[117]

아직 뜨개질감을 집어 들기는 이르다. 케인스의 예측과 달리 우리는 실제로 더 적게가 아니라 더 많이 일하고 있다. 왜 이렇게 된 것일까? 임시 노동자가 어떤 생활을 하는지 누구나 이미 알고 있다. 빅토리아시대의 공장노동자처럼 그들은 생계를 유지하기 위해 더 많이 일해야 하는 처지에 놓였다. 그렇다면 관리 계층은 어떤가? 하버드 경영대학원에서 2013년에 실시한 연구 결과, 유럽과 아시아, 미국의 관리직 및 전문직은 휴대전화로 일을 관리하거나 일을 하는 데 주당 80에서 90시간을 소모한다는 사실이 밝혀졌다.[118] 간단히 말하자면 경쟁 사회에서는 정신이 나갈 정도로 일에 매진하는 것이 남보다 앞서 나가는 한 가지 방법이며, 그렇게 근로자의 초과근무를 암묵적으로 기대하는 일중독 문화가 만들어지는 것이다.

독일계 영국인 경제학자 E. F. 슈마허E. F. Schumacher가 보기에 문제는 사람들이 얼마나 오래 일하는가가 아니라 일 자체의 본질에 있었다. 1973년에 발표한 《작은 것이 아름답다》에서 슈마허는 업무 현장이 사람의 인간성을 앗아간 결과 우울증과 약물복용, 범죄가 증가했다고 주장했다. "현재의 생산방식이 이미 산업인의 본질 자체를 집어삼키고 있다는 사실이 명백하지 않은가?"[119] 그는 자본주의가 인간의 활동을 생산과 소비로 갈라놓은 방식이 문제라고 말했다. 모든 즐거움이 능률이라는 명목 아래 노동에서 배제되었고 여가 시간에 노동자는 임금의 일부를 즐거움에 소비해 부족한 부분을 보상하도록 기대되었다. "생산자인 인간이 비행기 1등석을 타거나 고급차를 타면 낭비라고 여겨졌지만 같은 사람이 소비자라는 다른 역할을 부여받아 똑같이 행동하면 높은 생활 수준의 본보기라고 불렸다."[120]

여기서 슈마허가 지적한 모순은 '생산자 인간'과 '소비자 인간'이 동일한 인물이며 집에서처럼 직장에서도 행복을 쉽게 얻을 수 있다는 것이다. 그는 한 산업 농부가 한 말을 그대로 인용했다. 농부는 자신이 기른 음식을 직접 먹는 것은 꿈에도 생각하고 싶지 않지만 대신 유기농으로 재배되어 '독이 없는' 제품을 구입할 수 있으니 다행이라고 말했다. 왜 유기농 식품을 직접 재배하지 않는지 묻자 농부는 "그럴 여유가 없다"라고 대답했다.[121]

마찬가지로 우리가 맞닥뜨린 경제 혼란도 부의 가장 위대한 원천인 자연의 가치를 제대로 평가하지 못한 결과라고 한다. 인간은 자연을 직접 생산한 것이 아니라는 이유로 무료인 것처럼 대하지만 직접 생산하지 않았다는 사실은 곧 그 가치를 낮추기보다 높여서 평가해야 한다는 뜻이다. 실제로 우리는 자연을 값어치를 따질 수 없는 대상으로, '경제를 초월한' 성스러운 대상으로 대해야 한다.

그렇다면 땅과 노동자를 소중히 여기는 경제는 어떤 모습일지 슈마허는 의문한다. 가령 불교 신앙을 바탕으로 한 경제일까? 그렇다면 자연을 숭배하는 불교 사상처럼 경제도 소비를 최소화하고 자연 보존을 목표로 삼을 것이다. 불교 역시 좋은 노동이 인간의 정신 수양에 중요하다는 사실을 인식하고 있으니 불교 기반 경제 또한 노동에서 인간성을 말살하는 것이 아니라 성취감을 더욱 고취하는 방안을 찾으려 할 것이다. "따라서 불교 경제학은 현대 물질주의 경제학과 상당 부분 다를 것이다. 불교에서는 문명의 본질이 욕구의 증식이 아니라 인간성의 확장으로 보기 때문이다. 동시에 성품이 주로 그 사람의 노동에 따라 형성된다고 본다."[122]

그렇게 불교 경제가 자연과 더욱 조화를 이루는 삶을 이끌고 그 안에서 장인 정신과 보살핌이 훨씬 더 중요한 역할을 맡을 것이다. 노동을 로봇에게 맡기기보다는 마음의 충만함과 생산성을 북돋우며 생태계 안에서 살아야 할 필요를 인식하게 할 것이다.

시토피아 경제

실제이든 지각된 것이든 위기만이 진정한 변화를 이끈다.

—밀턴 프리드먼[123]

슈마허의 경제사상 실험 이후 반세기가 지났지만 그 의미는 더욱 커졌다. 지구의 경계 안에서 살아야 할 필요가 어느 때보다 분명해지면서 미래에 어떻게 하면 좋은 삶을 영위할지와 관련해 다양한 질문이 제기되고 있다. 이에 대한 답으로 신자유주의에 맞서 자연적인 균형을 이루는 불교가 유용한 출발점이 된다. 그런데 우리가 불교의 원칙에 따라 사는 법을 배울 수 있을까? 더욱 협력하는 충만한 삶을 위해 소비 지향적이고 개인적인 삶을 포기할 수 있을까?

답은 인류를 어떻게 바라보는지에 따라 달라질 수 있다. 아리스토텔레스나 로크처럼 인류가 상호 협력하는 균형 잡힌 삶을 이끌 수 있다고 생각하는지, 아니면 홉스나 하이에크처럼 그렇게 살 수 없다고 생각하는지에 따라 달라지는 것이다. 사실 현실은 그 중간 어딘가에 있을 것이다. 우리가 아는 바는 위기가 닥쳤을 때 인류가 훨씬 더 잘 협력하게 된다는 점이다. 지난 세기에 미국과 영국에서 시행된 역사상 가장 선구적인 사회 프로그램(뉴딜 정책과 사회복지 제도)이 각각 월스트리트 폭락과 제2차 세계대전 이후에 나왔다는 사실은 우연이 아니다. 공동의 고난을 겪을 때 인류는 자연스럽게 힘을 합쳐서 서로 더욱 공감하고 남을 위하며 통찰력을 발휘한다. 위기를 겪으면서 일상의 귀중함을 깨닫고 잠깐이라도 이미 누리고 있던 것에 감사한다. 한마디로 위기 앞에서 우리는 가치를 재조정하는 기회를 얻는다. 그 점에서 2008년 금융 위기 이후 방향을 바꾸지 못한 것이 이번 세기에 인류가 놓친 최대의 기회일지도 모른다.

그때 우리가 실패한 것은 바로 실행에 옮길 뚜렷한 제2안이 없었기 때문이다. 지금이라도 시급히 대안을 생각해내야 한다. 이미 알고 있듯 인류가 혼란에 빠진 것은 만물의 진정한 가치를 잊어버렸기 때문이다. 슈마허가 말한 대로 우리는 자연 자본에 기대 살아왔다. 분명한 사실은 생태학적 수단에 따라 번성할 수 있도록, 그리하여 음식에 기반을 둘 수 있도록 새로운 경제가 필요하다는 것이다. 인간이 매일 섭취해야 하는 물질인 음식은 세계에서 독특한 위치를 차지한다. 자연의 생명체로 이루어져 있으며 인간이 생존을 위해 소비해야 하기에 슈마허의 설명처럼 본질적으로 신성한 가치가 있는 것이 음식이다. 음식은 말 그대로 생명이다. 소중히 여기지 않으면 응당 파멸에 이를 것이다.

이미 음식을 소중히 여기고 있지 않느냐고 반문할 수도 있다. 결국 유기농 닭고기가 산업 닭고기보다 두 배 이상 비싸지 않느냐고 말이다. 하지만 가격 격차는 닭을 키우는 방식의 차이 이상을 반영한다. 손으로 직접 키운 유기농 농산물이 비싸 보이는 이유는 영양가가 높고 맛이 좋을 뿐만 아니라 윤리적이고 친환경적으로 생산되었다는 등 모든 면에서 좋은 식품을 생산하는 데 드는 실제 비용이 가격에 반영되기 때문이다. 문제는 이것이 실제 비용을 반영하는 유일한 식품 종류라는 것이다. 다른 종류, 즉 우리의 식탁에 오르는 음식의 95퍼센트를 공급하는 산업 식품은 실제 생산 비용을 체계적으로(보통은 정부 보조금으로) 외부화했기 때문에 부자연스러울 정도로 저렴하다.[124]

산업 식품을 생산하는 데 드는 비용 중 대부분은(산림 벌채와 토양침식, 수자원 고갈, 수산 자원 고갈, 오염, 생물 다양성 손실, 농촌 인구 감소, 실업, 비만, 만성질환, 기후변화, 대량 멸종 등) 우리가 상점에서 지불하는 가격에 포함되지 않는다. 이런 외부 효과에 가격을 매기는 것이 힘들기는 하지만 결코 사소한 일이 아니다. 유기농 농장을 운영하는 영국 농부 패트릭 홀든Patrick Holden이 설립한 '지속 가능한 식품 트러스트Sustainable Food Trust'에서 2017년에 발표한 보고서에 따르면, 영국인은 식품을 구입할 때 비용을 두 번 치른다. 대략 1,200억 파운드는 상점에 지불하고 같은 비용을 숨겨진 외부 비용에 지불하는 것이다.[125] 식품의 실제 원가를 계산한다면 우리 자신과 지구에 끼치는 피해가 훨씬 줄어들 뿐만 아니라 결국 생계를 유지하기 위해 지불하는 비용 역시 전반적으로 줄어들 것이라고 홀든은 주장한다.

사실 '저렴한 음식'이라는 말도 모순적이다. 모두 산업 식품 생산자와 정부가 실제 생활비를 속이려고 꾸민 환상일 뿐이다. 산림 벌채와 오염, 기후변화 같은 외부 효과의 원인을 다른 데서 찾는 사이, 산업 농부는 우리가 식품에 지불하는 낮은 가격에 의존해 생계를 유지하려고 분투해야 하지만 사실은 국가의 보조금으로 이를 충당한다. 음식의 실제 생산 비용을 내재화하면 세상은 어떻게 될까? 산업 농업은 급격히 비싸져서 감당할 수 없게 되고 친환경으로 생산된 유기농 식품은 늘 그랬듯 저렴할 것이다. 식품 구입이 선순환으로 이어지면서 시장에서도 자연과 동물, 사람을 보살피는 음식을 선호하게 될 것이다. 윤리적이고 친환경적인 생산자는 더 많은 제품을 판매해 지금은 산업 농식품계의 거물이 장악하고 있는 규모의 경제를 일부 실현할 것이다. 슈마허가 언급한 농부는 이제 유기농 식품을 먹을 뿐만 아니라 재배할 수 있는 여유를 얻게 될 것이다.

이런 접근 방식을 나는 시토피아 경제라고 부른다. 음식의 내재적 가치에 바탕을 둔 가치 체계다. 음식이 사실상 삶의 모든 면에 영향을 미치기 때문에 이런 경제를 채택하면 즉각적이고 혁명적이기까지 한 효과를 거두어들일 것이다. 음식을 생산하고 운반하고 거래하고 요리하고 나누고 가치 매기는 방식을 바꿈으로써 우리가 사는 풍경과 도시, 가정, 직장, 사회생활 및 생태 발자국까지 변모시킬 수 있다. 음식을 귀중히 여기는 것은 유기농 당근이나 좋은 치즈 한 조각을 즐기는 것보다 훨씬 더 의미 있다. 이것이 우리가 생존할 수 있는 유일한 길이다. 좋은 점은 음식을 귀중히 여기면 건강하고 맛있게 먹을 수 있으니 그야말로 누구에게나 득이 되는 시나리오라고 할 수 있다는 것이다. 음식은 우리가 매일 섭취해야 하는 것일 뿐만 아니라 즐거움을 얻는 가장 믿을 만한 원천이다. 경제와 즐거움을 결합하면 위장 경제라는 현자의 돌을 만들어낼 수 있다.

시토피아주의는 음식을 귀중히 여김으로써 삶을 귀중히 여긴다는 단순한 전제를 바탕으로 한다. 실제로 불교와 시토피아주의는 여러 공통된 가치를 공유한다. 자연과 사회정의, 좋은 일, 마음 챙김을 존중하고 불필요한 폭력을 피한다. 음식을 길잡이로 삼으면 실현 가능하고 적응 가능하며 보편적인 제2안을 만들 수 있다. 에피쿠로스가 언급했듯 좋은 음식은 행복하고 의미 있는 삶의 주축이 된다. 앞으로는 잘 먹으면 잘 살 가능성도 커질 것이다.

뿌리와 가지

> 필요 앞에서는 모든 것이 공공재산이다.
>
> —토머스 아퀴나스[126]

시토피아 경제를 구축하는 데 방해가 되는 걸림돌이라면 우리가 음식에 너무 적은 돈을 쓰는 생활에 익숙해졌다는 점이다. 1950년에 영국인은 수입의 30에서 50퍼센트를 식비로 썼다. 지금 영국인은 수입의 9퍼센트를 식비로 쓰고 있으며(유럽에서 가장 낮은 수치다) 프랑스는 수입의 13퍼센트, 인도는 25퍼센트를 식비에 지출한다. 한편 미국인이 식비에 지출하는 비용은 수입의 6.4퍼센트로 세계에서 가장 낮다. 그렇다고 미국의 음식 생산 비용이 저렴한 것도 아니다. 오히려 1인당 한 해에 평균 2,273달러에 이르는 세계 최고 수준으로 인도인 한 명을 먹여 살리는 데 드는 평균 비용의 열 배가 넘는다.[127]

정치인이 식품 분야에 발을 디디기 두려워하는 주된 이유로 적절한 가격 설정이 힘들다는 사실이 꼽힌다. 가격을 올리면 수백만 명이 굶주림에 떠밀리기 때문에 그럴 수 없다는 것이다. 하지만 틀림없이 문제는 그 반대다. 세계 최고의 부자 나라에서 수백만 명이 최저 생활 수준 이하로 살아가고 있는 이

유부터 물어야 하지 않을까? 지금 무엇보다 금기시되는 것은 음식이 아니라 신자유주의의 암울한 핵심을 마주하는 것이다. 아이러니하게도 해결책은 문제 자체에 있다. 음식을 귀중하게 여기면 사람들을 가난에서 끌어올릴 좋은 일자리를 대거 창출할 수 있다. 음식과 농업은 지금도 지구상에서 가장 많은 노동자를 거느리고 있는 산업 분야이니, 가치를 소중히 여긴다면 엄청난 보상이 주어지는 일자리가 생길 것이다. 토지 관리와 생물 다양성 유지, 농촌 사회 활성화를 비롯해 단순히 더 잘 먹기 위해서 등의 무수한 이유로 식품 산업에 종사하는 사람들이 더 많이 필요하다. 음식을 다시 귀중하게 여긴다면 누구나, 심지어 살이 두둑하게 찐 고양이까지도 혜택을 볼 것이다.

품질 좋은 유기농 식품에 비용을 지불하지 않으려 하는 일반적인 이유 또 하나는 유기농 식품을 주로 생산하는 곳이 소규모 농장이라 함은 곧 생산 방식이 과거로 돌아간다는 뜻이기 때문이라고 한다. 하지만 이 모든 것을 기술의 도움 없이 해야 한다고 말한 사람은 아무도 없다. 오히려 새로운 기술은 자연을 거스르는 것이 아니라 자연과 조화를 이루어 일하도록 돕는다. 예를 들어 전산화된 농업은 로봇을 사용해 인간을 대체하려는 것이 아니라 인간이 더욱 자연스럽게 농사를 짓도록 돕는 새로운 분야다. 가령 지도를 정밀하게 제작하는 드론 기술과 결합해 컴퓨터 센서를 활용하면 농부는 토양의 수분 및 미네랄 함량을 추적해 어떤 밭과 식물에 관심이 필요한지 정확히 감지할 수 있다. 인간과 기술이 양립할 수 없다는 생각은 자본주의 논리가 잘못 만들어낸 대립이다. 우리에게 필요한 것은 인간과 기술 간 새로운 형태의 협력이다. 사실 땅은 부족하고 인간은 넘쳐나는 시기에 가능한 한 많은 인력을 식품 산업에 투입하지 않는 것은 정신 나간 일이다.

정부가 발 벗고 나서서 음식으로 긍정적 변화를 일으킬 때까지 기다릴 필요는 다행히 없다. 이미 전 세계 사람들이 지역 자원을 보호하고 고대 전통을 유지하며 세계화에 맞서 싸우기 위해, 혹은 단순히 더 잘 먹고 자연과 더 많이 교류하고자 하는 욕구 등 다양한 이유를 들어 그 임무를 수행하고 있다. 서양에서는 유기농 꾸러미, 지역사회 공동 부엌 및 정원, 소규모 양조장 및 빵집, 식품 협동조합 및 공동체지원농업CSA 프로젝트 등의 형태로 시행되고 있다. 이를 통해 도시 거주자는 자신의 식량을 재배하기 위해 농부에게 미리 돈을 지불하고 심지어 농장 일을 도우러 직접 찾아오기도 한다. 개발도상국에서는 소작농 및 영세 농부를 위한 협동조합과 지역사회 요리 및 재배 모임, 자신의 땅과 물에 대한 권리를 지키기 위해 싸우는 영세 생산업자와 토착민의 활동이 이어지고 있다.

이들 단체는 슬로푸드 운동과 비아 깜페시나Via Campesina(전 세계 소작농 및 영세농 조직) 같은 국제 운동의 지지를 받으며 전 세계적 식품 운동을 대표하고 있다. 2년에 한 번씩 열리는 슬로푸드 축제, 테라 마드레Terra Madre가 열리면 거대한 항공기 격납고에 맞먹는 이탈리아 토리노의 낡은 피아트 공장에 수천 명이 운집하는데, 그 광경에서 운동의 규모와 범위가 뚜렷이 드러난다. 이집트의 제빵사부터 에티오피아의 꿀 생산자, 멕시코의 고추 재배자, 러시아의 낙농가에 이르는 농부 및 생산자 들은 세계 전역의 요리사와 작가, 활동가와 한자리에 모여 음식과 지식, 프로젝트와 정치를 나눈다. 그들 모두 세계화 세력과 맞서 싸우고 수천 년까지는 아니어도 수백 년간 이어온 지역 전통을 보존하는 노력에 대해 할 이야기가 많다.

곧 알게 되겠지만 음식 운동은 음식을 넘어 더 많은 문제를 다룬다. 그야말로 행동하는 민주주의다. 토지 권리를 위해 싸우는 소작농이든 정크 푸드에 신물이 난 부유한 도시인이든 음식의 진정한 가치를 알아보는 사람은 공통된 신념을 공유한다. 바로 먹고 싶은 대로 먹을 수 있는 권리가 자유의 핵심이라는 신념이다.

슬로머니

> 음식은 좋고 깨끗하고 공정해야 한다.
>
> —카를로 페트리니[128]

음식과 자유의 관계를 인식하면 더 나은 시토피아를 구축하는 데 가장 큰 장벽이 되는 권력의 존재가 더욱 뚜렷해진다. 산업 식품 시스템을 도표로 그려보면 나무 모양과 비슷할 것이다. 생산자라는 수백만 개의 뿌리와 소비자라는 가지가 농식품이라는 단 하나의 몸통으로 이어져 있는 모양새다. ADM과 번지Bunge, 카길, 드레퓌스Dreyfus라는 거대 곡물 기업 단 네 곳이 국제 식품 시스템의 목을 옥죄며 전 세계 곡물 교역의 75퍼센트를 장악하고 있다.[129] 이들 농식품 거물은 지역 농부가 특산품을 포기하고 옥수수와 콩 같은 상업 작물을 재배하도록 강압적으로 밀어붙인다. 독점에 대한 우려가 널리 퍼져 있는데도 합병은 빠른 속도로 진행된다. 2018년에 독일 종자 회사 바이에르Bayer가 경쟁사인 몬산토Monsanto를 625억 달러에 인수하기로 결정하면서 전 세계 종자 및 농약 시장의 4분의 1 이상을 점유하는 회사(바이산토라는 별명이 붙여졌다)가 탄생했다.

식품 시스템과 사회가 서로 그대로 비추어 보인다는 사실을 이해하고 나면 민주적 식품 시스템이 나무 모양일 수가 없다는 점이 분명해진다. 선조들이 잘 알고 있었듯 식품을 다스리는 것은 권력이다. 이것이야말로 우리가 잊고 있던 기본 진리다. 자유 사회를, 즉 민주적인 지구촌을 원한다면 식품 시스템도 달라져야 한다. 독점이 아니라 연결로 이루어져야 한다. 그러면 다시 자유주의와 로크가 말한 농업적 비전의 뿌리로 돌아가 식량 주권의 원칙에 기반을 두어야 한다. 민주주의 안에서 살고 싶다면 식량 통제권을 되찾아야 한다.

슬로푸드 창시자인 카를로 페트리니는 우리가 '공동 생산자'가 되면 이 모든 것이 가능해진다고 믿는다. 잘 먹는다는 것은 단순한 즐거움 이상을 의미한다고 말한다. 루소가 말한 좋은 시민이 되는 것과 흡사한 사회적 책임이다. 누구나 음식을 먹어야 한다는 현실적 특성을 고려할 때 우리가 짊어진 도덕적 의무는 음식이 마법의 양탄자를 타고 문 앞에 도착하기를 기대하는 단순한 소비자에 그치지 않는 것이다. 그보다 스스로 먹고 사는 일에 적극 참여해 최소한 무엇이 필요한지 이해

해야 한다. 그렇다고 새벽 네 시에 감자를 캐거나 우유를 짜야 한다는 뜻은 아니다. 공동체지원농업이나 지역 농산물 직거래 장터를 지원하거나 지역 농산물 꾸러미를 구독해 생산자라는 뿌리와 소비자라는 가지를 직접 연결하라는 뜻이다. 본질적으로 좋은 음식을 정성스레 생산하는 이들에게 관심과 감사를 표하고 힘들게 번 돈을 그들에게 쓰라는 뜻이다.

미국에 본거지를 둔 비영리단체 슬로머니Slow Money가 이미 이런 일을 하고 있다. 2010년에 벤처 투자자이자 슬로푸드의 열렬한 지지자인 우디 태쉬Woody Tasch가 설립한 이 단체는 태쉬의 말대로 "마치 음식과 농장, 비옥함이 중요하다는 듯이" 양질의 식품을 생산하는 영세 사업자에 투자하고 그들을 지원한다.[130] 2019년에 슬로머니는 미국과 캐나다, 프랑스의 697곳에 이르는 유기농 농장 및 식품 기업에 6,600억 달러 이상을 투자했다. 산업 식품에 투자되는 수십 억 달러에 비하면 바다에 물 한 방울 떨어뜨리는 격이지만 그럼에도 의미 있는 역풍을 일으키고 있다.

태쉬에게 슬로머니는 단순히 음식에 관한 것이 아니다. 디지털 시대의 패스트 머니에 대응하는 한 방법이기도 하다. 1960년에는 뉴욕 증권거래소에서 성사된 거래가 300만 건이었다고 태쉬는 지적한다. 현재 한 해 거래량은 50억 건에 이른다.[131] "돈이 그렇게 빠르게 돌고 있는데 도대체 무슨 일이 벌어지고 있는지 우리가 알지 못한다는 것이 놀라운 일일까요?" 디지털 시대에는 '돈을 현실로 끌어내릴' 새로운 사회 및 재정 정책이 필요하다고 태쉬는 믿는다. 이제 '미래 세대를 위한' 투

자 방법을 찾아야 할 때다.[132]

모체 격인 슬로푸드와 마찬가지로 슬로머니는 좋은 음식이 주류가 되는 미래를 그린다. 이런 미래가 가능할까, 아니면 그저 엘리트주의일 뿐일까? 슬로푸드는 과거에 결국 미식과 고급 식당이 전부라는 비난을 받았다. 하지만 현실은 전혀 다르다며 페트리니는 공들여 반박한다. 좋은 음식은 막대한 비용이 아니라 음식을 만드는 데 들이는 정성이나 기술과 관련이 있다고 주장한다. 이런 음식의 출발점인 전통 시골은 엘리트주의와 거리가 멀뿐더러 지금 이 세계의 진정한 엘리트주의인 자유시장 자본주의에 저항하는 본거지다. 실제로 세계화가 휩쓸기 전에 이런 전통적인 시골에서는 익히 알려졌듯 거름으로 식품을 재배하는 것이 흔한 일이었다.

공동 모금

슬로머니를 보면 시토피아 경제가 어떻게 기능할지 엿볼 수 있다. 진정으로 시토피아적인 사회를 만들려면 정부 정책이 식량과 농업을 넘어 도시와 지역 계획, 무역과 과세, 운송, 건강, 교육 및 에너지에 이르기까지 대대적인 변화를 꾀해야 한다. 이들 각 분야를 변화시킬 식품의 잠재력을 활용해(가령 지역 계획 결정에서 식품과 농업을 우선시하거나 병원 및 교도소, 학교에 지역 유기농 식품을 조달하는 등) 정부는 더 많은 고용을 창출하고 건강과 복지를 증진하는가 하면 더 강력한 지역사회를 구축하고 더 아름다운 환경을 조성하며 탄소 배출을 줄이고 생물 다양성을 보호하고 식량 안보를 개선할 수 있다.

좋은 예로 프레스턴 모델을 들 수 있다. 랭커셔주에 자리한 이 도시는 2011년에 영국의 대표 소매 기업인 존 루이스John Lewis와 막스 앤 스펜서Marks & Spencer가 7억 파운드를 들여 쇼핑몰을 개발해 침체된 역사 지구를 활성화하겠다고 나섰다가 계획이 실패로 돌아가면서 심각한 타격을 입었다(1990년대 이후 이처럼 개발업체가 주도하는 소매업 위주의 개발 방식을 영국 내 여러 도시에서 채택한 바 있었다).[133] 내부 투자가 없는 상황에서 시의원인 매튜 브라운Matthew Brown은 도시가 내부에서 부를 축적할 방법을 찾아야 한다는 사실을 깨달았다. 브라운은 스페인 북부의 몬드라곤Mondragón 협동조합을 비롯한 새로운 경제개발 사례에서 영감을 받아 대학과 박물관, 학교 및 주택조합 같은 지역 공공 기관에 접근해 가능한 한 많은 경비를 같은 지역 공급 업체에 지출하도록 요청했다.[134] 2013년에 이들 기관에서 건설 및 유지 관리, 식사 제공 등의 계약에 지출한 수억 달러 중에 프레스턴 안에서 지출한 비용은 20분의 1에 그쳤다. 브라운은 이런 경제적 누출을 전환하고자 했다.

브라운은 맨체스터에 근거지를 둔 지역경제전략센터Center for Local Economic Strategies, CLES와 협력해 공공 기관을 끌어들이기 위해 각고의 노력을 들였다. 일례로 랭커셔주 의회의 학교 급식 입찰을 요거트와 달걀, 치즈, 우유 등 아홉 가지 품목으로 나누어 계약 규모를 축소해서 지역 기업이 참여할 수 있게 했다. 이 접근법이 효과가 있었다. 랭커셔주의 농부와 연계된 현지 공급 업체가 모든 계약을 수주해 지역경제를 약 200만 파운드가량 끌어올린 것이다.[135] 다른 곳에서도 극적인 결과가 나왔다. 브라운이 접근한 기관 중 여섯 곳이 2013년에 프레스턴에서 3,800만 파운드를, 랭커셔주 전역에서 2억 9,200만 파운드를 지출했다. 2017년까지 이 수치는 각각 1억 1,100만 파운드와 4억 8,600만 파운드로 급증했다. 아디트야 차크라보티Aditya Chakrabortty가 《가디언》에 언급한 것처럼 이런 '게릴라 지역주의'에 따른 지역 계약 체결은 승수효과를 일으킨다. 현금이 지역경제를 통해 재순환하면서 일자리가 창출되고, 이로써 더 많은 상품과 서비스에 대한 지출로 이어져 결국 더 많은 일자리가 창출되는 것이다.

2011년에 절망에 빠져 있던 프레스턴은 불사조처럼 되살아났고 2018년에 도시성장률지수Good Growth for Cities Index에서 주관한 투표 결과, 영국에서 가장 개선된 도시로 꼽혔다.[136] 2012년에는 영국 북부 지방 최초로 최저 생활 임금을 보장하겠다고 선언한 이후 고리대금업자와 맞붙기 위해 지역 신용조합을 지원하는 등의 조치를 취하며 급락하던 경제를 체계적으로 역전시키기 시작했다. 2019년에 프레스턴은 노동자 소유의 신생 협동조합 육성 프로그램을 시작하면서 사업 초기 단계인 열 곳에 부지를 무료로 제공해 성장을 지원했다. 현재 시의회 의장이 된 브라운은 영국 북서부 지역에 새로운 협동조합 은행을 설립해 지역 영세기업을 상대로 한 대출 업무에 주력하겠다는 계획을 세우고 있다.

이런 계획에서 알 수 있듯 프레스턴 모델은 단순히 지역

경제만 활성화하는 것이 아니라 번창하는 지역사회의 일원이라는 주인 의식과 유대감, 자부심을 회복하고자 한다. 프레스턴의 부활을 알리는 가장 자랑스러운 신호는 도시의 유서 깊은 시장에 자리한 시청 맞은편에서 찾아볼 수 있다. 그곳에는 도시 밖으로 현금을 퍼 나르는 얼굴 없는 기성복 소매업체의 건물 대신 수상 이력을 뽐내는 오래된 시장이 자리하고 있다. 400만 파운드의 계약으로 현지 기업이 정성껏 복원한 이 건물에서 지역 주민들은 예전처럼 지역 농산물을 구입할 수 있게 되었다. 이곳만큼 고용과 참여, 오이코노미아가 지역사회의 부를 이루는 진정한 기반임을 잘 보여주는 곳은 찾기 힘들 것이다.

프레스턴은 지역사회가 어떻게 경제에 대한 통제권을 되찾아서 지역의 민주주의와 회복력을 다시 일으켜 세울 수 있는지 보여주었다. 이런 계획을 확장해 얻을 수 있는 잠재적 성과는 방대하지만 이와 같은 접근법이 주류가 되기 위해서는 정치적 비전과 국제적 협력이 절실하다. 그래도 우리에게는 이런 방법이 필요하다. 현대에는 어떤 지역사회나 국가도 홀로 행동할 수 없다. 의미 있는 변화를 꾀하려면 세계의 금융 및 지배 구조를 개편해 IMF와 세계은행 및 그들의 기업 고객에 집중된 권력을 이동시켜야 한다.

새로운 정치 동맹을 형성하는 데에도 음식이 중요한 역할을 할 수 있다. 가령 기후변화를 막을 긴급 조치를 요구하는 그레타 툰베리Greta Thunberg와 학생 기후 운동가, 멸종 저항Extinction Rebellion, 미국의 그린 뉴딜Green New Deal 운동가들은 생태학적이고 초국가적인 새로운 정치의 장을 만들고 있다. 2019년에 전 그리스 재무장관인 야니스 바루파키스Yanis Varoufakis가 유럽 민주주의 정당Democracy in Europe Party을 창당하면서 그런 뉴딜 정책을 활용해 유럽 전역의 진보주의자들을 통합하겠다는 목표를 밝혔다. 미국의 포퓰리스트 운동이 이민과 민족주의를 중심으로 통합된 것과 같은 방식이었다. 정당의 활동 자금은 유럽 투자은행European Investment Bank, EIB에서 발행한 녹색 투자 채권으로 조달하고 당의 정책은 식품 및 농업, 에너지, 주택 공급 및 제조업을 변화시켜 미래를 위해 지속 가능하고 안전한 일자리를 창출하는 데에 중점을 둘 계획이라고 한다.

놓아줄 때

> 시장과 사유재산은 민주주의의 노예다.
>
> —토마 피케티[137]

2015년 파리 기후변화협정으로 확인했듯 인류는 지구의 문제를 함께 고민하면서 하나가 될 수 있다. 공정 무역 같은 주도 계획이 성공하면서 부유한 나라와 가난한 나라가 교역을 해도 가난한 나라가 파산하지 않을 수 있음이 증명되었다. 하지만 토마 피케티Thomas Piketty가 《21세기 자본》에서 주장했듯 인류가 진정으로 협력하려면 방대한 국제적 운동을 실시해 부채를 탕감하고 부를 재분배해야 한다.[138] 그는 이런 국제적 운동이 중요한 것은 사회정의를 위해서뿐만 아니라 미래의 전 세계적 안정을 위해서라고 말한다. 현재의 경제 시스템을 견제하지 않으면 '끔찍한 결과'가 일어나 결국 제대로 기능하지 못하는 불안정한 세상을 마주하게 되리라는 것이다. 이제는 사회주의와 자본주의가 양립할 수 없는 적수라는 생각을 멈추고 공동의 이익을 위해 이 둘의 힘을 모아야 한다.

이런 주장도 새롭지는 않다. 일례로 떠돌이 민족이었던 고대 히브리인에게는 부유함보다 사회 결속이 훨씬 더 중요했다. 그들은 부의 축적을 경제의 기반으로 삼는 대신 부를 재분배하는 데 경제를 활용했다. 그 바탕에는 안식년을 두어 땅을 쉬게 하는 전통이 있었다.

> 6년 동안 밭에 씨를 뿌리고 6년 동안 포도밭을 가꾸고 작물을 거두어들여라. 하지만 일곱 번째 해에 그 땅은 안식년을 맞는다. 주 하나님을 위한 안식년이다. 그때는 밭에 씨를 뿌리거나 포도밭을 가꾸지 말라. 스스로 자란 것을 거두어들이지 말고 돌보지 않은 포도나무의 포도를 거두지 말라. 땅은 1년 동안 안식을 취해야 한다.[139]

49년마다(일곱 번째 안식년마다) 희년이 돌아오는데 이때 모든 채무가 탕감되고 임차된 모든 땅이 주인에게로 돌아갔다. 49년은 두 세대의 평균 수명에 해당했으므로 희년이 되면 채무자의 자녀는 땅을 되찾았고 땅 자체는 회복할 수 있는 기회를 얻었다.[140]

희년만 있는 것이 아니다. 전통 부족 사이에서 지상의 주기에 맞추어 정렬되는 일종의 주기 계산은 오래전부터 지속된 보편적 관습이다. 일례로 포틀래치potlatch는 매년 겨울에 열리는 축제로 여름 내내 사냥과 낚시를 해 식량과 기타 물품을 비축한 뒤 알래스카와 캐나다 브리티시컬럼비아주에 거주하는 부족들이 모여서 선물을 교환하는 것이었는데 쿨라와 상당히 유사한 모습을 띤다. 여기서 결정적 반전은 마르셀 모스가 설명했듯 그렇게 주고받은 선물을 이후 무지막지하게 파괴한다는 것이다.

> 어떤 경우에는 선물을 주고받는 것보다 파괴하는 것 자체가 더욱 중요해서 선물을 건넨 보답을 받으리라는 바람을 조금도 내비치지 않는 것이 중요하다. 열빙어 기름이나 고래 기름을 담은 상자가 통째로 불태워지고 마찬가지로 집과 담요 수천 개가 불길에 잠긴다. 구리로 만든 값비싼 물건도 부서진 채 물속에 던져진다.[141]

마르셀 모스가 언급한 바처럼 포틀래치는 일종의 정화 의식으로, 이를 통해 부족은 물질적 부가 안겨주는 쾌락을 만끽하면서도 소유라는 마력에 굴복하지 않을 수 있다. 포틀래치는 계절의 흐름에 따라 세속적인 부가 마주하는 자연스러운 부침을 반영하면서 지구의 주기에 맞추어 성장하고 쇠퇴하는 인간의 삶을 그렸다. 이후 산업화가 시작되면서 영구적 성장이라는 개념이 득세하자 안식은 인간이 가장 일관되게 어기는 계명이 되었다.

시토피아 계약

고대 점토판부터 디지털 세계에서 명멸하는 비트코인에 이르기까지 돈의 진화는 인류의 진화를 반영했다. 변덕스러운 신처럼 돈은 우리가 거래하고 협력하고 투자하며 번영하게 했지만 동시에 많은 꿈을 품게 하고 또 파괴했다. 인간의 마음속에서 자유 및 행복과 결합한 뒤 분열적이고 파괴적인 시스템 안에 우리를 가두었다.

돈의 손아귀에서 벗어나려면 돈을 초월하는 사고방식이 필요하다. 즉, 현실에 근거한 가치가 경제의 바탕이 되어야 한다. 이런 사고, 이런 경제는 음식으로 실현할 수 있다. 음식은 인간이 함께 나누는 것, 즉 잘 살기 위한 노력을 담아내기 때문에 새로운 사회계약의 바탕이 될 수 있다. 친구나 가족 등 세상에서 제일 사랑하는 사람들과 함께 멋진 저녁 식사를 하고 있다고 상상해보자. 특별한 날이어서 모든 이들이 음식을 준비하고 식기를 가져오고 함께 요리하며 식탁을 차렸다. 먹을 것도 많고 서로 자기 자신보다 남을 먼저 챙긴다. 술잔이 채워지고 대화가 이어지면서 훈훈한 친밀감이 전해진다. 그 안에서 사랑받고 있다는 행복을, 세상의 평화를 느낀다.

이제 똑같은 식사를 낯선 사람 수백만 명과 함께하고 있다고 상상해보자. 기분이 어떻겠는가? 어떤 음식을 내어놓을 것이며 모든 사람이 배불리 먹었는지 어떻게 확인할 것인가? 터무니없는 상상처럼 들리겠지만 변함없는 사실은 우리가 **실제로** 지구상의 모든 생명체와 함께 평생 매일 같이 식사한다는 것이다. 그저 다 함께 한자리에 모여 식사하지 않을 뿐이다. 만일 모든 생명체가 **실제로** 직접 식사를 함께했다면 우리는 아마 자원을 전혀 다른 방식으로 모아서 본능적인 환대의 범위를 확장해 같은 인간은 물론 인간이 아닌 생명까지 아우를 것이다.

음식과 관련해 우리는 천성적으로 남과 잘 나눈다. 더군다나 이런 소질은 규모가 커질수록 더욱 두드러진다. 가령 출장 요식업체에서 500명이 먹을 음식을 요리할 때는 50명이나 5명이 먹을 때보다 1인분 양을 적게 잡는 것이 자명한 사실이다. 누구나 공정성을 감지하는 능력이 내재해 있기 때문에 여러 명이 함께 식사할 때면 먹을 것이 충분한지 확인하면서 평소보다 적게 먹는다. 이런 본능은 부족 생활에서 익힌 사회성과 이타심에서 비롯되었다. 이렇게 음식을 함께 나누면 일체감을 느끼지만 돈을 나누면 탐욕과 질투에 사로잡힌다. 돈과 달리 음식을 나눌 때 만족감을 느끼는 것은 무엇보다 저장할 수 있는 음식이 워낙 많다는 사실을 본능적으로 알기 때문이다.

이런 개념이 자유주의의 근간을 이루는 또 다른 기본 원리였다. 존 로크는 누구나 땅을 필요한 만큼만 차지한다면 모든 사람이 충분히 나눌 수 있으리라고 추정했다. 그의 의견이 틀렸다는 사실은 아직 증명되지 않았다. 결국 부의 재분배는 땅으로 되돌아와야 한다. 시토피아적 계약은 모든 생물종의 식량 주권과 그것이 내포하는 모든 의미를 바탕으로 한다.[142] 이로써 생태계 파괴 및 독점, 노예제를 종식하고 모든 인간과 비인간이 지금은 물론 미래에도 잘 먹을 수 있는 권리를 확립하고자 한다. 수천 년 전에 인간 사회가 처음 진화한 것처럼 음식을 통해 회복력 있고 협력적인 관계망을 구축하고자 하는 것이다.

새로운 성장

> 자신의 정원을 가꾸어야 한다.
>
> —볼테르[143]

좋은 시토피아에 살면 더 행복해질까? 모든 사람이 음식에 집착하며 하루 종일 음식 생각만 하는 것은 아니다. 그래도 아무 문제 없다. 그런 이들도 시토피아의 경제 안에서 번창한 시골이나 활기찬 도심을 즐길 수 있을 것이다. 영국 농촌청에서 2002년에 '경치 만끽하기Eat the View' 운동을 펼치며 지적했듯 우리가 사랑하는 풍경은 유기농 혼합농업의 산물인 경우가 많다. 마찬가지로 시장 광장을 거닐어본 사람은 공간을 형성하고 살아 숨 쉬게 하는 음식의 힘을 경험한 바 있을 것이다. 마을 및 도시의 공공 생활이 음식을 중심으로 돌아갔으니 음식 문화가 되살아나면 새로운 활력을 얻게 될 것이다. 이런 광경은 양질의 길거리 음식을 선호하는 추세가 이어지던 런던과 미국 오리건주 포틀랜드 같은 도시에서 이미 벌어지고 있다. 그러면 입맛에 극심한 권태를 느끼는 이들도 먹는 방식에 영향을 받지 않을 수 없다.

식도락가이든 아니든 미래에는 음식을 귀중히 여기는 삶이 상당히 중요할 것이다. 그런 삶이 생태계 안에서 살아가는 핵심이기 때문이다. 탄소 제로 경제를 향해 나아가면서 경제성장이라는 개념은 끝없는 팽창과 파괴를 암시하는 것이 아니라 자연을 모방한다는 새로운 의미를 띠게 될 것이다. 미국 경제학자 허먼 데일리Herman Daly가 말한 정상상태 경제steady-state economy, 즉 지구의 경계에 알맞은 경제를 만들어야 한다.[144] 1996년에 발표한《성장을 넘어서》에서 데일리가 설명했듯 지속 가능한 성장이라는 말이 모순적인 것은 성장에 한계가 없다는 의미를 나타내기 때문이다. 지속 가능한 성장이라는 개념은 원자재를 당연한 것으로 여긴 고전주의 경제학에서 물려받은 것이다. 애덤 스미스는 땅에서 얻은 부가 사실상 무료라고 가정했다. 이제 천연자원이 제한적임을 알고 있으니 새로운 경제도 무한한 성장이 아니라 자연의 한계 내에서 지속 발전하는 균형 잡힌 성장에 기반을 두어야 한다고 데일리는 주장한다. 정상상태 경제에서는 상품의 양을 늘리는 대신 품질을 높이는 데 초점을 맞추어야 한다.

데일리의 통찰은 우리가 어떻게 하면 미래에 좋은 삶을 영위할 수 있는지를 헤아리는 데 중요한 역할을 한다. 품질을 높일 수 있는 가능성이 사실상 무한하기 때문이다. 베드제드 같은 저탄소 지역사회가 시사하는 바와 같이 후기 산업사회에서는 지난 3세기 동안 산업화의 그늘에 가려진 번영의 기회를 누릴 수 있다. 더 많은 시간과 공간, 기회를 활용해 기술과 상상력을 끌어올리면 소비주의가 야기한 산만함에서 벗어나 자기 자신의 발전에 관심을 쏟을 수 있다. 그렇게 해서 새로운 사회관계와 우정을 쌓고 자연과 더 긴밀한 관계를 구축해 지구상에 인간의 발자국을 더는 늘리지 않을 수 있다. 그렇다면 모든 것이 다시 음식으로 돌아간다.

좋은 시토피아는 자연스럽게 탄소를 배출하지 않는 사회다. 음식은 모두 자연에서 얻으며 모범적인 농업은 자연의 생태 순환을 보살피고 흉내 내기 때문이다. 음식 중심 경제는 오이코노미아를 다시 경제에 적용해 자연적으로 사회의 회복력을 높이는 근간이 된다. 현지 생산이 늘어나는 쌍방향 사회가 되면 우리는 더 건강하고 조화로운 삶을 누릴 것이다. 지역 농장과 정원이 늘어나면 초목이 우거진 더욱 아름다운 환경이 조성되어 건강과 행복에도 도움이 될 것이다.[145] 기후변화로 속을 태울 일은 줄어들고 더 공정한 세상에 살면서 행복은 더욱 늘어날 것이다.[146] 마지막으로 디지털 시대가 서서히 무너뜨린 삶의 주체로서 우리 자신의 위치를 되찾을 것이다.

음식 재배가 어떤 것인지 실제로 시도해보기 전에는 결코 알 수 없다. 런던 아파트에 거주하며 평생 무언가를 재배해본 적이 없던 나는 얼마 전 덴마크식 절임용 오이인 아시에르(요리사 친구인 트린 하네먼이 소개해주었다)를 재배해보았는데, 그 한 번의 일탈로 계시에 가까운 깨달음을 얻었다. 정원 가꾸기는 소비주의의 대척점에 서 있다. 정원을 가꾸려면 적극적으로 참여하고 참을성 있게 기다리며 관찰하고 공감하고, 무엇보다 자연과 조화를 이루어야 한다. 정원이 보편적으로 낙원을 상징한다는 사실도 놀랍지 않다.[147] 정원은 자연스러운 행복을 안겨주는 동시에 문명을 이루는 과정에서 우리가 잃어버린 모든 것을 상징한다. 더 이상 선조들처럼 원시적 풍경에 살 일은 없겠지만 아무리 간소해도 직접 가꾼 땅은 우리가 여전히 기대어 살고 있는 모든 것을 보여준다. 함께 나누는 식사가 좋은 사회를 가리킨다면 정원은 좋은 사회의 기반이 되는 경제를 가리킨다.

스미스와 로크 등이 지적했듯 요점은 우리의 경제가 **진정으로** 정원과 같다는 것이다. 자연 세계는 모든 부의 원천으로, 그것을 보살피는 손에 의해 풍요로워진다. 따라서 번성하고자 한다면 정원사처럼 생각해야 한다. 이제 직접 정원을 가꿀 계획이라고 해보자. 정원이 어떤 모습이기를 바라는가, 어떻게 가꿀 계획인가? 분명 우리 자신은 물론 후손에게까지 영양을 충분히 공급할 수 있도록 풍족하고 다양하기를 원할 것이다. 그러려면 어떤 식물이 어떤 환경에서 잘 자라며 다른 어떤 식물과 행복하게 공존하는지 익히고 새로운 성장을 도모하기 위해 필요한 곳은 잘라내면서 조심스레 돌보아야 할 것이다. 토양을 비옥하게 하고 가능한 한 많은 잎이 자라도록 퇴비도 만들어야 할 것이다. 그러면 정원은 멀리 퍼지는 것이 아니라 내면의 풍요로움을 키우며 성장할 것이다.

음식을 귀중히 여기면 인간의 공통성을 해치기보다는 보

살피고 키울 수 있다. 우리 자신과 타인을 잘 먹여 살림으로써 존재의 사회적 섬유 깊숙이 묻혀 있던 본능을 쌓아나갈 수 있다. 사람을 먹여 살리는 것은 인생의 가장 큰 즐거움이자 특권이다. 좋은 사회는 "너의 이웃을 너 자신처럼 먹여라"라는 좌우명을 중심으로 세워질 것이다. 음식을 원래 있던 곳으로, 언제나 그랬던 것처럼 사회의 중심으로 되돌려놓는다면 불확실한 시대를 헤쳐나갈 수 있을 것이다.

5장

도시와 시골

우리가 미래에 어떻게 먹는지가
인류의 운명뿐만 아니라 다른
모든 종의 운명까지 결정할 것이다.
음식을 소중히 여김으로써 우리는
자연계 안에서 삶의 균형을 재조정해
행복하고 충만한 삶을 함께 만들 수 있다.
5,000년 후면 마침내 도시의 역설을
사랑할 수 있게 될 것이다.

브루클린 농장

지금 농장에 나와 있다. 다 해서 6,000제곱미터 정도로 그리 크지 않지만 70여 가지 유기농 과일과 채소, 달걀과 꿀, 꽃을 키우는 곳이다. 10월 초순인 지금은 작물을 한창 수확 중이다. 가판대에서는 로켓과 케일, 보라색 무와 흰 무, 가지, 끝에 잎사귀가 무성하게 달린 당근을 비롯해 치명적으로 보이는 빨갛고 노란 고추가 판매되고, 깔끔하게 정돈된 상자형 농장에는 토마토와 양배추, 상추, 근대, 오이, 콩과 완두콩, 허브가 넓게 펼쳐져 있으며 가장자리에는 키 큰 금빛 해바라기가 일렬로 늘어서 있다.

여기까지는 평범하기 그지없는 풍경이다. 이 농장을 특별하게 하는 것은 해바라기 너머로 뚜렷이 보이는 뉴욕의 우뚝 선 건물들이다. 낯설지만 멋진 전망을 자랑하는 이 농장이 위치한 곳은 일반 농장과 달리 브루클린 네이비 야드의 중심부, 12층짜리 낡은 조선소의 옥상이다. 세계 최초의 토양 기반 옥상 농장, 브루클린 농장이다.

이 농장의 공동 설립자이자 대표이자 농업 관리자인 벤 플래너Ben Flanner와 이야기를 나누고 있다. 큰 키에 강단 있는 몸, 챙 넓은 모자 아래로 서글서글한 미소가 환하게 퍼지는 얼굴에서 인생의 진정한 소명을 찾은 사람 특유의 분위기가 풍긴다. 미국 위스콘신주에서 나고 자란 플래너는 주로 야외에서 게임을 하거나 어머니와 정원을 가꾸며 어린 시절을 보냈다. "텃밭에 있으면 언제나 아주 즐거웠습니다. 할머니 댁에서 가져온 산딸기를 모두 집 뒤뜰에 옮겨 심었다가 이사할 때 그대로 가져왔어요. 이렇게 식물을 옮기는 것이 언제나 제 임무였습니다."[1]

플래너는 산업공학 학위를 취득한 뒤 뉴욕으로 거처를 옮겨 경영 컨설턴트로서 유망한 경력을 쌓았다. 1년 뒤 오스트레일리아로 파견되어 한 와인 양조장의 비용 분석 업무를 맡았는데 자신이 그곳의 노동자들을 부러워하고 있다는 사실을 점차 깨닫게 되었다. "거기서 제 호기심이 시작되었습니다. 사무실이 유치원 건물 바로 옆에 있었는데 그 안에 갇혀 있는 것 같았지요. 하루 종일 많은 사람들이 손에 흙을 묻힌 채 이곳을 드나들었습니다. 그들은 햇볕 아래에서 일하며 목이 마르면 물을 마시고 점심이면 허기를 느꼈어요. 확실히 저보다 훨씬 더 행복해 보였습니다."[2]

뉴욕으로 돌아온 뒤 플래너는 가능할 때마다 농장을 방문하기 시작했다. 농업에 매력을 느꼈지만 동시에 활기가 넘치고 창의적이며 사교적인 도시도 사랑했다. 이 둘을 모두 누릴 방법이 없을까? 많은 고민을 했지만 갑자기 아이디어가 번뜩이는 순간은 없었고 그저 도시 농업이 답이 될 수도 있음을 서서히 깨달았다고 한다. "인생에서 별로 망설이지 않았던 몇 안 되는 순간이었습니다. 이듬해 봄이면 직장을 떠나 농사를 짓겠다고 말하고 다녔지요." 그다음 마주한 문제는 농사지을 장소를 찾는 것이었다. 세계 어디보다 밀집된 뉴욕에는 농부 지망생을 위한 기회가 그리 많지 않았다. 돌파구가 열린 것은 《뉴욕》을 넘기다가 아름다운 야생화 초원이 눈에 들어왔는데, 놀랍게도 그곳이 몇 층 위에 위치했다는 사실을 알게 되면서였다. 그제야 옥상에서도 농사를 지을 수 있음을 깨달은 플래너는 야생화 초원의 주인인 크리스 구드Chris Goode와 리사 구드Lisa Goode에게 연락했고, 그들의 도움으로 브루클린에서 550제곱미터에 이르는 창고를 발견했다. 이곳의 소유주인 영화 제작자 토니 아르젠토Tony Argento가 옥상 농장의 잠재력을 알아보고는 기꺼이 옥상 농장용 막을 설치하고 루프라이트Rooflite라 불리는 경량토 수 톤을 구입하는 데 투자했다. 그사이 플래너는 공동 설립자 애니 노박Annie Novak과 함께 무엇을 재배할지 계획했다.

2009년 봄, 뉴욕 최초의 상업 농장인 이글 스트리트 옥상 농장은 문을 열자마자 대성공을 거두었다. 뉴욕 주민들은 집 앞에서 신선한 과일과 채소를 구할 수 있다는 사실에 환호했고 언론은 맨해튼 빌딩 숲을 뒤로하고 양배추 사이에 쪼그려 앉아 사진에 그럴싸하게 담기는 두 젊은 농부에 열광했다. 얼마 뒤 재배할 수 있는 농산물을 모두 판매하자 플래너는 사업을 확장해야겠다고 생각했다. 무수한 탐색 끝에 새로운 파트너 두 명과 함께 2010년에 퀸즈에, 이후 2012년에 브루클린 네이비 야드에 브루클린 농장을 열었다.[3]

현재 브루클린 농장에서는 연간 2만 킬로그램이 넘는 유기농 농산물을 재배해 지역 시장이나 상점, 식당에 납품하는 것은 물론 옥상 가판대에서 일반인에게 직접 판매하기도 한다. 정규 직원 12명과 계절 근로자 30명을 거느리고 공동체지원농업 계획을 시행하는 한편 지금까지 청소년 2만 5,000명을 대상으로 교육 프로그램을 진행하기도 했다. 플래너는 옥상 녹화 및 도시 농업 컨설턴트로서 여기저기서 찾는 유명인사가 되었다. 그는 건강한 지역사회를 구축하는 음식의 힘을 여전히 열정적으로 지지하지만 도시를 먹여 살리는 옥상 농업의 잠재력을 맹신하며 한때 품었던 이상에서 한 걸음 물러나 조금 더 현실에 발을 붙였다(물론 12층 높이에 있지만).

빌딩 숲을 둘러보며 플래너가 생각에 잠겼다. "저 멀리까지 건너다보며 말하곤 했습니다. '여기 보이는 옥상은 모두 음식으로 덮어야 합니다!'라고 말이지요." 이제 그도 현실을 깨달았다. 평평한 옥상을 초목으로 덮으면 많은 경우 수분 보유력이 좋아지고 도시의 열기가 낮아지며 옥상의 수명이 늘어나니 완벽해 보이지만 옥상에서 농사를 짓는 것은 전혀 다른 문제임을 알게 된 것이다. "정말 완벽한 옥상이 필요합니다. 전체 시스템이 어떻게 작동하는지, 음식의 가격은 어떻게 되고 옥상 농장은 얼마나 효율적으로 돌아가는지, 옥상이라는 위치 때문에 물건을 올리고 내리는 물리적 가혹함이 어떤 것인지 등을 알게 되었거든요. 그래서 화물용 승강기가 없는 옥상에는 결코 농장을 짓지 않겠다고 결심했는데 옥상까지 가는 화물용 승강기가 없는 건물이 꽤 많더군요."

수직 농장

그렇게 해서 플래너는 콘크리트 정글을 생산적인 낙원으로 바꾸기 위해 많은 이들이 고이 품어온 아이디어를 멈추어세웠다. 도시 농장은 전원의 상쾌한 단면을 도시에 이식하기는 하지만 도시 전체를 먹여 살리기에는 역부족이다. 그 이유를 나는 도시의 역설이라고 부른다. 사교가 주된 기능인 도시는 언제나 다른 곳, 즉 시골에서 음식을 공급받았다. 도시인의 식량을 생산하는 농장이 모두 도시에 귀속된다고 생각해보자. 런던의 경우 도시 자체보다 대략 100배는 더 넓은 이런 농장까지 도시에 편입되면 우리가 알던 도시는 사라지고 도시와 농촌이 결합된 잡종이 탄생할 것이다.[4] 역설적인 사실은 도시에 사는 사람들은 자신이 도시적이라고 생각하지만 사실 모두 여전히 땅 위에 살고 있다는 것이다.

도시가 스스로 먹고살 수 있다는 꿈은 아직 사그라들지 않았다. 도시의 실내에서 식량을 재배하는 수직 농업이 열성적인 추종자를 거느리며 기세를 늘리고 있다. 이 아이디어는 미국 미생물학자 딕슨 데스포미어Dickson Despommier가 출근길에 텅 빈 사무실을 지나가다가 처음 고안했다. 온실에서도 식량을 재배하는데 왜 도시에서는 온실을 위로 쌓아 올릴 수 없는 것일까? 그러면 날씨와 해충으로부터 작물을 보호할 뿐만 아니라 방대한 농지를 초원과 숲으로 되돌려서 자연 '생태계의 역할과 기능'을 되살릴 수 있지 않을까.[5]

2007년에 《뉴욕》에 인터뷰가 실리자 그의 아이디어를 현실로 구현하고 싶다는 건축가와 디자이너의 제안이 쏟아졌다.[6] 데스포미어는 책상 앞에 앉아 점점 더 기이하고 엉뚱해지는 디자인 옆에 체크나 엑스 표시를 하며 이 상황을 즐겼다. 수직 농장은 아직 존재하지 않았지만 태양광을 대체할 발광다이오드 기술이 점차 발전하는 덕분에 아이디어가 현실에 더욱 가까워지면서 왁자한 관심도 더욱 커졌다. 네덜란드 연구진의 연구 결과, 식물이 청색과 적색 및 원적외선 같은 저에너지 분광에서 행복하게 자라며(녹색광은 흡수하지 못하기 때문에 식물이 푸릇하게 보이는 것이다) 특별히 맞춘 영양소를 수경 재배(물을 이용해)나 공중 재배(분무를 이용해)로 주입하면 더욱 잘 자란다는 사실을 발견했다.[7] 두 시스템 모두 많은 물을 절약할 수 있었다. 수경 재배는 기존 원예 방식보다 물을 70퍼센트 더 적게 사용하며 공중 재배 역시 물을 70퍼센트 더 적게 사용하는 것으로 드러났다.

다시 뉴욕으로 돌아와, 에드 하우드Ed Harwood라는 농업 교수가 자신의 헛간에서 (재활용 플라스틱으로 제작한) 공중 재배 매트와 최고급 스프레이 노즐을 만들기 위해 이리저리 손보고 있었다. 하우드의 작업을 접한 컬럼비아 경영대학원 졸업생 데이비드 로젠버그David Rosenberg와 마크 오시마Marc Oshima는 수직 농업 분야의 금맥을 찾았음을 바로 알아보았다. 세 사람이 에어로팜Aerofarms이라는 회사를 세우자 투자가 물밀듯 들어왔다. 2016년까지 프루덴셜 파이낸셜과 골드만삭스를 비롯한 후원사로부터 5,000만 달러를 지원받았다. 뉴욕 물가를 생각하더라도 샐러드 채소를 엄청나게 키울 수 있는 금액이었다.

같은 해에 에어로팜은 뉴저지주 뉴어크에 위치한 넓이 6,500제곱미터의 폐제철소에 농장을 열었다. 지금까지 건설된 가장 큰 실내 농장으로 새싹 채소(새싹 케일과 물냉이, 완두콩 어린싹 등)를 1년에 900킬로그램 넘게 재배할 수 있는 규모였다. 여기에 거대 군인수송선의 2층 침대처럼 쟁반 모양의 모판을 1미터 간격으로 12층씩 쌓아 올렸다. 식물에는 제어 스펙트럼 LED 조명을 비추고 공중에 매달린 뿌리에 풍부한 영양소를 분무하며 면밀한 관찰을 통해 찾은 최적의 재배 알고리즘을 통해 "크기와 모양, 질감과 색, 맛과 영양을 날카로우리만큼 정밀하게" 제어했다.[8]

연중 내내 생산하고 여러 층에서 재배가 이루어지며 1년에 30회까지 수확할 수 있는 에어로팜은 기존 농장보다 수확량이 130배 더 많다고 한다.[9] 이 모든 것이 토양이나 태양, 비, 살충제, 트랙터 없이, 심지어 얼굴을 햇볕에 그을릴 일도 없이 진행된다. 수직 농장의 모든 농부는 실험실 가운 차림에 머리망을 쓰고 햇볕은 구경도 못 해본 사람처럼 안색이 창백하다. 세계 최초의 상업적 수직 농장이라는 명예는 접전 끝에 2012년 싱가포르의 스카이 그린Sky Greens에 돌아갔지만 에어로팜의 자칭 글로벌 본사는 회사가 품은 야망의 규모를 확실히 드러내 보인다. 미국 전역과 해외로 확장할 계획을 품은 CEO 데이비드 로젠버그는 자신의 임무가 "전 세계 농업에 대변혁을 일으키는 것"임을 숨기지 않는다.[10]

새싹 채소 인간

> 미래는 이미 와 있다. 다만 어디에나 균등하게 퍼지지 않았을 뿐이다.
>
> —윌리엄 깁슨[11]

정말 미래에는 수직 농장이 도시를 먹여 살릴 수 있을까? 수직 농장의 이점은 분명 매력적이다. 연중 내내 식량 생산이 가능하고 날씨로 인한 흉작의 우려가 사라지며, 살충제나 제초제가 필요 없어지고 푸드마일food miles이 줄어드는가 하면 물을 절약하고 폐기물을 최소화하는 것은 물론 도시 고용을 창출하고 마지막으로 방금 딴 맛있는 새싹 채소를 근처 상점이나 식당에서 만날 수 있다.[12] 좋아하지 않을 이유가 있겠는가?

수직 농장이 계속 퍼지는 한 이를 마다할 이유는 없다. 도시 안이나 근교에서 샐러드 채소를 재배하는 한 가지 방식으로서 수직 농장은 계속 세워지고 있다. 뉴욕과 싱가포르, 런던을 비롯한 여러 도시에 이미 세워진 수직 농장이 그 열기를 증명한다. 하지만 수직 농장 농부들은 사업에 열정을 쏟으면서도 현실적으로 한계가 있음을 인정한다. 런던 최초의 수직 농장인 그로잉 언더그라운드Growing Underground는 클래펌 커먼 공원에서 30미터 아래에 있는 지하 방공호에 자리하고 있다는 사실에서 이름을 따왔다. 2015년에 문을 열었을 때 웨이트로스Waitrose 같은 영국 슈퍼마켓 체인 기업과 깜짝 놀랄 협약을 맺고 미슐랭 스타 요리사 미셸 루 주니어Michel Roux Junior를 비상임 이사로 임명하면서 하루아침에 돌풍을 일으키며 언론의 큰 관심을 끈 바 있었다.[13] 하지만 이런 성공에도 불구하고 공동 설립자인 리처드 밸러드Richard Ballard와 스티븐 드링Steven Dring은 잎이 무성한 이 제국의 확장과 관련해 신중한 태도를 유지하고 있다. "수직 농장은 도시를 먹여 살리는 방안 중 하나이지만 결코 도시 전체를 먹여 살리지는 못할 것입니다."[14] 이것이 문제다. 인간은 샐러드 채소만 먹고 살 수는 없다. 그렇다면 미래에 대다수의 식량은 어떻게 재배될 것인가.

데스포미어는 이 문제를 대체로 낙관하면서 도시 주변의 대형 건물에서 전체 식량의 80퍼센트까지 재배할 수 있다고 주장한다.[15] 여기에 소나 양은 포함되지 않는다는 사실을 인정하면서도 도시에서 돼지와 닭을 포함해 우리가 먹는 다른 모든 것을 키우지 못할 이유가 없다고 말한다. 전례는 이미 차고 넘친다. 돼지와 닭은 수천 년 동안 인간과 함께 살면서 음식 찌꺼기를 먹고 자랐으며 심지어 19세기에 런던 켄싱턴 자치구에 위치한 양돈장에서는 돼지가 사람이 자는 침대 밑에서 자기도 했다.[16] 문제는 베이컨을 포기할 생각은 하지 않은 채 원래 숲에 살아야 하는 동물을 실내에서 키우는 것이 과연 윤리적이라고 생각하느냐라는 것이다.[17]

미래의 수직 농업에서는 돼지 사육이 날개 돋친 듯 성공을 거둘 수도 있지만 돼지와 인간을 먹여 살리는 데 필요한 수백만 톤의 곡물과 콩류는 어떻게 해야 할까? 현재 인류는 남아메리카 대륙에 맞먹는 16억 헥타르의 농지를 경작하고 있으며 그보다 약 두 배에 이르는 땅을 영구 목초지로 사용하고 있다. 실내로 들여오기에는 터무니없이 큰 규모다.[18] 이런 농장을 어디에 지을 것인지의 문제 외에도 비용 문제를 무시할 수 없다. 큰 돈벌이가 될 만한 사업이라면 쉽게 포기하는 법이 없는 구글조차 수직 곡물 농업 프로젝트인 알파벳 XAlphabet X를 포기했다. 실내에서 곡물을 효과적으로(즉, 수익성 있게) 재배하는 방법을 찾지 못했다는 것이 이유였다.[19] 현재 가격을 보면 왜 그런지 짐작할 수 있다. 새싹 채소는 100그램당 3.7파운드라는 괜찮은 가격에 판매되는 반면 밀은 1톤에 약 150파운드에 판매된다. 무게로 따지면 곡물 가격이 247배 더 저렴한 것이니 골드만삭스 같은 회사에게는 그리 매력적인 투자처라 할 수 없다.[20] 마찬가지로 현지에서 조달한 새싹 채소는 신선하고 맛있다는 장점이 있지만 집 근처에서 재배한 곡물에서는 이와 동등한 부가가치를 찾아보기 힘들다.

다음은 소유권 문제다. 최첨단 사업이 모두 그렇듯 수직 농장 설립에 막대한 비용이 들어가는 만큼 투자자는 상당한 수익을 요구한다. 아무리 이타적으로 들린다 해도 수직 농장 역시 사업이다. 진정한 이상주의자인 데스포미어는 수직 농업을 현실에 본격적으로 접목하기 위해 필요한 연구 자금을 정부로부터 지원받는 방법도 있다고 제안했다. 하지만 현실적으로 이런 연구와 그에 따른 특허권은 이미 개인이 소유하고 있다. 에어로팜 CEO 데이비드 로젠버그는 2017년《뉴요커》와의 인터뷰에서 이렇게 말했다. "지금 우리의 기술은 어느 누구보다 앞서 있습니다. 다른 나라가 따라잡으려면 수년은 걸릴 것입니다."[21]

수직 농업이 도시를 먹여 살릴 해결책이 될 수 없는 가장 강력한 이유는 식물이 자라는 장소 때문이다. 일반적으로 생산되는 과일이나 채소와 마찬가지로 식물이 자라려면 실질적으로 소일렌트 같은 화학물질(NPK 및 기타 미네랄) 용액이 필요하다. 그렇다면 이런 화학물질로 자란 상추가 토양에서 자란 상추만큼 영양가가 있는지의 문제는 차치하고 이들 식물이 도시에서 생산된다는 주장이 완전한 사실이라고 할 수 없다. 비료, 즉 우리가 먹는 음식이 먹는 음식을 다른 곳에서 들여오는 한 수직 농업은 도시의 역설을 해결할 수 없다.

모든 이상적인 아이디어가 그렇듯 수직 농업은 작게 쓰인 세부 내용을 읽어보기 전까지는 가히 기적처럼 보인다. 미래에 도시를 먹여 살릴 한 가지 방법으로서(특히 석유 자원이 풍부한 사막 국가나 토지가 부족한 싱가포르 같은 곳에서) 분명 제 몫을 하겠지만 현재 인류가 농사를 짓는 4,900만 평방킬로미터의 땅을 전부 대체하지는 못할 것이다. 우리의 현실과 맞닿아 있는 문제이니만큼 애석한 일이 아닐 수 없다.

도시의 역설

도시가 세워진 후 5,500년 동안 도시의 역설은 줄곧 그 곁을 떠나지 않았다. 도시에는 시골이 필요하고 그 반대도 마찬가지라는 불편한 진실은 처음부터 명백히 존재했다. '시골'은 사실상 도시를 이루는 구성물로, 도시의 요청에 따라 존재하는 도시 외부 공간이다. 비록 도시를 건설하기 수천 년 전부터 인류의 조상이 정원을 가꾸었지만 고대 수메르의 관개 농경지와 밭, 정원 및 과수원과는 종류가 다르다. 명백히 도시 인구를 위해 만들어진 첫 번째 풍경은 사실상 세계 최초의 시골이었다. 고고학자들이 사랑하는 질문인 '도시가 먼저인가, 농업이 먼저인가'는 결국 그리 중요하지 않다. 농업과 도시 생활은 함께 진화했으며 도시 문명도 이들의 결합으로 탄생했다.[22]

현대 도시에 살다 보면 지형이 인류의 과거에 얼마나 강력한 영향을 미쳤는지 잊어버리기 쉽다. 도시와 시골의 유대는 산업화가 진행되면서 눈에 띄지 않게 되었지만 역사를 통틀어 우리의 일상생활을 지배했다. 도시가 강 위에 지어진 것은 신선한 물과 어류를 공급받고 쓰레기를 편리하게 처리하기 위해서이기도 하지만 운송이 유용하기 때문이기도 했다. 산업화 이전의 도시에서는 강과 바다로의 접근성이 매우 중요했다. 이미 살펴보았다시피 곡물 같은 무거운 물건은 육로보다 수로로 운반하는 것이 훨씬 쉽기 때문인데, 이로 인해 사방이 육지에 둘러싸인 파리 같은 도시는 성장할 수 있는 크기가 제한적이었다.[23] 그런가 하면 다른 식품은 대부분 집 근처에서 생산되었다. 양돈장이 있던 켄싱턴뿐만 아니라 많은 가정에서 돼지나 닭을 키웠고 모든 도시 주변이 시판용 채소밭으로 둘러싸여 있었다. 이곳의 과일과 채소는 거름으로 쓰기 위해 정성스레 넉넉히 모은 분뇨, 즉 동물 및 인간의 배설물로 잘 자랄 수 있었다.

수메르의 도시국가는 자급자족이라는 원칙을 앞세워 훗날 그리스인의 감탄을 자아냈고 지금까지도 많은 이들이 바라는 이상으로 남아 있다. 티그리스와 유프라테스강의 비옥한 범람원에 위치한 수메르의 도시국가는 범람한 물을 나르기 위해 대규모 관개 시스템을 구축했다. 기원전 1800년까지 260만 헥타르에 달하는 엄청난 면적을 거친 이 인공 풍경은 문명화한 도시 영역의 확장으로 여겨졌다.[24] 이렇게 세계 최초의 시골은 도시와 자연, 길들여진 것과 야생의 것, 문명과 미개 사이 어딘가의 경계 영역으로 등장해 그 이후로 줄곧 지금의 위치를 차지하고 있다. 이렇게 땅이 도시와 농촌으로 나뉘면서 중요한 결과가 발생했다. 문명의 중심에서 이중성이 형성된 것이다.

세계 최초로 도시에 거주한 사람들은 도시 생활을 어떻게 생각했을까? 좋다고 생각했을까 아니면 자연에 더 가까이 사는 단순한 삶을 갈망했을까? 우리로서는 어떤 대답이 나올지 결코 알 수 없지만 현존하는 가장 오래된 이야기로 4,000년 전에 쓰인 《길가메시 서사시》라는 놀라운 글에서 적어도 몇 가지 단서를 얻을 수 있다. 우르크의 젊고 무자비한 통치자로 작품명과 이름이 같은 영웅 길가메시가 백성들을 인정사정없이 몰아세워 도시 주변에 성벽을 쌓게 하는 것으로 이야기는 시작된다. 왕에게 혹사당하는 삶에 지친 사람들이 신에게 도움을 청하자 결국 신들은 길가메시의 폭정을 제지하기 위해 그에 대적할 야생의 적수 엔키두를 창조했다. 엔키두는 길가메시와 체격도 비슷하고 힘도 동등했기에 길가메시에게 맹렬히 불어닥친 '마음속 폭풍우'를 잠재울 수 있었다.[25] 텁수룩한 머리에 풀을 뜯어먹는 야생동물 엔키두는 매춘부 샴하트에게 이끌려 도시 생활을 접한다. 샴하트는 엔키두를 유혹하면서 도시의 음식인 빵과 에일을 제공하고 이후 수염을 깎고 기름을 발라준다.[26]

엔키두가 도시 안으로 들어서 길가메시에게 결투를 청하고 결국 이 둘은 막역한 친구가 된다. 무사태평한 날이 이어지던 중, 길가메시가 엔키두의 조언을 거스르고 신성한 삼나무 숲의 수호자인 훔바바를 죽이기 위해 나선다. 훔바바를 발견한 길가메시는 역시 엔키두의 조언을 듣지 않은 채 훔바바를 살해하고 신성한 나무를 베어낸다. 엔키두는 베어낸 목재를 모아 도시 사원의 문을 새로 지으려고 하지만 신의 노여움을 달래는 데 실패해 결국 목숨을 잃는다. 비통에 잠긴 길가메시는 야수의 가죽을 걸치고 그 자신이 반야생인이 되어 세상의 끝으로 떠나 홍수에서 살아남은 뒤 영생의 비밀을 얻었다고 알려진 우타나피쉬티를 찾아간다. 하지만 우타나피쉬티는 누구나 언젠가는 죽으니 이 사실을 받아들여야 한다고 이른다. 낙담한 채 실의에 빠진 길가메시는 집으로 돌아와 도시를 다시 바라보면서 도시의 성벽이 자신보다 오래 그 자리를 지킬 것이며 결국 자신의 기념물이 될 것임을 깨닫는다.

삶과 죽음, 음식과 성, 사랑과 경쟁, 상실과 구원, 이 모든 것이 《길가메시 서사시》에 담겨 있다. 하지만 그 뿌리에는 도시 생활에 대가가 따른다는 인식이 깔려 있다. 엔키두처럼 우리 역시 문명화하는 법을 배워야 하지만 자연에서 문화로 전환하는 과정에 야생이라는 뿌리를 잃을 위험도 있다. 엔키두는 길가메시의 또 다른 자아다. 선하지도 악하지도 않은 그의 야생성은 길가메시에게 결여된 무언가, 즉 도시 생활과 균형을 이루기 위해 필요한 자연의 대응체다. 길가메시가 성숙해지기 위해서는 엔키두와 유대 관계를 맺는 것이 필수적이다. 이 과정에서 엔키두를 길들이는 것은 물론이고 희생시켜야 하며, 그로써 촉발되어 야생의 세계로 향하는 여정은 엔키두의 초기 여정과 현실적·상징적으로 대조를 이룬다. 마침내 길가메시는 자신의 죽음을 직면한다. 그제야 비로소 자기 자신을 인지하고 마침내 완전해져서 집으로 돌아갈 수 있게 된다.

《길가메시 서사시》에서 놀라운 점은 문명인으로서 우리 앞에 놓인 딜레마가 강력하게 묘사되어 있다는 것이다. 영웅이 떠나는 전형적인 여정은 도시의 역설이 정치나 경제뿐만 아니라 개인으로서 인간에게 어떤 영향을 미치는지 보여준다. 도시와 시골의 균형을 찾는 것이 중요한 이유는 그래야 문명이 기능할 수 있기 때문이고 우리 자신의 야생성과 문명 사이에 균형을 잡을 수 있기 때문이다. 도시 안에 완전히 틀어박히면 병에 걸릴 위험이 있다고 이야기는 경고한다. 그러면 자신의 내면과 어긋나면서 동료 인간과 자연에 대한 경의를 잃고

(길가메시가 자신의 백성을 노예로 삼고 신성한 삼나무 숲을 파괴한 것처럼) 세계 안에서의 위치 감각을 상실한다. 진정으로 문명화하기 위해서는 자연에 기반을 두어야 한다고 이야기는 전한다.

유토피아

《길가메시 서사시》는 아주 훌륭한 이야기이기도 하거니와 인류의 가장 오래된 정치철학 서사로 볼 수도 있다. 신과 야수, 매춘부와 영웅의 이야기 사이사이에 문명의 본질을 헤아리는 강력한 고찰이 담겨 있다. 세계 최초의 도시 사회가 낳은 이 이야기는 이후의 사회가 던질 수밖에 없는 질문을 제기한다. 놀라운 점은 이 이야기가 쓰이고 4,000년 넘게 흘렀지만 그때의 질문이 지금 우리가 직면한 질문과 크게 다르지 않다는 것이다.

문명화한다는 것은 어떤 의미인가? 문명화에 이르기 위해서는 무엇을 희생해야 하는가? 문명의 이중적 본질을 감안할 때 우리는 어떻게 살아야 하는가? 이런 질문 모두 도시 역설의 일부이자 유토피아주의의 핵심이다. 길가메시가 보여준 두 가지 결정적 행위(성벽을 쌓고 숲을 파괴하는 것)는 인간의 가장 깊은 물리적 딜레마, 즉 창조하기 위해서는 파괴해야 한다는 점을 보여준다. 여기서 우리의 임무는 자신의 필요와 자연의 필요 사이에서 균형을 이루는 것이어야 한다.

플라톤과 아리스토텔레스가 볼 때 관건은 도시의 규모

를 작은 상태로 유지하는 것이었다. 플라톤이 《법률》에서 말한 이상 도시(폴리스)는 '난롯불hearth fire', 즉 남성 시민이 이끄는 가정 5,040개로 이루어졌는데 여성과 노예까지 합하면 도시 거주 인구가 3만 명에서 3만 5,000명에 이르렀음을 알 수 있다.[27] 플라톤의 도시는 농지로 둘러싸여 있었으며 각 가정을 하나는 도시, 하나는 시골에 해당하는 두 대지로 나누었다. 플라톤이 직접 언급하지는 않았지만(아마도 그 개념이 명확했기 때문이리라) 오이코노미아는 분명 그 도시의 근간이 되는 원칙이었다. 거주 인구를 일정하게 유지하기 위해 잉여 시민을 다른 곳으로 보내 새로운 거주지를 찾게 했고 '남는' 아들은 가족끼리 나누도록 제안했는데 그 사회적 의미는 편리하게도 모호한 채로 남겨두었다. 폴리스에서는 자급자족이 바람직하다는 사실을 인정하면서도 플라톤이 도시의 규모를 작은 상태로 유지하려 한 주된 목적은 모든 사람이 서로 알고 지내는 공동체를 만들기 위해서였다. "시민끼리 알고 지내는 친숙한 관계만큼 사회에 이로운 것은 없기" 때문이다.[28]

조금 더 현실적인 아리스토텔레스에게는 자급자족이 압도적인 우선순위였다. 폴리스의 궁극 목표는 자립이었기 때문에 식량 공급을 타지에 의존할 수 없었다. 따라서 오이코노미아는 정치적 자유를 얻는 열쇠였고 자급자족을 달성하는 데 필요한 규모는 폴리스의 이상적 규모를 결정하는 요소였다. "자급자족을 달성하는 데 가정이 개인보다 더 용이하고 국가가 가정보다 더 용이하다. 이런 연계에 따라 사람이 충분히 모여 자급자족이 가능한 상태가 되면 사실상 국가가 된다."[29]

폴리스는 그 안의 모든 필요를 이상적으로 공급할 것이기 때문에 성공적이려면 분업이 반드시 필요했지만 규모가 충분히 커져서 필요한 모든 것을 조달할 수 있는 상태에 이르고 나면 그 이상으로 규모가 커졌을 때 얻을 수 있는 이득이 거의 없었다. 규모가 커지면 물자 부담만 증가할 뿐 수요를 충족시키기가 더욱 힘들어지기 때문이다. 민주적인 아테네에서는 법적 권리가 있는 시민이 3만 명이었으니 총인구가 25만 명 정도였지만 그리스의 대다수 도시는 이보다 훨씬 작았다. 인구 3만 명이 넘는 경우가 드물었고 플라톤이 조언했듯 '지원자'를 외부로 보내 다른 곳에 거주지를 마련하게 해 성장을 제한했다.

고대사회에서 도시를 건설할 때는 대체로 규모가 작아야 아름답다고 여겨졌다. 도시국가 모델이 워낙 성공적이었기에 처음 3,000년 동안 다른 형태의 도시는 볼 수 없었다. 그러다 기원전 750년경, 대세를 극적으로 거스르고 도시 생활에 대한 개념 자체를 근본적으로 뒤엎은 도시가 등장했다. 고대 로마였다.

소비 도시

지금도 고대 로마의 어마어마한 규모 앞에 서면 숨이 막힌다. 이 고대 도시의 2,000년 된 폐허 상당수가 여전히 그 자리에 서 있다. 하드리아누스의 판테온에서 돋보이는 둥근 형태도, 도시의 중심 하수도인 클로아카 막시마의 외벽도 거대한 응회

암이 견고하게 떠받치고 있다. 전성기에 시민이 100만 명에 달했던 로마는 틀림없이 역사상 가장 대담한 도시였다. 규모 면에서 19세기 이전의 런던이나 중세 중국의 일부 수도와 맞먹는, 세계 최초의 진정한 대도시였다. 그러면 대체 이 대도시는 어떻게 식량을 조달했을까?

간단히 답하자면 간신히 마련했다고 할 수 있다. 앞서 살펴보았듯 고대사회에서 식량 운반은 재배만큼이나 엄청난 난관에 맞서는 일이었다. 얼마나 많은 곡물을 달구지에 실어 로마로 들여와야 했을지 상상해보기만 해도 근처 배후지의 수확량으로는 결코 도시 인구를 배불리 먹일 수 없었으리라 짐작할 수 있다. 로마의 성공 비결은 바다로의 접근성에 있었다. 전성기에는 곡물부터 기름과 와인, 햄, 소금, 꿀과 리쿠아멘(발효한 생선 소스)에 이르기까지 거의 모든 것을 지중해와 흑해 및 북대서양 전역에서 들여왔다.[30] 알렉산드리아의 곡물 수송선은 당대 초대형 유조선으로 로마의 굶주린 시민들에게 생명줄과 같은 존재였다. 한편 국가에서 제공하는 무료 곡물 배급에 의존한 로마 시민은 전체의 3분의 1에 달했다. 푸드마일이 현대의 현상이라 생각한 사람이 있다면 다시 생각해보기 바란다.[31]

로마는 자급자족이나 무역이 아니라 소비에 기반을 둔 새로운 도시의 청사진이었다.[32] 오늘날의 영국과 흡사하게 로마의 식량 정책은 수입에 의존했으며 이런 접근법이 외국 공급업체뿐만 아니라 현지 농민에게도 영향을 미쳤다. 식품이 해외에서 대량으로 수입되자 현지 생산자는 수익성이 높은 목초지 농업에 집중해 과일 및 채소를 재배하고 우유 먹인 달팽이와 견과류를 잔뜩 먹은 겨울잠쥐 등 고급 시장을 겨냥한 별미 생산에 마음껏 주력할 수 있었는데, 이들 분야의 전문성은 오늘날의 수직 농장이나 유기농 채소 꾸러미에 비견할 만했다.[33] 현지 생산자가 번성하는 사이 로마에서 멀리 떨어진 배후지는 어려움을 겪었다. 3세기에 이르러 북아프리카 토양이 고갈되자 관측자들은 하얗게 갈라지는 땅이 치명적인 염류화를 알리는 분명한 신호라며 절망하듯 썼다.[34]

로마는 먼 땅에서 영양분을 가차 없이 추출해 스스로의 배를 채우다 멸망했는데 이런 사례는 역사상 처음도, 마지막도 아니었다. 사실 이런 패턴은 놀라울 정도로 일관적으로 드러났다. 수메르인 역시 관개시설에서는 천재성을 뽐냈지만 배수 시설에서는 그에 맞먹는 재능을 발휘하지 못한 탓에 비슷한 운명을 맞았다.[35] 자급자족에 대한 그리스인의 집착도 그리 큰 도움이 되지 못했다. 기원전 4세기에 가파르고 무른 경사지에 더 많은 밀을 재배하기 위해 숲을 벌목하면서 토양이 광범위하게 침식되었다. 아테네의 이런 언덕을 플라톤은 "질병으로 황폐해진 몸의 뼈대"라고 묘사했다.[36]

도시에 식량을 공급하기란 결코 쉬운 일이 아니었다. 하지만 농업 재해를 겪어도 도시의 조상들은 땅을 깊이 존경했다. 경작과 문화는 앞서 보았듯 로마인의 마음속에 강력히 이어져 있었다. 이전에 그리스인과 수메르인이 그런 것처럼 로마인은 도시의 문명화된 영역인 키비타스civitas가 농촌으로 확장된 것이 경작지ager라고 생각했다.[37] 반대로 황무지는 공포에 가까운 경멸의 대상으로, 문명 생활과 정반대되는 광포한

야만인의 고향으로 보았다.[38]

도시의 역설이 드러나는 진정한 규모를 알려면 로마 정도의 도시가 있어야 했다. 한쪽 극단에서 보면 우리는 문명을 멀리하고 자연과 가까이(로마의 역사가 타키투스Tacitus가 게르만족에 대해 말했듯 "분리되고 흩어진 채") 살 수 있다. 다른 쪽 극단에서 보면 대도시에 살면서 여러 기회를 누리는 대가로 도시 생활의 스트레스에 시달릴 수도 있다.[39] 아니면 둘 사이 어딘가에서 제3의 길을 택해 시골과 맞닿은 작은 마을이나 도시에, 혹은 반대로 도시와 맞닿은 시골에 살 수도 있다. 역사를 통틀어 많은 이들이 그렇게 해왔다.

이 세 번째 방법을 독특하게 표현한 것으로 암부로조 로렌체티Ambrogio Lorenzetti가 1338년에 그린 프레스코화 〈좋은 정부가 미치는 영향에 관한 알레고리Allegory of the Effects of Good Government〉가 있다. 이 작품은 이탈리아 시에나 시청에 위치한 대회의실인 '9인의 방Sala dei Nove'의 한 벽을 차지하고 있다.[40] 중세 도시국가의 일상을 풍부하고 상세하게 환기하면서 분주한 도시와 마찬가지로 근면한 시골(들판과 숲은 지금도 회의실 창밖으로 엿볼 수 있다)의 모습을 보여준다. 두 지역의 상호 번영은 협력과 교역에서 비롯된다. 이 프레스코화는 제목에서처럼 '좋은 정부가 미치는 영향'이란 도시와 시골의 완벽한 공생이라는 사실을 보여준다. 시에나의 의원들이 회의 중에 이 그림을 올려다보았다면 그림이 전하는 메시지가 명확히 드러났을 것이다. 시골을 보살펴라, 그러면 시골이 당신을 보살피리니.

한동안 로렌체티의 그림을 바라보고 있다 보니 어떤 생각이 끈질기게 파고든다. 그림이 전하는 메시지가 분명한데 이런 그림이 왜 더 없는 것일까? 전 세계 모든 시청에 이와 비슷한 그림이 걸려 있어야 하는 것 아닌가? 간단히 답하자면 중세 이탈리아의 도시국가는 그리스의 폴리스처럼 도시와 농촌이 **실제로** 균형을 이룬 몇 안 되는 사회였다.[41] 인류 역사상 대다수 도시는 배후 지역과 조화를 이루지 못했으며 오히려 배후지를 착취하는 길을 택했다. 산업화 이전의 세계에서는 도시와 시골이 긴밀한 유대를 맺는 것이 일반적이었지만 권력을 분담하는 문제에서는 그렇지 않았다. 앞의 그림이 명확히 보여주듯 도시와 시골 사이에 조화를 이루고자 한다면 이를 정치의 핵심 과제로 삼아야 한다.

지리와 작별하다

현재 자신을 먹여 살리는 풍경을 창밖으로 내다볼 수 있는 사람은 거의 없다. 앞서 살펴본 것처럼 1825년에 철도가 놓이면서 도시가 먹고사는 방식이 바뀌었고 처음으로 크기나 모양, 장소에 관계없이 도시를 지을 수 있게 되었다.[42] 이런 변화가 몰고 온 효과는 머지않아 영국에서 느낄 수 있었다. 1800년에는 영국 전체 인구의 17퍼센트가 도시에 살았다. 이마저도 산업혁명의 여파로 드물게 높은 수치였는데 1891년에 이르러 도시 인구가 전체 인구의 54퍼센트에 이를 정도로 치솟았고 영국은 세계 최초의 도시산업국가가 되었다.[43]

대도시라는 카펫이 영국 전역에 퍼지기 시작할 무렵, 이에 걸맞은 농업이라는 카펫이 미국 서부 대륙에 펼쳐졌고, 이전까지는 접근할 수 없었던 대초원(아메리카 원주민과 들소 수백만 마리가 함께 거주하고 있었다)이 처음으로 동부 해안과 연결되었다. 1830년에 볼티모어와 오하이오 철도가 개통되면서 전에는 보지 못한 규모의 경제 팽창과 생태계 파괴의 시대가 열렸다. 제일 먼저 들소가 가죽을 위해, 혹은 움직이는 기차 위에서 즐기는 스포츠를 위해 도살되었다. 무자비하게 이어지는 대학살로 남부에 서식하던 들소 무리가 4년 만에 몰살되었다.[44] 들소가 사라지자 곧이어 그들의 동지였던 아메리카 원주민이 흩어지거나 보호구역을 떠났고 그 자리에 남겨진 평원과 초원은 곡물 생산지로 바뀌었다.

모든 철도가 시카고로 이어졌다. 시카고는 미시시피 유역과 가까운 미시간호와 맞닿아 있다는 전략적 위치 덕분에 새로운 무역으로 이익을 얻기에 유리했다. 식량 조달을 간절히 원하는 미국 동부 해안과 유럽 도시에 식량을 전하기에도 이상적이었다. 산더미처럼 쌓인 곡식을 앞에 두고 시카고 사람들은 잉여분을 처리할 방안을 모색해야 했고 그렇게 해서 곡식을 소먹이로 사용하는 아이디어가 탄생했다. 1870년에 이르러 시카고의 도축장인 유니언 스톡야드Union Stockyards가 도시 안에 2.5제곱킬로미터에 이르는 도시를 형성하면서 직원 7만 5,000명을 고용하고 1년에 소 300만 마리를 도축했다. 윌리엄 크로논William Cronon이 《자연의 대도시Nature's Metropolis》에서 언급했다시피 이런 어마어마한 규모 때문에 정육업자는 골머리를 앓았다. 문제는 어떻게 짐승을 도축할까가 아니라(이 부분은 무자비하게 효율적으로 행해지고 있었다) "도축한 짐승으로 무엇을 할까"였다.[45] 지금까지 정육업(짐승에게 곡물을 먹이고 소금에 절인 곡물에 포장해 수출하는 것)이 돼지에 집중되던 것도 그만한 이유가 있었다. 소시지와 베이컨, 햄은 돼지를 도축하고 한참이 지난 뒤까지 고기를 보존할 수 있는 흔한 방법이었다.[46] 하지만 소고기는 달랐다. 미국인은 신선한 스테이크를 먹고 싶어 했다. 그렇기에 소는 대개 '살아 있는' 상태로 도착해 현지 정육점에서 도축되었다. 정육업자 입장에서는 여기서 한몫 챙기려면 현명해져야 했다.

이 문제를 해결한 사람이 시카고의 최대 정육업자인 구스타버스 F. 스위프트Gustavus F. Swift, 다듬어진 소고기(도살된 사체)를 먹을 수 있는 상태로 미국 동부 해안까지 운반하면서 누구보다 큰 이익을 챙긴 인물이었다. 스위프트가 고안한 아이디어는 각 궤도 트럭의 양 끝에 소금을 섞은 호수 얼음덩어리를 함께 실어서 차가운 공기가 소고기 사이사이로 흘러 신선함을 유지하게 하는 것이었다. 운반 경로에 얼음 저장고가 몇 군데 있었기에 머지않아 1,500킬로미터 넘게 떨어진 보스턴에까지 소고기를 판매할 수 있게 되었다. 스위프트가 발명한 것은 식품 물류라는 퍼즐의 마지막 조각인 냉장 운반 경로, 즉 저온 유통 체계였다. 시카고의 정육업체는 공격적인 마케팅과 파격적 가격을 내세우며 수백 킬로미터 떨어진 곳에서 도살된 공장식 소고기가 현지 정육점에서 사온 신선한 고기보다 낫다고 보스턴 및 뉴욕 주민들을 설득했다. 그렇게 산업 식품과 저렴한 고기의 시대가 시작되었다.

시카고 정육업체는 현대 식품 산업의 창시자다. 규모에 따른 효율성과 전문 물류 체계, 인정사정없는 사업 관행으로 산업 식품을 규정하는 기준을 마련해 지금까지 이어지고 있다. 전체 공급망을 통제하면서(그렇게 소위 수직적 통합이라는 성배를 손에 넣으면서) 정육업자들은 전례 없는 권력을 얻었고 이를 가차 없이 휘두르며 저렴한 가격을 내세워 경쟁업체를 폐업시켰다. 1889년에는 단 네 개 기업이 시카고 소고기 거래의 90퍼센트를 장악해 미국 소고기 공급의 대부분을 차지했다.[47] 현재 최초의 4대 기업 중 일부를 포함해 더욱 규모가 커진 과점 기업이 세계시장을 지배하고 있다. 스위프트는 2007년에 브라질의 거대 기업인 JBS에 15억 달러에 인수되면서 세계 최대 육류 가공업체인 JBS-스위프트가 되었다.[48]

전 세계의 육류 수요가 계속 치솟자 이를 충족하기 위해 먼 곳의 풍경이 변하고 있다. 2018년에 브라질 숲의 7,900제곱킬로미터(런던 면적의 다섯 배에 달한다)가 소 방목 및 가축 사료를 위한 콩 생산을 목적으로 개간되었다.[49] 미국인이 이익이라는 명목으로 자연 배후지를 파괴한 것처럼 브라질인도 녹지를 파괴하고 있으며 거대 농기업 카르텔로 인해 미국은 여전히 이익을 거두어들이고 있다. 2017년에 브라질 세라도(브라질 면적의 5분의 1에 달하는 숲이 우거진 대초원)에 퍼진 산불은 버거킹의 주요 공급 업체인 카길과 번지의 대두 생산과 연관된 것으로 밝혀졌다.[50] 한편 아서 코넌 도일Arthur Conan Doyle의 《잃어버린 세계》에 영감을 주었다고 짐작되는 원시 아마존 숲인 세라 리카

르도 프랑코 주립공원이 파괴된 것은 이곳에서 소 24만 마리를 방목하려 한 JBS-스위프트와 관련이 있었다.[51] 더군다나 2018년에 선출된 극우 성향의 브라질 대통령 자이르 보우소나루Jair Bolsonaro가 브라질의 환경부와 농업부를 통합해 기업식 농업을 지원하겠다는 의사를 발표하면서 전 세계의 공포를 자아냈다. 대통령이 불법 벌목을 허가했다는 우려는 2019년 7월에 이르러 기정사실이 되었다. 정부가 자체적으로 감시한 결과, 삼림 벌채 비율이 전년도보다 88퍼센트 증가해 현재 최고 기록에 이르렀으며 매일 맨해튼 크기의 삼림이 사라지고 있다는 사실이 밝혀진 것이다. 보우소나루는 이 수치가 '거짓'이라고 일축했다.[52]

신성불가침의 풍경은 이제 없다. 바다 깊은 곳을 비롯해 야생 상태가 그나마 보존된 지역조차 몸과 마음에서 멀어지면서 윌리엄 크로논이 말한 '자본의 지리학'에 따라, 즉 자연에서 얻을 수 있는 이익만 고려한 접근법에 따라 무참히 변형되고 있다.[53] 도시와 시골이 한데 어우러지던 고대의 춤사위는 결국 최후의 파멸적인 토지 수탈로 변모했다.

장소 변화

도시를 어떻게 먹여 살리느냐는 문제가 중요한 것은 미래가 압도적으로 도시화될 것이기 때문이다. UN에 따르면 현재 전 세계 인구의 54.5퍼센트가 도시에 살고 있으며 이 수치는 2050년에 68퍼센트까지 증가할 것으로 예상된다.[54] 세계인의 5분의 1인 17억 명이 인구 100만 이상의 도시에 살고 있고 그중 31개 도시는 인구 1,000만 명 이상의 대도시다. 그중 최대 규모로 꼽히는 다섯 도시는 도쿄와 델리, 상하이, 뭄바이, 상파울루로 각각 인구가 3,800만, 2,600만, 2,400만, 2,100만, 2,100만 명이다. 도쿄를 제외한 네 개 도시는 2030년까지 24퍼센트에서 38퍼센트 증가할 것으로 예상된다.[55] 놀라울 것도 없이 도시의 규모 및 성장 속도를 감안하면 많은 도시가 급격한 성장세에 대응하기 위해 고군분투하고 있으며 전 세계 약 10억 명의 사람들이 변칙적인 판자촌이나 빈민가에 살고 있다.

사람들이 이렇게 도시로 무턱대고 몰려드는 이유는 무엇일까? 이것이 좋은 일일까? 그렇지 않다면 지금 이 현상에 대해 우리는 무엇을 할 수 있는가? 원인이 무엇이든 오늘날 대다수 사람들에게 도시화와 진보는 동의어처럼 통용되고 있다. 이 사실이 어디보다 들어맞는 곳이 중국이다. 중국은 지난 30년간 지금껏 본 적 없는 급진적인 국가 도시화 프로그램을 추진했다. 지난 25년 동안 중국인 5억 명이 도시로 이주했다. 산업혁명이 열 배 더 빠르게, 100배 더 큰 규모로 진행되었다고 생각해보라.[56] 이런 거대 격변의 영향이 세계 각지에서 감지되었다. 그렇다면 그들이 생각하는 도시와 농촌 생활의 상대적 이점은 무엇일까?

고대사회가 도시화를 촉구하며 내건 약속은 최소한 일부라도 생계유지라는 족쇄에서 벗어나 더 높은 목표를 추구하게 하겠다는 것이었다. 문제는 이런 혜택이 처음부터 공평하게 분배되지 않았다는 점에 있다. 《길가메시 서사시》를 쓴 수메르의 필경사와 시인 들은 소나 쟁기를 다루는 이들이 아니었다.[57] 농업은 문명을 일으켰지만 동시에 사회를 상호 의존적이면서 풍경이 전혀 다른 두 공동체로 나누었다. 도시와 시골의 협력 관계는 항상 얼마간 적대적이었다.

우리는 여전히 둘로 나뉜 사회에 살고 있다. 5,000년이 지났지만 분리 너머를 내다보지 못하고 있다. 도시 거주자는 오랫동안 자신이 촌스러운 시골 사람보다 우월하다고 생각했다. 프리드리히 엥겔스조차 농장에서 그저 '할 일 없이' 지내던 농부들에게 산업화가 궁극적으로 좋은 영향을 미치리라 생각했다. "고요한 자연에서 편안하게 살던 그들은 산업혁명이 없었다면 기존 생활에서 결코 벗어나지 못했을 것이다. 그들의 삶은 아늑하고 낭만적이었지만 인간으로서의 가치는 없었다."[58]

엥겔스가 옳았을까? 설령 그렇다 해도 농부를 자기 기준으로 판단한 것이 잘못이 아니라 할 수 있을까? 애석하게도 모두 세상을 떠나고 없는 지금으로서는 그 당시의 농부들이 어떻게 생각했는지 누구도 알 수 없다. 서사는 언제나 강한 자의 것이다. 2012년에 방영된 BBC 다큐멘터리 〈지구상에서 가장 빠르게 변하는 곳The Fastest Changing Place on Earth〉이 매력적인 것도 그 때문이다.[59] 6년에 걸쳐 촬영된 이 다큐멘터리는 상하이에서 서쪽으로 1,600킬로미터 떨어진 고립된 산골 지역인 백마촌White Horse Village이 인구 20만 명을 거느린 도시로 발전하는 과정을 기록했다. 저속 촬영 기법을 활용해 고대 건물과 좁은 진창길, 아름다운 주변 환경이 있던 마을이 사라지고 중앙 광장 주변으로 고층 아파트와 사무실, 정당 당사가 늘어서는 과정을 보여준다.

변화를 바라보는 마을 사람들의 견해는 엇갈렸다. 쌀농사를 짓는 어느 젊은 여성에게는 변화가 그리 빨리 찾아오지 않는 듯 느껴졌다. 남편이 일 때문에 베이징으로 떠나 있는 동안 아픈 어머니와 두 아이를 돌보는 샤오 장Xiao Zhang은 지칠 대로 지쳐 있었다. 그는 돼지와 누에를 키우며 밤낮으로 일하면서 생계를 간신히 유지했지만 더 나은 삶을 갈망했다. 6년이 지난 뒤 찾아온 변화는 놀라웠다. 구내식당 직원이 된 지금도 여전히 하루하루가 고되지만 새로운 삶이 전보다 훨씬 낫다고 한다. 반면 나이 든 농부들에게 닥친 변화의 모습은 전혀 달랐다. 대다수가 도시에서 일자리를 구하지 못한 나머지 자신이 쓸모없다고 느꼈고 네온 등이 켜진 카페에 앉아 마작으로 시간을 보내며 시골에서의 옛 삶을 회상했다. 집을 팔지 않겠다고 끝까지 고집한 어느 주민은 흙바닥에 주저앉아 자신의 집 앞을 지나가는 차들을 쓸쓸하게 바라보았다.

중국의 변화는 200년 전에 영국이 그랬듯 승자와 패자를 뚜렷이 나누었다. 호황을 누리는 건설 및 제조업으로 한밑천을 잡은 사람이 있는가 하면 생계도 잃고 살던 마을까지 잃었지만 보상으로 주어져야 할 일자리조차 얻지 못한 사람이 있었다. 날림으로 지은 간소한 아파트에 백마촌 사람들이 처음으로 들어가 산 지 불과 3년 만인 2015년, 중국의 경제 호황은 피할 길 없이 멈추어섰다. 평면 TV와 세탁기에 보상금을 모두 써버린 전직 농부들이 가전을 돌릴 전기세를 감당할 수 없게 되었다.[60] 결국 일부는 콘크리트 고층 건물에 사는 것이 숨 막힐 듯 답답하다고 호소했고 일부는 스스로 목숨을 끊었다.

대변혁은 필연적으로 고통을 수반한다. 아무리 낙후했어도(정부가 공식적으로 쓴 용어다) 백마촌 주민들의 삶에는 분명 도시 생활로(최소한 중국에서 세워지는 즉석 도시에서의 생활로) 대신할 수 없는 의미가 있었다. 이들이 트라우마에 시달리는 것이 장기적으로 가치가 있는 일일까? 그렇기도 하고 아니기도 하다. 다른 곳이 그랬듯 발전으로 향하는 중국의 행진에는 들판에서 힘겹게 일하는 고된 삶이 공장에서 힘겹게 일하는 고된 삶으로 대체되는 과정이 포함된다. 외딴곳이지만 유대감이 강한 공동체를 기숙사 지역의 고립된 아파트와 맞바꾸는 것이다. 전자의 삶이 후자의 삶보다 '인간답지 못한가'의 문제는 논란의 여지가 있다. 비 온 뒤 흙의 냄새를 알고 새와 나무의 이름을 아는 것은 평면 TV나 나이키 운동복을 소유하는 것과 전혀 다른 '재산'이기 때문에 평가가 나오기까지 꽤 오랜 시간이 걸릴 것으로 보인다.

자본 이익

백마촌 이야기에서 알 수 있듯 도시 생활이 시골 생활보다 본질적으로 낫다는 주장은 지나치게 단순하다. 분명 도시는 연결성과 기회, 고용, 이동성, 다양성과 문화, 그리고 (적어도 이론상으로는) 시장과 학교, 병원으로의 접근성 등의 이점을 제공하며, 시골은 그에 필적하기 위해 고군분투한다. 도시는 문명의 요람이지만 사람이 살기에 완벽한 곳은 아니다. 특히 빈민가에 사는 경우 더러움과 혼잡함, 범죄 및 불안감 외에도 시골에 살지 않아서 포기할 수밖에 없는, 경제학자들이 기회비용이라 부르는 것이 있기 마련이다. 시골 생활은 결점도 있겠지만 대다수 도시가 제공하지 못하는 것을 안겨준다. 바로 자연과의 친밀함이다.

매슬로의 욕구 위계를 따라가면 자연과의 접촉은 우선순위에서 다소 낮은 위치에 있을지 모르지만 자연과 단절될 때 우리가 얼마나 끔찍한 고통을 겪는지 최근 연구 결과를 보면 알 수 있다. 가령 녹지에 둘러싸여 있을 때 질병에서 훨씬 빨리 회복되며 자연과 짧은 시간 접촉하더라도 스트레스가 줄고 전반적인 웰빙 수준이 높아지는 것으로 나타났다.[61] 그리 놀라운 발견은 아니다. 결국 인간은 정치적 **동물**이지 정치적 로봇이 아니며, 우리의 이원적 욕구는 도시 역설의 핵심을 관통한다. 그렇다면 도시 생활이 시골 생활보다 낫다는 생각에 왜 그렇게 흔쾌히 동의하는 것일까? 도시가 경제성장이라는 희망을, 즉 애덤 스미스 시대 이후로 도시화를 주도한 약속을 제공하기 때문이다.

시골 생활이 과소평가된 이유 중 하나는 시골이 경제성장을 주도하지도 않고 성장에 의존하지도 않기 때문이다. 사실 농촌 공동체의 자연 상태는 안정이다. 농업 수확량은 시간에 따라 증가할 수 있지만 가령 땅에서 석유를 시추하거나 소를 방목하기 위해 열대우림을 개간하는 등의 전적으로 도시 주도적인 작업처럼 막대한 이익이 창출되는 일은 없을 것이다. 중국 정부가 수십 년 전에 깨달았듯 경제를 가장 빨리 성장시키는 방법은 생산자(농민)를 소비자로 만드는 것이다. 백마촌 주민들의 깜깜한 TV 화면과 돌아가지 않는 세탁기가 이런 성장의 산물이자 다음 성장 단계에 동력을 제공하는 수단이다. 흔히 도시화가 사람들을 가난에서 구제했다고 하지만 현실은 단순히 하나를 다른 하나와 맞바꾼 것에 불과하다.

대표적인 예가 미국이다. 20세기 초의 미국은 여전히 존 로크의 인정을 받았을지도 모른다. 전체 인구의 38퍼센트가 농부였고 미국의 소도시가 번성하던 때였다.[62] 이제는 미국인 중에 농부가 2퍼센트도 안 되며 미국의 식품 시스템은 지구상에서 가장 통합되고 산업화되었다. 그 결과 미국은 선진국 중에서 빈곤 수준이 제일 높고 우울증을 앓거나 약물에 의존하거나 비만한 인구가 가장 많다. 도널드 트럼프의 열렬한 핵심 지지층을 대표하는 농촌 주민들은 자살률이 미국 전체 평균의 세 배에 이를 정도로 절망 속에 살고 있다.[63]

미국 농촌의 종말이 시작된 것은 리처드 닉슨Richard Nixon 정권 당시 농무부 장관이었던 얼 버츠Earl Butz가 1970년대에 가족 농장과 전쟁을 선포하며 이를 더 효율적인 기업식 농업으로 대체하겠다고 선언하던 때로 거슬러 올라간다. "몸집을 키우지 않을 거면 나가라"는 "적응 못 하면 죽는다"와 함께 얼 버츠가 선호하는 구호였다.[64] 마이클 폴란이 《잡식동물 분투기》에서 설명한 바와 같이 버츠는 '농부가 재배할 수 있는 모든 옥수수에 보조금을 지급'하는 것으로 자신의 정책을 뒷받침했다.[65] 그 결과 전 세계 농장 가격이 폭락하면서 바닥으로 치닫는 경쟁이 이어졌다.[66] 한때 자아의식의 중심은 물론 국가 경제의 중심을 이루었던 미국의 가족 농장은 덩치 큰 자만 살아남을 수 있는 세계적 기업으로 변모했다.

조엘 다이어Joel Dyer가 《분노의 수확Harvest of Rage》에서 설명했듯 미국 농촌이 파괴되면서 광범위한 손상이 가해졌다. 수 세대에 걸쳐 같은 땅을 일구며 살아온 사람들은 농장을 잃으면 '가늠하기 힘든 절망'에 빠진다. 이들은 간혹 어떤 대가를 치르더라도 농장을 계속 지켜야 한다는 책임감을 느끼며 그에 따른 손실을 사랑하는 사람의 죽음보다 더 참담하게 느낄 수 있다. 다이어는 이렇게 말한다. "단지 농장을 잃는 것이 아니다. 자신의 정체성과 역사, 그리고 여러 면에서 자신의 삶을 잃는 것이다."[67] 많은 농부들이 지속성과 의무를 가장 중시하면서 전통을 따라 근면하게 일한 사람들이기 때문에 참상은 더욱 가혹하다.[68] 이들은 "땅을 잃느니 차라리 죽고 말겠다"라고 이야기한다.[69]

순환

모든 사람이 새로움을 추구하고 위험을 감수하는 경제인에 들어맞는 것은 아니며 도시에 이는 사업의 소용돌이 속에서 성공할 준비가 되어 있는 것은 아니다. 오히려 농부들은 대부분 그와 반대되는 극단에 서 있다. 그들에게 농업은 남부럽지 않게 살 수만 있다면 계속 유지하고 싶은 삶의 방식이다. 도시화는 누구에게나 행복을 안겨주는 만능 해결책과 거리가 멀지만 이 외에 발전에 이르는 다른 선택지가 없기 때문에 많은 이들이 택할 수밖에 없는 길이 되었다. 그 결과 농촌의 젊은이들이 재산을 모으기 위해 하나둘 도시로 떠나면서 전 세계 촌락이 유아동이나 병약자, 노인만 남은 채 텅 비고 말았다.

서사가 바뀌지 않는다면 도시와 농촌의 깊은 불균형은 피할 수 없어 보인다. 더 나은 방법이 없을까. 더그 손더스Doug Saunders가 《도착 도시Arrival City》에서 지적한 바에 따르면 시골 생활을 훨씬 더 나은 무언가로 바꾸는 데 많은 것이 필요하지는 않다. 손더스는 도시를 거부하는 사람이 아니지만(오히려 그는 이번 세기를 마감하는 인류가 "철저히 도시적인 종"이라고 본다) 변화하는 과정에서나마 도시와 농촌의 관계를 공고히 유지하는 것이 가치 있다고 본다.[70]

도시 이주도 일방적인 경우는 드물다. 이주자들이 보통 고향 마을과 강한 유대를 유지하면서 추수 등을 돕기 위해 고향을 찾기 때문이라고 손더스는 지적한다. 대부분 고향에 있는 가족에게 돈을 보냄으로써 농촌 경제를 부양시킨다. 어디보다 이런 관행이 두드러진 곳이 방글라데시다. 1960년대에 영국으로 떠난 초기 이주자들(영국에서는 런더니Londoni라 불렸다)이 보낸 돈으로 마을은 놀라운 변화를 이루었다. 일부 마을은 쇼핑몰과 극장, 레스토랑, 학교, 심지어 부동산 중개소까지 가득 들어서면서 사실상 도시와 다름없는 곳으로 성장했다.[71] 손더스가 설명했듯 이런 마을에서 런더니는 영주와 비슷한 존재가 되어 화려하게 장식된 대저택에 살며 수백 명을 고용해 농장과 건설 사업, 상점 또는 도로 건설 계획을 추진했다.[72] 2008년 금융 위기 이후 현금이 고갈되자 여러 마을이 허리띠를 졸라맨 채 의존적인 유사 봉건 경제에서 더 회복력 있고 자립적인 경제로 탈바꿈해나갔다.

사하라사막 이남의 아프리카와 중동 등 조금 더 부유한 지역으로까지 이미 널리 퍼진 이런 마을의 도시화는 개발도상국에 새로운 형태의 농촌 경제로 향하는 길을 제시할 수 있었다. 도시화로 농촌이 변화하면서 사람들은 선택할 수 있는 여지가 있다면 떠난 곳에 계속 머물거나 고향으로 돌아올 기회를 얻었다. 이런 접근 방식은 거대 농기업의 거침없는 행보를 막아설 대안이 될 수도 있다. 많은 연구 결과 가난한 나라의 중간 규모 농장은 대규모 농장보다 생산성과 수익성이 더 높은 데다 더 많은 일자리를 창출한다.[73] 순환 이주는 도시의 부를 시골로 되돌릴 뿐만 아니라 도시 이주자들이 새로운 삶의 불안정함을 덜어낼 완충장치로서 시골에 발 디딜 곳을 마련할 수 있게 한다. 일례로 2008년 금융 위기 이후 중국인 이주민 2,000만 명이 고향 마을로 돌아왔고 그중 95퍼센트가 그해 말에 다시 도시로 떠났다.[74] 이에 대응해 중국 정부는 2008년 11월 이후 건설부를 주택 도시농촌 계획부로 변경한다고 발표했다.[75]

도시의 승리?

어떻게 생각하든 도시화는 거침없이 계속되고 있다. 도시가 우후죽순처럼 늘어나고 그 안에 사는 사람들에게 더 많은 식량이 필요해지자 전 세계 농부들이 땅을 떠나면서 도시 시대에 식량을 공급하기 위해 필요하다고 생각되는 기업식 농업에 자리를 내어주고 있다. 그렇게 진보와 도시화의 융합은 자기실현적 예언이 되고 있다.

지구상에 75억 명이 살고 있고 곧 25억 명이 더 늘어날 것으로 예상되는 상황에서 '뿔뿔이 흩어져' 사는 삶은 더욱 멀어지고 있다. 그러면 이제 농촌 생활이라는 개념을 역사에 묻어야 할 때일까? 미국 생태학자 스튜어트 브랜드Stewart Brand가 보기에 대답은 명백히 '그렇다'다. 1960년대 당시 환경계의 성경이었던 《지구백과Whole Earth Catalogue》를 쓴 스튜어트는 2009년에 《지구 규율Whole Earth Discipline》을 출판하면서 제자들에게 충격을 주었다. 책에서 그는 친환경 운운하는 구호를 모조리 산산조각 내면서 유전자 조작 작물과 원자력, 무엇보다 도시화가 기후변화에 맞서는 유일한 희망이라고 주장한다. 도시야말로 친환경적으로 생활할 수 있는 공간이라 할 수 있는 이유는 밀도가 높아 '집적 경제'가 가능해서 일상 서비스를 제공할 때 필요한 자원을 크게 줄일 수 있기 때문이라고 말한다. 리우데자네이루처럼 부유한 동네와 빈민가가 극명하게 뒤섞인 도시는 부자연스러워 보일 수 있지만 사실 상당히 효율적인 배치라고 할 수 있는 것이, 모든 "하녀와 유모, 정원사와 경비원이 걸어서 출근하기" 때문이다.[76] 빈민가는 암울하지만 동시에 부를 창출하고 고안하는 온상으로서 잠재적으로 수조의 가치가 있는 비공식 경제를 대표한다.[77]

결정적으로 도시화의 큰 이점 중 하나는 남편의 영향력 아래에서 '물을 긷고 땔감을 주워오던' 여성을 전통적 역할에서 해방시키는 것이라고 브랜드는 주장한다.[78] 여성이 남성보다 가정을 훨씬 더 잘 관리한다는 사실을 금융 대출 기관은 오래전부터 알고 있었다. 자유롭게 돈을 벌고 자신의 집을 소유할 수 있다면 여성은 가부장제라는 억압된 전통에 혁명을 일으킬 수 있는 존재였다. 이런 변화가 이어지면 출산율이 낮아질 테고 그러면 지구 입장에서도 양쪽 다 득이 되는 상황에 이를 것이다. 물론 현재의 빈민가를 미래의 도시로 전환하려면 많은 일을 해야겠지만 이 여정이 나아가는 방향은 완전히 긍정적이라고 브래드는 결론내린다.

과연 브랜드의 말이 옳을까? 여성 해방으로 얻게 되는 귀중한 이점을 제대로 짚은 것은 분명하다. 도시화와 교육은 상대적 성 평등과 낮은 출산율을 이룬 핵심 요인이며 이로써 서양이 위대한 사회 업적을 달성한 것도 사실이다. 하지만 여성 해방이 반드시 도시에서 일어난다고 할 수 있을까? 일례로 케냐의 키쿠유족 여성이 도시로 이주하는 것은 기존 공동체에서 재산권을 주장할 수 없기 때문이다. 하지만 사회과학자 다이애나 리스미스Diana Lee-Smith가 발견한바, 많은 여성이 자신의 권리가 보장된다면 마을에 머무르겠다고 답했다.[79] 이들 여성에게 도시 생활은 어쩔 수 없는 선택이며 복잡한 사회문제의 불완전한 해결책일 뿐이다. 더 나은 방법은 부족 원로들을 설득해 기존의 재산법을 변경하는 것인데 이는 현재 이미 진행되고 있다. 이런 해결책으로 여성은 진보라는 이름에 떠밀려 한쪽을 강요받기보다 진정으로 어디에 살고 싶은지 스스로 선택할 수 있을 것이다.

브랜드가 보기에 이런 선택은 '감당할 여력이 안 되는' 것이다. 딕슨 데스포미어처럼 인류가 맞닥뜨린 생태학적 문제를 해결하는 유일한 방법은 곧 자연에서 물러나는 것이라고 믿기 때문이다. 두 사람의 의견도 일리가 있다. 인간이 유례없이 파괴적인 (그러면서 자기 파괴적이기도 한) 종이라는 사실은 이미 스스로 거듭 입증했다. 그렇다면 생존을 위해서 좋은 삶은 단념하고 도시로 이주해 외부 세계와 단절하는 것이 최선이라고 결론내려야 하는 것일까? 그렇게 되면 우리가 의존하는 자연에서 영영 멀어지는 것 아닌가?

이런 질문은 미래에 식량을 어떻게 조달해야 하는가라는 인류의 핵심 딜레마로 돌아간다. 브랜드가 생각하는 답은 명확하다. 가능한 한 집중적으로 농사를 짓고 유전공학을 활용해(브랜드는 유전자 조작보다 유전공학이라는 말을 선호한다. 모든 진화에 유전자 조작이 수반되기 때문이라고 한다) 농업 발자국을 최소화하며 되도록 많은 자연을 야생으로 되돌려놓아야 한다고 말한다.[80] 그가 보기에 자급적 농업은 '가난의 덫이자 환경 재앙'에 불과하다.[81]

물론 자급적 농업이 실제로 가난의 덫이 될 수도 있지만 브랜드가 제시한 해법은 해결하는 것보다 더 많은 문제를 야기한다. 라즈 파텔Raj Patel이 《식량전쟁》에서 지적했듯 새로운 농업 기술을 맹목적으로 적용하면 득보다 실이 훨씬 더 클 수 있다. 예를 들어 인도 펀자브 지역에서 시행된 이른바 녹색 혁명은 미국의 지원을 받아 고수확 품종을 도입하고 관개시설을 개선하며 화학비료를 사용해 작물 수확량을 향상시키고자 한 프로젝트로, 처음에는 극적인 결과를 이루었지만 이후 지하수를 품은 지층이 메마르고 토양이 염류화하면서 처참하게 실패했다. 결국 대출금을 갚지 못한 농부 수천 명이 스스로 목숨을 끊었다. 파텔은 녹색 혁명이 실패한 이유가 현지 상황을 고려하지 않은 채 멀리 떨어진 연구소에서 개발한 기술에만 의존했기 때문이라고 지적했다.[82] 이와 대조적으로 인도 서남부 케랄라의 농촌 개발 프로그램에서는 점진적 토지 개혁과 농민 조합 설립, 새로운 보건 및 교육 프로그램 도입 등을 함께 진행한 결과, 작물 수확량이 일관되게 증가했고 사회 전체가 지속적으로 개선되었다.[83]

여느 이념이 그렇듯 도시라는 복음을 전도할 때 문제는 규정된 틀에서 잘려나가는 것들이다. 자급자족 농부들이 다른 일을 하면 형편이 더 나아질 것이라는 견해가 사실일 수도 있지만 그들이 모두 농업을 그만두어야 한다는 결론은 면밀히 살펴보면 이치에 맞지 않다. 이들 농부야말로 지구에서 가장 중요한 존재다. 자연을 가꾸는 그들의 지식과 기술이 인류의 미래에 반드시 필요하기 때문이다. 누구나 자신이 아는 것에만 관심을 보이기 마련인데 모든 사람이 도시로 이주한다면 자연을 가꾸는 지식은 어디서 얻을 수 있겠는가? 여러 세대에 걸쳐 농사를 지어온 가족만큼 땅을 잘 이해하고 땅을 보존하려 하는 사람이 어디 있겠는가. 자연 보존이 목표라고 하면서 거대 농기업만 믿고 있다니 기이한 행보가 아닐 수 없다. 아끼는 양을 늑대에게 맡기는 셈이나 다를 바 없다.

죽기 살기로 덤비라는 도시의 비전은 도시와 시골 양쪽에서 새로운 종류의 친환경 공동체를 만들 수 있다는 가능성을 묵살한다. 더불어 현재 농촌에 거주하는 30억 인구가 모두 도시화해 서구의 생활 방식을 받아들인다면 생태학적 재앙이 일어나리라는 사실 역시 간과하고 있다. 도시는 이론적으로 친환경적일 수 있지만 대다수 도시인이 습관처럼 햄버거를 먹고 SUV를 운전하며 매년 휴대전화를 신형으로 바꾼다면 사람들이 서로 바싹 붙어 살아갈 때 얻는 생태학적 이득은 순식간에 사라질 것이다. 그렇다고 이미 도시에 살고 있는 세계의 빈곤층 20억 명이 다른 이들처럼 좋은 삶을 누릴 자격이 없다는 말이 아니다. 오히려 지금 가장 시급한 과제는 지구를 파괴하지 않으면서 **모든** 사람이 누릴 수 있는 삶의 비전을 제시하는 것이다.

아르카디아에도 나는 있다

> 인간 사회와 자연의 아름다움은 함께 향유해야 한다.
>
> —에버니저 하워드84

인류의 미래는 도시에 있다. 이 말이 실제로 의미하는 바는 무엇일까? 미래의 도시는 과거의 도시와 닮아 있을까 아니면 전혀 다른 모습으로 바뀔까? 현재의 도시 모델이 발달한 것도 결국은 인류 대다수가 시골에 살고 있을 때였다. 생태학적 수단 안에서 살아야 하는 새로운 필요를 감안하면 고대 로마를 거울삼아 점점 더 방대해지는 소비 중심 도시로 몰려드는 것은 명백한 실수로 보인다. 애초에 인류는 먼 땅을 약탈하면서 지금과 같은 궁지에 몰렸다. 과거에서 본보기를 삼고자 한다면 도시국가가 훨씬 더 많은 가능성을 보여주는 듯하다. 무엇보다 억제되지 않는 도시 성장이나 토지 부족을 우려하는 이들이 일관되게 선택한 것이 도시국가이기 때문이다.

고대 그리스인은 자급자족을 염려하면서 폴리스의 규모를 제한했다. 로마가 멸망한 뒤 중세 이탈리아인은 작지만 완벽한 형태의 도시를 건설했다. 런던의 광대함은 이후 유토피아를 논한 두 가지 핵심적인 글에 영감을 제공했다. 토머스 모어Thomas More가 1516년에 발표한 《유토피아》는 튜더왕조 당시 수도의 탐욕을 풍자했고 에버니저 하워드Ebenezer Howard가 1902년에 발표한 《내일의 전원도시》는 빅토리아시대 대도시의 인구 과잉과 가난을 목도한 결과였다. 두 유토피아주의자 모두 런던의 우세를 실존적 위협으로 보았고 해결책으로 이상적 인구가 3만 명 정도 되는 도시국가로 돌아갈 것을 제안했다.

모어와 하워드 모두 플라톤과 아리스토텔레스의 사상을 열렬히 지지했지만 누가 농사를 지을 것인지와 관련해서는 고대 스승의 의견에 동의하지 않았다. 플라톤과 아리스토텔레스는 노예가 농사를 맡을 것이라고 가정했지만 모어와 하워드는 농사가 누구에게나 가치 있는 일이라고 공들여 주장했다. 모어의 유토피아에서는 사람들이 최소 2년 동안 농사를 지으며 다수가 그 일을 무엇보다 즐긴 나머지 농사를 삶의 소명으로 삼았다. 하워드는 그 자신이 네브래스카에서 농사를 시도하고 처참한 실패를 맛본 탓인지 농사 자체에 그리 매료되지는 않았지만 한 전원도시당 2,000명에 달하는 농부들이 도시인 못지않게 좋은 삶을 영위할 것이라고 추정했다.

하워드는 도시의 역설에 정면으로 맞서기 위해 어느 유토피아주의자보다 많은 일을 했다. 그는 네브래스카에서 낭패를 겪은 뒤 시카고에서 4년을 보내며 농업 관련 산업의 호황을 직접 마주했다. 이후 1876년에 런던으로 돌아와 보니 자신이 떠나온 시카고에서 들여온 값싼 수입품으로 영국의 농촌 주민들이 깊은 절망에 빠졌음을 알게 되었다. 영국 농부의 가난과 붐비는 빈민가에 충격을 받은 그는 농촌 경제를 안정시킬 방안을 찾아 나서기로 결심했다. 결국 불황으로 토지를 쉽게 구입할 수 있게 된 시골 지역에 새로운 도심지와 이어지는 네트워크를 구축하는 것이 해결책이라고 보았다. 철도로 연결된 이런 '도시-시골 자석Town-Country Magnets'(이후 기억하기 쉽게 '전원도시Garden Cities'로 바뀌었다)은 충분한 규모와 밀도를 제공해 문명화된 삶을 지원하는 동시에 사람들이 자연에 접근해 도시와 자연 두 세계의 장점을 모두 취할 수 있게 했다.

늘 그렇게 가정하듯 실제로 도시와 시골 생활이라는 두 가지 대안만 있는 것이 아니라 세 번째 대안도 있다. 이곳에서는 활기차고 활동적인 도시 생활의 모든 이점과 시골 생활의 모든 아름다움 및 즐거움이 완벽하게 결합되어 있다.[85]

자금을 어떻게 조달해야 할지 고민하던 하워드는 우연히 미국의 경제학자 헨리 조지Henry George의 연구를 발견했다. 조지는 미국에 철도가 깔리고 그에 따라 '악덕 자본가'가 증가하는 현상을 목격한 뒤, 자본가를 부유하게 만든 것은 철도 건설이 아니라 철도가 깔리는 곳의 토지 가치가 막대하게 증가하면서 토지 소유주가 아무 노력 없이 어마어마한 부를 쌓았기 때문이라고 결론내렸다.[86] 1879년에 펴낸 책《진보와 빈곤》에서 경제가 성장하면 예외 없이 불균형이 심화하는 이유는 경제성장으로 창출된 부가 더 높은 임금이 아닌 토지로 향하기 때문이라고 그는 주장했다.

대도시의 토지는 가치가 워낙 큰 탓에 피트 단위로 측정되는데, 그 안에서 극에 달하는 가난과 부를 만나게 될 것이다. 두 극단적인 사회 계급 사이의 이런 격차는 언제나 토지 가격으로 측정할 수 있다.[87]

하워드에게 조지의 아이디어는 계시와 같았다. 전원도시가 세워진 땅을 지역사회 신탁이 소유하면 높아진 토지 가치는 얼마가 되었든 개인 소유주가 아닌 도시로 돌아갈 것이었다. 그러면 시간이 흘러 지역사회는 부채를 갚고 경제적으로 독립할 수 있을 뿐만 아니라 외부에서 주민이 유입되어 보건 및 교육 등 서비스를 운영하기가 수월해질 터였다.[88] 결정적으로 이런 방법을 따르면 도시가 농지를 잠식하는 일도 없을 것이었다. 반대로 토지 소유주가 '수익을 올리는 데 혈안이 된 개인'일 경우에는 농지가 도시에 잠식되는 '재앙적 결과'를 피할 수 없었다.[89] 도시가 식량을 일부 수입해야 하겠지만 농부들은 시장과 가깝다는 이점으로 인해 여전히 남부럽지 않은 생활을 누릴 것이었다(공정하게 말하자면 하워드는 월마트나 테스코를 알지 못했다). 지역 공동체 안에서 선출된 관리 위원회가 운영을 맡으면 전원도시는 사실상 반독립적인 도시국가가 될 수 있었다.

흔히 떠올리는 목가적이고 나른한 이미지와 거리가 먼 전원도시는 점진적인 토지 개혁과 공동소유를 통해 자본주의의 질서를 전복시키고자 한 급진적 제안이었다. 그에 대한 실마리는 하워드가 1989년에 발표한 책《내일로To-Morrow: A Peaceful Path to Real Reform》에서 찾아볼 수 있다. 무엇보다 전원도시에서 가장 주목할 점은 여느 유토피아의 비전과 달리 실제로 지어질지 모른다는 심각한 위험에 처해 있었다는 사실이다.

레치워스의 교훈

1903년경 하워드의 전원도시 협회에 가입한 회원은 조지 캐드버리George Cadbury와 조지프 로운트리Joseph Rowntree, W. H. 레버W. H. Lever 등 굴지의 기업가들을 포함해 1,300명에 달했다.[90] 이듬해에 협회는 런던에서 55킬로미터가량 떨어진 하트퍼드셔주 레치워스 근처에 1,500헥타르에 이르는 부지를 구입하고 명망 있는 건축가 파커B. Parker와 언윈을 고용해 종합 계획을 세웠다. 하워드로서는 자못 의기양양해지는 이 순간, 꿈은 이미 정점을 지나고 있었다.

곧이어 결함이 드러나기 시작했다. 하워드는 프로젝트가 보장하는 수익률(4퍼센트 이하)이 일반 수익률에 한참 미치지 못하는데도 불구하고 투자자들이 몰릴 것이라고 오판했다. 또한 타협을 거부해 이사회의 울분을 샀고 결국 친구 조지 버나드 쇼George Bernard Shaw에게서 그를 실패한 유토피아주의자인 로버트 오언Robert Owen에 빗대며 신랄하게 풍자한 편지를 받았다.

> 오언처럼 자네가 감상적인 백만장자에게서 어렵지 않게 얻은 수천 파운드를 서툰 사회주의에 쓴다고 고집하면 오언은 물론 다른 많은 이들이 그랬듯이 실패할걸세. 그 사람들 모두 자네처럼 말했지. 자네가 아는 사실도 다 알고 있었어. 다들 자네보다 제조업 경험이 훨씬 많았지. 모두 영리하고 언변이 뛰어났고 고매한 이상주의자였으며 이론적으로는 누구보다 정확했네. 하지만 모두 실패했어. 왜냐하면 사회주의는 사기업과 양립할 수 없다는 사실을, 사기업이 사회주의를 목표로 삼는다는 것은 곧 자살을 목표로 하는 것이나 다름없음을 알지 못했기 때문이지.[91]

쇼는 자신만의 독특한 재치로 하워드의 문제를 꼬집었다. 후원자에게 전원도시는 그저 기분을 좋게 하는 기업에 불과했기에 사회적 비전을 내세워 수익에 해를 끼쳐선 안 되는 것이었다. 결국 하워드는 공동체 임대 및 공동소유, 진정한 자치 등 자신이 아끼는 원칙이 하나둘 폐기되는 모습에 분개하며 이사회에 편지를 남기고 물러났다.

레치워스가 건설되었을 당시 하워드는 거의 모든 프로젝트에서 발을 뺀 상태였다. 비록 중세 시에나에 비견할 정도는 아니지만 세계 최초의 그린벨트와 지역 신탁 등이 지금까지 운영되는 것을 보면 전원도시가 아예 실패한 것은 아니었지만 하워드가 품은 야심에는 한참 못 미쳤다. 영국의 푸르고 쾌적한 땅을 자치 도시국가의 온상으로 전환하려 한 꿈은 그 대신 고상하고 녹음이 우거진 예술 및 공예 도시, 중산층 주민들이 런던으로 통근하는 도시를 탄생시켰다.[92]

전원도시가 실패한 것은 아이디어가 나빠서가 아니라 사람들이 진정으로 무엇을 원하는지 잘못 가정했기 때문이다. 투자자들은 그저 만족하고 마는 것이 아니라 돈을 벌고자 했다. 사람들은 자치 도시국가를 운영하는 것이 아니라 다만 살기 좋은 곳을 원했다. 후자만 따진다면 하워드는 성공을 거둔 것이나 다름없다. 레치워스는 여전히 주민들 사이에서 평판이 좋다.

레치워스 사례가 말해주듯 지역사회를 처음부터 구축하기란 상당히 어렵다. 유토피아에 이르는 길은 실패로 점철된다. 사실 유토피아라는 단어 자체가 '좋은 곳' 또는 '없는 곳'이라는 뜻이니 어원마저 파괴의 씨앗을 품고 있다.[93] 미래에 다른 삶을 꿈꾼다면 하워드보다 더 통합된 접근 방식이 필요할 것이다. 적극적인 기업가 몇 명이 아니라 더 많은 사람을 모으고 돈과 에너지, 식량과 고용, 운송 및 서비스의 흐름을 더욱 많이 활용할 수 있어야 한다. 다시 말해 이 접근 방식 자체가 본질적으로 사회주의적이기 때문에 최근 수십 년간 이어진 신자유주의 세계에서는 볼 수 없었던 **계획**이 필요하다.

자본의 지리학

좋은 예로 최근 런던의 부동산 호황을 들 수 있다. 애나 민턴Anna Minton이 《거대 자본Big Capital》에서 주장하듯 최근 런던 부동산 시장이 변화한 것은 이곳에 살고 싶어 하는 사람들이 갑자기 밀려들어서가 아니라 규제가 대폭 완화된 런던의 주택에 현금을 예치하려는 이들을 중심으로 세계적인 소비 열풍이 일고 있기 때문이다. 2017년에 국제투명성기구Trasnparency International에서 보고한 바에 따르면 런던 소재 부동산 4만 4,022개가 놀랍게도 해외 기업의 소유이며 그중 90퍼센트는 영국령 버진 아일랜드 같은 비밀 관할구역을 통해 구입한 것이고 986개는 '주요 정치 인사'와 연계되어 있다.[94] 간단히 말해 런던은 세계 자금 세탁의 수도가 되었고, 불법으로 쌓은 재산을 세탁하려는 부패 정치인과 독점 재벌 들에게 런던의 최고급 동네는 벽돌로 둘러싸인 안전 금고에 지나지 않는다는 뜻이다.

런던으로 현금이 쏟아지면서 파급 효과가 일어난 결과, 일반 런던 시민들이 도시 밖으로 밀려나고 도심은 부자들의 놀이터가 되었다. 이런 현상에 외국인 투자자만 가담한 것이 아니다. 시의회 역시 절실히 필요한 현금을 확보하기 위해 주택단지를 무리하게 구입했다. 런던 서더크 지역에서 얼마 전 철거된 헤이게이트 주택단지Heygate Estate의 주민들은 결국 살던 집에서 약 30킬로미터 떨어진 슬라우나 로체스터로 흩어졌다.[95] 런던 내 주거용 부동산의 교환가치가 사용가치를 훨씬 뛰어넘자 신규 부동산은 건설되기도 전에 외국 투자자의 손에 넘어갔다. 이와 관련해 민턴은 이렇게 언급했다. "영국 주택 시장은 순수 시장으로 기능하지 않으며 지역 상황이 아니라 전 세계 자본의 흐름과 이어져 있다."[96]

런던 같은 도시가 호화로운 놀이터가 된 것처럼 시골도 같은 길을 걷고 있다. 2012년에 네덜란드 건축가 렘 콜하스Rem Koolhaas가 암스테르담 북쪽에 위치한 시골 지역을 연구한 결과, 해당 지역의 57개 사업체 중 농장은 11곳에 불과했으며 그 중에는 젖소 150마리가 물침대에서 자고 로봇이 주는 음식을 먹으며 생활하는 '소 호텔'도 있었다.[97] 농장 이외의 사업체 중에는 조각 정원이나 세습 공장, 부동산 중개소나 세무서, 마사지숍 등이 있었다. 연구에는 드레이프라는 작은 마을도 포함되어 있었다. 유네스코 문화유산으로 지정되어 그림엽서에 나올 법한 어촌이지만 물고기는 찾아보기 힘들다. '작은 베네치아'라는 별명에 걸맞게 예전의 상점과 서비스는 모두 사라지고 그 자리에 유물이 된 시골이라는 새로운 역할에 알맞은 관광 안내소와 청어 박물관, 카페 및 미술관 등이 들어섰다. 현지 부동산 중개소에 농장 매물이 나와 있지만 가격이 터무니없는 것을 보면 '농장을 원하지만 실제로 농사를 짓고 싶지는 않은 암스테르담 사람들'을 위한 것임을 알 수 있다.[98] 아이러니하게도 돈 많은 도시인이 '진정성 있는 분위기에 끌려' 이 지역으로 이주하고 있는데, 자신을 사로잡은 바로 그 특성이 자신처럼 '도시화한 존재'에 의해 침식되고 있다는 사실은 의식하지 못하는 듯하다.[99]

목가적 환상은 전혀 새로운 것이 아니다. 도시 자체만큼 오래되었다. 하지만 콜하스가 지적한 바처럼 우리는 시골에 대한 거짓된 환상에 눈이 먼 나머지 식량을 공급하는 거대 기업의 냉혹한 현실을 바로 보지 못하고 있다. 이들 기업은 도시에서 찾아볼 수 있는 어떤 것보다 더 완고하고 무자비하며 공장 같은 건물에서 운영되고 있다. 흔히 상상하는 전원의 목가적 풍경과 거리가 먼 시골은 거대한 유아차에서 버려지는 무수한 장난감처럼 물류 센터와 데이터 센터, 발전소 등이 들어서며 도시의 폐기물 처리장으로 전락하고 있다. 콜하스가 언급했듯 현재 시골은 미지의 땅이다. 누구도 시골에 대해 아는 바가 없고 시골에 대한 생각 역시 "완벽히 조작되어 결코 신뢰할 수 없다".[100]

오티움과 네고티움

현대사회에서 현실은 흔히 보이는 것과 다르다. 도시와 시골을 가르는 오랜 기준은 대부분 사라지고 이제 사치와 가난이라는 새로운 기준이 들어섰다. 부유하면 '도시'와 '시골'에 대한 접근권을 모두 사들일 수 있지만 두 곳 다 실재한다고 할 수 없다. 각 영역의 본질인 공공 생활과 농업이 부재하기 때문이다. 그래도 부유한 사람은 도시와 시골에 대한 환상을 만끽할 수 있는 반면 가난한 사람은 무대 장치 너머로, 사회의 숨겨진 바퀴가 돌아가는 곳으로 사라진다. 런던의 부동산 호황을 주도한 이들은 모퉁이 상점이 없어지고 이탈리아 대리석이 줄지어 늘어선 도시를 원할 것이다. 우리가 그보다 더 현실에 기반을 둔 다원적인 사회를 만들고자 한다 해도 자유시장 안에서는 그 꿈을 결코 이루지 못할 것이다.

로렌체티의 그림에서 알 수 있듯 계획에서 관건은 토지와 권력이다. 누가 무엇을 하고 어디로 갈지 결정하는 것이 정치의 핵심인데, 번영하기 위해서는 살고 일하고 놀 공간이 필요하기 때문이다. 계획은 공간에서 행해지는 정치철학이다. 그 한가운데에 소유권이, 전원도시에서 하워드가 해결하려 했으나 결국 실패한 바로 그 소유권이 있다. 계획에는 비전도 필요하다. 이상적 풍경이 실제로 어떤 모습일지 그려보아야 한다.

우리가 알고 있는 한 가지는 앞으로 목표로 삼아야 할 탄소 제로의 정상상태 경제에서는 토지가 지금과 매우 다르게 보이리라는 것이다. 생태학적 수단에 맞추어 살아가려면 오이코노미아의 원칙을 바탕으로 더욱 회복력 있고 현지 상황에 맞는 공동체를 구축해야 한다. 앞으로는 더 이상 경제성장이 삶의 원동력이 되지 않을 테니 우리가 하는 일과 늘어나는 부를 통해 다른 방식으로 성장할 수 있는 풍경이 필요할 것이다. 토지와 노동이 부의 유일한 원천이 될 테니 이 둘을 효과적으로 사용해야 할 것이다. 간단히 말해 인간의 번영을 위한 화폭으로 풍경을 재구성해야 한다.

이런 풍경이 공간 위에 어떻게 조성될 수 있느냐는 질문에 유토피아주의자들의 의견은 하나로 수렴되었다. 도시와 시골이 가능한 한 가까이 연결되어야 한다는 것이다. 비단 경제적 이유에서만이 아니라 정치적 동물로서 인간에게 사회와 자연 모두 필요하기 때문이다. 도시가 존재한 이래로 도시 생활을 누릴 여유가 있는 사람들은 언제나 도시와 시골에 자리를 마련해두었다. 가령 부유한 로마인은 주기적으로 도시를 떠나 시골 별장에서 지내며 네고티움negotium, 다시 말해 일과 오티움otium, 즉 휴식을 결합했다. 이런 별장은 명상을 위한 휴양지 역할을 할뿐더러 상당히 생산적이었다. 소小 플리니우스Pliny the Younger는 이렇게 썼다. "나는 포도밭에서처럼 정성스레 과일나무를 키우고 밭을 일군다. 밭에는 보리와 콩 및 다른 콩류를 심었다."[101] 로마 시대의 엘리트층이 호화로운 오이코노미아를 실천했고 이후 모든 국가의 상류 지주 계층이 그 뒤를 이었다. 하지만 삶의 배경이 한 집에 국한된 대다수는 사회 자연과 자연 자원을 모두 이용할 수 있는 곳을 찾기 위해 애써야 했다.

도시국가 모델이 오래 지속되는 것도 그 안에서 사회 및 자연 자원을 모두 얻을 수 있기 때문이다. 영국인은 집 두 채가 붙어 있고 뒷마당이 딸린 교외 지역을 좋아하겠지만 이런 도시의 확산을 승인한 유토피아주의자는 거의 없다. 교외 주택단지는 도시나 시골 생활을 충분한 규모나 밀도로 제공하지 않기 때문에 도시의 역설을 해결하지 못하며, 두 세계의 이점을 누리는 대신 모호한 경계만 그을 뿐이다. 아리스토텔레스에서 하워드로 이어지는 유토피아주의자들이 인정했듯 진정한 도시가 되려면 충분히 크고 밀집되어야 한다.[102] 지금은 '크고' '작은' 도시를 결정하는 기준이 바뀌었지만(그리스의 이상적 기준에서 최소한 열 배는 늘려야 한다) 많은 땅을 차지하지 않으면서 도시 생활을 누리기 위해서는 여전히 고밀도 도시가 필요하다. 옆으로는 물론 위로도 건물을 쌓아 올릴 수 있기 때문에 도시와 시골의 균형을 맞추는 것은 규모는 물론 패턴의 문제이기도 하다. 가령 맨해튼은 놀랍도록 작은 공간에 방대한 도시 생활을 선사하면서 동시에 센트럴파크로 푸른 자연의 위안까지 제공한다.

센트럴파크는 농장이 아니지만 여느 공원처럼 적어도 부분적으로 생산적일 수 있는 잠재력을 품고 있다. 과일나무나 견과 나무가 있든 없든, 이런 공간은 모든 대도시에 공통된 원칙을 드러낸다. 즉, 밀도와 열린 공간의 균형을 유지해야 한다는 것이다. 열린 공간은 강이나 정원, 광장이나 뜰 등 어떤 형태가 되었든 살기 좋은 도시를 구축하는 데 중요하다. 이런 원칙의 한 예인 런던의 그린벨트는 도시 계획가 패트릭 애버크롬비Patrick Abercrombie가 1944년에 런던 계획에서 수립한 것으로, 전원도시의 뒤를 잇는 가장 유명한 후예가 되었다. 한편 도쿄에서는 유기농 농장을 조각조각 기운 형태로 도시와 시골이 혼합되었다. 이 주거지는 역시 미래를 내다보고 1952년에 제정된 일본의 농지법에 맞게 형성되어 대도시 한복판에서 드물게 살아남았다.[103] 하지만 오늘날 전 세계의 도시 개발은 대부분 레치워스를 건설한 것과 같은 자본주의 세력에 의해 아무 계획 없이 추진되고 있다.

신기술 거주지

> 단지 도로만 들판의 덕을 볼 게 아니라 들판도 도로의 덕을 보게 해야 한다.
>
> —패트릭 게디스[104]

미래 도시의 성장은 필연적이지만 그 형태까지 필연적인 것은 아니다. 모든 사람이 번영하는 세상을 만드는 것이 목표라면 우리의 공통 과제는 이런 성장이 어떤 모습을 띨지 계획하는 것이다. 마음껏 참고할 수 있는 역사적 사례가 이미 방대하게 축적되었으니 적어도 이다음 대전환을 바로잡을 기회는 아직 있다. 케이트 레이워스Kate Raworth가 《도넛 경제학》에서 주장한 바처럼 미래 개발은 두 단계로 접근해야 할 것이다. 남반구의 저개발국은 생활 수준을 높여서 국제적 입지를 넓혀야 하고 북반구의 선진국은 생활 수준 및 국제적 입지를 줄이거나 안정화해야 하기 때문이다.[105] 회복력 있는 풍경을 만들 때에도 이와 비슷하게 임무가 나뉜다. 남반구에서는 폭발적인 도시 성장을 관리하는 일이 큰 부분을 차지하고 북반구에서는 이미 구축된 도시와 시골을 사후 조정하는 일이 수반된다. 어느 경우든 훗날 인류의 번영을 위한 풍경을 만들려면 도시와 농촌의 접점을 극대화하는 방안을 찾아야 할 것이다.

그리 새로운 발상은 아니다. 이런 계획은 이미 100년도 더 전에 스코틀랜드의 지리학자이자 생물학자이며 지역 계획의 아버지인 패트릭 게디스Patrick Geddes가 처음 제안한 바 있다. 게디스에게 인류 발전의 핵심은 자연경관, 즉 인간의 모든 활동을 형성하는 '활기 있고 경험이 풍부한 환경'이었다.[106] 하워드와 마찬가지로 게디스는 무분별한 도시 확장에 개탄했다. 특히 도시가 연속적으로 늘어선 대도시에 병합되는 현상을 가리켜 '도시연담화conurbation'라는 용어도 만들었다. 도시와 가까운 시골 지역을 보호하기 위해 그가 내놓은 해결책은 그린벨트를 설정하는 것이 아니라 도시가 확장하면서 농촌 '손가락'이 도심에서 사방으로 퍼져 별 모양을 만드는 것이었다. 이 방법으로 게디스는 자연과 진정으로 접촉하는 도시를 만들고자 했다. "이제 도시가 먹물이나 기름얼룩처럼 번지는 일은 멈추어야 한다. 진정으로 발전한 도시는 녹색 잎사귀와 황금빛 광선과 더불어 별 모양으로 열리는 꽃의 형태를 띨 것이다."[107]

게디스가 무분별한 확산에는 질색했지만 그렇다고 신기술을 거부한 것은 아니었다. 오히려 그는 사람들이 전기와 자동차, 전화 같은 새로운 기술을 통해 지리의 족쇄에서 벗어나 사회에 살면서도 자연과 가까이 있는 '신기술 시대Neotechnic Age'를 상상했다. 물론 신기술 시대가 실제로 야기한 것은 진정 장대한 규모로 뻗어나가는 도시였다. 도시연담화는 미국 동부 해안을 따라 수백 킬로미터씩 이어지거나 중국의 주장강과 양쯔강 삼각주를 가로질러 뻗어나갔다. 이런 현상에 게디스는 절망했을까? 특유의 쾌활함을 감안하면 오히려 우리가 마침내 공간을 초월할 수 있는 수단을 손에 넣었지만 이를 현실에 적용하기까지 다소 시간이 걸릴 뿐이라고 말했을 것이다.

이런 견해가 잘못된 것은 아니다. 역사상 처음으로 우리는 도시의 역설을 해결할 열쇠를 쥐고 있다. 인적이 없는 외딴 곳에 살면서 사무를 보고 가족 및 친구들과 연락하고 지내며 뉴스를 읽고 도서관이나 은행, 극장에 가고 변호사나 의사를 만날 수도 있다. 인터넷은 놀라운 사회 도구이지만 아이러니하게도 한때 우리를 한곳으로 불러 모은 장소나 기관을, 즉 시장과 번화가, 지역 은행과 도서관을 파괴했다. 인터넷은 경이로울 정도로 우리를 연결하는 힘이 있지만 동시에 물리적 세계에서 멀어지게 한다. 어느 화창한 날 외출해보면 이 사실이 뚜렷이 실감날 것이다. 얼마 전 런던 공원에 나가보니 지나치는 사람들 중 절반은 주변을 가득 메운 눈부신 햇살과 어여쁜 꽃, 지저귀는 새소리를 의식하지 못한 채 헤드폰을 끼고 있거나 휴대전화를 들여다보고 있었다.

물론 휴대전화가 상당히 긍정적인 영향을 미치기도 한다. 일례로 케냐에서는 농부가 자신의 농장에서 시장 가격을 확인하고 엠페사M-Pesa 같은 전자화폐로 돈을 이체할 수 있다. 이런 기술로 삶이 이미 바뀌고 있지만 땅에 거주하는 혁신적인 방법을 찾는 문제에서는 어떤 도움을 얻을 수 있는지 누구도 좀처럼 묻지 않는다. 그러면 우리는 모든 유토피아적 비전의 기본이 되는 질문, 어떻게 살아야 하는지를 묻는 질문으로 되돌아간다. 다시 음식이다.

전쟁의 교훈

> 땅을 사라. 땅은 더 이상 만들지 못한다.
>
> —마크 트웨인[108]

2050년에 이르면 세계 식량 지도는 알아볼 수 없을 정도로 바뀌어 있을 것이다. 극한의 기후에 따른 물 부족과 사막화, 수확 실패 등으로 누구도 제대로 준비하지 못한 대혼란이 일어날 것이다. 영국은 다른 어디보다 준비가 안 되어 있다. 식량을 전 세계에서 들여오는 데 익숙한 영국인은 무슨 일이 있어도 다른 누군가가 자신을 먹여 살릴 것이라 생각한다. 하지만 영국의 주요 식품 전문가 세 명이 〈식량 브렉시트A Food Brexit: Time to Get Real〉에서 경고했듯 이런 예측은 대단히 잘못된 것일 수 있다. 인구가 넘쳐나는 미래의 과열된 도시에서는 기존의 식품 공급업자가 자기 자신을 먹여 살리는 데 급급한 나머지 영국인을 신경 쓸 겨를도 없을 것이다. 현재 식량의 3분의 1을 유럽연합에서 수입하는 영국은 의식할 새 없이 잠재적 위기 한가운데로 걸어 들어가고 있다. "영국의 식품 시스템은 회복력을 높여야 한다. 목표도 없고 지도력도 없고 핵심 부처도 사라진 지금의 영국은 전조등 앞에서 옴짝달싹하지 못하는 토끼 신세나 다름없다."[109]

식량은 언제든 해외에서 들여올 수 있으리라 넘겨짚지 말고 영국 안에서 더 지속 가능한 식단으로 전환해야 한다고 저자들은 주장한다. 즉, 낭비가 덜하고 육류가 적고 탄소 배출량이 적으며 더 지역적이고 계절적인 식단을 마련해야 한다는 것이다.[110] 이런 제안이 잔잔하던 물결에 정치라는 돌을 던지는 격임을 알면서도(결국 브렉시트는 영광스러운 자유무역의 미래가 도래했음을 알리는 것이다) 저자들은 질문을 던지고 답을 촉구했다. 브렉시트가 어떤 결과를 불러오든, 양배추를 더 많이 재배하기 위해 조랑말이 뛰노는 공원을 얼마나 더 폐쇄해야 하는지의 문제는 생각보다 빨리 닥칠 수 있다.

이런 문제가 마지막으로 언급된 것이 제2차 세계대전 중이었다는 사실은 결코 우연이 아니다. 영국 정치인이 식량 문제를 진지하게 받아들이려면 위기가 이 정도 규모는 되어야 했다. 1939년에 영국 농장에서 생산한 음식은 영국인 전체가 소비하는 칼로리의 3분의 1에 그쳤고 여섯 중 다섯 농장은 여전히 말에 의존해 농사를 짓고 있었다.[111] 전쟁이 끝날 무렵 영국의 농지가 두 배, 트랙터 수가 네 배, 식량 생산량이 3분의 1 늘어났다는 사실만 보아도 위기가 얼마나 강력한 영향을 미치는지 알 수 있다. 식품부가 1958년까지 식량 생산과 무역부터 교육 및 배급에 이르기까지 영국 식량 공급의 모든 면을 관리 감독하는 동안 누구도 지시받기를 꺼려 했지만 영국 국민은 그 어느 때보다 건강했다.

불과 6년 동안 히틀러를 타도하는 시급한 문제에 집중하는 사이, 영국은 관련 지식도, 식량도 부족한 채 식량 수입에 크게 의존하던 나라에서 관련 지식이 풍부하고 건강하며 회복력이 크게 높아진 나라로 변모했다. 물론 당시에는 목숨이 위태로웠기 때문에 위기를 잘 다스릴 수 있었던 것이지만 지금 우리 역시 그때 못지않게 심각한 위기에 이르렀다. 아니, 대량 학살을 초래하는 파시스트보다 훨씬 더 치명적인 공통의 위협을 마주하고 있다. 살아남으려면 의욕적이고 자립적인 시민으로 이루어진 참여적이고 평등한 세력을 구축해야 한다. 할 수 있을까? 산업자본주의 모델을 고안해 세계를 지금과 같은 곤경에 빠뜨린 것이 바로 영국인이니 시도라도 해보는 것이 도덕적 의무가 아닐까.

재산은 절도다

> 이 땅의 열매는 모든 이의 것이지만 땅 자체는 그 누구의 것도 아니다!
>
> —장 자크 루소[112]

한 가지 유리한 점은 우리가 산업화 이전의 과거를 겪은 덕분에 정상상태 경제에서 번영하는 법을 이미 잘 알고 있다는 것이다. 본질적으로 필요한 것은 가부장제와 노예제를 뺀 현대식 폴리스다. 이런 사회는 오이코노미아를 바탕으로 삼을 것이며 친환경적이고 회복력 있는 데다 민주적이고 평등할 것이다. 무엇이 필요한지는 분명하다. 문제는 필요한 것을 어떻게 이룰지가 불분명하다는 것이다.

프랑스 철학자 피에르 조제프 프루동Pierre-Joseph Proudhon은 공동 소유권에 해답이 있다고 제안했다. 1840년에 발표한 에세이《소유란 무엇인가》에서 그는 통치자와 재산이 좋은 사회와 상반되는 이유는 이 둘이 평등과 자유라는 기본 신조를 훼손하기 때문이라고 주장했다. "노예제가 살인이라면 재산 소유는 도둑질"인 것은 누구도 태어날 때부터 타인에 대한 권리를 갖고 있지 않으며 처음부터 자기 몫의 재산을 소유하는 것이 아니기 때문이라고 했다. 누구나 삶을 영위하려면 재산(특히 땅)이 있어야 하지만 이를 영원히 자신의 것이라고 주장할 수 있는 권리는 누구에게도 없다. 미래 세대도 이와 동등한 필요를 느낄 것이기 때문이다. 따라서 살아 있는 동안에는 땅을 **점유**할 수 있지만(말하자면 해변 의자에 내 비치타월을 올려놓을 수는 있지만) 결코 완전히 소유할 수는 없다. 궁극적으로 땅은 사회 전체에 속하기 때문이다.

프루동의 견해는 새로운 정치 운동인 무정부주의에 영감을 주었다. 오늘날 '무정부 상태'는 혼돈과 비슷한 의미로 쓰이지만 프루동에게는 단순히 통치자 없는 사회anarchy('없다'를 뜻하는 그리스어 a + '통치자'를 뜻하는 arkhi), 따라서 진정으로 평등하며 서로 협력하는 사회를 뜻했다. 백지 상태 같은 인간의 조건을 언급하면서 프루동은 홉스의 폭도도, 로크의 농부도 아닌 과거의 진정한 수렵 채집인에 훨씬 더 가까운 모습을 그렸다. 바로 일정 영역 안에서 공식 지도자 없이 생활하며 협력하는 소규모 집단, 존재 자체가 공동소유권에 달려 있는 사회였다.

프루동은 로크의 의견에 반박하면서 "노동도, 직업도, 법도 재산을 창출할 수 없다"라고 주장했다.[113] 인구는 언제나 유동적이기 때문에 개인이 이용할 수 있는 식량과 토지 및 기타 자원의 양 역시 계속 변화해야 한다고 판단했다. "난파선의 불운한 희생자들이 해안에 도달하기 위해 몸부림치고 있는데 섬 주민들이 재산을 지킨다는 명목으로 이들을 물리친다면 범죄가 아니겠는가? 이런 잔인함을 생각하는 자체만으로도 상상력이 병든다."[114] 섬 주민들이 교양 있게 대응하는 유일한 방법은 새로 온 이들을 환영하고 함께 살면서 다 같이 허리띠를 졸라매는 것이다. 인간으로서의 예의를 가장 깊이 표현하는 환대에 호소하면서 프루동은 공정한 사회를 만들려면 재산 소유를 폐지해야 한다고 주장했다.

재산 소유가 없어지면 사회는 어떤 형태를 취하게 될까? 프루동이 물었다. 그러면 공산주의가 되는 것 아닌가? 문제는 공산주의가 재산 소유를 폐지하는 척 **가장**하지만 "소유에 대한 편견에 직접적으로 영향을 받아" 결과적으로 "목숨과 재능을 비롯한 인간의 모든 능력을 국가의 재산으로 귀속시키는 것"이라고 푸르동은 꼬집었다.[115] 따라서 공산주의는 자유를 구현하기는커녕 "억압과 노예제"를 낳을 뿐이라고 말했다. 실제로 "공산주의의 단점이 워낙 명백하다 보니 이를 비판하는

사람도 완전한 혐오감을 유발하기 위해 그리 많은 수사를 동원할 필요가 없다".[116]

공산주의도, 자본주의도 좋은 사회를 이끌 수 없다고 프루동은 말했다. 공산주의는 '독립성과 비례성'을 거부하고 자본주의는 '평등과 법'을 부정하기 때문이다.[117] 필요한 것은 이 둘의 이점을 결합한 정치적 제3의 길이다. "사회의 제3형태, 공산주의와 재산 소유가 통합된 형태를 우리는 **자유**라고 부른다."[118] 이런 시스템을 구축하기 위해서는 소유권의 원칙을 폐지해야 한다고 프루동은 말했다. "보유는 지속하면서 재산 소유를 금하면 법과 정부, 경제 및 제도에 변혁이 일어날 것이다. 지구상에서 악을 몰아낼 수 있을 것이다."[119]

영국의 무정부주의

> 모든 이의 웰빙을 바라는 것은 꿈이 아니다.
>
> —표트르 크로폿킨[120]

프루동의 유연한 생각이 사람들로 붐비는 지금 이 세상에 울려 퍼진다. 난파선 생존자들은 더 이상 은유로 그치는 것이 아니라 더 나은 삶을 위해 죽음을 무릅쓰고 우리 해안에 이른 실제 이민자들이 된다. 울타리를 단단히 박아놓은 로크의 완고함과 대조적으로 파이를 나눌 사람이 많아질수록 한 조각을 더 작게 나누어야 한다는 프루동의 신념은 굉장히 현대적이다. 물론 로크는 땅이 고갈되리라고는 상상도 하지 못한 반면 프루동은 그 가능성을 누구보다 분명히 알아보았다. 공유 소유권이라는 유연한 시스템을 내건 프루동의 해결책은 대담했지만 해결에 이르는 방법은 만화 속 곰만큼이나 순진했다. 부르주아가 재산 소유의 부당함을 깨닫고 나면 자신의 사치품을 기꺼이 모든 이들 앞에 내놓을 것이라 믿은 것이다. 말할 것도 없이 그는 이런 희망을 안은 채 낙담해야 했다.

곤경에 선뜻 맞서는 역할은 프루동의 추종자로 러시아에서 망명한 표트르 크로폿킨Peter Kropotkin이 맡았다. 모든 부와 재산은 과거의 사회가 노동한 결과이기 때문에 모든 사람에게 집합적으로 돌아가야 한다고 크로폿킨은 주장했다. 1892년에 자신의 저서《빵의 탈환The Conquest of Bread》에서 그는 "어떤 생각, 어떤 발명도 과거 및 현재에서 비롯된 공유재산이 아닌 것이 없다"라고 썼다.[121] 이런 재산이 결국 소수의 손에 넘어간다는 사실은 분명 잘못되었다. 사람들은 마땅히 자신의 소유였던 것을 되찾아야 한다. "**몰수**해야 한다"라고 크로폿킨은 말했다. 놀랍게도 그는 이런 '혁명'(이 말을 공공연히 사용했다)이 평화롭게 이어질 것이라는 프루동의 낙관론을 이어받았다. 귀족이 헌신적이라는 프루동의 믿음만큼이나 근거 없는 신념이었다. 놀랄 것도 없이 아직 등장하지 않은 무정부 사회와 가장 흡사한 형태가 전쟁 중에 드러났다. 카탈로니아(1936~1939)였다.

1938년에 발표한 회고록《카탈로니아 찬가》에서 조지 오웰은 1936년 스페인내란에 참전하게 된 경위를 이야기했다. 바르셀로나에 도착한 오웰은 도시가 변했다는 사실을 알아차렸다. 교전이 시작되면서 많은 주민들이 떠난 뒤였기에 도시는 반파시스트 세력과 무정부주의자가 득세했다.

> 노동자 계층이 실권을 쥔 마을은 처음이었다. 규모를 막론하고 거의 모든 건물을 노동자가 장악하면서 붉은 깃발과 함께 무정부주의자의 붉고 검은 깃발이 내걸렸다. (…) 모든 상점과 카페에 공영화되었다는 글이 걸렸다. 길거리 구두닦이조차 공영화되어 상자가 붉고 검은 색으로 칠해졌다. 웨이터와 점원 들은 얼굴을 바로 쳐다보며 누구든 동등하게 대했다. (…) 겉으로만 보면 부유층이 소멸해버린 도시 같았다. (…) 대다수가 노동자의 거친 옷이나 푸른 작업복, 혹은 변형된 군복을 입고 있었다. 이 모든 광경이 기이하면서 감동적이었다. 이해하기 힘든 점도 있었고 심지어 마음에 들지 않는 점도 있었지만 투쟁할 가치가 있는 상황임을 단번에 알아차렸다.[122]

하지만 이런 상황은 오래가지 못했다. 1937년 4월, 오웰이 전선에서 돌아왔을 즈음 혁명의 열기는 눈에 띄게 식었고 도시는 평소와 같은 일상으로 돌아가고 있었다. 자신이 목격한 무정부 사회가 얼마간 환상이었음을, 겁에 질린 중산층이 "눈앞의 위기를 모면하기 위해 의도적으로 작업복을 입고 혁명 구호를 외친" 것으로 "희망과 위장의 혼합"이었음을 알게 되었다.[123] 한편 시골에서는 노동자들이 공동체를 조직해 농장과 상점, 공장 및 사업체를 운영하면서 더 진실한 개혁이 일어나고 있었다. 일부 농촌 마을에서는 돈이 폐지되고 지역 포인트

시스템으로 대체되었다. 이런 새로운 합의에 의구심을 품은 사람도 있었지만 무정부주의의 불꽃은 짧게나마 타올랐다.[124]

무정부주의는 본질적으로 불안정하다. 일반적인 통치자나 계층 없이 상호 협력에 의존하는 가장 순수한 형태의 민주주의이며, 그렇기에 달성 불가능한 유토피아에 가깝다. 크로폿킨이 보기에 이런 유연함은 무정부주의의 큰 강점으로, 이를 통해 사회가 "고정되어 움직이지 않는 형태로 굳어지는" 일반적 경향에 저항해 "계속해서 발전하는 생명체"처럼 자유롭게 변형할 수 있다고 했다.[125] 자연 생태계처럼 무정부 사회도 상황에 적응할 것이라고 그는 믿었다.

루소가 그랬듯 크로폿킨은 진정한 민주주의가 기능하려면 성숙하고 유능한 시민이 필요하며, 이런 시민을 키우는 것이 사회의 존재 이유임을 깨달았다. 자본주의의 핵심 신조인 분업이 헤아릴 수 없는 해를 끼쳤다고 목소리를 높이는 대목에서는 슈마허의 출현이 예고되기도 했다. 완전하고 충만한 개인이 되려면 다양한 삶을 살 필요가 있다고, 작업장과 땅 위에서 머리는 물론 손으로 일해야 한다고 크로폿킨은 주장했다. "정치경제학에서는 줄곧 분업을 주장해왔다. 우리는 **통합**을 선언한다."[126]

프루동이 그랬듯 크로폿킨은 세계화의 위기를 기막히게 정확히 예견했다. 개발도상국이 산업화하면 자국 내에 시장을 조성해 '주요 식량 및 사치품을 해외에 공급하는 일'에 더 이상 관심을 보이지 않을 것이라고 예측했다.[127] 특히 중국은 사치품을 판매하는 자체 시장을 개발할 것이라 내다보았다. "중국은 이제 유럽의 주요 고객이 되지 않을 것이다. 자국에서 더 저렴하게 생산할 수 있으니 유럽 양식의 상품이 필요하다고 느끼면 자체 생산을 하게 될 것이다."[128] 간단히 말해 산업자본주의도 시작이 있으면 중간이 있고 끝이 있는 법이니 그 너머를 내다볼 필요가 있다는 뜻이다.

> 우리는 국가의 연이은 발전을 눈앞에서 지켜보았다. 이를 폄하하거나 폐기하지 않고 위대한 산업을 일으킨 두 개척자인 영국과 프랑스가 주도적으로 다시 새로운 시도를 할 수 있을지, 다시 말해 이 두 나라가 토지와 인간의 산업적 능력을 활용해 소수가 아닌 국가 전체의 건강과 행복을 구축할 수 있을지 지켜보는 편이 더 나을 것이다.[129]

1898년에 자신의 책 《밭과 공장, 작업장Fields, Factories and Workshops》에서 크로폿킨은 통합된 생산 풍경을 제시하며 책 제목과 동일한 밭과 공장, 작업장에서 자체 조직된 공동체를 형성하는 그림을 그렸다. 예술과 과학, 산업은 더 이상 '대도시가 독점'하지 않고 시골 전역에 흩어져서 산업화 이전의 공예 및 교역과 같은 모습을 띨 것이다.[130] 농업은 새로운 경제의 중심이 될 것이다. 실제로 크로폿킨은 영국이 식량을 자체적으로 공급하는 방법을 논하는 데 여러 장을 할애하면서 이를 쉽게 달성할 수 있으리라 생각했다. 하지만 농업은 단순히 국가를 먹여 살리는 것만이 아니다. 자연의 기쁨에 참여하는 완벽한 방법이기도 하다. "토양에서 풍부하고 다양한 음식을 거두어들일 수 있다는 사실에 놀라움을 금치 못할 것이다. 자신의 곁에서 자녀가 해박한 지식을 얼마나 가득 얻을 수 있는지, 자녀의 지식이 얼마나 급격히 성장하는지, 생물과 무생물로 이루어진 자연의 법칙을 얼마나 제대로 파악하는지 감탄하게 될 것이다."[131]

이 중 어느 하나라도 익숙해 보이는 것이 있다면 그것은 다름 아닌 전원도시를 꿈꾸고 있던 에버니저 하워드에게 헨리 조지와 더불어 크로폿킨이 중요한 영향을 미쳤기 때문이다. 녹음이 우거진 레치워스의 좁은 길을 거닐다 떠올랐을지 모를 여러 개념 중에 무정부주의는 아마 가장 마지막에 드러났을 것이다. 하지만 무정부주의는 짚으로 반듯하게 엮은 지붕 아래나 손질된 울타리 뒤 곳곳에 숨어 있는 기본 사상이다.

땅의 가치

> 땅은 반드시 공유재산이 되어야 한다.
>
> —헨리 조지[132]

무정부주의는 2세기 가까이 인류 주변을 맴돌았지만 그 자체로 내세울 것은 별로 없었다. 그런데 왜 하필 지금 무정부주의를 이야기하는 것일까? 때가 되었기 때문이다.[133] 포퓰리즘이 부상하고 자본주의가 흔들리면서 신자유주의와 전체주의의 치명적 이중성을 초월하는 사회 비전이 어느 때보다 필요해졌다. 지방부터 전 세계에 이르기까지 어떤 규모에서든 관계를 맺고 연결할 수 있는 비전이 필요하다. 모든 기능을 갖춘 무정부 사회를 건설하거나 유지하는 것이 불가능에 가깝다고 하더라도 무정부주의의 핵심 메시지, 즉 민주주의를 받아들이면서 더 많은 재화를 나누어야 한다는 점은 지금 우리에게 이보다 더 적절할 수 없다. 정치적 동물로서 자신의 의무를 받아들이면 우리도 더 유능하고 이해심이 깊으며 충만한 사회적 존재가 될 수 있다고 무정부주의는 제안한다.

로크와 스미스가 그랬듯 무정부주의자들은 인간의 모든 번영이 땅에 달려 있다는 사실을 깨달았다. 직접 땅 위에 살든 아니면 단순히 생태 발자국의 일부로 사용하든, 땅(자연)은 우리를 지탱하는 것이지만 사람마다 땅을 사용하는 양은 크게 다르다. 모든 사람이 미국인처럼 산다면 인류가 계속 살아가기 위해서는 지구 같은 행성이 네 개 정도 필요할 것이다.[134] 소유권 역시 중요하다. 가령 영국에서는 전체 땅 중 3분의 1을 귀족이 소유하고 있으며 이것이 사회의 구조적 불평등을 영속시키는 한 가지 요인으로 작용한다.[135] 미래에 모든 사람이 번영하기 위해서는 토지를 사용하고 공유하고 거주하는 방식을 근본적으로 개선할 필요가 있다.

무정부주의자가 내놓은 원대한 생각은 사유재산을 완전히 폐지하는 것이었다. 그야말로 자본주의의 핵심을 강타하고 좋은 삶에 대한 개념 자체를 공격하는 행위였다. 이 제안은 선뜻 많은 동의를 얻기는 힘들겠지만 이번 세기에 닥칠지 모를 사회적·생태학적 파국을 피하고자 한다면 필히 적용해야 하는 원칙이다. 하지만 혁명이나 전쟁에 의지하지 않고 재산이라는 들쭉날쭉한 경쟁의 장을 평탄하게 다지는 것이 가능할까? 헨리 조지의《진보와 빈곤》이 그 답을 제시할 수도 있겠다. 기억할지 모르지만 조지가 알아낸바, 진보가 이행될 때마다 빈곤이 증가하는 것처럼 보이는 이유는 진보로 창출된 부가 결국 노동자에게 돌아간 것이 아니라 토지의 가치를 높였기 때문이다. 이에 대해 그가 내놓은 해결책은(하워드 역시 시도했으나 완전히 실현하지 못했는데) 모든 땅을 공동소유화하고 개별 토지 소유자에게 사용 특권을 누리는 대가를 청구하는 것이다.

> 사유 토지를 매입하거나 몰수하자고 제안하는 것이 아니다. 매입은 부당하고 몰수는 불필요하다. 해당 토지를 소유한 개인이 원한다면 자신의 땅이라 부르고 싶은 것을 계속 소유하게 하라. 계속해서 자신의 땅이라 부르게 하라. 그 땅을 사고팔며 후대에 남기고 유증하게 하라. 알맹이는 취하고 껍데기만 안전하게 남겨주면 된다. 땅을 몰수할 필요는 없다. 지대만 압수하면 된다.[136]

이 간단한 아이디어와 함께 조지는 악화하는 불평등을 단번에 해결할 방안을 생각해냈다. 바로 토지 기반 재산세를 부과하는 것이다. 토지의 가치에 세금을 부과하면, 즉 토지에 대해 사실상 지역 공동체 지대를 부과하면 사회는 훨씬 더 공평하게 부를 공유하고 사용 가능한 토지를 더 잘 사용할 수 있다.

도심에 있는 땅의 경우 소유하면 세금을 더 많이 내야 하기 때문에 매매 가격이 대폭 낮아질 테고, 결국 더욱 저렴하게 구입할 수 있을 것이다. 도시 토지의 소유주는 빈 땅을 개발하려는 의욕이 높아서 도시 밀도를 높이고 무분별한 확장을 방지하는 데 도움이 된다. 농지는 투기적 가치가 없어지면서 가격이 떨어질 테니 농부가 되려는 사람들도 손쉽게 토지를 얻을 수 있을 것이다. 어떤 토지도 해외로 옮길 수 없으니 고대의 조세 회피 기술도 종말을 고할 것이다. 조지는 자신의 아이디어가 성공하리라 굳게 확신한 나머지 "토지 가치 기반 세금 외에 모든 세금을 폐지하자"라고 제안하기도 했다.[137]

《진보와 빈곤》은 출판 즉시 전 세계에 열풍을 일으키며 《성경》 다음으로 많이 팔린 책이 되었고 그 과정에서 하워드 같은 지식인에게 영감을 주기도 했다. 조지는 무정부주의 비전이 쇠스랑을 휘두르는 폭도 없이 실현되어 부를 재분배하는 동시에 도시와 시골의 자연적 균형을 회복하는 이중 난제를 해결할 수 있음을 보여주었다. 그렇다면 여전히 강력하고 간편한 발상인 토지가치세land value tax를 우리는 왜 채택하지 않는 것일까? 대답은 늘 그렇듯 대다수에게는 이득이지만 기존 토지 소유주에게는 불리하기 때문이다. 주택 소유가 부를 떠받치는 기둥인 영국에서 토지가치세는 민주주의의 근간을 위협하는 것처럼 보인다. 하지만 실제로 이 조세정책은 사람들이 토지를 필요 이상으로 축적하지 못하도록 막을 뿐이다. 이렇게 재산의 효용 가치를 마이너스가 아니라 0에 가깝게 낮추면 로크가 항상 이루고자 한 바를 달성할 수 있을 것이다. 즉, 평

등한 토지 기반 사회를 만들 수 있는 것이다.[138]

조지주의Georgism는 너무 좋은 나머지 의심스러워 보이기까지 한다. 물론 문제는 항상 세부 사항에, 특히 현재 시스템에서 공동소유 시스템으로 전환하는 과정을 어떻게 처리할 것인지에 있다. 하지만 영국 녹색당과 미국 경제학자 조지프 스티글리츠, 영국 언론인 조지 몽비오George Monbiot를 비롯해 점점 더 늘어나는 지지자들은 토지가치세가 실제로 효과가 있을 수 있다고 믿는다.[139] 몽비오가 주장한 바처럼 토지 공동소유가 실현되면 더 공정한 사회가 형성될 뿐만 아니라 귀중한 자원이 다 같이 공유할 수 있는 공공시설로 전환될 것이다.

> 새로운 접근법은 개인의 충족과 공공의 사치라는 개념에서 시작할 수 있다. 모든 사람이 사적인 사치를 누리기에는 물리적 또는 환경적 공간이 충분치 않다. 런던 시민이 하나같이 집에 테니스 코트와 수영장, 정원을 거느리고 저마다 미술 작품을 소장한다면 런던 하나가 영국 전체를 덮고도 남을 것이다. 사적 사치품은 공간을 잠식하고 박탈감을 야기한다. 하지만 멋진 공원과 놀이터, 공공 스포츠센터와 수영장, 미술관과 주말농장 및 공공 운송망 같은 훌륭한 공공 편의 시설은 적은 비용으로 모든 사람이 누릴 수 있는 공간을 더 많이 창출한다.[140]

이렇게 토지를 공동 부의 진정한 원천으로 재정립하면 토지가치세는 시토피아 경제의 일부로 자연스레 안착한다. 이로써 농지를 보호하고 동시에 도시 밀도를 높여 도시의 역설을 해결하며 식량을 기반으로 한 정상상태 경제가 실제로 번성할 수 있는 바탕을 마련할 수 있다.

새로운 공유지

> 주인이 많아질수록 공유재산은 더욱 경시된다.
>
> —아리스토텔레스[141]

공동소유에 반대하는 이들이 주로 언급하는 것은 '공유지의 비극'이다. 윌리엄 포스터 로이드William Forster Lloyd가 1832년에 처음 제기했고 미국 경제학자 개릿 하딘Garrett Hardin의 글이 1968년에 미국 학술지 《사이언스》에 실리면서 널리 알려졌다.[142] 이 이론은 (여기에 영감을 준 맬서스 이론만큼이나 음울하지만) 공동 자원을 함께 사용하면 항상 실패하고 마는 이유가 가령 연못이나 공동 방목지를 공유하는 사람들이 적절한 몫만 챙기기보다 필요 이상으로 과다 이용해 더 많은 이익을 챙기려 하기 때문이라고 말한다.[143] 유일한 해결책은 이런 자원을 국가가 관리하는 것이라고 하딘은 결론내렸다. "혼잡한 세상에서 파멸을 피하려면 자연적인 정서를 벗어난 외부의 강압적인 힘에, 즉 홉스가 말한 리바이어던에 응해야 한다."[144]

전통 자원 관리에 관한 연구로 2009년 노벨상을 받은 미국의 정치경제학자 엘리너 오스트롬Elinor Ostrom에게 '공유지의 비극'은 당치 않은 말이었다. 과다 이용이 있을 수도 있지만 그런 경우는 언제나 공유 방법이 규율로 합의되지 않은 곳에서 발생한다고 그는 말했다. 규율이 정해지면 자원의 공동 관리는 효과가 상당할 뿐만 아니라 다른 어떤 방법보다 더 빈번하게 효과를 볼 수 있다는 것이다. 91곳에 이르는 관개 조직 및 어장을 연구한 결과, 공동 관리되는 곳에서는 70퍼센트 이상이 높은 성과를 보인 반면, 외부 기관에 관리를 맡긴 곳에서는 40퍼센트만이 성과가 있다는 사실을 알게 되었다.[145] 40년 이상의 현지 조사를 바탕으로 오스트롬은 공유 자원common pool resource, CPR 제도라 이름 붙인 원칙 목록을 작성했다. 명확한 경계와 자기 결정권, 참여하는 의사 결정, 효과적인 관리 감독, 점진적 제재, 갈등 해소 등이 여기에 포함되며 대규모 자원의 경우 상위 기관의 적절한 감독이 요구된다. 가장 중요한 것은 상호 신뢰로, 효과적인 소통과 상호작용으로 구축할 수 있다.

이런 제도가 잘 기능하려면 규모가 중요했는데 오스트롬이 발견한바, 그렇다고 모든 면에서 규모가 작아야 하는 것은 아니었다. 실제로 많은 경우 필수적인 요소는 다중심성으로, 여러 '중첩된' 이해관계와 산업이 공존하는 것이었다. 하지만 무엇보다 중요한 것은 현지 조건에 정확히 들어맞고 시간이 지남에 따라 조정할 수 있는 접근 방식이었다. 오스트롬이 발견했다시피 공동소유는 지역 자원을 보존하는 데 도움이 될 뿐만 아니라 평등하고 회복력 있는 사회를 건설하는 데 필요한 정치적 참여와 협력을 촉진한다. 오스트롬 연구진이 연구한 수백 개 공공시설 중 가장 얼마 안 된 것은 터키의 관개 조직으로 100년 이상 운영되었고, 가장 오래된 것은 스위스 알프스산맥의 방목 시설로 1,000년이 넘게 운영되고 있다.

보이지 않는 전선을 따라 날아가는 새처럼 오스트롬은 유토피아주의자들이 좋아하는 수사가 모두 사실임을 하나씩 확인했다. 플라톤과 아리스토텔레스가 지지한 바와 같이 신뢰를 구축하고 자원을 효과적으로 관리하기 위해서는 규모가 **실제로** 중요하다.[146] 토지의 공동소유는 누구나 득을 볼 수 있는 방식으로, 올바른 관리를 장려할 수 있고 동시에 누구나 참여하는 회복력 있는 공동체를 구축하는 데 도움이 될 수 있다. 무정부주의자가 그랬듯 오스트롬은 시장과 국가가 자원을 효과적으로 중재할 수 없다고 보았으며 최고의 관리인은 자원 보존과 직접적으로 이해관계가 얽힌 사람들임을 알아냈다. 무엇보다 광범위한 이해관계를 반영하려면 사회는 다양하고 융통성이 있어야 했다. 오스트롬은 이렇게 선언했다. "만병통치약은 제대로 기능할 수 없다."[147]

오스트롬의 통찰력은 인류가 정상상태 경제에서 어떻게 번영할 수 있을지를 보여준다. 사회와 토지의 근본적 유대를 일깨우면서 세계적 협치global governance에 접근하는 새로운 방식을 제시한다. 기후변화는 전쟁처럼 인류를 자극해 즉시 행동에 옮기게 하며 인간의 기본적 공통성을 일깨운다. 인류에게 공통으로 닥친 이런 위협을 염두에 두면 세계적 협치의 새로운 지층을 만들 수 있다. 중첩된 지역 집단 및 국제기구가 공유자원을 공동으로 관리하는 다중 중심망을 만드는 것이다. 이런 운동을 벌이려면 반드시 토지 및 어업권을 전 세계적으로 개혁해 음식이 다시 한 번 우리의 풍경과 도시를 형성하고 결속하는 지배적 힘이 되게 해야 한다. 실천할 수 있는 모든 행동 중에 세계 여러 **대륙에 걸친** 음식의 진정한 가치를 되찾는 것이 가장 강력하고 막대한 영향을 미칠 것이다. 저렴한 음식이 발명되면서 한때 세계 지리가 황폐해졌듯이 음식을 다시 소중히 여기면 굶주리고 뜨거워진 지구에서 번영하기 위한 열쇠를 얻게 될 것이다.

시토피아에도 나는 있다

음식을 다시 소중히 여기면 우리의 삶은 어떻게 될까? 음식을 여전히 소중히 여기는 곳, 즉 어디가 되었든 전통 음식 문화가 지금까지 이어지는 곳을 연구해보면 쉽게 파악할 수 있다. 알프스 목초지나 브라질의 정글 시장, 카이로의 전통 시장, 이탈리아의 올리브 과수원, 프랑스의 포도밭이나 도쿄의 도시 농장 같은 곳에 인간을 공간과 풍경에 결속하고 서로 돈독한 유대를 맺게 하는 음식의 가능성이 담겨 있다. 삶을 형성하고 시간에 따라 의미를 부여하는 음식의 힘이 드러나는 것이다. 이들 과수원과 포도밭, 시장은 모두 수 세기 동안 존재했다. 음식을 소중히 여기는 삶이 회복력 있는 문화를 이끈다는 주장에 근거가 필요하다면 이런 곳이 바로 그 증거다.

이와 관련된 전통 중 하나가 러시아의 다차dacha다. 도시에서 멀지 않은 곳에 위치한 아담한 정원 부지에 소박한 목조

주택이 딸려 있는 다차는 도시에 사는 러시아인들이 여름철이나 주말에 찾아와 채소를 가꾸며 휴식을 취하는 곳이다. 이 전통은 18세기 초 표트르 대제Peter the Great가 충성스러운 가신들에게 나라에 충성한 노고를 치하하고 그들을 계속 곁에 두기 위해 상트페테르부르크 주변의 국유 토지를 하사하면서(다차는 '주어진 것'을 의미한다) 시작되었다. 평범한 다차는 귀족 저택과 거리가 멀지만 여름이면 주기적으로 도시를 떠나 다차로 향하는 관습이 러시아에 확고히 자리 잡았다. 강탈이 자행되던 소련 시기에 식량을 직접 재배하던 것과도 밀접하게 이어져 있다. 현재 약 6,000만 명에 이르는 러시아인들이(전체 인구의 40퍼센트에 달한다) 다차를 소유하고 있으며 주말이 되면 모스크바나 상트페테르부르크 같은 대도시를 빠져나가는 차량들로 교통 체증이 끔찍한 수준에 이른다. 특히 노동절 연휴에는 수백만 명이 한 해의 농작물을 심기 위해 도시를 떠나면서 연례행사처럼 인구 대이동이 펼쳐진다.[148] 러시아에 음식이 부족할 일은 더 이상 없지만 많은 러시아인은 여전히 주말이면 가족을 위해 땅을 가꾸고 과일과 채소를 기르며 겨우내 즐길 피클과 잼을 만든다.

다차는 음식을 소중히 여기는 마음이 삶에 시간적·공간적 질서를 부여한다는 사실을 보여주는 한 예다. 여러 면에서 부유한 로마인들이 즐긴 오티움과 네고티움의 리듬이 여기서도 이어진다. 음식을 소중히 여기면 자연에 더 가까워지고 하루 24시간 정신없이 돌아가는 도시 생활 속에서 균형을 맞출 수 있다. 영국이나 미국 같은 후기 산업사회에서 음식을 다시 소중하게 여긴다면 무엇보다 시골이 부흥해 눈에 띄는 변화를 몰고 올 것이다. 시골에 사람들이 더 많아지고 더 많은 현금이 흐르면서 우체국이나 학교, 병원, 상점 및 운송 같은 서비스업이 급증할 것이고 이에 따라 시장이나 물류 창고, 식품 유통 중심지 및 도살장과 같은 배급망도 더욱 발전할 것이다. 풍경 역시 바뀌어서 다목적으로 이용할 수 있는 소규모 유기농 농장이 되살아날 것이다. 새로운 공동체는 언제나 그랬듯 식품을 중심으로 자라날 것이다.

도시 역시 변화해 시장과 번화가, 더 많은 독립 상점과 레스토랑, 시장 정원 및 주말농장, 도시 농장, 공용 부엌, 마을 퇴비 만들기 등이 새로이 활기를 띨 것이다. 음식 계획 설계자는 도시와 시골의 다양성과 밀도를 높이고 두 지역의 교류를 최대화하는 데 집중할 것이다. 도시와 가까운 농촌 지역은 보호를 받고 교외 지역은 전략적으로 밀집되는가 하면 전원도시를 따라 지어진 새로운 소도시 중심지와 독특한 수직 농장까지 주변에 도입될 것이다.

모두 가망 없는 유토피아로 보이는가? 가망이 없지 않음을 여러 증거가 말해주고 있다. 아니, 이미 보았듯 상상했던 일이 이미 실제로 일어나고 있다. 식량 운동이 전 세계적으로 빠르게 확산하면서 머무는 곳마다 사회와 생태계에 긍정적인 변화를 일으키고 있다. 시토피아의 핵심은 음식을 귀중하게 여김으로써 바로 지금, 여기에 더 나은 세상을 구축하는 것이다. 1973년으로 돌아가 브루클린의 히피들이 한 일이기도 하다. 현재 그 역할을 맡고 있는 파크슬로프 식료품 협동조합Park

Slope Food Coop은 세계에서 가장 오래된 최대 규모의 지역사회 식료품 네트워크로, 회원이 1만 7,000명에 이르고 뉴욕주의 지역 농부들과 45년간 장기 계약을 맺고 있다.[149] 파크슬로프는 오이코노미아를 다시 경제학에 접목시키면서 신흥 시토피아 경제를 개척하고 있다.

여러 식량 운동 중 선진국에서 가장 고무적인 성과를 내는 몇몇 프로젝트는 부유한 미식가의 이미지와 거리가 멀며 사회 영역에서 그와 정반대편에 자리한다. 일례로 밀워키에 위치한 윌 앨런Will Allen의 조직인 그로잉 파워Growing Power는 빈곤층에게 마을 퇴비 만들기와 아쿠아포닉스aquaponics(물고기 양식과 수경 재배를 같이하는 방식—옮긴이), 도시 식량 재배 등을 교육하고 지원해 변화를 도모했다.[150] 그런가 하면 뉴욕 브롱크스에서 가장 골치 아프다고 손꼽히는 학교에서 스티븐 리츠Stephen Ritz의 교육용 원예 프로그램을 진행한 결과, 참여한 학생들이 눈에 띄게 변화했고 그 효과도 오래 이어졌다.[151] 줄리 브라운Julie Brown의 사회적 기업으로 런던 해크니 자치구에 위치한 그로잉 커뮤니티Growing Communities는 최빈곤층이 거주하는 동네에 유기농 채소 꾸러미를 전달하는 동시에 자발적 식품 재배를 권장하고 교육 프로그램을 결합해 사람들에게 더 지속 가능하고 윤리적인 식품 시스템을 '차근차근' 구축하는 법을 알리고 있다.[152] 수천 가지에 달하는 이런 프로젝트는 사람들이 더 잘 먹고 의욕이 넘치며 지식이 풍부하고 유능한 시민으로 성장할 수 있도록, 즉 크로폿킨이 꿈꾼 삶을 살도록 도움을 준다.

결정적으로 음식은 건축가와 계획가가 해결해야 할 의제이기도 한데, 조상들도 이 부분을 잊고 있었다는 사실을 알면 깜짝 놀랄 것이다. 식품 계획은 도시 및 지역 디자인에서 가장 빠르게 성장하는 분야로, 네덜란드 건축가 집단 MVRDV가 간척사업으로 조성된 알메러시에 위치한 오스테르윌드 Oosterwald(특별한 규제나 제재 없이 녹지와 농업, 자율과 스타트업을 핵심 키워드로 삼아 채워나가는 특별지구—옮긴이)의 종합 설계를 마련했듯 계획을 세우는 것이다. 크로폿킨이 농장과 공장, 주택을 의도적으로 유연하게 혼합한 디자인도 이런 계획에 포함된다. 한편 런던에 기반을 둔 건축가 필윤Viljoen과 본Bohn은 주차장이나 도로변 같은 도시의 자투리 공간을 도시 농장으로 채워 '지속적으로 생산하는 도시 풍경CPULs'을 만들 것을 제안했다. 시골로 이어지는 푸른 통로는 게디스의 별 모양 비전과 결을 같이한다.[153] 전 세계 도시는 더 회복력 있고 윤리적인 식품 시스템으로 나아가기 위해 힘을 모으고 있다. 영국의 지속 가능한 식품 도시 역시 그런 네트워크 중 하나다. 전환 운동Transition Movement과 도시기후리더십그룹C40에서도 음식은 여전히 중요한 역할을 맡고 있다. 도시기후리더십그룹은 세계 94개 주요 도시가 UN의 지속 가능한 개발 목표를 달성하고 기후변화에 맞서기 위해 협력하는 네트워크다.[154]

우리가 살고 있는 이 당혹스럽고 험난하며 흥미진진한 시대에는 대담한 발상과 침착한 두뇌가 필요하다. 기이한 신기술은 의심할 여지 없이 놀라운 능력을 선사할 테지만 그에 걸맞게 참신하고 혁신적인 사회적·경제적·공간적 발전이 없다면 모두 무용지물이 되고 말 것이다. 이런 맥락에서 음식은 우리에게 많은 것을 안겨줄 수 있다. 디지털 생활이 아무리 흥분되고 정신을 산란하게 해도 음식은 땅에 붙박은 채 인간의 운명이 언제나 자연에, 자연을 공유하는 방법에 달려 있음을 일깨운다. 우리가 미래에 어떻게 먹는지가 인류의 운명뿐만 아니라 다른 모든 종의 운명까지 결정할 것이다. 음식을 소중히 여김으로써 우리는 자연계 안에서 삶의 균형을 재조정해 행복하고 충만한 삶을 함께 만들 수 있다. 5,000년 후면 마침내 도시의 역설을 사랑할 수 있게 될 것이다.

6장

자연

인류가 기술적 비전으로 아직 얻을 수 있는 가장 값진 선물은 미시 세계의 진실이라는 극장에서 보았다시피 이제 우리가 싸움을 포기해야 할 때임을 깨닫는 것이다. 발견을 향한 항해에서 인간이 얻은 가장 위대한 통찰은 우리가 자연의 불가분한 일부이며, 그렇게 줄곧 자연을 통해 우리 자신을 되돌아보았다는 것이다.

데번 하구

영국에서 가장 아름다운 해변 뒤쪽 생울타리에서 녹황색 꼬투리를 바라보고 있다. 화창한 한여름이었고 시선 너머로는 찌든 회사원을 눈물짓게 할 광경이 펼쳐졌다. 반짝이는 바다와 적갈색 절벽, 우뚝 솟은 푸른 소나무와 그 위로 구름 한 점 없는, 수레국화처럼 푸른 하늘이 펼쳐졌다. 하지만 지금 내 관심을 온통 사로잡는 것은 이 꼬투리, 이제 막 안 사실이지만 알렉산더라는 이 식물이었다. 동행한 안내인 로빈 하포드Robin Harford는 유명한 채집인인데 가끔 무수한 질문 공세를 감당할 여력이 되면 민족 식물학자를 자처하기도 한다. 오늘은 그가 즐겨 찾는 채집 구역인 데번주 버들리 솔터튼 근처 하구에서 나에게 몇 가지 비밀을 알려주고 있다.

로빈이 꼬투리 하나를 갈라서 맛을 보라며 나에게 건넨다. 입에 넣자마자 셀러리와 후추가 강하게 뒤섞인 풍미가 폭발한다. 알렉산더가 '생울타리의 숨겨진 향신료'인 미나리과에 속하기 때문이라고 하포드가 설명한다. 흔히 재배되는 겨자나 아욱, 민트처럼 모두 먹을 수 있지만 순한(먹을 수 있다고 "반드시 맛있는 것은 아니"라고 로빈은 못 박는다) 식물군과 달리 파스닙과 회향, 셀러리 등 미나리과 당근속 식물은 "독성이 있지만 맛있"다고 한다. "당근은 정말 교묘한 식물인데 제가 아는 한 그 안에 모든 황금이 다 들어 있습니다."

영국에는 식용 야생식물이 700가지 정도 있으며 거의 모든 종이 눈에 띄지 않는 곳에서 은밀히 자란다. 그 이유는 문화마다 승인된 식품이 다르기 때문이다. "인류가 한곳에 정착해 농사를 지을 당시에는 유전자 조작 실험실이 없었으니 재배하기 시작한 식용식물은 모두 야생 변종에서 온 것들이었습니다. 1만 년이 넘게 인류는 식물을 교배해가면서 최상의 맛을 선사하는 식물을 찾았습니다. 그런데 결정은 누가 내렸을까요? 생산자가, 시장이, 아니면 사람들에게 이것을 먹이겠다라고 말한 누군가가? 곰곰이 생각해보면 참 이상한 문제입니다."

더 이상한 점은 우리가 관심을 두지 않는 여러 식물에 상당히 가치 있는 특성이 담겨 있다는 것이다. 가령 영하구기자의 경우 확대해보면 연녹색 중심에서 자줏빛 진홍색으로 퍼져나가는 앙증맞은 다섯 개 꽃잎이 더없이 아름답다. 영하구기자는 구기자와 함께 가지과 식물에 속한다고 한다. 아시아가 원산지로 오래전부터 전통 요리 및 의학에서 높이 평가받았지만 서양에서는 최근에야 '발견'되어 '슈퍼 푸드' 대우를 받으면서 막대한 값에 들여오고 있다. "집 앞에 거의 똑같은 식물이 있는데 왜 그렇게 나무딸기류를 많이 들여오는 것일까요?" 로빈이 격분한 듯 물었다. "이런 열매가 구기자 열매만큼 효능이 있는지는 아무도 모릅니다. 누구도 굳이 알아내려 하지 않았기 때문이지요."

어귀를 조금 더 올라가면 오늘의 핵심 작물인 해초가 나온다. 낮은 강기슭이 담록색 식물로 빽빽이 덮여 있다. 갯능쟁이라고 한다. 그제야 우리가 샐러드 바다를 걷고 있다는 사실이 실감났다. 로빈이 몸을 굽혀 잎 하나를 따더니 먹어보라고 건넨다. 모든 해초가 그렇듯 짭짤하면서 금속성의 신선함이 기분 좋게 어우러지는 미묘한 맛이다. 로빈이 다른 해초를 건넨다. 오늘 처음 맛보는 것 같지만 낯선 맛들의 향연이 펼쳐지는 이곳에서 본능은 믿을 것이 못 된다. "샘파이어 아니에요?" 로빈이 그렇다며 고개를 끄덕인다. 줄기를 입에 물고 달콤한 녹색 과즙과 바다의 미네랄이 안기는 친숙한 맛을 음미한다. 맛있다. 생선을 요리하는 사람들이 왜 그렇게 즐겨 찾는지 알 것 같다. 이 반짝이는 해안가에서 만난 맛은 정신이 쏙 빠지도록 강렬하다. 머릿속에서 바다 교향곡이 울려 퍼지는 듯하다. 야생 음식을 먹을 때 흔히 느껴지는 지극히 정상적인 감정이라고 로빈이 안심시킨다. 그러다 감각이 과부화될 수도 있다고 한다. 나는 평소에 잘 느끼지 못했지만 살아 있어서 기쁘다는 행복감에 젖어 터무니없이 좋은 시간을 보내고 있다.

로빈이 즐겨 찾는다는 곳으로 가보니 각종 해조류가 풍부하게 퍼져 있는 모습이 이 세계에 이제 막 눈 뜬 나 같은 사람이 보아도 만족스러웠다. 이름만 듣고는 잘 상상이 안 가는 갯솔나물은 여린 엽상체와 즙이 많은 감칠맛이 일품이고 바다

질경이는 바다의 단맛을 새로운 차원으로 끌어올리며 마지막으로 갯개미취는 우아한 잎과 미묘한 풍성함으로 해조류계의 귀족이라 할 만하다. 이것이 지금 슈퍼마켓에서 킬로그램당 22파운드에 판매되고 있다고 로빈이 귀띔한다. "뭐라고요? 그러면 슈퍼마켓에 공급할 정도로 많은 양을 대체 어디서 구하는 거지요?" 새로이 마음을 빼앗긴 해조류가 사라진 해안선을 상상하며 묻는다. "따로 재배하는 공급 업체가 있습니다. 이런 방식에 저는 그리 반대하지 않지만 직접 채집하는 분들 중에 반대하는 이들을 많이 알고 있습니다."

내 질문으로 채집 방식에 명백히 존재하는 규모의 문제가 모습을 드러냈다. 미래에 너나 할 것 없이 갯개미취를 채취하고 야생 버섯을 따기 시작하면 땅은 곧 벌거벗을 것이다. 그렇기 때문에 대다수 채집인이 언제, 얼마나 식량을 수확할지, 그리고 '식용 야생식물 재배'가 왜 그렇게 나쁜 생각이라고 할 수만은 없는지 규정하는 엄격한 규율을 따른다. 로빈은 재배된 야생식물이라는 말 자체가 모순어법이라고 꼬집는다. "제가 유일하게 중시하는 문제는 우리가 야생에서 식물을 채취하면 식물이 최적의 환경에서 다시 자라 원래 있어야 할 자리에 있는 것입니다. 반면 농부는 식물을 가져와 원래 있어야 할 곳이 아닌 곳에 옮겨 심습니다. 그러면 해충이 생기고 생산량이 줄고 결국 수확량도 줄 수 있지요. 이를 막기 위해 약을 뿌리고 온갖 지독한 성분을 사용합니다. 이제 식물 자체를 고려해야 합니다. 야생식물은 대체로 재배식물보다 영양이 두 배나 높습니다. 이렇게 식물을 야생에서 가져와 재배하면 우리가 잃는 것이 무엇이겠습니까?"

채집이 단순히 음식을 무료로 얻는 한 가지 방식이 아니라는 사실이 점점 분명해진다. 채집은 마음가짐이다. 로빈이 설명한 것처럼 인간은 타고난 채집인이다. 인류의 조상은 한 가지 작물을 채취하면 다른 작물의 철이 찾아온다는 사실을 깨닫고 1년 내내 식량을 찾아다녔다. 그렇게 자연의 비옥함을 좇으면서 '풍부한 사고방식'을 키웠지만 농업을 하면서 쉽게 실패할 수 있는 한 가지 작물에 의존하게 되자 결핍에 대한 두려움이 커졌다. "과거에는 생울타리 잼을 20병씩 만들었는데 야생식물과 더 깊은 관계를 맺다 보니 이제는 그럴 필요가 없어졌습니다. 지금은 무엇이든 세 병 이상 만들지 말라고 권합니다. 찾는 식물이 없어도 먹을 수 있는 다른 야생식물이 20종도 넘게 있으니 쌓아둘 필요가 없는 거지요." 로빈은 잠시 생각에 잠기더니 싱긋 웃으며 덧붙인다. "산마늘은 예외일 수 있겠네요."

채집은 "다양한 차원에서, 즉 심리적·정서적·정신적·영적, 그리고 당연히 물질적으로 먹이를 주고 먹이를 받는 문제"라고 로빈은 설명한다. "가능한 한 주기적으로 나가서 식물과 교감하면 관계가 깊어지고 건강과 행복 지수는 높아집니다." 야생 허브와 향신료는 상점에서 구입한 것보다 오래가지 않기 때문에 이들이 "우리를 다시 생울타리로 끌어들인다"라고 한다. 채집에서는 시간이 매우 중요하다. "채집 가능한 시간이 짧기 때문에 자연을 통해 기회를 잘 활용하는 법을 익히게 됩니다. 자연이 주는 선물을 알아보지 못하고 그 순간에 행동을 취하지 않으면 그대로 끝인 거지요."

야생 음식을 먹는 것은 슈퍼마켓에서 쇼핑하는 것과 거리가 멀다. 슈퍼마켓은 시간과 장소에 대한 감각을 흐리는 데 중점을 두지만(금귤을 1년 내내 살 수 있는 것만 보아도 그렇다) 채집은 바로 지금, 여기, 즉 카르페 아스템carpe astem에 집중한다. 편리함과는 거리가 멀고 오히려 음식과 지식을 끈기 있게 모으는 것에 가깝다. 슈퍼마켓에서 우리는 지나치게 단순해지지만 채집을 하면 촉각을 곤두세우고 자연에 깊이 관여해 감각을 미세하게 조절하게 된다. "식물에게서 많이 배웁니다. 우리는 미세하게 나뉘는 자연과 미묘하게 달라지는 장소의 묘미를 잃어버렸습니다. 여기서 자란 음식이 말 그대로 한 20미터 떨어진 곳에서 자란 음식과 어떻게 맛이 다른지 분간하지 못하는 거지요." 생태계는 항상 변화하기 때문에 맛도 끊임없이 변화한다. "식물의 매력은 떨쳐낼 수가 없습니다. 계절마다 시도해보아야 합니다."

해가 하늘 높이 떠오르자 열기를 받은 지붕널이 일렁인다. 배 속이 요동치는 것을 보니 해조류가 맛있기는 하지만 적은 양으로 점심 식사를 대신하기에는 충분치 않다는 사실을 깨닫는다. 주차장으로 돌아가면서 이 사실을 곰곰이 생각해보았다. 지난 몇 시간 동안 나는 로빈과 함께 현대성의 한계와 압박에서 멀리 떨어진 채 다른 세계에 흠뻑 빠져 있었다. 동네 카페에서는 어떤 음식을 팔고 있을지 흥미진진한 상상을 펼치는 사이, 점심을 먹는 것에만 골몰하던 예전의 나와 지금의 내가 몰라보게 달라졌다는 느낌을 받았다. 곧 별다른 노력을 들이지 않고 허기를 채울 수 있다는 사실에 감사하면서도(데번 크림티(홍차에 스콘, 과일잼, 크림으로 구성된 영국식 가벼운 식사—옮긴이)가 머릿속에서 둥둥 떠다녔다) 그렇게 힘들이지 않고 먹으면 무엇을 놓치게 되는지 역시 인식하고 있었다. 아무리 매력적인 진보라도 아무 손해 없이 이루어지지는 않는 법이다.

차에 오르면서 오늘 아침 처음으로 만난 풍경을 되돌아본다. 풍경은 내가 기억하는 그대로이지만 어딘가 느낌이 달라졌다. 더 오래 지그시 바라본다. 바다와 해변, 절벽, 나무 모두 같은 모습인데 단 몇 시간 만에 이 풍경을 바라보는 시선이 전혀 달라져 있었다.

푸른 행성

> 자연을 축소하면 우리 자신도 축소된다.
>
> —웬델 베리[1]

물론 인간과 자연의 관계는 방금 묘사한 것처럼 조화롭지 않다. 인간은 자연에 완전히 파묻히는 삶과 자연을 기술적으로 얼마간 장악하는 삶을 오래전에 맞바꾸었다. 이로써 자연의 풍요로움이 줄어든 것은 물론 인간과 야생의 유대 역시 줄어들었다. 인간의 영향이 실로 지대하다 보니 인간의 행동이 지구 생태계에 결정적 영향을 미치는 시대인 인류세Anthropocene에 접어들었다.[2] 인류세가 정확히 언제 시작했는지를 두고 여전히 논란이 일고 있다. 어떤 이들은 인류 최초의 핵실험인 트리니티 테스트가 시행된 1945년부터라고 하고 다른 이들은 대기 중에 탄소를 처음으로 대거 방출하기 시작한 산업혁명부터라고 주장한다. 하지만 인간의 행동이 지구에 막대한 영향을 미치기 시작한 시기는 그보다 훨씬 더 오래전으로 거슬러 올라간다.

7만 년 전에 아프리카 대륙을 떠나 이동한 인류는 그 과정에서 마주친 무수한 생명체에 재앙을 초래했다. 일례로 인류가 도착하기 전인 4만 5,000년 전의 오스트레일리아 대륙은 거대 코알라와 유대류 사자, 2.5톤에 이르는 웜뱃 등 대형 동물 24종이 사는 야생동물의 화려한 낙원이었다. 이 중 단 한 종만 제외한 나머지는 인간과 함께 서식한 지 수천 년 안에 전멸했다.[3] 북아메리카 대륙에서 처음으로 대량 학살된 종은 북아메리카 들소가 아니었다. 1만 4,000년 전 인류가 처음 발을 들였을 때 북아메리카 대륙에 살고 있던 생명체 47종 중 34종이 2,000년 안에 사라졌다. 종합해보면 인류의 디아스포라가 시작되던 당시 지구 위를 거닐던 대형 포유류 200종 중 절반이 인류가 농사를 시작할 무렵 멸종되었다. 유발 하라리가 언급했듯 진보는 인류를 "생태계의 연쇄살인범으로 보이게" 만들었다.[4]

현재 인류가 지구에 가하는 가장 치명적인 행동은 사냥이 아니라 농사다. 인류가 다른 종을 희생시킨 채 특정 동식물을 선택적으로 사육하고 재배하면서 지구 내 야생종의 분포 범위와 다양성이 대폭 감소했고 이제 인류가 사육하지 않는 종의 서식지가 파괴되고 있다. 생태학자들은 인류가 공룡의 멸종처럼 치명적일 수 있는 여섯 번째 대량 멸종의 위기에 처해 있다고 경고한다. 2017년에 미국 생물학자 폴 R. 에얼릭Paul R. Ehrlich을 포함한 연구진이 발견한 결과, 개체 수가 감소한 척추동물 종이 전체의 3분의 1에 달했다.[5] 1900년 이후 연구된 모든 개체군은 분포 범위가 30퍼센트 이상 감소했고, 개체 수가 80퍼센트 이상 감소한 종은 40퍼센트에 이르렀다. 저자들이 관찰했듯 이런 수치는 향후 멸종을 예고하는 분명한 신호다. 실제로 지난 한 세기 동안에만 척추동물 200종이 사라졌고 같은 기간의 멸종 속도는 지난 200만 년 동안의 평균 속도보다 100대 더 빠른 실정이다. 이에 따라 저자들이 내린 결론은 냉혹했다. 우리가 "생물학적 전멸"의 한가운데에 있으며 "문명에 필수적인 생물 다양성과 생태계 서비스를 인류가 막대하게 잠식하고 있다"라는 것이다.[6]

생물 다양성이 손실되어도 우리는 생각만큼 두려워하지 않는다. 호랑이나 북극곰이 처한 곤경에는 안타까워하지만 그들의 운명이 자신과 직접적으로 이어진다고 생각하는 사람은 거의 없다. 결국 인간은 우람한 짐승보다 더 오래 살아남는 수많은 방식을 터득했다. 하지만 생물종의 멸종은 인류에게 기후변화보다 훨씬 더 큰 위협이 될 수 있다. 자연의 모든 것이 연결되어 있다는 다윈의 통찰만 생각해보아도 알 수 있는 사실이다. 걱정해야 할 것은 '광고에 실린' 근사한 동물만이 아니라 무척추동물, 그중에서도 단연 규모가 가장 큰 곤충이다. 말벌이나 모기가 없는 세상이 온다면 대부분은 환호하며 반기겠지만 이들이 없으면 재앙이 닥칠 수 있다. 레이철 카슨Rachel Carson 역시 1962년에 《침묵의 봄》에서 이런 현실에 우려를 표했다. 책 제목처럼 **봄이 침묵**하게 된 것은 제2차 세계대전 이후 미국이 농작물에 DDT를 무분별하게 살포하면서 농경지에 서식하던 곤충이 대거 몰살하자 이들 곤충을 먹고 살던 새까지 대거 소멸했기 때문이다.

카슨의 경고 이후 반세기가 지난 지금 '곤충 종말'이라는 재앙은 전 세계로 퍼지고 있다. 독일 자연 보호 구역에서 27년간 진행된 연구 결과가 2017년에 발표되었는데, 날아다니는 곤충의 개체 수가 76퍼센트까지 감소했다는 사실이 드러났다.[7] 유력한 원인으로 서식지 감소와 살충제 사용 및 기후변화가 언급되었다. 이 연구로 많은 유럽인이 수년간 아무렇지 않게 넘긴 현실이 사실로 확인되었다. 여름밤에 운전을 할 때면 곤충이 수도 없이 부딪쳐 얼룩지던 창문이 언젠가부터 섬뜩할 정도로 깨끗해졌다. 이렇게 곤충 없는 세상이 암시하는 바는 실제로도 불길하다. 곤충은 먹이사슬에서 없어서는 안 될 일부이기도 하거니와 사실상 거의 모든 야생식물은 물론 무수한 과일 및 다른 작물의 가루받이를 책임지는 핵심 매개체다. 곤충은 동물 및 식물 물질을 분해하고 토양의 영양분을 재활용하는 등 자연의 생명주기에 필수적인 존재다. 곤충학자 에드워드 O. 윌슨은 곤충 없이 인류가 버틸 수 있는 시간이 고작 몇 달 뿐이라고 내다보았다.

즐겨 먹던 먹이가 사라졌으니 새들이 그 뒤를 따르는 것은 당연하다. 2017년에 프랑스 자연사 박물관에서 발표한 바에 따르면 프랑스의 돌물떼새가 1989년 이후 33퍼센트 감소했는데, 이는 영국 환경식품농촌부에서 1970년 이후 조류가 55퍼센트 감소했다고 발표한 연구 결과와 일맥상통한다.[8] 전 세계의 상황도 마찬가지로 암울하다. 2018년에 조류 및 조류 서식지 보호를 위한 국제기구, 버드라이프 인터내셔널BirdLife International이 발표한바, 전 세계 조류종의 40퍼센트가 감소하고 있으며 13퍼센트는 직접적인 멸종 위기에 처해 있다.[9] 극심한 멸종 위기에 처한 종 중 74퍼센트가 농업 집중화의 직접적 영향을 받은 것으로 드러나면서 농업 집중화가 전 세계 조류 개체 수 감소의 주범으로 확인되었다.[10] 그만큼 눈에 잘 띄지는 않지만 여전히 심상치 않은 것은 해양 생물이 처한 곤경이다. 2018년에 UN 식량농업기구에서 추산한 바에 따르면 산업용 트롤 어업으로 전 세계 해양 어류 자원의 90퍼센트 가까이가 완전히 착취되고 과도하게 남획되거나 고갈되었으며 해양 온난화로 산호가 광범위하게 손실되고 있다.[11]

인류와 공존하는 친숙한 생물, 또는 아직 알려지지도 않았는데 멸종 시기를 가늠해볼 틈도 없이 사라져갈 생물 수백만 마리는 단순히 먹이사슬에 유용한 일꾼이나 필수 고리에 그치지 않는다. 이들은 지난 40억 년에 걸쳐 지구에서 생존하는 법을 터득하고 수집한, 지식의 최대 보고다. 우리가 먹는 식품 및 의약품은 모두 자연에서 비롯되었으며 앞으로 무엇이 더 발견될지는 아무도 모른다. 일례로 해삼에서 추출한 화학물질은 현재 잠재적 암 치료제로서 실험대에 오르고 있다.[12] 생물 다양성이 중요한 것은 여기서 인간이 아직 완전히 이해하지 못한 상호 연관성이 드러나기 때문이다. 아폴로 13호 우주비행사들이 고장난 우주선을 고치기 위해 예비 장비를 사용했듯 인류가 지구에 함께 살고 있는 동료 생명체를 소중히 여겨야 하는 이유는 그들이 생명의 경이로움을 대변하기 때문이기도 하지만 이것이 지구의 미래를 공유할 최상의, 그리고 유일한 기회이기 때문이다.

물론 **인류**만을 위한 것은 아니다. 오히려 지구 입장에서는 인간이 없어야 더 좋을 것이라고 많은 이들이 지적한다. 역설적인 점은 인간이 없다면 '더 나을' 일도 '더 나쁠' 일도 없다는 것이다. 오직 인간만이 이러한 의미에 연연하며 세상에 투자한다. 더군다나 인간은 파괴적이지만 선천적으로 자연을 사랑한다. 그 마음이 입증된 것은 2017년에 데이비드 애튼버러David Attenborough의 BBC 다큐멘터리 〈블루 플래닛 2Blue Planet 2〉에서 파도를 타는 돌고래와 졸고 있는 고래의 가슴 따뜻해지는 장면에 뒤이어 플라스틱에 끼인 채 생활하는 바다거북의 충격적인 장면이 나왔을 때였다. 이 다큐멘터리가 즉각적이고 극적인 영향을 미치면서 긴급 토론이 벌어지는가 하면 영국 정부가 플라스틱 사용과 관련해 새로운 목표를 설정했고 주요 기업이 플라스틱 사용을 줄이겠다고 약속했다.[13]

작은 것이 아름답다

〈블루 플래닛 2〉 사례에서 볼 수 있듯 자연과 인간의 관계는 감정에 강하게 좌우된다. 우리가 곤충보다 새를 더 좋아하는 것은 이 깃털 달린 친구들이 아름다운 데다 날아다닐 수도 있고 수천 킬로미터를 이동하며 자기보다 새끼를 먼저 먹이고 평생 짝을 짓는 등 우리가 고결하다고 생각하는 여러 행동을 보이기 때문이다. 물론 곤충에 마음을 빼앗기는 사람들도 일부 있지만 그보다 훨씬 더 많은 이들이 새를 좋아하는데, 알고 보면 곤충 없이는 새도 없고 결국 인간도 없다.

하지만 환경운동가들이 증명하듯 자연이 꼭 매력적이거나 껴안고 싶어져야 인간의 사랑을 불러일으키는 것은 아니다. 사실 굳이 '살아 있어야' 마음이 움직이는 것도 아니다. 가령 그저 산에 마음이 끌리는 사람이 있고 바다 옆에 있는 것만으로도 살아갈 힘을 얻는 사람이 있지 않은가. 이와 관련해 구글에서 자연의 이미지를 검색해보니 흥미로운 사실이 드러났다. 검색 결과, 처음 20개 이미지 중에 나무가 있는 이미지는 열다섯 개였고 물은 열 개, 산은 여섯 개였으며 식물을 근접 촬영한 것은 다섯 개였다. 20개 이미지 중에 사람이 있는 것은 단 하나에 불과했는데 그것도 멀리 떨어진 채 윤곽만 남은 것이었고 동물이 등장하는 이미지는 하나도 없었다.

생각해보면 조금 이상한 일이다. 보통 자연을 떠올리면 고대의 숲이나 눈 덮인 산, 폭풍이 몰아치는 바다 같은 장엄한 풍경을 연상하기 마련이다. 웬만해서는 자연을 떠올리면서 자신의 모습을 함께 그리거나 장미 덤불 사이에 구불거리는 벌레나 내장 벽을 따라 늘어선 미생물을 그려보지는 않는다. 그런데 미생물(박테리아와 바이러스, 원생동물, 해조류 및 균류)이야말로 우리와 자연 세계를 직간접적으로 이어주는 존재다. 생명을 이어나가는 데 곤충보다 더 필수적인 미생물은 지구상의 모든 산과 숲, 물고기와 장미, 인간에게 생명을 불어넣는다. 미생물이 없으면 지구상에 생명체는 존재하지 않을 것이다. 따라서 진정으로 자연과 연결되고 싶다면 작은 것부터 생각해야 한다.

거듭제곱의 힘을 실감하지 못하는 이들이라면 지구상에 얼마나 많은 미생물이 있는지 파악하기 어려울 수 있다. 대략 10^{30}(1 뒤에 0이 30개 붙는다)마리의 미생물이 있는데 이 정도면 우리가 아는 우주의 별보다 100만 배 더 많은 것이다.[14] 너무 작아서 육안으로 볼 수 없지만 미생물은 지구 생명체의 절반을 차지하고 있다. 잘 와닿지 않는다면 우리 장기에 있는 미생물의 무게만 해도 2킬로그램에 가깝다는 사실을 생각해보라.[15] 미생물은 어디에나 있다. 실험실의 배양접시나 냉장고 한쪽 구석의 곰팡이 핀 요거트에만 있는 것이 아니라 바위나 흙에도, 바다와 공기, 나무와 꽃, 새와 벌에도, 강아지의 코나 연인의 입술에도, 지금 당신이 들고 있는 책이나 태블릿, 휴대전화에도, 우리의 입과 눈, 피부와 장기에도 있다. 우리 몸에는 미생물이 약 100조 마리 있으며 그 미생물의 세포만 해도 몸속 세포 수를 훌쩍 넘은 세 배에 이른다.[16] 이런 통계자료를 보면 인간이 얼마나 미약한 존재인지 깨닫게 된다.

미생물이 우리가 생각하는 것보다 절반만큼만(혹은 1조 분의 1만큼만) 치명적이라면 지금쯤 인간은 모두 죽고 없을 것이다. 인간이 미생물과 함께(그리고 미생물이 인간과 함께) 번성하고 있다는 사실은 세균을 혐오하고 위생에 집착하는 문화가 그리는 것과 전혀 다른 그림을 제시한다. 물론 병원균으로 분류되는 일부 미생물은 실제로 무자비한 효율성을 발휘해 인간을 죽일 수 있지만 대다수는 인간에게 우호적일 뿐만 아니라 삶에 필수적이다.

미생물은 어디에나 있다. 그러면 이것들이 실제로 하는 일은 무엇일까? 그것들도 당신과 나처럼 똑같은 일을 하고 있다. 경쟁이 치열하고 복잡한 사회에서 번성하려 애쓰고 있다. 다만 미생물이 우리보다 훨씬 오래전부터 이런 일을 했을 뿐이다. 지구 최초의 생명체인 미생물이 등장한 것은 약 38억 5,000만 년 전, 전하를 띤 바다 입자가 열수 분출공(화산 작용으로 생긴 해저의 균열)에서 뿜어져 나오는 미네랄 '수프'를 삼켜 원시세균이라 알려진 단세포체를 형성하면서부터인 것으로 생각된다.[17] 우리의 공통 조상인 고세균은 세계 최초의 식사를 하면서 화학에너지를 사용해 탄소와 수소, 산소 및 질소를 처리했다. 그리고 이를 통해 생명의 기본 구성 요소인 아미노산을 형성함으로써 지구에서의 삶을 시작했다.

약 10억 년 동안 고세균이 유황 가득한 산성 지구를 지배했는데 27억 년 전쯤 지독한 경쟁자가 등장했다. 남세균, 혹은 남조류가 바다에 증식하기 시작하면서 태양에너지를 이용해 물에서 수소를 흡수하고 폐기물로 산소를 내보낸 것이다. 광합성의 원시 형태인 이 과정이 지구를 완전히 바꾸어놓았다. 산소는 상당히 난잡한 요소로서 앞에 있는 모든 것과 결합했는데, 특히 철과 결합하면서 지구 최초의 녹지대rust belt가 생겨났다. 고세균의 입장에서 이런 변화는 재앙이었다. 인류의 가장 먼 조상인 고세균에게 산소는 치명적인 독이었기 때문에 대부분이 죽거나 땅속으로 자취를 감추었다. 그렇게 고세균은 영원이 추방되었다. 바다에서 포화 상태에 이른 산소가 차츰 대기 중으로 새어나가면서 대산소 발생 사건Great Oxygenation Event이 일어났고 이로써 현재 대기의 토대가 마련되었다. 약 9억 년 전에 대기 중 산소 농도가 21퍼센트로 안정되면서 진화의 새로운 단계가 마련되자 복잡한 생명체가 진화하고 인간을 비롯한 동물이 지구 위를 걷게 되었다.[18]

다들 희미하게나마 기억하겠지만 식물이 햇빛과 물을 사용해 광합성을 하고 그 과정에서 발생하는 핵심 부산물이 산소라는 사실은 오래전 생물 수업에서 배운 바 있다. 다만 이 과정이 미생물에 의존해 일어난다는 사실을 아는 사람은 거의 없다. 식물세포에 포함된 기관으로 광합성을 수행하는 엽록체는 다름 아닌 인류의 오랜 친구이며 여전히 대기 중으로 산소를 신나게 뿜어내고 있는 남세균으로 이루어져 있다. 광합성 photosynthesis(그리스어로 phos, 빛 + sunthesis, 합치다)은 지구상의 모든 복잡한 생명체의 기초가 되어 우리가 먹는 음식과 마시는 공기를 제공한다. 현대 형태의 광합성에는 햇빛을 화학에너지로 변환하는 과정이 포함되는데 이 에너지를 사용해 물과 이산화탄소의 원소를 결합해 먹이사슬의 기반이 되는 탄수화물을 만들어낸다. 이런 기술을 보유하고 있는 것이 남세균과 조류, 식물뿐이니 나머지 지구 생명체가(사라진 고세균을 제외하고) 이들에게 생명을 빚지고 있는 셈이다. 그러고 보면 "모든 육체는 풀이다"라고 한《이사야》가 크게 틀린 것은 아니다. 우리는 모두 말 그대로 볕이 났을 때 풀을 말리는 능력에 의존하고 있다.

우리가 숨 쉴 수 있게 하는 것 외에 남세균이 보유한 숨은 기술이 하나 더 있다. 바로 대기 중 질소를 고정하는 능력이다. 첫 번째 장에서 보았듯이 질소는 동식물에 중요한 영양소이지만 대부분 공기 중에 존재하기 때문에 식물에 흡수되기 전에 고정되어야 한다. 하버-보슈법이 나오기 한참 전부터 이 유용한 기능을 수행한 것이 남세균이었다. 가령 물에 잠긴 아시아의 논이 한 세기가 넘도록 비옥하게 유지된 것도 남세균 덕분이다.

이렇게 인류의 목숨을 남세균에 빚지고 있는데 왜 이에 대해 들어본 사람은 거의 없는 것일까? 한 가지 답은 남세균이 워낙 작다 보니 이제야 고급 현미경으로 그 세계를 들여다볼 수 있게 되었고, 그에 따라 인식도 이제야 조금씩 높아지고 있기 때문이다. 허블 같은 우주 망원경으로 우주에 대한 지식이 확장되었듯 전자현미경으로 미생물 세계에 대한 인류의 인식이 바뀌고 있다. 별을 올려다보며 화성에 이주할 꿈을 꾸는 과학자들이 있는가 하면 발밑의 땅을 가리키며 그 아래에 어떤 보물이 묻혀 있는지 궁금해하는 과학자들도 있다. 이런 양극단의 눈을 통해 자연을 바라보는 인간의 인식도 혁신적으로 바뀌고 있다.

인간과 우주

자연이 변화의 원리다.

—아리스토텔레스[19]

서양인이 주로 기구를 통해 자연을 들여다보고 이해한다는 사실만 보아도 서양인의 세계관을 상당 부분 알 수 있다. 자연을 멀리서 관찰하는 것이 자연스럽다는 사실은 생각해보면 다소 역설적이다. 어떤 행동이 '자연스럽게' 느껴진다는 말은 우리가 자연의 일부임을 암시한다. 그런데 자연을 밖에서 관찰하는 게 자연스럽다는 것이 가능한 일인가? 이 수수께끼는《길가메시 서사시》시대 이후 서양 사상을 줄곧 괴롭혔고 서양에 깊이 내재한 딜레마와 위대한 승리의 근원을 이루다가 계몽주의 시대에 절정에 이르렀다.

그 씨앗을 뿌린 것은 언제나 그랬듯 고대 그리스인이다. 아리스토텔레스는 자연 현상을 관찰하고 설명하기 시작하면서 우리가 현재 과학적으로 인식하는 자연의 원리에 처음으로 의문을 제기했다. 아리스토텔레스에게 대자연은 오늘날 우리가 받아들이는 것처럼 본질적으로 자연계에 존재하는 모든 식물과 동물, 모든 물질의 합을 의미했다. 이들 독립체의 본질은 내부 계획에 따라 결정되었고 그에 의해 어떤 형태를 취해야 하는지도 정해졌다. 따라서 자연은 도토리가 자라 참나무가 되고 송아지가 자라서 소가 되듯이 생물이 고유한 형태를 취하라는 내부 지시에 순종하면서 끊임없이 생성하는 과정이었다. 형태는 기능을 따랐기에 물고기는 헤엄을 치기 위해 지느러미를 만들어냈고 새는 날기 위해 날개를 만들었다. 생물종은 저마다 서식지에 이상적으로 적응해 자연적 계층구조를 만들고 이로써 모든 생명이 편리하게 식량을 얻게 되었다. 아리스토텔레스는 이렇게 말했다. "식물은 초식동물을 위해 존재하고 다른 동물은 인간을 위해 존재한다고 가정해야 한다."[20]

아리스토텔레스의 사상이 어렴풋이나마 친숙해 보인다면 그가 사실상 자연과학을 발명해 계몽주의 합리성의 토대를 마련했기 때문일 것이다. 종은 기능과 서식지에 따라 스스로 완성된다는 아리스토텔레스의 사상은 결국 다윈의 사상과 크게 동떨어지지 않았다. 아리스토텔레스에 의해 자연이 객관화되었지만 여전히 자연의 질서에서 상당 부분을 차지하는 것은 인간이었다. 따라서 자연을 완전히 객관화하려면 인간을 자연에서 떨어뜨려놓아야 했고 그에 따라 앞서 보았듯 창조에 관한 성서의 신화가 시작되었다.[21] 에덴동산은 지금도 자연의 근본 이미지로 남아 있다. 그곳은 원시 상태 지구의 환영이었으며 낙원 그 자체를 나타낼 만큼 장엄했다. 하지만 인간은 그 그림의 완전한 일부가 아니었다. 처음부터 다른 피조물을 지배할 권리를 부여받은 아담은 특권을 누렸으며 기독교에서는 아담을 완전히 초월적 존재로 승격하면서 인간에게 영혼을 부여하고 하늘에서 인간이 창조주와 함께할 날이 오리라는 전망을 내놓았다.

이런 장대한 변화는 지금까지도 널리 영향을 미치고 있다. 창조 신화가 틀림없는 진실이라고 믿든 말든, 인간이 어떻게든 자연과 분리되었다는 생각은 지금도 변함이 없다. 이 개념은 중세 및 르네상스 시대의 과학자와 신학자 들이 인간과 자연, 신의 조화를 시도하면서 인간을 자연과 분리하고 창조의 중심에 두려 할 때에도 끈질기게 따라다녔다. 위기가 정점에 이른 것은 1543년, 폴란드의 천문학자이자 수도승인 니콜라우스 코페르니쿠스Nicolaus Copernicus가 행성이 지구 주위를 도는 것이 아니라 태양 주위를 돈다고 주장했을 때였다. 신성을 모독한다는 이유로 코페르니쿠스는 목숨을 잃었지만 이로써 기독교 세계에 치명적 균열을 일으키면서 계몽주의의 시작을 알렸다. 이후 과학 및 철학 이론이 근본적으로 재배치되어 초기 절정에 이른 것은 1687년에 아이작 뉴턴Isaac Newton이 《자연철학의 수학적 원리》를 출판하면서였다. 이 책은 당대 가장 위대한 과학자가 중력과 운동, 빛의 법칙을 결합해 전 우주의 작동 모델을 만든 것으로 통합을 위한 노력의 기념비적인 결정체였다.

제목에서 드러나듯 이 책은 자연철학 작품으로 과학과 철학, 신학이 동일한 존재론적 탐구 안에서 결합한 전통 사상이었다.[22] 그 핵심 메시지(우주는 전부 수학으로 설명될 수 있다)는 과학계뿐만 아니라 모든 지식 사회를 뒤흔들었다. 우주가 실제로 예측 가능한 법칙에 따라 배열되어 있다면 인간이 비록 창조의 중심에서 강등되기는 했어도 논리와 이해력만 갖추면 우주를 지배할 수 있음을 의미했다. 그동안 세상은 인간의 이성으로 접근할 수 있는 곳으로 비친 적이 없었기에 이제 세상을 새로이 장악한 이 피조물, 인간은 과연 어떤 존재인가라는 질문이 촉발되었다.

프랑스 수학자이자 박식가인 르네 데카르트René Descartes가 내놓은 대답은 '생각하는 존재'였다. 우주를 정확히 설명한 뉴턴의 이론에 영감을 받은 데카르트는 인간 경험에 대한 자신만의 사상을 제시하며 1637년에 발표한《방법서설》에서 인간이 확실히 알 수 있는 것이 과연 무엇인지 물었다. 감각은 쉽게 속을 수 있기 때문에 믿을 수 없다면서 그 예로 물속에 있는 막대기는 가운데가 구부러져 보인다는 사실을 들었다. 이성 역시 믿을 수 없는 이유는 인간이 실수를 저지르기 쉽기 때문이고 생각조차 믿을 수 없는 이유는 꿈이 현실처럼 보일 때도 있기 때문이다. 그렇다면 믿을 수 있는 것은 무엇인가? 이런 질문을 하는 동안 자신이 질문하고 있다는 사실은 믿을 수 있다고 데카르트는 답했다. "생각하기 위해서는 반드시 존재해야 한다."[23]

데카르트가 남긴 유명한 말, "코기토, 에르고 숨Cogito, ergo sum"(나는 생각한다, 고로 나는 존재한다)에서 서양의 합리성이 탄생했다. 데카르트의 우주에서(이후 데카르트 학파Cartesian로 알려졌다) 의식이 있는 존재는 인간뿐이며 인간의 몸을 포함한 주변의 모든 것은 기계적이고 물질적인 영역에 속했다. 동물은 영혼도, 사유할 능력도 없는 기계에 불과했다. 데카르트는 개나 원숭이를 보면 그것들의 행동이 기계적 충동의 결과가 아님을 입증할 수 없다고, 당시 유행하던 태엽 인형과 다를 것이 없다고 말했다. "인간이 독창성을 발휘해 자동 장치나 움직이는 기계를 얼마나 많이 만들어낼 수 있는지 아는 이들은 이런 동물의 몸이 신의 손에 만들어진, 비할 데 없이 정교한 기계라고 여길 것이다."[24]

데카르트는 자연을 정신과 물질로 나누면서 신이 한때 서 있던 자리에 인간을 배치했다. 그의 우주는 경이로운 것이 아니라 격자로 된 합리적인 공간이며, 그곳의 삼차원은 X와 Y, Z축이 교차하는 선으로 모두 각각의 0점에서 만난다. 이 놀랍도록 추상적인 개념은 어디서나 볼 수 있는 그래프를 유산으로 남기며 공간에 대한 개념을 바꾸고 나아가 현실에 대한 인식을 바꾸었다.[25]

정신이 물질을 지배한다

데카르트의 기하학과 뉴턴의 물리학이 창안된 지 3세기 만에 이 지식을 활용해 인간이 달에 도달할 수 있었다는 사실만 보아도 두 학문의 힘이 얼마나 엄청난지 알 수 있다. 계몽주의로 인류는 근대성을 얻었지만 그 뒤에 남겨진 분열된 세계에서 인간은 자기 자신을 찾고자 분투했다. 자연철학은 수천 개 파편으로 산산조각 났고 그 사이에서 수학이 권세를 장악했다. 그래프와 통계가 인간의 사고를 지배하면서 숫자로 표현된 생각만이 진정 가치 있는 것으로 여겨졌다. 계몽주의로 우리는 과학과 지식, 이해 등 많은 선물을 얻었지만 한편으로는 고립되어 생각하게 되었다.

인간은 규율적 사고 없이 원자를 분열하거나 항생제를 발명하거나 DNA의 비밀을 풀지 말았어야 했다. 그런데 결국 인간의 기술적 위업이 철학적 지혜를 앞서게 되었다. 프로메테우스가 불을 훔쳤듯 인간은 신에 비견할 힘을 얻었지만 이를 다스릴 능력이 없었다. 자연과 인간의 이런 불균형은 인간이 먹는 방식에서 적나라하게 드러난다. 데카르트의 기계-동물이 《방법서설》의 페이지에서 바로 뛰어내려 후기 산업화의 중심축을 이루게 된 것이다.

공장식 농업은 자연에 대한 무관심에서 비롯된 것으로 지금도 도덕적으로 문제가 많다. 키스 토머스Keith Thomas가 《인간과 자연계Man and the Natural World》에서 언급했듯 동물은 고통을 느낄 수 없다고 한 데카르트의 개념에 사로잡힌 초기 근대 사상가들의 '숨 막히게 인간 중심적인 정신'을 재현하기는 힘들다.[26] 존 로크조차 "짐승의 영혼에 불멸을 허용하기보다 모든 짐승이 기계라고 결론짓는 것이" 더 쉽다고 인정했다.[27] 오늘날 우리는 가축이 무감각한 기계와는 거리가 멀고 고도로 지능적이며 인간과 다를 것 없이 사회적·정서적으로 복잡하게 얽힌 삶을 산다는 사실을 알고 있다.[28] 그렇다면 이제 남은 변명은 무엇인가?

당연히 없다. 대신 인지적 부조화와 억제되지 않은 죄책감이 뒤섞일 뿐이다. 서양에서 육식을 바라보는 시각이 차츰 변화하기 시작했지만(2006년에 15만 명이던 영국의 채식주의자는 2018년에 60만 명에 이르렀다) 주류 음식 문화는 여전히 육식을 고집한다.[29] 2018년에 KFC 영국 지점에서 다름 아닌 닭고기가 바닥났을 때 고객들이 격분한 나머지 너나 할 것 없이 경찰에

전화를 걸었고 결국 일부 경찰 지구대에서 대중에게 단골 치킨집을 일시적으로 이용하지 못하는 것은 "경찰 관할이 아니"라고 알리는 촌극이 벌어지기도 했다.[30]

자연은 진공을 꺼린다

닭고기가 동이 나면 불편하기는 하지만 인류의 가금류 섭취 습관이 야기하는 심각한 위협에 비하면 아무것도 아니다. 2018년에 카디프 대학 미생물학 교수 티머시 월시Timothy Walsh가 진행한 연구 결과 '최후의 항생제'인 콜리스틴이 러시아와 인도, 베트남 및 한국의 공장식 양계장에서 조류의 성장을 촉진하기 위해 일상적으로 사용되었다는 사실이 알려졌다. 이런 닭을 사용하는 업체 중에는 예상했다시피 KFC는 물론 피자헛과 맥도날드의 주요 공급 업체도 포함되어 있었다. 2015년에 일부 중국산 돼지에서 콜리스틴에 내성이 있는 유전자 mcr-1이 발견되었음에도 항생제 사용이 빠르게 확산하고 있다는 사실이 밝혀졌다. 이로써 의학계는 공황에 빠졌다. 항생제 내성 유전자는 빠르게 전파되기 때문인데 실제로 이미 30여 개국에 다양한 형태로 퍼진 상태였다. 닭 사료에 항생제를 첨가하는 실태에 대해 월시는 "완전히 미친 짓"이라고 노골적으로 꼬집었다.[31]

왜 음식을 먹기 위해 목숨을 거는 것일까? 음식이 저렴해지기를 바라기 때문이다. 산업화로 인해 우리는 음식의 진정한 의미를, 음식이 자연에서 온 살아 있는 특사임을 잊었다. 자연을 착취할 자원으로 대하면서 그 가치를 낮추어 보았다. 인간이 마주한 딜레마는 살기 위해 **반드시** 자연을 이용해야 하지만 그러면서 자연을 손상시키지 않을 방법을 찾아야 한다는 것이다. 물론 농부들은 항상 자연을 이용해왔지만 이런 개입이 지구 생태계를 위협하게 된 건 최근의 일이다. 규모와 일부 관련이 있기도 하고 파괴의 성질과도 관련이 있다. 에식스 대학 사회과학 교수 줄스 프리티Jules Pretty가 주장했듯 생명공학이 꼭 **그 자체로** 나쁜 것은 아니다. 가령 염분 또는 가뭄 저항성을 높이기 위해 식물 유전자를 선택하는 것은 수천 년 동안 계속된 육종 관행의 연장일 뿐이다.[32] 하지만 특정 제초제나 해충에 저항하기 위해 작물을 육종한 유전자 조작 1세대는 이야기가 사뭇 다르다.

한 가지 예로 몬산토에서 가장 많이 팔리는 제초제, 라운드업Roundup의 핵심 유독 성분인 글리포세이트glyphosate를 들 수 있다. 처음에는 100년에 한 번 나올 만한 발견이라며 농부와 과학자 모두 입을 모아 환호했던 이 제초제는 맹독에 저항할 수 있게 고안된 '라운드업 레디Roundup Ready' 유전자 조작 작물에 사용하도록 제작되었다. 이후 20년 동안 들판에 이 제초제를 마음껏 뿌리던 미국 농부들은 예상치 못한 잡초의 반격에 낙담하고 말았다. 그 조짐이 처음 드러난 것은 2000년 델라웨어의 콩밭이었고 이후 열 가지 이상의 다른 잡초(쥐꼬리망초, 명아주, 단풍잎돼지풀 등)가 나타나면서 22개 주에 걸쳐 400만 헥타르가 넘는 콩밭 및 목화밭, 옥수수밭이 타격을 입었다. 이름에서 짐작할 수 있듯 이들 라운드업 레디 잡초는 조심스러운 제비꽃과 전혀 다르다. 일부는 키가 2미터 넘게 자라고 줄기가 워낙 억세 농기계에 손상을 입힐 정도다. 이런 기괴한 식물은 어디서 온 것일까? 자연은 진공을 꺼리기 때문에 쥐꼬리망초나 명아주 및 그 동지들 입장에서 경쟁 상대가 사라진 채 광활하게 펼쳐진 단일 재배 농지는 놓쳐선 안 될 기회였다. 한 잡초 과학자가 말했듯 '다윈식 진화가 빠르게 진행된' 사례였다.[33]

자연 앞에서 묘책은 답이 될 수 없다. 자연계는 본질적으로 복잡하며 상호성의 원리를 통해 균형을 유지한다. '좋은' 미생물은 자연적으로 병원균과 싸우고 자연의 포식자는 해충을 먹어 치우며 식물은 스스로 방어하기 위해 파이토케미컬을 방출한다.[34] 자연은 복잡성을 통해 회복력을 키우지만 농업은 오래전부터 자연의 단순화를 목표로 삼았다. 지구상에 있는 약 30만 종의 식용식물 중 17종만이 현재 인류 식량의 90퍼센트를 공급한다.[35] 농업이 없었다면 우리는 도시에 살 수도, 샌드위치나 씨 없는 포도를 먹을 수도 없었겠지만 도시 시대에 접어들면서 과거에 성행하던 잡초 제거와 품종 개량이 다시 우리의 발목을 잡고 있다. 인류의 식품 시스템은 능률적이고 효율적이지만 동시에 취약하다. 이를 두고 할머니들은 달걀을 한 바구니에 담으면 탈이 나는 법이라고 말할 것이다.

완전히 미친 짓이라는 말이 이번에도 온당한 설명이 될 듯하다. 점쟁이나 미생물학 교수, 또는 할머니가 되어야 현재 식품을 대하는 인류의 접근 방식이 위험투성이임을 인식할 수 있는 것은 아니다. 그런데도 우리는 지금 방식을 고집하고 있다. 한 가지 이유는 타성 때문이다. 인류는 수천 년 동안 농사를 지으며 살아왔고 오래된 습관은 고치기 힘들다. 또 다른 이유는 권력 때문이다. 이미 기득권을 쥔 세계적 대기업이 현상 유지에 집중하면서 식품 시스템을 점점 더 장악하고 있다. 무엇보다 핵심적인 이유는 데카르트적 세계관에 따라 인류가 기술로 자연을 정복할 수 있다고 믿기 때문이다. 이제는 경제성장(그래프에서 기분 좋게 상승하는 선으로 표시되는)이 진보와 동의어가 되었듯 계속 증가하는 작물 수확량이 농업의 성과를 판단하는 유일한 기준이 되었다.

승자는 오직 한 명뿐이라는 논리 안에서 인류는 자연과 무기 경쟁을 벌이고 있다. 그렇다면 미래에 인류를 먹여 살릴 수 있는 선택지는 무엇이 있을까? 다른 식으로 말하자면 우리는 미래에 자연과 어떤 관계를 맺기를 원하는가?

두 가지 관점

움직이는 기차에서 들소를 도축하고 열대우림을 파괴하고 참다랑어를 포획해 멸종 위기에 빠뜨리는 등 인간은 그 자신의 신화에서 부여받은 관리인 역할을 제대로 해내지 못했다. 이제 이전과 다른 모습을 보여야 한다는 여론이 늘고 있지만 무엇이 최선의 방법인지와 관련해 뚜렷한 합의가 이루어지지 않고 있다.

인류가 식량을 어떻게 생산 및 소비해야 하는지를 두고 관점은 크게 두 가지로 나뉜다. 첫 번째 관점이자 단연 가장 강력한 목소리를 내는 축은 산업 로비 집단이다. 이들은 자연에 대한 지배 속도를 더욱 높여서 비료와 살충제를 더욱 영리하게 사용하고 동식물의 유전자를 조작해 가능하다면 언제든 생산 효율성을 높여야 한다고 주장한다. 다시 말해 제1안을 고수하되 더 잘하자는 뜻이다. 인간이 파괴적인 활동에 집중할수록 자연을 다시 야생으로 되돌려보내 보존할 기회가 더 많아진다고 생각하는 것이다. 두 번째 관점의 축은 유기적 로비 집단으로, 예상하다시피 앞의 의견과 정반대되는 주장을 펼친다. 산업식 농업이 미치는 재앙적 외부 효과를 지적하면서 자연을 지배하는 대신 자연계와 협력하는 방식을 개발 및 재발견해 인류를 먹여 살리는 생태계의 토양 비옥도와 다양성, 복잡성과 회복력을 구축하는 제2안을 세울 필요가 있다고 주장한다.

이 두 관점에서 놀라운 점은 서로 도움 될 일 없는 대립점에 서 있다는 사실 외에도 양측이 수호하고자 하는 자연을 바라보는 관점이 전혀 다르다는 사실이다. 기업가들에게 자연은 두 부분으로 나뉜다. 한계에 이를 때까지 착취해야 하는 길들여진 부분과 그대로 잘 보존해야 하는 야생의 부분이 그것이다. 이 집단은 야생의 자연에 접근하는 것을 더 이상 감당할 수 없는 사치로 인식한다. 반면 유기적 관계를 중시하는 집단은 자연을 야생과 길들여진 부분이 뒤섞인 연속체로 바라본다. 이 집단의 목적은 야생의 자연에 가까이 다가가는 것으로, 더 많은 야생 자연을 농업과 결합해야 한다고 주장한다.

다들 인지하겠지만 이 철학적 분열의 이면에는 인간이 과연 자연을 보살필 수 있는 존재인지 묻는 또 다른 질문이 도사리고 있다. 기업가들은 인간이 믿을 수 없는 존재이니 야생에서 물러나야 한다고 주장하는 반면, 유기체설을 옹호하는 이들은 자연과 더 많은 관계를 맺을수록 더 나은 행동으로 이어질 수 있다고 맞선다. 여기서 중요하게 고려해야 할 사항은 어떤 접근 방식이 미래에 인간은 물론 비인간에게 가장 좋은 삶을 약속하는가다.

자연과 문화

프랑스의 인류학자 필립 데콜라Philippe Descola는 우선 자연을 바라보는 인간의 개념 자체가 문화적으로 구성되었음을 알아야 한다고 주장한다.[36] 서양인은 유독 이 사실을 받아들이기 힘들어하는데, 그들이 자연을 객관적이고 과학적으로 명료하게 바라본다고 믿으며, 따라서 자연과 문화가 상호 배타적인 대립 관계라고 인식하기 때문이다. 서양인에게 자연은 다양한 문화가 발생하는 일종의 중립적 배경이다. 이런 관점에서 초기 근대 유럽의 항해자들은 자연에 영혼을 부여한 토착민을 허튼소리에 빠진 미개한 야만인이라고 얕보았다. 자연을 추상적 공간으로, 기계-동물로 인식한 그들의 관점 **자체**가 문화의 산물일 수 있다는 생각은 결코 하지 못한 것이다.

항법 장치로 무장한 17세기의 서구 탐험가들은 자신만이 자연을 있는 그대로 본다고 믿었지만 누군가는 정반대되는 주장을 할 수 있었다고 데콜라는 말한다. 일례로 자연을 야생의 것과 길들인 것으로 나누는 서양의 구분은 다른 무엇과도 직접적으로 이어지지 않는다. 가령 일본 전통 문화에서 자연을 구분하는 핵심 기준은 산과 평야로, 산은 사람이 살지 않고 수직적인 반면 평야는 사람들로 붐비고 평평한 곳이다. 하지만 두 공간 모두 똑같이 신성한 곳으로 여겨져서 산을 다스리는 신이 봄이면 산에서 내려와 논에서 여름을 보낸 뒤 가을이 되면 다시 산으로 돌아간다고 전해진다. 이런 식으로 "산과 거주 공간의 구분은 상호 배제적인 것이 아니라 계절의 변화와 정신적 상호 보완을 암시한다".[37] 중국 도교에서도 비슷한 관계를 찾아볼 수 있다. 여기서 산은 불멸의 존재가 거주하는 곳으로 평야에서의 현실적 삶에 대응되는 영적 삶을 제공한다.

서양에서도 이런 상호 보완성이 알려지지 않은 것은 아니다. 가령 고대 그리스에서 자연림은 사람이 영적으로 새로워지고 사냥을 통해 강인함과 민첩성을 기르기 위해 찾는 신성한 곳으로 여겨졌다. 숲은 농경지와 분명히 구분되었지만 식량의 원천으로서 가치가 있었고 볶은 보리 및 포도주 같은 농작물과 함께 모든 육류가 제물로 바쳐졌기 때문에 식사 의식에는 야생의 자연과 길들여진 자연이 동참했다. 따라서 그리스인에게 야생의 자연은 문명에 필수적으로 수반되는 것이자 그 반대편에서 균형을 맞추는 존재로 여겨졌다.

앞서 보았듯 이런 긍정적인 견해는 로마 시대에서 단절되었다. 조직적인 로마인에게 야생의 자연은 아직 길들여지지 않았지만 곧 문명에 편입될 영역에 지나지 않았다. 게르만족이 거주하던 게르마니아 숲이 도발적으로 여겨진 것도 그곳의 야만적인 주민들이 성가실 정도로 싸움을 잘해서가 아니라 그 존재 자체가 문명에 위협이 되기 때문이었다.

게르만족을 두려워했는데도 로마인은 그들의 강인함과 정력에 마지못해 존경심을 느꼈으며 야생에서 순수함을 지키는 삶에 큰 책임이 따른다고 생각했다. 도시의 이런 역속물주의는 잠재된 자기혐오로 가득 차 있었고 수 세기 뒤에 만개한 낭만주의의 탈을 쓴 채 다시 떠올랐다. 18세기에 파리나 런던 같은 도시가 팽창하고 터닙 톤젠드Turnip Townshend 같은 농업경제학자가 도시인을 먹여 살리기 위해 인클로저나 삼림 벌채, 가축 사료의 이점을 치켜세우자 일각에서는 문명 자체에 공을 들인 보람이 있기는 한 것인지 의문을 품기 시작했다. 주요 반대론자였던 장 자크 루소는 1750년에 발표한《학문예술론》에서 그 자신이 저명한 일원이었던 파리 상류층 사회를 신랄하게 공격했다. 문화계 인사들이 모인 살롱에서 짐짓 권위 있게 말하면 모두 그럴듯하게 들렸지만 사실 문명사회가 실제로 한 일은 삶에서 무엇이 진정으로 중요한지에 대한 개인의 판단을 흐려놓은 것이라고 말했다. 인류가 존엄을 되찾고자 한다면 유일한 희망은 본래의 뿌리로 돌아가는 것이었다.

> 초창기에 널리 퍼져 있던 소박한 풍경을 반갑게 떠올리지 않고서는 인류의 도덕성을 되돌아볼 수 없다. 이 풍경은 오직 자연의 손으로 꾸며진 아름다운 해안과 비교할 수 있을 것이다. 그 앞에서 우리의 시선은 끊임없이 해안으로 향하고, 해

안은 후회로 멀어진다.[38]

인간 미덕의 원천이 문화가 아닌 자연이라고 제안하면서 (그렇게 해서 '고귀한 야만인'을 문명인보다 우위에 두었다) 루소는 계몽주의의 가치를 사실상 뒤집었다. 과학과 지식은 현실에 발붙인 도덕성에 기반을 둘 때만 쓸모가 있다고 말했다. "과학과 문자, 예술은 사람을 짓누르는 쇠사슬을 화환으로 감싼다."[39] 차라리 소박한 오두막에 사는 편이 '사회 무리'에 만연한 '혐오스럽고 기만적인 순응'에 복종하는 것보다 훨씬 나았다. 이런 인위적인 것에 비하면 문명을 전혀 알지 못한 '원시인'은 축복받은 존재였다. "악덕을 억누르려 애쓰는 우리에 반해 악덕이라는 말조차 알지 못하는 행복한 국가에 대해 어찌 감히 말할 수 있겠는가."[40]

야생의 부름

> 자연 그대로 두는 것이 세상을 지키는 것이다.
>
> —헨리 데이비드 소로[41]

동시대인들에게 조롱을 받았는데도 루소는 야생의 부름을 거부할 수 없게 된 시인 및 모험가 집단의 선봉에 섰다. 에드먼드 버크Edmund Burke가 1757년에 발표한《숭고와 아름다움의 관념의 기원에 대한 철학적 탐구》에서 언급했듯 사람들이 치솟는 봉우리와 한없이 깊은 골짜기, 쏟아지는 폭포에 마음이 끌리는 것은 그 극적인 규모와 자연의 장엄함이 경외감을 불러일으키고 무한함을 꿈꾸게 하기 때문이다. 여기서 무한함은 데카르트주의의 격자화된 확신과 종류가 전혀 다르다. 숭고한 자연의 부름은 계산된 정확성에 여러모로 반격을 가하며 인간의 마음과 영혼에 직접 호소했다. 카스파 다비트 프리드리히 Caspar David Friedrich의 그림 〈안개바다 위의 방랑자〉처럼 낭만주의는 야생을 지배하는 꿈을 꾸지 않고 그 신성한 신비를 숭배했다.

산업화의 그을음 자국은 야생을 향한 숨죽인 열망을 떠들썩한 외침으로 바꾸었다. 이런 열망은 다른 어디보다 아직 (적어도 이론상으로는) 갈 길이 많이 남은 미국에서 더욱 두드러졌다. 1836년에 발표한 《자연》에서 랠프 월도 에머슨 Ralph Waldo Emerson은 이런 분위기를 포착해 '인간에 의해 바뀌지 않은 본질, 즉 공간과 공기, 강, 나뭇잎'을 아우르는 영적 회복이 절실히 필요하다고 말했다. 그는 인간과 자연의 관계 단절이 질병과 같다고 생각했다. "우리 시대는 과거를 되돌아본다. 이전 세대는 신과 자연을 직접 마주 보았다. 지금 우리는 과거 세대의 눈을 통해 신과 자연을 바라본다. 왜 우리는 우주와 맺은 본래 관계를 즐기지 않는 것인가? (…) 태양은 오늘도 빛난다."[42]

에머슨에게 자연은 모두 좋은 것이었다. 신성하고 아름다우며 인간의 스승이자 치유자이고 모든 영양의 원천이자 모든 고통을 달래는 진통제였다. "자연을 사랑하는 사람은 내적 감각과 외적 감각이 진정으로 서로 어우러지는 사람이다 (…) 하늘 및 땅과 맺는 교류가 그의 일용할 양식이 된다."[43] 자연과 조화를 이루는 이들은 하늘을 올려다보는 것만으로도 초월에 이를 수 있다. "홀로 있는 사람은 별을 보게 하라."[44] 하지만 사람이 가장 큰 구원을 얻는 것은 나무에 둘러싸여 있을 때('신의 농장'에서)였다. 숲속에 있을 때 우리는 '인간과 식물의 신비로운 관계'를 경험하고 모든 '이성과 믿음'의 기반이 되는 어린 시절의 경이로움을 되찾는다.[45] 간단히 말해 자연은 문명의 해독제였다. "유해한 일이나 회사로 갑갑해진 몸과 마음에 자연이 치유제가 된다."[46]

《자연》이 출판되면서 위대한 바깥 세계가 미국인의 영적 고향이 되었다. 에머슨은 제퍼슨이 고안한 시민 농부에 야생과의 유대감으로 타고난 숭고함을 부여받은 다부진 개척자를 추가했다. 이 에세이는 당대의 주요 지식인들 사이에서 열렬히 환영받았지만 그의 비전이 진정 널리 알려진 것은 에머슨의 젊은 제자인 헨리 데이비드 소로Henry David Thoreau를 통해서였다. 1845년에 27세였던 소로는 매사추세츠주 콩코드에 있는 에머슨의 집에서 일하다가 그곳을 떠나 월든 연못 기슭의 소박한 오두막에서 2년을 보냈다. 1854년에 출판된 소로의 회고록《월든》은 그의 멘토인 에머슨의 유명한 에세이보다 더 빛을 발할 운명이었다. 일기이자 연감이고 은둔을 꿈꾸는 이들을 위한 DIY 설명서이기도 한《월든》에는 소로의 일상이 세세히 담겨 있었다. 콩밭을 가꾸고 새소리를 들으며 책 제목과 같은 연못에 매일같이 뛰어드는(이를 소로는 '종교체험'이라고 부른다) 일상과 함께 다양한 철학적 사색이 그려졌다. 생필품을 구하거나 그저 담소를 나누려는 목적으로 근처 콩코드에 자주 들렀지만 소로는 이론적으로 자신이 떠나온 문명을 비판한 루소의 의견을 되풀이했다. "사치품과 흔히 말하는 삶의 안락함은 필수가 아닐 뿐만 아니라 인류의 품위를 가로막는 결정적인 방해물이다."[47]

비평가들은 소로의 '실험'이 공상적인 방종일 뿐이라며 비난했지만 《월든》은 대중의 인기를 얻었고 곧 초창기 환경운동의 비공식 안내서가 되었다. 이후 에머슨의 열렬한 팬인 거침없는 스코틀랜드인, 존 뮤어John Muir가 등장한다. 1867년에 야생으로 들어간 그의 실험은 소로의 실험보다 더 철두철미하게 진행되었다. 그는 인디애나에서 플로리다까지 '될 수 있는 한 가장 잎이 무성하고 야생 상태인, 누구도 밟지 않은 길'을 따라 1,500킬로미터가 넘는 거리를 걸었다.[48] 뮤어가 진정 깨달음을 얻은 순간은 이듬해 시에라네바다산맥의 요세미티 계곡에서 눈앞의 풍경을 마주했을 때였다. 그 앞에서 뮤어는 자신의 삶을 정의내렸다. "인간의 손으로 만든 어떤 사원도 요세미티와 비교할 수 없다. (…) 마치 자연이 여기 산속 저택에 가장 고귀한 보물을 모아놓고 자신을 찬미하는 이들을 가까이 끌어들여 신뢰 가득한 교감을 이끄는 듯하다."[49]

뮤어는 이 계곡으로 거처를 옮겨 여러 임시 일자리를 맡아 하면서 개울 위에 통나무집을 지었다. 그토록 흠모하던 풍경에 점차 스며든 끝에 얼마 뒤 그 자신이 유명 인사가 되었고, 결국 1871년에 다름 아닌 에머슨의 방문을 받기에 이르렀다. 야생이 자기 집처럼 느껴졌는데도 뮤어는 요세미티가 자신을 포함해 인간이 가하는 모든 영향으로부터 보호받아야 한다고 점차 확신하게 되었다. 결국 이곳을 국립공원으로 만드는 캠페인을 시작했고 1903년에 시어도어 루스벨트로부터 함께 캠핑하자는 제안을 받으면서(《보이즈 오운Boys' Own》에서 주최한 이 여행은 한 세기 뒤 베어 그릴스Bear Grylls와 버락 오바마Barack Obama의 조금 더 안전한 모험으로 재현되었다) 예상치 못한 지지를 얻었다.[50] 별 아래에서 잠이 들고 간밤에 내린 눈을 담요 삼아 일어나는 생활을 직접 경험한 루스벨트는 그 자신이 자연주의로 개종했다고 선언했다. 1905년에 요세미티가 국립공원으로 지정되어 자연 그대로의 아름다움을 영원히 보존할 수 있게 되었다.

야생과의 마찰

> 지혜의 변함없는 표식은 평범함에서 기적을 알아보는 것이다.
>
> —랠프 월도 에머슨[51]

문제는 요세미티가 자연 그대로의 상태가 결코 아니었다는 것이다. 이곳은 자연과 깊은 유대를 맺은 아와니치 부족의 고향으로, 뮤어가 초기에 쓴 글에서 부러운 마음을 숨기지 않은 채 언급한 바 있었다. 캠핑하는 도중 빵이 동나는 일을 겪으며 뮤어는 현지인에게 배워야 할 점이 얼마나 많은지 뼈저리게 느꼈다. "인디언은 다람쥐처럼 우리를 수치스럽게 만든다. 탄수화물이 많은 뿌리와 씨앗, 나무껍질이 주변에 넘치지만 우리는 곡물 자루만 없어도 신체 균형이 깨지고 최상의 즐거움이 위협을 받는다."[52]

이곳 원주민의 뛰어난 오지 생활 기술에 감탄하면서도 뮤어는 자신이 사랑하는 이 계곡이 부분적으로는 그들의 창조물이기도 하다는 생각 앞에서 점점 멈칫거렸다. 계곡 바닥을 덮은 무성한 녹색 초원은(알베르트 비어슈타트Albert Bierstadt의 캔버스에 신비하게 남아 있듯) 자연의 예술적 기교가 아니라 사냥터를 개선하기 위해 정기적으로 숲을 불태우던 원주민의 관습이 낳은 결과였다. 하지만 요세미티가 신성화되면서 이런 불편한 사실도 푸른 잔디밭으로 덮이고 말았다. 아와니치 부족은 풍경에서 조심스레 지워졌다.

우악스러운 숲 사람과 신비로운 시인이 독특하게 결합한 뮤어는 환경주의와 낭만주의를 한데 녹여 완벽한 하나로 만들었다. 그가 면밀히 구상한 자연 그대로의 야생이라는 환상은 《구약성경》에서 시작된 인간 추방을 완성해 인류가 자연의 틀 밖에 굳건히 자리 잡게 했다. 또 다른 에덴동산에서 쫓겨나면서(일종의 스스로 자처한 두 번째 타락으로) 인간에게는 지상낙원의 어떤 장소도 허락되지 않았다. 이제 유일하게 '진정한' 자연은 인간의 손길이 닿지 않은 곳이 될 것이었다. 윌리엄 크로논이 《야생과의 마찰The Trouble with Wilderness》에서 주장했듯 자연에 대한 이런 관념은 미국에서 특히 주목을 받았다. 미국에서는 서부 개척 신화 속 탐험되지 않은 광활한 지평이 이제는 사라진 아름다운 과거를 상징했고, 그에 반해 현대는 저속하고 단조로워 보일 뿐이었다. 크로논의 말처럼 야생의 자연은 "타락하지 않은 자연스러운 곳으로 영혼을 잃은 부자연스러운 문명과 대조를 이루었다".[53]

워즈워스와 콜리지 같은 영국의 낭만주의자는 장엄한 자연의 축소판인 레이크 디스트릭트로 만족해야 했지만 미국인인 에머슨과 뮤어 및 그 동료들에게는 자신의 꿈을 투사할 아메리카 대륙이 있었다. 이런 광활함을 바탕으로 미국 낭만주의가 탄생했고 미국의 환경보호주의는 인간과 자연의 공존 방법을 모색해야 하는 핵심 임무에서 멀어졌다. 이렇게 미국 낭만주의가 길들여진 자연을 희생시키고 야생의 자연을 숭배하면서 일종의 자기혐오를 일으키자 사람들이 자신의 실제 삶에 대한 책임을 회피하기에 이르렀다고 크로논은 주장했다.

크로논은 야생의 자연을 보존해야 한다는 사실에 동의하지 않는 사람은 거의 없지만 중요한 점은 자연의 모든 풍경이 연속체를 이루며 그곳이 인류의 집임을 인식하는 것이라고 말했다. 거대한 삼나무 숲에서처럼 집 앞 정원의 변변치 않은 덤불 앞에서도 감탄할 수 있을 때 비로소 우리는 자연에서 자신의 진정한 위치가 어디인지 헤아릴 수 있을 것이다. 소로가 옳았다. '야생성wildness'(야생성은 야생의 자연wilderness과 구별된다) 안에서 세상이 보존된다. 그렇다고 야생성을 발견하기 위해 시에라 산맥을 오를 필요는 없다. 야생성은 주변 어디에나, 도시에, 공원에, 집에, 정원에, 심지어 우리 몸 안에도 있다.

가정경제

> 인간의 문화는 야생성을 보존하는 것이다.
>
> —웬델 베리[54]

미국의 농부 작가 웬델 베리Wendell Berry에게 자연과 공존하는 법을 배우는 것은 "인간이라는 종이 책임져야 하는, 평생토록 끝나지 않을 임무"다.[55] 그가 에세이 〈야생성 보존Preserving Wildness〉에서 언급했다시피 가장 어려운 부분은 우리 자신의 한계를 정해야 하는 것이다.

> 인간은 다른 모든 피조물과 마찬가지로 변화를 도모해야 한다. 그렇지 않으면 살 수가 없다. 단, 다른 종과 달리 자신이 일으키는 변화의 종류와 규모를 선택해야 한다. 너무 작은 변화를 일으키면 인간성이 축소될 것이고 너무 큰 변화를 일으키면 자연이 축소될 것이다. (…) 자연은 인간의 근원이면서 동시에 한계이자 척도다.[56]

베리가 말하기를 인간이 마주한 주요 문제는 자연과의 관계에서 자신의 위치를 확신하지 못한다는 것이다. 때로는 이 말이 '자연과 인간이 근본적으로 다르며 근본적으로 분리된 별개의 두 독립체'라고 들릴 수 있다.[57] 하지만 잠시 생각해보면 둘은 떼려야 뗄 수 없는 관계에 있음을 알 수 있다. 가령 순수한 자연은 대개 인간에게 호의적이지 않다. 북극에서는 보호 장치 없이 살아남기 힘들고 숲에서는 오랜 시간 돌아다니다 보면 회색 곰을 마주치지 않을 수 없다. 그렇다고 삶에서 자연을 완전히 배제하기란 마찬가지로 치명적이다. 어디에 살든 인간에게는 자연과 문화 **모두** 필요하니 이 둘을 잘 혼합하는 것이 중요하다. 본질적으로 이런 방식에 따라 진화한 것이 전통 음식 문화다.

일반적인 해결책은 없다고 베리는 주장한다. 자연은 한없이 다양해서 인간 역시 이에 다양하게 대응해야 하기 때문이다. 자연을 능가하려는 시도가 잘못된 것도 같은 이유에서다. 예를 들어 '현대 과학의 기적'이라고 하는 홀스타인 젖소를 생각해보자. 이 소는 한 해에 20톤이 넘는 우유를 생산하도록 사육되었다. 놀라운 생산성이 경이로워 보이지만 그에 따른 단점을 고려해보면 생각이 달라질 수 있다. 이 소는 걷는 데 문제가 있을 수도 있고 너무 연약해서 비를 맞을 수 없는 상태일 수도 있다. 또한 소가 다량으로 섭취하는 곡물 사료를 '값싼' 기름으로 재배하는 과정에서 토양이 고갈되고 농부들이 폐업 위기에 몰릴 수도 있다.

모든 번영의 근원이 야생성임을 우리가 쉽게 잊는다고 베리는 말한다. "숲이나 농작물은 야생 상태일 때, 즉 인간이 지구에 등장하기 전에 모든 식물이 그러했듯 땅과 공기, 빛, 물과 함께 어우러질 때 건강하다는 사실이 밝혀질 것이다."[58] 따라서 자연과 조화를 이루어 살기 위해서는 "길들여진 자연과 야생의 자연 사이에서 평화를, 더 나아가 동맹을 찾아야" 한다. 다시 말해, 우리가 어떻게 처신해야 하는지 알려줄 문화가 필요하다는 뜻이다. "우리가 인간일 수 있게 하는 문화, 즉 사려 깊고 공정하며 의연하고 절제할 줄 알고 그 밖의 다른 미덕을 갖춘 생명체이게 하는 문화를 갖추는 것이 그 어느 때보다 필요하다. 역사에서 알 수 있듯 문화의 규제나 규율, 개선이 없으면 인간은 '자연적'이지 않으며 '생각하는 동물'도 '벌거벗은 유인원'도 아닌 괴물에 불과하다."[59]

자연과 조화를 이루어 사는 것이 전통적으로 이어진 인간의 지혜다. "자연은 오로지 문화를 통해 보존해야 하고 야생성은 오로지 길들여진 자연을 통해 보존해야 한다."[60]

소수민족의 사고

호모사피엔스가 처음 지구에 발을 디딘 후 20만 년 동안 인류는 자연과 함께 살아가기 위해 무수한 방법을 시도했고 그중 일부는 조금 더 성공을 거두었다. 물론 성공의 의미는 상대적이다. 가령 로마인과 음부티족 중 누가 더 나은 성과를 냈다고 생각하는지는 기준을 어떻게 정하느냐에 따라 달라진다. 석공술과 웅변술, 군사정책을 기준으로 보면 로마인이 단연 훨씬 앞서지만 공감과 평등, 생태계 지속성을 기준으로 하면 음부티족이 분명 더 뛰어나다. 자연과 문화의 조화를 이루는 것은 베리가 말했듯 영원히 끝나지 않을 인류의 과제다.

오늘날 점점 줄어들고 무더워지는 지구에서 인류의 다양한 접근 방식이 융합되기 시작했다. 벌목꾼과 광부, 목장주와 가스 시추 작업자들이 마지막 수렵 채집인을 몰아내면서 인류의 이야기는 원점으로 돌아왔다. 자연과 어떻게 더불어 사는가는 이제 진정 전 세계적인 문제가 되었다. 가능한 선택지의 상대적 이점이 무엇이든 한 가지 분명한 사실은 제1안을 고수하는 것보다 제2안으로 옮겨가는 데 훨씬 더 많은 노력과 상상력이 필요하다는 것이다. 제1안은 단순히 현상을 유지하기만 하면 그만이지만 제2안(안정 상태의 친환경 실천)을 택하려면 먹는 방식뿐만 아니라 사는 방식까지 바꾸어야 한다. 즉, 소비 중심적 해결책에서 터보 엔진 사용을 줄인 즐거움으로, 가령 자연과 접촉해야 얻을 수 있는 것들(제1안에서는 배제하려 한 것들)을 취하는 방식으로 바꾸어야 하는 것이다. 제2안에서는 휴대전화를 최신형으로 바꿀 때 얻는 쾌감을 토마토를 직접 재배할 때 얻는 만족으로 대체하는 삶을 모색한다. 이런 변화를 기꺼이 환영할 사람은 거의 없겠지만 마찬가지로 현 상황을 판단할 위치에 있는 사람도 없다. 이제 웬만해서는 누구나 휴대전화를 소유하고 있는 데 반해 특히 서양에서 채소를 직접 재배하는 사람들은 눈에 띄게 사라지고 있는데, 이는 두 세기 전과 정반대되는 모습이다. 그렇다고 모두 농부가 되어야 한다거나 (그래서는 안 되겠지만) 모두 휴대전화를 포기해야 한다고 제안하는 사람은 아무도 없지만 제2안에서는 분명 기쁨의 원천을 바꾸어야 할 것이다.

변화는 이미 일어나고 있다. 옥상 농부 벤 플래너처럼 책상 앞에 앉아 있는 것보다 자연과 함께 일하는 것이 더 좋다는 사람이 늘어나고 있다. 실제로 시골 생활이 전 세계에 걸쳐 파괴되면서 점점 더 많은 사람이 이를 재구축할 방법을 찾고 있다. 일례로 영국과 미국의 독립 치즈 제조업체가 눈에 띄게 부활한 결과, 2016년에 농장에서 제조된 치즈는 영국에서 1만 700가지가 넘고 미국에서는 1,000가지 가까이에 달했다.[61] 영국의 농촌 인구도 향후 10년 동안 6퍼센트가량 증가하고 새로운 농장 및 식품 업체가 다수 세워질 것으로 예상된다.[62] 이런 점에서 식량 운동은 깊은 해류와 같다. 표면에서는 보이지 않지만 물밑으로 힘과 속도를 꾸준히 그러모아 결정적 시점에 진정한 변화를 끌어내는 것이다. 더불어 이 운동은 공유와 회복, 공예에 중점을 둔 움직임과 더불어 창조의 즐거움이 더 오래 지속되는 새로운 삶을 어떻게 구축할 수 있을지 제안한다.

이런 비전이 확대될 수 있을까? 산업계에서는 아니라고 단호히 선을 긋는다. 이들은 인간이 자연에서 물러나야 한다고 주장하면서도 거대 농기업만이 세계를 먹여 살릴 수 있다고 말한다. 정말 그럴까? 아무것도 변하지 않는다면(우리가 계속해서 음식에 무료나 다름없는 돈을 지불하려고 한다면) 다른 어떤 식품 시스템도 기존 시스템에 대응할 수 없을 것이다. 반면 우리가 식품의 가치를 다시 평가하고 탄소 제로 경제로 옮겨가려 한다면 산업적 농식품 모델을 유지하기가 힘들어질 테고, 그와 다른 식품 시스템은 가능할 뿐만 아니라 필수가 될 것이다. 어떻게 되었든 거대 농기업은 결국 멈추어설 테니 이런 결과는 어느 정도 불가피하다.

여기서 중요하지만 간과되고 있는 두 가지 통찰이 드러난다. 첫째, 산업식 농업을 주장하는 사람들은 먹는 문제와 사는 문제가 떼려야 뗄 수 없는 관계에 있다는 사실을 알아보지 못하고 혁신적 변화가 양방향으로 흘러갈 수 있다는 사실을 깨닫지 못하고 있다. 둘째, 거대 농기업만이 세계를 먹여 살릴 수 있다는 주장은 인류가 미래에 다르게 살 수도 있다는 가능성을 무시하고 잘못된 가정에 기반을 두고 있다. 유기농으로 돌아가는 대안은 의심할 것 없이 더 복잡하고 예상하기도 힘들지만 그렇다고 효과가 없다는 뜻은 아니다.

세계를 먹여 살려라

2017년에 UN 식량농업기구가 발표한 보고서 〈식량 및 농업의 미래The Future of Food and Agriculture〉에서는 2050년이면 식량 및 사료, 연료 생산량이 50퍼센트 증가해야 한다고 내다보았다.[63] 인류가 직면한 문제로 기후변화와 도시화, 토지 부족, 생태학적 피해 및 갈등, 폐기물, 해충 및 질병 등을 언급하면서 보고서는 이렇게 표명했다. "고투입의 자원 집약적 농업 시스템은 대량의 삼림 벌채와 물 부족, 토양 고갈 및 온실가스 대량 배출을 초래해 지속 가능한 식량 및 농업 생산물을 제공할 수 없다."[64] 그러면서 이렇게 결론내렸다. "기존의 사업 방식은 (…) 선택지에 없다."[65] 그 대신 필요한 것은 "변혁 과정을 거쳐 전반적 접근 방식에 이르는 것으로서 가령 농업생태학이나 임업을 겸한 농업, 기후변화에 대처하는 농업 및 보존 농업을 들 수 있으며, 이런 방식은 역시 지역 고유의 전통 지식을 바탕으로

한다".[66]

본질적으로 이런 접근 방식은 획일적인 NPK 모델보다 훨씬 다양하다. 무경운 농법(토양 교란을 줄이기 위해 밭을 갈지 않는 농법)과 풋거름 작물 재배(토양의 질소 함유량을 높이기 위해 콩류 및 콩과 식물을 파종), 허브 목초지herbal leys(토양 비옥도를 회복하기 위해 다른 작물과 함께 파종하는 임시 방목지로, 단시간 고밀도 방목과 결합하기도 하는데 야생동물 무리의 이동 방식을 모방해 소떼를 한쪽 들판에서 다른 쪽 들판으로 이동시킨다) 같은 방식이 포함되기도 한다. 더불어 다양한 형태의 영속농업permaculture, 즉 자연을 모방해 자연적인 시너지 효과를 극대화하는 농업 방식이 포함될 수도 있다. 이는 생물학적 복잡성을 육성하고 서식지를 병렬 배치하며 나무 및 관목, 목초지와 작물을 혼합 재배하고 모래 댐 건설을 통해 질소와 에너지, 물을 포획 및 보존하는 등으로 실천할 수 있다.[67] 보고서에 따르면 이런 접근 방식은 이미 전 세계 경작지의 8퍼센트에 이르는 1억 1,700만 헥타르에서 이미 시행되고 있으며 오스트레일리아와 캐나다, 남아메리카 등지에서 가장 많이 채택하고 있다.[68]

UN 식량농업기구가 인정한바, 앞의 방식은 바로 사용할 수 있는 고투입 농업 방식과 달리 반드시 맞춤식으로 시행되어야 한다. 따라서 이들 방식의 성공 여부는 여러 지원에 달려 있다. 양질의 교육과 불평등 해소, 토지 접근권, 여성에 권한 부여, 이주율 완화 및 농촌 투자 등 모든 것이 선진국과 개발도상국의 일반적 격차를 초월하는 강력한 세계적 협치로 뒷받침되어야 한다. 이 모든 것을 실현하기 위해서는 일정한 형태의 비전을, 가령 2015년 9월에 채택된 UN의 지속 가능한 개발을 위한 2030 의제와 같은 비전을 공유하는 것이 중요하다. 보고서에서는 이렇게 선언했다. "지속 가능한 개발에 이르는 과정에서 모든 국가는 상호 의존적이다."[69]

전 세계가 공유하는 지침에 가장 근접한 UN의 2030 의제는 역사적으로 의미 있는 문서이지만 희망에 부풀어 있는 만큼 허술하기도 하다. 물론 가장 중요한 문제는 과연 이 의제가 실행 가능한가다. 여기서 간절히 부르짖는 세계적 협치가 실현될 수 있느냐는 핵심 문제는 차치하고(더불어 전 세계 기업의 권력을 굴복시킬 만큼의 위력이 있는지는 고사하고) 여기서 주창하는 농업생태학적 방식이 실제로 세계를 먹여 살릴 수 있는지가 관건이다. 이런 논쟁에서는 숫자가 중요한 법이니 수치로 한번 따져보자.

최근에 가장 공들인 시도를 한 사람 중 하나는 영국의 낙농업자이자 저널리스트인 사이먼 페얼리Simon Fairlie다. 《고기, 유순한 사치품Meat: A Benign Extravagance》에서 페얼리는 자신의 연구에 '장화가 더러워질 때까지 농장 여기저기 돌아다니는 것'은 포함되지 않았지만 대신 농업을 주제로 발표된 무수한 자료를 법의학적으로 조사한 결과 계산 착오와 혼동, 노골적 '거짓말'이 가득했다고 다소 애석한 듯 시인했다. 페얼리는 세상을 어떻게 먹여 살릴 것인가의 논쟁에서 너무 자주 간과된 식습관 문제를 제기했다. 그는 영국의 시인 퍼시 비시 셸리Percy Bysshe Shelley가 한 말을 인용하며 이야기를 시작한다. 1813년에 셸리는 부자들이 '죽은 살점을 탐하는 부자연스러운 갈망'에

탐닉하기 위해 '가장 비옥한 지역'에서 가축을 사육해 막대한 '영양 낭비'를 초래했다는 사실에 한탄했다.[70] 셸리는 생태적 능력과 사회적 형평성이 서로 끊을 수 없이 연결되어 있으며 육류만큼 이 둘을 강력하게 연결하는 것은 없다는 사실을 일깨운다.

세계적으로 육식이 증가하고 산업적 가축 생산의 해로운 단점이 두드러지면서 엄격한 채식주의만이 이 시대에 유일하게 적합한 식습관이라고 많은 이들이 결론내리기에 이르렀다. 사실 문제는 그보다 조금 더 복잡하다고 페얼리는 말한다. 공장식 농업은 '명백히 부당'하고 동물에게 곡식을 먹이는 것은 '현대사에서 가장 큰 생태학적 실수'이지만, 그렇다고 육식 자체가 반드시 나쁘다고 말할 수는 없다.[71] 오히려 동물이 인도적으로 사육된다는 조건에서 동물을 먹는 것에 도덕적 거부감이 일지 않는다면 인도적 사육 방식을 실천해야 하는 이유는 강력하다. 올바르게 시행된다면 동일한 자원에서 더 나은 식품을 더 많이 생산할 수 있기 때문이다. 다만 인류가 애초에 가축을 길들인 이유는 이들이 우리가 먹지 못하는 것을 먹기 때문이라는 사실을 떠올려볼 필요가 있다. 전통적인 혼합농업 시스템에서 그랬듯 풀이나 음식 찌꺼기를 먹이로 주면 가축은 영양가 있는 식량을 공급할 뿐만 아니라 귀중한 비료를 지속적으로 공급할 수도 있다. 동물은 언제나 전통 농업에서 없어서는 안 되는 존재였다. 지역 자원을 극대화하는 동시에 땅에 영양분을 되돌려서 상당히 효율적인 지역 생태계를 조성하기 때문이다.

생태학적으로 이해되지 않았다면 이런 관습이 그토록 오래 살아남지는 못했을 것이다. 문제는 이 관습이 현대사회에서도 설 자리가 있느냐는 것이다. 이에 답하려면 영국 같은 나라에서 네 가지 각기 다른 시나리오에 따라 어떻게 식량을 생산 및 공급했는지 살펴보아야 한다고 페얼리는 말한다. 여기서 말하는 네 가지 시나리오는 가축이 있는 경우와 없는 경우(혼합농업과 채식 농업), 화학물질이 있는 경우와 없는 경우(화학비료 사용과 유기농 재배)로 나뉜다. 곡물과 감자, 설탕, 우유, 고기, 과일, 채소 및 맥주를 기준으로 한 사람이 하루에 2,700칼로리가 필요하다고 계산할 때(단, 육류 및 유제품은 현재 우리가 먹는 양보다 적고, 채식의 경우 육류가 완두콩과 유채씨 기름으로 대체된다) 영국이 어렵지 않게 자급자족할 수 있다는 결론이 나온다.[72] 이런 시스템이 작동하려면 식단을 근본적으로 바꾸고 모범 시민처럼 행동해야 한다는 경고가 이어지지만 수치만 보아도 가능성이 꽤 크다는 사실을 알 수 있다. 실제로 네 가지 시나리오에서 필요한 토지는 모두 현재 인류가 경작하고 있는 1,850만 헥타르보다 적다.

네 모델 중 유기농 재배-혼합농업 방식이 가장 어렵다고 페얼리는 말한다. 영국 전체를 먹여 살리려면 경작지 810만 헥타르에 목초지 780만 헥타르가 필요한데, 그러면 기존에 비해 남는 농지는 260만 헥타르에 불과하다. 이런 농업 방식은 7.5명을 먹여 살리기 위해 땅 2헥타르(경작지 1헥타르와 목초지 1헥타르)가 필요한 반면, 화학비료 사용-채식 농업 방식은 인류를 가장 쉽게 먹여 살릴 수 있는 모델로, 경작지 1헥타르만으로

20명을 먹여 살리면서 무려 1,550만 헥타르의 농지를 야생으로 돌려보낼 수 있다. 나머지 두 모델 중 유기농 재배-채식 농업 방식은 1헥타르당 여덟 명을 먹여 살리면서 1,120만 헥타르를 남기는 반면, 화학비료 사용-혼합농업 방식에서는 2.5헥타르로 14명을 먹여 살리고 760만 헥타르를 남길 수 있다.[73]

동물 농장

식단과 농업 방식이 인류를 먹여 살리는 데 필요한 토지 면적에 영향을 미친다는 사실은 명백하지만 페얼리가 인정한 것처럼 이런 방식은 문제의 진정한 복잡성을 피상적으로만 다룰 뿐이다. 예를 들어 유기농 재배-채식 농업 접근 방식은 생태학적으로 가장 유익해 보이지만 실제로 동물이 전통적으로 수행하던 기능인 영양소 재활용이 어려울 수 있다. 반면 유기농 재배-혼합농업 방식에서는 클로버 같은 질소 고정 식물을 파종하는 것이 상당히 효율적인데, 소가 뜯어먹을 수도 있고 그에 따라 밭도 비옥해질 수 있기 때문이다.

규모가 커지면 이런 전통적인 가축 사육 방식에 내재한 이점 역시 거대해진다고 페얼리는 말한다. 예를 들어 돼지에게 음식 찌꺼기를 먹이면(오래된 관습이지만 유럽에서는 2001년에 구제역 위기를 겪은 뒤 금지되었다) 영국에서만 연간 80만 톤의 돼지고기를 생산할 수 있는데 이는 영국인의 총 육류 소비량의 6분의 1에 해당한다.[74] 더불어 인간의 식량 작물보다 일부 사료작물이 더 잘 자라는 곳에 사료작물을 파종하는 방안 역시 묵살해서는 안 된다. 동물은 인간만큼 먹는 데 까다롭지 않기 때문에 재배한 작물을 훨씬 더 잘 활용할 수 있다. 일례로 감자밭은 저장 손실이나 불량품, 벗겨진 껍질 때문에 절반이 낭비될 수 있지만 돼지는 그 땅에서 나는 것을 기꺼이 모두 먹어 치운다. 소 역시 수확이 끝난 땅을 즐겁게 뜯어먹으니 그곳이 놀라울 만큼 엄청난 사료의 원천이 된다는 사실을 보여줄 것이다. 미국의 식품 분석가 J. G. 페이들J. G. Fadel이 1999년에 진행한 연구 결과에서 밀과 쌀, 보리, 옥수수 및 사탕수수 등 세계 5대 작물의 수확 후 잔여물만으로 젖소가 전 세계에 우유를 공급하는 데 필요한 모든 에너지는 물론 필요한 단백질의 3분의 1을 충당할 수 있다는 사실이 밝혀졌다.[75]

페얼리는 동물성 식품이 채소나 곡물보다 평균 1.2배 더 영양가가 높으므로 식물 기반 접근법의 일환으로 동물을 사육하는 것이 이치에 맞다고 주장한다.[76] 그렇다고 열렬한 육식주의자들이 황급히 달려가 바비큐 불을 지펴야 한다는 뜻은 아니다. 이런 연구 결과가 스테이크를 실컷 먹어도 되는 구실이 될 수는 없기 때문이다. 페얼리는 이렇게 말한다. “이 책 어디에도 고기를 많이 먹어야 한다고 주장하는 부분은 없다. 타당한 이유가 없기 때문이다. 고기는 사치다.”[77] 그래도 ‘기본 가축default livestock’이라 부르는 방식이 설득력을 가지는 경우가 있다고 한다. 기본 가축이라 함은 ‘채소에 지속 가능한 영양분을 공급하기 위해 농업 시스템에 없어서는 안 될 부산물’로서 가축을 사육하는 것이다.[78] 다시 말해, 과거에 그랬듯 동물을 사육하면서 풀과 음식 찌꺼기, 수확 잔여물 등 안 그러면 바로 쓰레기가 되는 영양분을 먹일 수 있다는 뜻이다.

이런 접근 방식을 택하면 서양에서 소비하는 육류 및 유제품의 양을 대폭 줄여야 하지만 그렇다고 베이컨이나 치즈를 완전히 포기할 필요는 없다. 페얼리가 계산한 바에 따르면 '기본 가축' 사육 방식을 전 세계적으로 시행할 경우 인류가 현재 소비하는 육류 및 유제품의 절반가량을 공급할 수 있다. 다시 말해 1인당 연간 고기 18킬로그램(주당 350그램)과 우유 39킬로그램(주당 우유 0.7리터 또는 치즈 75그램)을 소비할 수 있는 것이다.[79] 그리 엄청난 양은 아니지만 곡물 및 채소 재배로 발생하는 잉여분에서 나오는 것이기 때문에 사실상 무료라고 페얼리는 말한다.[80]

물론 육류 섭취로 발생하는 다른 외부 효과도 있다. 특히 젖소 친구들이 배출하는 가스가 문제다. 반추동물이 일상적으로 뿜어내는 메탄은 보이지 않는 위협 물질로 UN 식량농업기구의 추산에 따르면 인류가 배출하는 모든 온실가스 중 5.4퍼센트를 차지한다. 이런 배출량을 줄이는 문제는 보기보다 간단하지 않다. 사육하는 소를 없애는 것이 분명한 조치처럼 보일 수 있지만 그러면 생태학적 대가가 따른다. 목초지 복원가 앨런 세이버리Allan Savory와 토니 러벌Tony Lovell이 보여주었듯 변두리 초원에서 소를 적절히 방목해 관리하면 사막화를 되돌릴 뿐만 아니라 탄소 흡수원을 확보할 수 있다.[81] 초원에서 가축을 아예 없애면 그렇게 버려진 땅을 무엇이 차지할 것이냐는 문제 역시 제기된다. 야생으로 돌아간 반추동물이 세렝게티 일부 지역을 다시 잠식한 속도로 3,800만 제곱킬로미터에 달하는 전 세계 초원을 차지하면 메탄가스 약 5,200만 톤을 배출하게 될 텐데, 그렇게 되면 현재 가축이 배출하는 양의 8분의 5에 이른다.[82]

이 정도도 분명 크게 줄어드는 것이지만 인류가 완전 채식을 하게 되면 야생으로 돌아간 농지에 자연스럽게 증식하게 될 야생 사냥감을 어떻게 처리할 것이냐는 문제가 뒤따른다. 개체 수를 통제하기 위해 이들 짐승을 사냥하고 먹기로 결정하면 인류의 조상이 수천 년 전에 시작한 지점으로 돌아가는 셈이 된다. 반면에 윤리적으로나 또 다른 이유로 동물을 먹지 않겠다고 결정하면 귀중한 식량 자원을 낭비하면서 부족한 영양분을 보충하기 위해 이미 전체 메탄 배출량의 17퍼센트를 차지하는 곡물과 채소를 더 많이 재배해야 한다. 그런데 과연 쌀을 지금보다 더 많이 재배하고 싶을까. 쌀은 생산량이 늘수록 우유를 생산할 때보다 메탄가스를 네 배 더 많이 배출할 수 있다.[83]

놀랄 것도 없이 메탄가스를 배출하지 않으면서 인류를 먹여 살리는 이상적인 해결책은 없다. 결국 우리는 살기 위해 자연을 이용할 수밖에 없으며 어느 정도의 가스 배출은 감안해야 한다. 이런 상황에서 우리가 할 수 있는 일은 농업이 미치는 영향을 최소화하면서 자원을 공평하게 나누는 방법을 찾는 것인데, 이 목표는 '현재 상황'을 이어가는 방식으로는 결코 도달할 수 없다. 그렇다면 채소를 기반으로 한 더 통합적인 저투입 방식을, 말하자면 채식의 좋은 점을 누리는 생활을 채택해야 한다는 이야기다. 누구보다 열렬한 육식주의자가 육류 섭취를 줄이도록 돕기 위해 공장식 사육의 실상을 내면화하는 것부터 시작할 수 있을 것이다. 이런 시토피아적 경제학에서는 유기농 재배-채식 농업 방식으로 전환하도록 자연스레 권장하겠지만 인류가 정녕 NPK에 의존하지 않고 스스로 먹고 살 수 있을까?

유기농을 기본값으로

좋은 소식은 우리가 아직 완전한 유기농 음식만 먹을 수는 없지만 그에 꽤 가까이 갈 수 있다는 것이다. 취리히 공과대학 환경 시스템 과학부 박사 아드리안 뮐러Adrian Müller가 주도해 2017년에 국제 과학 학술지《네이처 커뮤니케이션즈Nature Communications》에 발표한 주요 연구의 결과다.[84] 연구는 미래에 인류를 어떻게 먹여 살릴 것인가라는 질문에 시스템 차원으로 접근해 식단과 음식물 쓰레기 및 기후변화가 미칠 수 있는 영향 등 다양한 변수를 고려했다. 연구진은 UN 식량농업기구의 자료를 기준치로 잡고(2050년이면 1인당 3,028칼로리의 식량이 공급되며 그중 30~40퍼센트가 폐기될 것이라 가정했다) 온실가스 배출에 미칠 수 있는 영향을 비롯해 수자원 및 토양 사용, 삼림 벌채, 토양침식 등을 고려해 다양한 농업 접근 방식을 조사했다. 연구 결과 유기농법이 기존 방식보다 근본적으로 덜 해롭다는 것 외에도 인류가 음식물 쓰레기를 절반으로 줄이고 동물 전문 사료 재배를 중단한다면(그렇게 해서 페얼리의 '기본 가축' 접근 방식을 채택한다면) 현상 유지를 위해 필요한 농지보다 더 많이 사용할 일 없이 전체 식량의 80퍼센트를 유기농으로 섭취할 수 있다는 사실이 확인되었다.

연구진이 지적했듯 유기농 품종 및 방식을 개선하는 연구에 더 많이 투자한다면 수치는 더 높아질 수 있다. 개선되면 화학 작물과 유기농 작물의 수확량 격차가 확실히 좁혀질 것이다. 보고서에서 추정한 두 작물의 수확량 차이는 8퍼센트에서 25퍼센트다.[85] 캘리포니아 대학의 한 연구진이 2014년에 진행한 연구에서는 더 나은 유기농 품종과 간작(같은 밭에 두 가지 이상의 작물 심기) 같은 방법을 사용하면 수확량 격차가 사실상 사라질 것이라고 내다보았다.[86]

이런 수확량 격차가 선진국에서 가장 높은 것도 우연이 아니다. 선진국에서 화학물질에 의존하는 고수확 작물을 개발하는 데 막대한 자금을 쏟아부었기 때문이다. 이와 반대로 2002년에 에식스 대학 교수 줄스 프리티가 주도해 개발도상국의 농업 프로젝트를 연구한 결과, 남반구 저개발국의 수확량 격차는 근본적으로 역전되었음이 드러났다. 52개국을 대상으로 208개 프로젝트를 연구한 결과(900만 개 농장에 3,000만 헥타르에 달하는 토지가 표본에 포함되었다) 기존 농업 방식에서 유기농 및 생태학적 방식으로 전환한 곳에서 수확량이 평균적으로 자그마치 93퍼센트 증가했다는 사실이 드러났다.[87] 연구진이 지적했다시피 이런 농업 방식이 더 많은 생산량을 이끈 것은 이 지역에서 일반적으로 시행되는 저비용 소규모 혼합 생산방식이 유기농 및 생태학적 농업 방식에 더 적절하기 때문이다.

이런 접근 방식을 전 세계적으로 채택하면 상당한 이점을 누릴 수 있다. 물과 에너지 사용량을 줄일 수 있고 온실가스 배출과 살충제 사용 및 오염을 줄일 수 있으며, 현재 진행 중인 일부 종의 멸종을 되돌릴 수도 있다. 기존의 세계가 절반이라도 온전한 상태에서 다음 세기를 맞이해 살아남기를 진심으로 원한다면 '유기농을 기본값'으로 하는 농업 방식을 더는 고민할 필요가 없다. 이런 접근법이 야생을 보존할 수 있는 유일한 기회일 것이다. 미시건 대학 고생태학자 캐서린 배즐리Catherine Badgley가 지적했듯 세계의 생물학적 다양성은 대부분 농지와 밀접하게 연관되기 때문에 살충제 바다로 둘러싸인 야생의 자연은 보존해보아야 아무 효과가 없을 것이다. "생물 다양성을 전 세계의 섬에 한정해 유지하려 하면 대부분을 잃게 될 것"이라고 캐서린은 경고했다.[88]

2019년 EAT-랜싯 위원회가 발표한 〈인류세 식단〉에서도 이런 결과를 재차 확인하면서 현재 우리가 먹는 방식이 인간과 지구를 실존적 위협에 빠뜨리고 있다고 결론지었다.[89] 전 세계 식품, 보건 및 농업 분야의 전문가 37명이 공동 작성한 이 보고서는 다름 아닌 '식량 대전환Great Food Transformation'이 필요하다고 선언하면서 영양실조와 생태계 붕괴라는 이중 위협을 해결하기 위해 과학 기반 식단을 최초로 제안했다. 보고서에 따르면 음식물 쓰레기를 반으로 줄이는 것은 물론 전 세계 육류 및 설탕 소비량을 절반 이상 줄여야 하며 특히 선진국이 섭취량을 대폭 줄여야 하는데 붉은 고기 소비량을 미국에서는 84퍼센트, 유럽에서는 77퍼센트 줄여야 한다. 이런 식단을 지속적으로 제공하려면 새로운 농업 혁명 또한 필요하며, 더불어 현재 규모 이상의 농지 사용을 피하기 위해 전 세계가 농업-생태학적 재배 방식과 '지속적 강화'를 채택해야 한다. 더불어 이런 조치가 더욱 효과를 발휘하려면 땅과 숲, 바다를 보호하기 위한 강력하고 조직적인 세계적 협치가 뒷받침되어야 한다고 주장한다.

보고서에서 제안하는 전 세계적 식단이 문화적 다양성을 충분히 고려하지 못했다는 반대 여론에도 불구하고 EAT-랜싯 보고서는 음식을 생각의 중심으로 되돌려놓아야 한다고 오랫동안 주장해온 사람들에게 환영받았다. 이 아이디어는 그해 말 세계 52개국의 최고 전문가 107명(그중 절반 이상이 개발도상국 출신이었다)이 공동 저술한 IPCC의 〈기후변화 및 토지Climate Change and Land〉 보고서에서 강력히 보완되었다. 이 보고서는 전 세계 식단 및 토지 사용에 대한 종합적 검토를 요구하면서 '공동 대응'을 통해 더 많은 채식 위주 식단과 지속 가능한 토지 관리 시스템으로 전환해 토양을 보호하고 산림을 보존하며 황폐화를 저지해야 한다고 강조했다. "해법은 땅에 있다"라고 보고서는 결론내렸다.[90]

식단과 문화, 건강, 생태 및 기후의 체계적 연계를 강조한 이들 보고서는 기존의 방식이 왜 더 이상 가능한 선택지가 아닌지에 대해 가장 권위 있고 포괄적인 주장을 펼친다. 미래의 음식과 농업에서는 무엇보다 자연이 우선시되어야 한다.

최상의 농부

> 토양의 비옥도 유지는 농업 시스템이 영속하는 첫 번째 조건이다.
>
> —앨버트 하워드 경[91]

자연과 조화를 이루는 농사로 얻을 수 있는 가장 명백한 이점은 생물 다양성 유지에 필수적이라는 점 외에도 인류가 대지에 더 가까이 살 수 있게 하며 실제로 그러도록 요구한다는 것이다. 자연과 농사의 이런 밀접함이 유기농 또는 자연 농업에 중요한 이유는 동식물을 주의 깊게 지켜볼 수 있을 뿐만 아니라 페얼리가 말한 '거름의 지리학geography of muck', 즉 영양소 재활용이 가능하기 때문이다. 키우고 있는 오리와 말에게 작물 잔여물을 먹이고 싶다면 멀리 떨어진 사육장이 아니라 가까운 들판이 있어야 한다.[92] 자연 농업은 말 그대로 지역적인 혼합 농법으로 영국의 농학자 앨버트 하워드 경Sir Albert Howard이 1940년에 자신의 저서 《농업성전An Agricultural Testament》에 언급했다시피 자연이 스스로 '농사'를 짓는 방식이다.

사실상 현대 유기농법의 아버지인 하워드는 자연을 '최상의 농부'라 불렀다. 수천 년 동안 상상할 수 있는 모든 지형에서 풍요로움을 최대한 생산하면서 폐기물은 최소화했기 때문이다. 따라서 그는 성공적인 농업에 이르는 열쇠는 가능한 한 자연을 그대로 따라가는 것이라고 말했다.

대지는 가축 없이 농사를 짓지 않는다. 대지는 언제나 혼합 작물을 기른다. 토양을 보존하고 침식을 방지하려면 많은 수고로움이 따른다. 식물성 및 동물성 폐기물은 혼합되어 부식토가 된다. 낭비는 없다. 성장하고 부패하는 과정이 서로 균형을 이룬다. 비옥도를 유지하기 위해 충분한 준비가 되어 있고 강우를 저장하는 데 심혈을 기울이며 동식물 모두 질병으로부터 스스로 보호한다.[93]

하워드의 생각이 놀라운 점은 무엇보다 농업에 관해 만연한 정설에 정면으로 맞선다는 것이다. 질소와 인, 칼륨이 식물의 성장을 크게 좌우한다는 유스투스 리비히Justus Liebig의 발견 이후 농부들은 작물 수확량을 높이기 위해 화학물질을 사용했다.[94] 하지만 하워드가 보기에 이런 장밋빛 그림에서 무언가가 빠져 있었다. 1905년에 그가 기회를 잡아 인도의 경제식물학자가 되기로 한 것은 자신 앞에 주어지는 30헥타르의 땅에서 실험할 수 있었기 때문이다. 그곳에서 지역 농부들을 관찰한 결과, 그들이 화학비료나 살충제 없이 건강하고 풍족한 작물을 매년 재배하고 있음을 발견했다. 그들의 방법을 따르니 하워드 역시 다른 외부 요인을 주입하지 않고도 곧 건강한 작물을 생산할 수 있음을 알게 되었다. 이후 하워드는 이렇게 회상했다.

1910년까지 나는 질병을 찾아보기 힘든 건강한 작물을 어떻게 재배하는지 익혔다. 진균학자나 곤충학자, 미생물학자,

농약학자, 통계학자나 정보교환소의 도움을 일절 받지 않았으며, 인공 비료나 분무기, 살충제, 살진균제, 살균제 및 현대 실험 연구소가 제시하는 값비싼 도구의 힘을 빌리지도 않았다.[95]

하워드는 먹을 수 있는 지구를 작동시키는 생활 주기와 그 안에서 미생물이 맡은 중요한 역할을 종합해 정리하기 시작했다. 현대식 현미경에 의지하지 않은 채 육안으로 보이는 세계 아래에서 어떤 미생물이 균형을 이루고 있는지 추측만 할 수 있을 뿐이었지만 자신이 그린 그림이 기본적으로 정확하다는 사실을 동식물학자로서 본능적으로 알 수 있었고, 후에 증명되었다시피 이런 직감은 놀라울 정도로 견고했다.

살아 있는 토양

만물의 중심에 살아 있는 토양이 있다고 하워드는 말했다. 자연이라는 경제의 중앙 거래소인 토양의 복잡한 공동체는 물리적·화학적·생물학적 과정을 거쳐서 죽은 물질을 살아 있는 물질로 전환한다. 토양의 안과 밖에 존재하는 다양한 생명체는 햇빛과 물, 미네랄을 이용해 성장에서 부패로 이어지는 끊임없는 순환에 연료를 공급한다. 이 과정에서 광합성을 할 수 있는 식물이 반드시 필요하지만 동물과 곤충, 벌레 및 미생물 역시 유기물을 분해해 부식질을 형성하는 데 도움을 주는 핵심 역할을 맡는다. 여기서 부식질은 토양에 색과 질감을 부여하는 암갈색 물질을 말하는데, 이것이 비옥함을 결정짓는 주요 요소이자 살아 있는 매개체로, 이를 통해 식물과 토양이 에너지와 영양분을 교환한다고 한다. 이런 교환은 식물 뿌리에서 직접 이루어지거나 식물과 토양균류 사이에 형성되어 살아 있는 가교라 불리는 균근mycorrhizae(그리스어 mykēs, 균류 + rhiza, 뿌리)에서 이루어진다. 두 가지 교환 방식 모두 부서지기 쉽고 공기가 잘 통하는 부식질의 구조적 특징에 의존한다. 식물 뿌리에서 이루어지는 첫 번째 교환 방식은 뿌리털이 다공성의 토양벽에서 미네랄이 풍부한 물을 직접 빨아들이는 것이고 균근에서 이루어지는 두 번째 방식은 토양균류가 부식질을 섭취한 뒤 영양분을 식물에 직접 전달하는 것이다.

하워드는 건강한 토양에서 자란 작물이 질병에 대한 저항력도 높다는 사실을 알게 되었다. 그는 소 쟁기질이 기계로, 거름으로 만든 퇴비가 화학물질로 대체되면 작물의 회복력도 급격히 악화된다는 사실에 주목했다.[96] "기계는 대소변을 배출하지 않으므로 토양의 비옥도 유지에 아무런 기여를 하지 않는다."[97] 동물 배설물이 토양과 퇴비에 결정적인 역할을 하는 이유는 배설물이 없으면 질병이 빠르게 퍼지기 때문이라고 한다. 실제로 식물이 '동물의 배설물로 만들어진 부식질'을 선호하며 치료를 위해 배설물을 적절한 용량으로 주입하면 병든 식물도 건강을 회복할 수 있을 정도라는 사실이 확인되었다.[98] 1934년에 영국으로 돌아온 하워드에게 이런 형태의 식물 약품을 시연해볼 이상적인 기회가 찾아왔다. 자신의 정원에 있는 사과나무가 해충에 감염되어 병든 것이다. 그는 잠시도 지체하지 않고 뿌리에 퇴비를 뿌렸고 나무는 3년 만에 회복해 해충 하나 없이 건강하게 꽃을 피웠다. 이를 보고 하워드는 단언했다. "양적 성과를 내려고 애쓸 필요 없다. 가끔은 질적인 것이 도움이 된다."[99]

이런 관점을 견지하다 보니 하워드는 'NPK 사고방식'이라 부른 '리비히와 그 제자들'과의 충돌을 피할 수 없게 되었다. 리비히 등은 부식질의 '다양한 성질'이 결코 화학비료로 대체될 수 없다는 사실을 알아보지 못했다. 살아 있는 생명체로 만들어진 부식질은 '농부의 보이지 않는 노동력 중 중요한 일부'를 차지하는 '광범위한 미생물'로 바글거린다.[100] 간단히 말해 부식질은 복잡하고 다양하고 살아 있는 반면, 화학비료는 단순하고 획일적이며 자력으로 활동할 수 없다. 화학물질 자루가 온전한 퇴비와 비슷한 기적을 일으키리라 기대하는 것은 "토양 비옥도가 의미하는 바를 근본적으로 오해"하고 있음을 드러내는 것이라고 하워드는 말했다.[101]

하워드는 영국 토양협회의 공동 설립자인 레이디 이브 밸푸어Lady Eve Balfour 같은 유력한 협력자를 얻었지만 전쟁이 터지면서 진정한 개혁을 이룰 기회를 잃고 말았다.[102] 전쟁 중에는 단기 수확량을 최대로 끌어올리는 것이 급선무이니 한편으로는 수긍이 갔지만 전쟁이 끝난 뒤에 실질적 피해가 닥쳤다. 연합국 정부에서 독극물과 폭발물 제작 시설을 갖춘 군수공장에 살충제와 비료 제작을 장려한 것이다. 전쟁이 다시 발발할 경우에 대비해 공장이 계속 돌아가기를 열망한 장관들이 농부들에게 평정심을 잃지 말고 계속해서 화학물질을 사용하도록 장려했다. 농업 전쟁으로만 보자면 승리는 리비히와 그 제자들의 것이었다.

말하는 나무

현대식 현미경으로 관찰한 결과, 토양에 대한 하워드의 주장이 옳았을 뿐만 아니라 그가 상상한 것보다 훨씬 더 큰(그러면서 더 작은) 점에서 옳았다는 사실이 확인되었다. 이제 균근은 인간이 먹을 수 있는 주요 작물을 비롯해 꽃이 피는 식물의 약 80퍼센트에 존재하며 식물과 토양의 활력에 중요한 역할을 한다는 사실이 밝혀졌다.[103] 식물은 균류로부터 미네랄이 풍부한 영양소를 직접 받는 대가로 뿌리에서 당분 형태의 탄수화물을 분비해 제공한다. 이처럼 균근은 식물과 균류가 상호 이익을 위해 당분과 미네랄을 맞바꾸는 영양 교환의 장이다.

데이비드 R. 몽고메리David R. Montgomery와 앤 비클레Anne Biklé가 《발밑의 미생물 몸속의 미생물》에서 설명했듯 균근은 생명 사슬의 중요한 연결 고리를 형성해 지질학과 생물학이 만나는 지점이 된다.[104] 토양균류의 일부로서 머리카락처럼 가는 초미세입자로 이루어진 균사는(주로 뒤집힌 암석에서 발견된다) 식물 뿌리 시스템의 유효 표면적을 열 배 증가시켜 인 같은 주요 영양소의 흡수율을 높일 수 있다. 균근은 상당히 효율적인 식량의 중추일 뿐만 아니라 살아 있는 종간 통신 시스템이다. 전화국의 전선처럼 수 킬로미터까지 뻗어나가면서(원시림에 있는 균근은 지구상에서 가장 큰 생명체다) 식물과 토양 사이에 신호를 전달한다. 사물 인터넷은 잊어도 좋다. 지구상에서 가장 복잡한 통신 네트워크는 수천 년의 역사를 자랑하며 그 전달자는 비트가 아닌 미생물이다.

식물과 균류, 부식질이 어떻게 소통하는지 이제야 하나씩 맞추어지기 시작했다. 근권(식물 뿌리의 주변 영역을 일컫는 말로 독일 농학자 로렌츠 힐트너Lorenz Hiltner가 1904년에 이름 붙였다)에 유익한 미생물이 가득한 것은 식물이 특정 분비물을 배출해 이들을 계획적으로 끌어 모았기 때문이다. 이런 미생물은 '근위병' 역할을 하면서 잠재적 병원균을 식별하고 필요에 따라 이를 교체하거나 퇴치해 숙주를 보호한다. "당분으로 미생물을 유인하는 것이 식물계가 행하는 방어 전략의 핵심"이라고 몽고메리와 비클레는 말한다.[105]

이런 협력 관계가 얼마나 유익한지는 식물이 이 관계에 얼마나 막대한 투자를 하는지에서 명백히 드러난다. 미생물을 끌어들이는 분비물은 식물의 총 당분 생산량의 40퍼센트까지 차지한다.[106] 이런 달콤한 간식 외에도 식물은 아미노산과 비타민, 파이토케이컬 등으로 잔치를 열어 미생물 동업자를 후하게 대접한다. 힐트너가 추측한 것처럼 식물은 파이토케미컬을 전략적으로 사용해 특정 미생물을 모집하고 행동을 지시한다. 그 대가로 미생물 신병은 식물에 메시지를 보내 위험이 임박했음을 경고하고 이에 대응하는 면역 반응을 촉발시킨다. 공격을 받는 식물은 균근 고속도로를 통해 서로 경고 신호를 보낼 수도 있다. 그러고 보면 J. R. R. 톨킨J. R. R. Tolkien이 그렇게 기상천외한 것도 아니었다. 나무는 실제로 말할 수 있다.

이런 발견은 산업식 농업의 기본 원칙에 이의를 제기한다. 먼저 농부들이 태곳적부터 수행한 쟁기질이 식물과 토양에 매우 중요한 균근 네트워크를 파괴하기 때문에 상당히 해롭다는 사실을 보여준다. 일본의 농부 마사노부 후쿠오카Masanobu Fukuoka가 보여주었다시피 쟁기질을 하지 않고도 완벽히 효율적인 데다 훨씬 더 생산적인 농사를 지을 수 있다. 가능한 한 자연과 가까이 살기 위해 후쿠오카는 자연 농법 혹은 '아무것도 하지 않는' 농법을 개발했다. 벼와 호밀, 보리를 엇갈아 재배하면서 작물을 수확하기 전에 오래된 작물 위에 새 작물을 바로 파종하고 수확한 작물의 짚을 밭에 뿌려 잡초의 성장을 막았다. 후쿠오카는 1975년에 출판한 책《짚 한 오라기의 혁명》에서 이렇게 썼다. "이보다 더 간단하게 곡물을 재배하는 방법은 없을 것이다. 씨를 뿌리고 짚을 깔기만 하면 되는데 이런 단순한 방식에 이르기까지 30년이 넘게 걸렸다."[107] 이런 자연 농법('무경운' 농법이라고도 한다)을 적용하면 할 일이 별로 없을 뿐만 아니라 생산성도 좋아서 수확량이 이웃 농장과 일관되게 비슷하거나 더 높았다고 한다. "이 방법은 현대 농업 기술과 완전히 모순된다. 기계도, 준비된 비료도, 화학약품도 쓰지 않는 이런 농사를 지으면 일본의 평균 농장과 비슷하거나 더 많은 수확물을 거두어들일 수 있다."[108]

리비히가 말년에 인정한 바처럼 유기물이 토양 비옥도와 관련이 없다는 가정은 무참히 잘못되었다.[109] 식물이 번성하려면 질소와 칼륨, 인이 많이 필요한 것은 사실이지만 NPK 비료를 다량 투입하면 식물과 토양의 자연적 균형이 파괴된다. 실제로 화학 영양소를 정기적으로 아낌없이 투여받은 식물은 도움받을 수 있는 미생물을 더는 굳이 모집하려 하지 않고 분비물의 흐름을 차단한다. 그 결과 근권이 무력해져서 식물의 미량영양소가 빠져나가고 질병에 대한 저항력이 떨어진다. 농작물에 화학물질을 투여하는 것은 아이에게 패스트푸드를 먹이는 것과 같다. 아이들은 빨리(대부분은 옆으로) 자랄지 몰라도 전반적인 건강은 나빠진다.

이런 비유는 보기보다 더 적절하다. 식물이 모든 음식의 기초를 이루기 때문에 식물의 편식과 면역 체계 악화는 식물 자체만이 아니라 우리의 건강에도 직접적인 영향을 미친다. 식물과 인간의 건강이 직접적으로 연관된다는 사실은 현대 미생물학에서 밝혀졌다. 식물의 근권과 인간의 내장은 여러 면에서 단적으로 닮아 있다. 근권과 내장 모두 각 숙주의 미생물 군집에서 가장 복잡한 일부이며 둘 다 풍부하고 다양한 미생물 집단(일부는 공통된다)에 의존해 기능한다. 인간을 먹여 살리는 문제와 관련해 즉각적 묘책이 효과를 보지 못하는 이유는 어떤 생명이든 복잡함이 건강의 열쇠이기 때문이다.

복잡함 끌어안기

> 인간과 짐승, 식물과 토양의 건강은 나눌 수 없는 하나의 전체다.
>
> —레이디 이브 밸푸어[110]

어찌 보면 당연하지만 습관적으로 현미경을 들여다본 덕분에 자연을 조작하려 한 과거의 시도가 얼마나 잘못되었는지 여실히 드러났다. 미생물학은 구획된 사고를 바로잡을 뿐만 아니라 우리의 몸과 주변 환경을 치유할 수 있는 분야다. 고대인이 알고 있던 사실, 즉 인간의 건강이 자연계와 밀접하게 연결되어 있다는 사실을 재발견했으니 그 관계를 해치지 않는다면 먹고 사는 방식에 강력한 변화가 일어날 것이다.

이제 병원균 및 해충에 대항해 이길 수 없는 싸움에 나서는 대신 우리를 위해 기꺼이 싸울 준비가 되어 있는 우호적인 미생물 군대를 모집할 수 있다. 미생물에 대해 흔히 느끼는 두려움은 편협한 시야가 낳은 또 다른 결과로, 미생물 중 소수에 속하는 주요 병원체가 실험실에서 쉽게 배양될 수 있다는 불행한 사실에서 비롯된 것이다. 질병의 '세균 원인설germ theory'(1859년에 루이 파스퇴르Louis Pasteur가 공기 중에 세균이 존재한다는 사실을 발견한 것과 1876년에 로베르트 코흐Robert Koch가 탄저병의 원인균을 발견한 것을 바탕으로 한다)은 당연히 이런 치명적인 병원균을 퇴치하는 데 초점을 맞추었다. 이로써 예방접종과 살균, 항생제 등이 발명된 덕분에 많은 이들이 지금까지 살아남을 수 있었지만 그에 따른 부정적인 유산도 남겨졌다. 미생물 세계를 두렵고 왜곡된 시선으로 바라보게 된 것이다.

아이러니하게도 미생물이 미치는 긍정적 영향을 이해하는 데 결정적 돌파구를 마련한 사람은 파스퇴르 자신이었다. 1857년에 그는 발효에서 효모의 역할을 발견했다. 삶에서 없어서는 안 될 무수한 음식(빵과 치즈, 요거트, 와인, 맥주, 커피와 초콜릿, 그리고 신맛을 좋아하는 사람들을 위한 김치와 독일식 양배추 절임인 사워크라우트 등)을 제조할 때 중요한 역할을 하는 발효는 미생물 작용에 의존해 당을 산과 가스, 알코올로 변환한다. 그 결과 신석기시대의 조상들도 발명하고 분명 기뻐했을 테지만, 다양하고 복합적인 풍미가 만들어질 뿐만 아니라 신선한 음식을 때로는 수년 동안 저장할 수 있게 되었다. 파스퇴르가 이 유서 깊은 과정의 배후에 있는 기적의 일꾼들을 발견했다는 점을 감안하면 그가 우유를 산패시키는 '나쁜' 박테리아를 확인하고는 우유를 보존하기 위해 미생물을 모조리 죽이는 방법, 즉 지금 우리가 아는 저온살균법을 발명했다는 사실은 더더욱 아이러니하다.

저온살균이 살충제와 공통점이 있다는 생각이 든다면 그것이 맞을 것이다. 복잡한 문제를 전면적으로 해결하려다 보면 해결하려는 문제보다 더 많은 딜레마가 발생하기도 한다. 그렇다고 이런 해결책이 아예 가치가 없다고 할 수는 없다. 항생제 없는 세상에 살고 싶은 사람은 없을 것이다. 물론 저렴한 고기에 대한 수요가 높다 보니 이제는 항생제 없는 세상을 상상하기 힘들다. 그래도 살아 있는 세계를 너무 단순하게 취급하면 자연계가 훨씬 더 나은 일을 하지 못하게 방해할 위험이 있다.

예를 들어 프랑스 오베르뉴 산악 지대에서 생산되는 단단한 치즈 살레Salers를 생각해보자. 살레 치즈는 워낙 역사가 깊고 귀해서 대大 플리니우스가 언급할 정도였다. 현재 전통 방식으로 치즈를 만들고 있는 집안은 오직 다섯 곳뿐인데 치즈에 무엇이 들어가는지 알고 나면 왜 그런지 이해가 갈 것이다. 까칠하기로 악명 높은 소를 하루에 두 번 착유할 때마다 송아지를 어미의 다리에 묶어서 젖을 포기하게 해야 하는데, 그렇게 얻은 우유도 유순한 홀스타인 젖소에게서 얻는 양의 3분의 1밖에 안 된다. 이후 우유를 오두막으로 옮겨 제를gerles이라 불리는 나무통에 붓는다. 살균제 없이 수년 동안 사용한 이 통에는 활기 넘치는 미생물이 바글거린다. 나무통과 우유에 있는 미생물이 우유 속 당분을 발효시키면 액체가 톡 쏘는 맛의 독특한 치즈로 탈바꿈한다.

희귀하고 맛있는 전통 살레는 많은 이들이 찾는다. 하지만 브론웬 퍼시벌Bronwen Percival과 프랜시스 퍼시벌Francis Percival이 《바퀴의 재창조Reinventing the Wheel》에서 이야기했듯 2,000년간 이어진 이 전통은 2004년에 프랑스 식품안전기관이 더러운 나무통에서 생우유가 산패되기를 기다리는 것이 재앙에 가깝다고 결정지으면서 갑작스럽게 막을 내렸다. 치즈가 몰수되려는 찰나, 구원자가 나타났다. 프랑스 국립농업연구소INRA 소장이자 미생물학 박사인 마리 크리스틴 몬텔Marie Christine Montel이었다. 몬텔은 일부 제를을 자신의 실험실로 끌고 와 관찰한 끝에 그 안의 미생물 집단이 워낙 활기 넘치는 탓에 접촉한 지 단 몇 초 만에 생우유가 미생물과 섞인다는 사실을 발견했다. 그뿐만 아니라 이들 미생물 집단이 어떤 병원체에 오염되어도 적극적이고 강력하게 저항한다는 사실 역시 발견했다. 간단히 말해 오래된 나무로 된 제를은 자연적으로 안정되어 있고 질병에 강한, 완벽한 발효 공장이었다. 생우유 역시 중요한 기능을 한다는 사실을 몬텔은 알아냈다. 저온살균 우유를 주입하자 미생물 집단이 균형을 잃으면서 무력해진 것이다. 그렇게 몬텔의 공식적인 축복을 받고 살레 전통 치즈는 가까스로 살아남았다.

미생물이 분명 이로울 수 있고 심지어 위험에서 우리를 보호해줄 수 있다는 관념이 자연계에 대한 인간의 견해를 완전히 바꾸어놓고 있다. 물론 이런 지식은 수십 년 동안 비공식적으로나마 존재해왔다. 의사와 간호사의 딸인 나 역시 바닥에 떨어진 음식을 먹어도 좋다고, 그렇게 해서 세균에 대한 내성이 강해질 것이라는 이야기를 들으며 자랐다. 평생을 그렇게 해왔고 누구보다 튼튼한 체질이라고 자부하지만 이런 방식이 조금 이상하게 들릴 수 있다는 생각에 굳이 입 밖으로 꺼내지 않았다. 그런데 요즘에 와서 부모님의 견해가 현대 과학의 지지를 받고 있다. 가령 최근에 진행된 한 연구 결과 애완동물을 키우거나 농장 근처에서 자란 아이들이 흠잡을 데 없이 깨끗한 집에서 자란 아이들보다 알레르기를 앓을 가능성이 훨씬 작다는 사실이 밝혀졌다.[111] 실제로 최근 서양에서 천식 같은 알레르기가 증가한 것도 위생에 지나치게 집착하는 생활 방식과 연관이 있으리라 생각된다. 건강한 제률이나 근권처럼 면역 체계의 핵심을 이루는 미생물 군집은 풍부하고 다양한 식단을 통해 자신의 교환 기능을 익혀야 한다. 인간의 내장 역시 두뇌처럼 교육을 받아야 한다.

미생물 지휘자

미생물에 대해 더 많이 알게 될수록 서구 식단이 우리를 죽음으로 몰고 있는 이유가 더욱 명확해진다. 영양학은 비교적 새로운 분야로, 앞서 보았듯 지난 세기에는 유명 인사나 돌팔이 의사, 괴짜 및 식품 산업이 지배해왔다. 이제 현대식 현미경이 진실을 들추어낸바, 콜라를 끼고 살거나 도넛을 게걸스레 먹을 때 내장에서 무슨 일이 벌어지는지 날날이 알게 되었으니 반격에 나설 차례다. 그동안 우리가 식품 및 다이어트 산업이 퍼뜨리는 유행에 곧잘 속아 넘어가며 희생양에 머물던 시대는 끝났다.

음식의 다양성 및 분자구조에서 복잡성이 중요한 이유는 음식을 먹으면 우리 자신만이 아니라 우리를 건강하고 행복하게 해주는 내장 속 미생물 약 1,000종도 같이 먹여 살리는 셈이기 때문이다. 최근에 와서야 이런 미생물의 중추적 역할이 뚜렷이 드러났다. 미생물은 우리의 기분과 행동을 조절할 뿐만 아니라 인류의 가장 큰 사망 원인이 된 풍요병(비만과 당뇨, 암, 심장병, 장내 질환 및 치매 등)에 맞서 우리를 보호해준다. 현대인이 풍요병이라는 위기를 겪고 있는 이유는 전적으로 부실한 식단 때문이다. 지금 우리가 먹는 음식은 다양성이 현저히 떨어지고 정제 설탕이 너무 많으며 무엇보다 섬유질이 부족하다. 소가 잘 소화하는 섬유소 같은 복합 탄수화물은 인간의 상부 소화관을 그대로 통과해 장내 미생물을 위해 호화로운 잔치를 연다. 장에는 인체 미생물 군집의 4분의 3이 모여 있고 면역 체계의 80퍼센트가 자리하고 있다.[112] 한 마디로 섬유질은 식물이 당분으로 미생물을 다루듯 우리가 미생물 부대에 배급하는 식량이다.

켈로그와 그레이엄이 괴짜였을 수도 있지만 엄청난 일을 벌인 것은 사실이다. 영양가 있으면서 정제되고 단 음식은 우리에게 정말 해롭다.[113] 영국의 유전 역학자 팀 스펙터Tim Spector는 켈로그나 그레이엄만큼 설교하려 들지는 않지만 그만큼 확고하게 자신의 견해를 주장한다. 즉, 미생물 다양성과 건강 사이에 '직접적 관련'이 있다는 것이다.[114] 인간 미생물 군집 분야의 최고 전문가인 스펙터는 인간의 내장 환경을 잘 알고 있다. 2016년에 그는 BBC의 〈푸드 프로그램〉에 출연해 탄자니아로 떠났고 사흘 동안 하드자Hadza족과 함께 식사하며 생활했다.[115] 하드자족은 아침으로 톡 쏘는 맛의 희부연 바오밥 주스를 마시고 뒤이어 나무딸기류와 덩이줄기, 꿀, 땅벌레와 가끔 호저 고기 한두 조각을 곁들인 간단한 식사를 하는데 스펙터는 이들을 '미생물 군집계의 슈퍼스타'라고 칭한다. 그들 식단의 미생물 다양성이 평균 서양인의 식단보다 40퍼센트 더 높은 까닭이다. 이들이 섭취하는 미생물 중에는 유럽에서 잘 알려지지 않은 희귀한 종도 더러 포함되어 있는데 그중 일부는 날씬한 몸을 유지하거나 질병과 싸우는 데 중요한 역할을 할 수도 있다. 이제 이런 미생물을 지구상에서 영영 사라지기 전에 찾아내야 한다.

런던으로 돌아와 하드자족과 함께 생활하면서 채취한 대변 샘플을 분석한 결과, 스펙터 역시 놀라움을 감추지 못했다. 단 며칠 만에 그의 미생물 군집이 알아볼 수 없을 정도로 바뀐 것이다. 다양성이 훨씬 높아졌는데 아커만시아Akkermansia와 크리스텐시넬라Christensenella와 같이 날씬한 몸과 관련된 미생물은 물론 염증을 완화하는 피칼리박테리움 프로스니치Faecalibacterium prausnitzii의 수치가 극적으로 높아졌다. 스펙터의 미생물 중 2퍼센트는 서양에서 알려지지 않은 전혀 새로운 집단으로, 식물과 토양에는 존재한다고 알려졌다. 이런 미생물에는 건강을 돕는 놀라운 특성이 있지만 우리가 아직 알지 못할 뿐이라고 스펙터는 말한다. 그럼에도 "매일 그런 기능을 돕는 요거트가 있다면 분명 한 트럭씩 사들일 것"이라고 덧붙인다.[116]

야생의 생명체

> 인류가 짊어져야 할 일반적 의무는 비단 생명과 감정이 있는 동물뿐 아니라 나무와 식물에도 해당된다.
>
> —미셸 드 몽테뉴[117]

스펙터의 연구를 보면 문명이 이어진 1만 2,000년 동안 인류가 어떤 대가를 치렀는지 짐작이 간다. 야생에서 먹고 생활하는 하드자족은 인간으로서 가능한 범위 내에서 자연과 안팎으로 조화를 이루며 지낸다. 그들이 전형적으로 보여주는 자연과 인간의 이상적 균형을 현대 생활에서 지키기란 불가능에 가깝다. 하드자족에게는 자동차나 컴퓨터가 없고 암이나 심장병도 없다. 현대 생활의 편리함과 하드자족의 건강을 맞바꿀 가치가 있는지는 논쟁의 여지가 있다. 그저 인간이 택한 진화의 결과일 뿐이다.

어디에서 어떻게 살든 인간은 자연계를 비추는 살아 있는 거울이다. 아니, 오히려 우리 자신이 야기한 변형된 자연의 거울이라 할 수 있겠다. 하드자족 같은 수렵 채집인이 멸종 위기에 처하고 나서야 우리는 그런 삶과 그들에게 닥친 위기의 의미를 이해하기 시작했다. 자연을 단순화함으로써 인간은 스스로 축소되었다.《길가메시 서사시》저자들이 맞았다. 야생에서 멀리 떨어진 도시에서의 삶은 죽음의 또 다른 형태다.

희망이 아예 없는 것은 아니다. 스펙터의 몸에서 미생물 종류가 기적적으로 바뀐 것이 그 증거다. 실제로 고대 미생물이 도시인의 몸속에 어마어마한 속도로 군락을 이루었다는 사실은 자연과 인간의 관계에서 스릴 넘치는 새로운 장이 시작될 것임을 예고한다. 어떻게 보면 인류가 떠난 기술 여행은 다시 원점으로 돌아와 채집 생활을 하던 선조들이 본능적으로 알고 있던 사실을 일깨운다. 즉, 인간은 자연이 완전히 번성할 때만 번성할 수 있다는 것이다.

이런 재발견은 우리가 먹고 생활하는 방식은 물론 문명 자체의 철학적 기반에 관해 심오한 사실을 암시한다. 규모에 상관없이 진화의 중요한 순간에 인류가 맡은 임무는 자연과 화해하거나 세계를 거대한 파이처럼 나누어 구하는 것을 비롯해 인간 자신이 야생의 생명체임을 인식하는 것이다. 걷잡을 수 없는 도시화와 기술 지배의 시대에 이런 식으로 우리 자신을 설명하는 것이 이상해 보일지 모르지만 이것이 핵심이다. 자연과 깊이 연결되었음을 다시 깨달으면서 무엇보다 자연과 맺은 거래가 얼마나 치명적이었는지 알게 되는 것이다. 미래에 번영할 기회를 얻고자 한다면 자연과의 거래를 신속히 재정비해야 한다.

그렇다면 어떻게 야생의 생명체처럼 먹고 살고 생각할 수 있을까? 분명한 점은 위대한 야생의 자연을 존중하고 보호해야 하며 결국 먹지 말아야 할 것이 무엇인지 알아야 한다는 것이다. 야자유를 얻기 위해 열대우림을 없애거나 물고기를 잡기 위해 바다 밑을 저인망으로 끄는 것(물속에서 끄는 저인망은 길이 150미터에 무게가 30톤에 이르는 철봉을 끌고 시골을 돌아다니는 것과 같다)은 문명화된 존재가 해서는 안 될 행동이다. 그 대신 야생의 자연을 파괴하기보다 보존하는 선에서 조금만 개입하는 법을 익혀야 한다.

조상들이 그런 방식을 어떻게 실천했고 일부 사람들이 어떻게 그 방식을 이어오고 있는지 말해줄 증거는 무수히 많지만 이런 방법이 현대의 도시에서 현실화될 수 있을까? 놀랍게도 대답은 그렇다. 그것도 생각보다 훨씬 쉽게 할 수 있다는 것이다. 음식을 예로 들어보자. 야생에서 자란 식품이 재배한 식품보다 영양가가 훨씬 더 높다는 사실은 이미 다들 알고 있다. 가령 하드자족이 먹은 야생 베리는 마트에서 구입한 블루베리보다 영양소가 열 배에서 100배 더 많다. 따라서 수확량을 높이기 위해 식물에서 이런 야생성을 떼어내 재배하는 대신 야생성을 보존하는 방식으로 농사를 시작해야 할 것이다.

물론 유기농업에서 이미 하고 있는 일과 비슷하지만 우리는 여기서 더 나아가 야생 성장을 모방하고 장려해 야생과 마찬가지로 풍부하고 다양한 식용 생태계를 만들 수 있다. 이런 접근 방식을 시도하려면 기존과 상당히 다른 음식을 먹어야 할 텐데(식단에서 빵과 파스타를 줄이고 견과류와 나무딸기류를 늘리면서 제철 농산물도 더 많이 먹어야 한다) 양보다 품질에 중점을 둔다는 점에서 상당히 효율적일 것이다. 마트에서 사는 것보다 영양가가 100배 더 높은 나무딸기류를 먹는다면 필요한 양도 기존의 100분의 1이면 족할 것이다.

야생동물처럼 먹으려면 식단을 확장해서 곤충을 비롯해 더 많은 종을 포함시켜야 한다. 우리가 스멀스멀 기어 다니는 끔찍한 벌레라 부르는 곤충은 이미 전 세계 20억 명이 먹고 있다. 야생의 생명체인 인간 역시 그 바삭바삭한 감칠맛을 좋아하게 될 것이며 영양가 높고 환경 훼손이 적은 단백질원을 소중히 여기는 법을 익히게 될 것이다. 더불어 조금 쓴맛을 다시 받아들여야 한다. 약초학자 앨릭스 레어드Alex Laird가 《뿌리부터 줄기까지Root to Stem》에서 지적한 것처럼 과일 속껍질이나 겉껍질, 씨 등에서 나는 쓴맛은 식물의 방어 무기이자 치유 기제에 포함된 천연 화학물질인 파이토케미컬이 들어 있다는 신호다.[118] 잊지 않기 위해 언급하자면 약물과 의약품 역시 대부분 식물에서 유래했으며 이들이 효과가 있는 것은 면역 체계를 자극하고 활성화해 제대로 기능하도록 준비시키기 때문이다. 근육 운동을 규칙적으로 해야 건강을 유지할 수 있는 것과 같은 이치다.

따라서 양배추나 치커리 같은 쓴 음식도(이미 식품 업계가 미뢰의 관심을 끌기 위해 분주히 노력해 더욱 달콤하게 만들고 있지만) 음미할 가치가 있다. 삶에서 그렇듯 음식도 번성하기 위해서는 마찰이 필요하다. 이다음에 방울양배추를 앞에 두고 망설여진다면 배 속에 있는 야생 동료를 생각해보기 바란다. 크리스마스 잔치는 당신만 좋아하는 것이 아니다. 식사를 준비할 때마다 우리 안의 미생물 동반자를 생각한다면 훨씬 더 잘 먹게 될 것이다. 물론 혼자 식사할 일도 결코 없을 테고 말이다.

자연을 먹다

미국의 셰프 댄 바버Dan Barber는 자연의 복잡함과 맛의 깊은 관계를 이해하는 것이 중요하다고 말한다(그는 유명 레스토랑, 블루힐 앳 스톤 반스에서 직접 기른 당근 스테이크와 어린잎 채소 요리를 대표적으로 선보인다). 이 사실은 우연한 계기로 알게 되었다. 재래종자 수집가 글렌 로버츠Glenn Roberts에게서 오그라든 옥수수 속대와 1,000달러 수표, 한번 재배해보라는 편지를 우편으로 받게 된 것이다. 의심을 거두지 않은 채 바버가 채소 재배자인 잭 앨지에르Jack Algiere에게 그 속대를 키워보라 청했고 앨지에르가 이로쿼이족이 전통적으로 사용한 세자매법으로 덩굴성 강낭콩, 호박과 옥수수 속대를 나란히 심었다(옥수숫대가 콩이 타고 오를 지지대가 되고 그 대가로 콩은 옥수수에 질소를 공급하며 땅을 감싸는 호박은 잡초를 억제한다). 몇 달 뒤 그렇게 재배한 옥수수로 폴렌타polenta(옥수수 가루로 만드는 이탈리아식 죽—옮긴이)를 만들었을 때 바버에게 계시나 다름없는 순간이 찾아왔다. 그때 맛본 감격을 바버는 자신의 책 《제3의 식탁》에 이렇게 썼다. "단순히 인생 최고의 폴렌타가 아니었다 (…) 전혀 상상하지 못한 맛이었다. 옥수수 맛이 풍부하게 감돌았고 (…) 맛이 그저 천천히 사라지는 것이 아니라 마지못한 듯 서서히 희미해졌다. 각성의 순간이었다."[119]

그날 바버가 깨달은 바는 셰프들이 흔히 메뉴를 작성한 뒤에 재료를 공급할 생산자를 찾는데 그 순서가 완전히 뒤바뀌어야 한다는 것이었다. 무엇을 먹을지 결정한 다음에 자연이 그것을 공급해주기를 기대하는 것이 아니라 주변 풍경이 무엇을 기르고자 하는지 먼저 물어보아야 하는 것이다. 맛의 비결이 부엌이 아니라 자연의 복잡성에 있다는 사실을 바버는 이해하게 되었다. "감각을 따뜻하게 데워주고 기억에 오래 남는 폴렌타 한 그릇은 작물이나 요리사, 농부를 넘어 다른 무언가를 이야기한다. 풍경 전체를, 그 풍경이 어떻게 서로 조화를 이루는지를 이야기하는 것이다."[120] 현재 바버는 자연이 주는 먹거리만이 아니라 전통적 복잡성과 제로 웨이스트 정신으로의 복귀 등 세계적으로 훌륭한 요리의 기본이 되는 가치를 지지하고 있다. 그는 최근 로우 7(Row 7)이라는 종자 회사를 설립하면서 새로운 모험에 뛰어들었다. 이를 통해 재래종자 육종과 (유전자 조작이 아닌) 최첨단 기술을 결합해 최상에 이르는 자연의 풍미를 일상으로 되돌리고자 한다. 바버에게 잘 먹는 비결은 자연을 존중하는 것이다. "좋은 농사와 맛있는 음식은 서로 떼려야 뗄 수 없는 관계에 있다."[121]

자연에서 온 음식을 많이 먹을수록 주변 풍경이 몰라보게 달라질 것이라고 넵 캐슬 이스테이트Knepp Castle Estate 관계자가 제안한다. 1만 5,000제곱미터에 이르는 귀족 영지로 웨스트서식스주에 위치한 이곳은 수십 년간 집중적으로 농사를 짓고 난 뒤 2000년에 이르자 식토가 고갈되어 부동산이 파산 직전에 몰렸다. 소유주인 찰리 버렐Charlie Burrell과 이사벨라 트리Isabella Tree는 가장 확실해 보이는 방법으로 피해를 되돌려보자고 결심했다. 바로 자연을 다시 들이는 것이었다. 그들은 곡식 농사를 중단하고(중점토는 언제나 생산력이 낮다) 농장을 야생으로 되돌리기 시작하면서 관목지와 습지 등 자연 서식지가 스스로 제 모습을 되찾게 했다. 트리는 "야생으로 돌아가는 것은 놓아줌으로써 회복하는 것"이라고 말한다.[122]

오늘날 넵은 풍부하고 다양하면서 여전히 생산적인 풍경을 선보인다. 이전의 생물 다양성을 빠르게 회복하고 있는 서식지에는 긴뿔소와 붉은 사슴, 야생 조랑말과 탬워스 돼지가 자유롭게 돌아다니고 다양한 식물이 제 모습을 되찾고 있으며 무수한 곤충과 박쥐는 물론 국가적으로 멸종 위기에 처한 멧

비둘기와 나이팅게일을 비롯한 새가 자유로이 날아다닌다. 넵은 더 이상 예전처럼 많은 이들에게 식량을 제공하지는 않지만 생산성과 야생성이 서로 배타적이지 않다는 사실을 보여주고 있다.

도시도 같은 방식으로 변화할 수 있을까? 도시에는 대부분 넵과 같은 치료를 무리 없이 받을 수 있는 공원과 정원 연못, 강이 갖추어져 있고 식물과 새, 곤충, 고슴도치, 여우, 쥐 등 이미 우리와 더불어 살고 있는 야생 및 반야생 생물도 많이 있다. 이런 공간을 더 생산적이고 더 야생에 가깝게 만들려면 우리는 또 무엇을 바꾸어야 할까? 중요한 변화는 분명 머릿속에서 시작될 테니 도시 생활이 야생 생태계에 의존하고 있으며, 야생의 자연이 없으면 인간도 빠르게 소멸할 것임을 다시 한번 인식하게 될 것이다. 스스로 야생의 생명체라 부르는 것도 습관적이고 치명적인 인간 중심주의를 떨쳐내는 한 가지 방법이다.

생각만 하는 것은 충분치는 않아도 중요한 첫걸음이 된다. 다시 야생의 자연과 어우러져서 비인간인 동료들과 의식적으로 공존하고 자연을 모방 및 보완해 농사를 짓고 도시와 농지를 야생으로 되돌리는 등의 모든 방식은 우리가 돌아오는 길을 찾을 수 있도록 도움을 줄 것이다. 생물 다양성이 필요한 이유는 인간의 생존에 필수적이기도 하지만 인간이 그 일부이기 때문이다. 우리 안에도 야생성이 있으며 이를 피하거나 넘어설 수는 없다. 야생성은 우리가 잃어버렸지만 다시 결합하고자 갈망하는 악마와 같다.[123] 사는 방식을 다시 생각하는 것은 한참 전에 했어야 했다. 그보다 더 시급한 일은 우리 자신을 다시 생각하는 것이다.

에머슨이 옳았다. 나무 사이에 있으면 편안해지는 이유는 인간이 식물과 함께 진화했기 때문이다. 나무는 우리의 가족이고 우리도 나무의 가족이다. 숲속에서 시간을 보내며 깊이 몰입하는 '삼림욕'은 스트레스와 불안을 줄이고 에너지를 높여 면역 체계를 강화하는 것으로 드러났다.[124] 일본인의 4분의 1이 실천하고 있다시피 잠시나마 자연에 흠뻑 빠져 지내는 이런 경험이 스트레스에 시달리는 도시인을 치유하는 자연 요법으로 점점 더 각광받고 있다.[125] 그저 공원을 산책하는 것이라 해도 야생성과 다시 연결되는 이런 행동은 후기 데카르트주의를 바로잡는 중요한 한 걸음으로, 그 과정에서 어떤 동물도, 심지어 기술적으로 향상된 인간조차 기계가 아님을 깨닫게 된다.

귀환의 법칙

숲을 닮은 정원 깊이 들어왔다. 나뭇잎이 무성한 가운데 저 앞에 공터가 있다. 앞으로 나 있는 길을 얼추 볼 수 있을 뿐이다. 머리 위로 키 큰 오리나무가 섬세한 무늬의 차양을 치고 그 아래 관목과 덤불에 어룽거리는 햇빛을 드리운다. 이국적인 식물도 더러 보인다. 드넓게 펼쳐진 잎은 공룡이 즐겨 먹던 것인가 싶은데 친숙한 종류도 보인다. 방금 지나친 관목은 분명 야생 산딸기였다. 정원 안쪽으로 더 깊숙이 들어가자 뜻밖에도 빈터가 나온다. 나무 아래에 임시로 만들어놓은 벤치가 있고 모네가 화폭에 담고 싶어 했을 듯한 큰 연못에는 수련이 떠 있다. 정원은 제멋대로이지만 에덴동산을 상상하면 그려지는 모습과 다를 것 없이 온화한 질서감이 서려 있다.

이곳은 데번주에 있는 다팅턴 삼림 정원Dartington Forest Garden으로 1994년에 영국의 혼농임업agro-forestry(농업과 임업을 겸하면서 축산업까지 도입한 방식—옮긴이) 전문가 마틴 크로포드Martin Crawford가 설계하고 직접 가꾼 것이다. 4,000제곱미터가 넘는 이 부지는 미래의 농장이 될지도 모른다. 특별히 생산성을 극대화하도록 설계되지는 않았지만 손이 많이 가지 않고 투입량이 적으며 1년 내내 풍부한 군락을 이루는 이런 곳이 언젠가 우리 스스로 먹고 살게 될 삶의 핵심을 이루리라고 크로포드는 믿는다.

이곳에서 자라는 식물은 대부분 먹을 수 있지만 다 그렇지는 않다. 약효 성분이 있는 식물도 있고 생태계에 특정 역할을 하는 식물도 있다. 땅을 뒤덮어서 잡초의 성장을 억제하거나 해충을 쫓는 향을 뿜어내는 식물이 그 예다. 삼림 원예의 핵심은 야생 자연에서처럼 생태계가 투입물과 산출물의 자연스러운 균형을 유지하게 하는 것이다. 일례로 오리나무는 이 삼림 정원에 일찌감치 심어진 개척자 나무로, 정원의 주요 공급원인 질소를 땅에 묶어두는 기능을 한다. 쥐오줌풀은 미네랄 축적기로서 다른 식물은 도달할 수 없는 곳까지 깊이 뻗어나가는 뿌리가 영양분을 흡수한다. 꽃을 다 피우면 꽃잎을 잘라

내 영양분을 토양으로 방출해서 다른 식물이 사용할 수 있게 한다.

정원의 모든 식물과 마찬가지로 이곳의 식용작물은 모두 다년생이다. 살구와 밤, 까치밥나무 열매 같은 익숙한 과일과 견과류, 나무딸기류 열매와 함께 뽕나무(시금치 같은 나무 채소), 개면마(아스파라거스를 닮은 순), 미나리(식용 뿌리와 회향 맛이 나는 잎), 대나무(줄기와 식용 죽순이 귀하게 여겨진다), 코끼리마늘(웨일스 지방의 대표 작물로 리크의 다년생 버전이다), 그리고 앞서 공룡의 먹이처럼 보인다고 했지만 구스베리 맛이 나는 대황 등을 비롯해 140여 종이 자란다. 모든 식물이 다년생이기 때문에 쟁기질을 하거나 토양을 건드릴 필요가 없으니 '무엇보다 가장 중요한 유기체'인 토양균류가 마음껏 자랄 수 있다고 크로포드는 설명한다.

민달팽이나 달팽이는 개구리와 딱정벌레가 모두 잡아먹기 때문에 그 문제로 골치 썩을 일이 없으며 잡초가 거의 없는 것은 딱정벌레가 좋아하는 뱀딸기 등 땅에 붙어서 자라는 식물이 뒤덮고 있기 때문이다. 그렇지만 정원이 소나무 숲 바로 옆에 붙어 있는 까닭에 다람쥐 문제에서는 자유롭지 못하다고 한다. 그렇기 때문에 원하는 만큼 견과류를 많이 키우지 못하는 데다 땅에 떨어진 밤을 주우려면 다람쥐와 경주해야 할 판이다.

이렇게 꼬리털이 무성한 동물의 도발 문제를 제외하면 정원을 돌보는 것이 어렵지는 않다고 크로포드는 말한다. 열매를 더 쉽게 얻을 수 있도록 나무를 가지치기하고 4월과 7월 사이에 한 달에 한 번씩 잡초를 제거한다. 특정 식물을 베어내어 다른 식물이 경쟁 우위를 누릴 수 있게 하는 작업까지 모두 네 시간이면 끝난다. 정원을 설계하고 식물을 심는 일은 끝났으니 이제 자유방임주의로 다가간다. 그는 식물이 마음대로 자라도록 내버려두어야 식물도 훨씬 더 행복하고 건강하게 자랄 수 있다고 믿는다. 가령 야생 산딸기는 거처를 옮기는 것을 좋아한다. 그러지 못하면 스트레스를 받아 쉽게 병에 걸린다. 우리가 지나쳤던 야생 산딸기도 원래는 지금 있는 위치보다 12미터 떨어진 곳에 심어졌다고 한다. 선조들이 야생 숲을 조성하기 시작할 때 그랬듯 이따금 조금씩만 손보면서 자연계 시스템이 알아서 작동하도록 내버려두는 경우가 많다. 작업은 힘들지 않을뿐더러 언제나 흥미롭다. 판매를 위해 채소밭을 경작하던 시절에 '줄지어 자란 당근을 괭이질하며 지루하게 보내던 시간'보다는 지금이 확실히 더 즐겁다고 한다.

삼림 정원이 정말 미래의 농장이 될 수 있을까? 자원은 줄어들고 기후는 점점 극단으로 치닫는 세계에서 삼림 정원은 유리한 점이 분명 많다. 투입은 최소화하고 영양소는 최대화하며 수분을 유지하고 엄청난 생물 다양성 덕분에 자연 회복력이 높은 데다 역시 다양성으로 인해 기후 조건이 변화할 때마다 지속적으로 적응할 수 있다는 장점까지 갖추었다. 무경운 농업이나 넵 같은 야생 농장처럼 삼림 정원은 앨버트 하워드가 말한 귀환의 법칙Law of Return을 유지한다. 즉, 비옥한 토양에 필수적인 성장과 부패의 자연적 균형을 유지하는 것이다. 숲에서 자연스레 먹이를 찾아 먹는 가금류와 돼지까지 풀어놓으면 정원의 생산성은 더욱 늘어나 자연 통합적인 반야생 식단을 제공할 수 있을 것이다.

시골은 물론이고 야생으로 돌아간 공원 및 정원 등의 형태로 삼림 정원과 야생 농장이 가까이 있으면 우리 모두 자연과 더 가까이 살 수 있다. 유지 관리는 최소화하면서 매일 새로운 것을 수확할 수 있는 이런 농장과 정원이 새로운 공유지가 될 것이다. 원하는 만큼 자주 이곳을 방문해 삼림욕을 하고 식물을 심거나 가지치기를 하며 저녁거리를 딸 수도 있고 그저 돌아다닐 수도 있다. 이렇게 생산적이고 의미 있는 공동체 활동을 통해 마음의 안정을 찾고 더 건강하고 즐겁게 지내면서 삶과 자연에 몰두할 수 있을 것이다.

우주 먼지

조니 미첼Joni Mitchell의 말을 빌려서 이야기해본다면, 이런 생각은 환상에 불과할까, 정원으로 돌아가고 싶은 열망의 메아리에 그치는 것일까? 물론 삼림 정원이 수직 농장이나 완전 채식 식단, 전원도시처럼 완전한 대답은 되지 않지만 퍼즐의 유용한 한 조각이 될 수는 있다. 어떤 이는 삼림 정원이 진정한 의미의 수직 농장이며 기존의 이차원적인 단일 재배 농식품 모델에 비해서 삼차원적이고 복잡한 생산력을 드러낸다고 주장한다.

먼 미래에도 복잡성을 끌어안는 것이 번영의 열쇠가 될

것이다. 프리드리히 하이에크는 시장이 누구도 이해할 수 없을 만큼 복잡하므로 자유롭게 운영되어야 한다고 말한 바 있다. 그런데 하이에크의 제자들이 그와 비교도 안 되게 무한히 복잡한 자연에 대해서는 통제와 견제를 주장했다는 사실이 아이러니하지 않은가? 돈이 자유롭게 흘러가도록 내버려두면 이익을 볼 수 있지만 자연은 그렇지 못해서일까?

지금 우리 땅의 경작은 이미 로봇이 맡고 있다. 머지않아 질소를 고정할 수 있는 곡물을 생산하게 될지도 모른다. 진보의 행진을 멈출 수는 없지만 이런 기술을 누가 소유할지, 자연과 삶의 균형을 맞추기 위해 이 기술을 언제, 어떻게 사용할지는 우리가 결정할 수 있다. 기술적으로 강화하고 공동으로 소유하는 비침입성 자연 농법이 아마 최고의 희망이리라. 최상의 농부를 스승으로 두는 한 그렇게 잘못될 일은 없을 것이다. 인간이 아무리 영리하다고 해도 우리가 삶을 빚지고 있는 식물이 7억 년 먼저 이 세상에 존재했다는 사실을 기억해야 한다.

자연의 질서에 인간도 연루되어 있다는 사실을 인정하지 않으려는 이유 중 하나는 성장과 부패라는 끝없는 순환에 인간의 몫도 있음을 인정하기가 두렵기 때문이다. 죽음에 대한 부정은 앞서 보았듯 유독 서양에 만연한 고통으로, 자연을 지배해 죽음의 손아귀에서 벗어나고자 오랫동안 투쟁한 결과다. 인류가 기술적 비전으로 아직 얻을 수 있는 가장 값진 선물은 미시 세계의 진실이라는 극장에서 보았다시피 이제 우리가 싸움을 포기해야 할 때임을 깨닫는 것이다. 발견을 향한 항해에서 인간이 얻은 가장 위대한 통찰은 우리가 자연의 불가분한 일부이며, 그렇게 줄곧 자연을 통해 우리 자신을 되돌아보았다는 것이다.

7장

시간

인간이 마주한 딜레마를 해결할 쉬운 답은 없지만 우리 앞에 어떤 장애물이 놓여 있든 음식이 길잡이가 될 것이다. 누구도 음식 이전에 존재하지 않았다. 음식은 우리보다 앞서 존재하고 우리의 앞을 내다보며, 우리를 살아가게 하고 우리보다 오래 계속될 것이다. 우리를 사랑하는 사람과, 살아가는 세계와 묶어주는 이 관계는 결국 인류의 가장 큰 희망이다.

정원 헛간

10월 말, 현실에 없을 법할 만큼 크고 나무가 우거진 정원의 어느 헛간에 앉아 있다. 빅토리아시대 때 런던 북부 일부 지역에서 볼 수 있었던 풍경이다. 오후의 끝자락에 걸린 태양이 나뭇잎을 붉은 금빛으로 물들이고 있다. 헛간은 아늑하다. 옅은 녹색으로 운치 있게 칠해져 있고 큰 창과 따뜻한 조명이 있으며 열 명 남짓한 사람들이 긴 식탁에, 깔개와 쿠션이 흩어진 소파에 편안하게 둘러앉을 수 있을 만큼 적당히 크다. 체크무늬 천이 깔린 식탁에는 양초가 꽤 많이 놓여 있고, 근사해 보이는 식기장에는 차와 케이크가 가득하다. 인류의 마지막 금기인 죽음을 이야기하기 위해 모인 이 자리에서 위안이 되는 손길을 마주하니 마음이 따뜻해진다.

죽음 카페는 처음이다. 낯선 이들이 한데 모여 차와 케이크를 나누며 죽음을 이야기하는 비공식 모임이다. 이 모임을 처음 고안한 사람은 스위스의 사회학자 버나드 크레타즈

Bernard Crettaz로, 학생들 사이에서 죽음에 대해 자유롭게 이야기하고 싶은 욕구가 채워지지 않은 채 강하게 남아 있다는 사실을 알게 된 것이 계기였다. 레스토랑이나 카페같이 안심할 수 있는 환경에 사람들이 모일 수 있다면 죽음에 대한 장벽도 무너질 수 있겠다고 크레타즈는 생각했다. 그의 예상이 맞았다. 2004년에 파리의 작은 식당에서 처음 열린 카페 모르텔Café Mortel은 연령대가 다양한 250명의 관심을 끌었고 곧 정기 행사로 이어졌다.[1]

카페 모르텔의 주목적은 듣는 것이었다. 규칙은 단 두 가지. 솔직하게 말하고 설교는 삼가야 했다. 카페가 몇 년간 성공적으로 이어지던 중, 크레타즈가 본업으로 돌아가겠다는 의사를 밝혔다. 카페의 원래 취지가 사라지려던 찰나, 런던의 웹 디자이너인 존 언더우드Jon Underwood가 우연히 크레타즈의 인터뷰를 읽고 자신의 소명이 여기에 있음을 깨달았다.[2] 2011년에 데스 카페Death Café로 이름을 바꾼 뒤 모임이 이어졌고, 2019년까지 세계 65개국에서 8,000회 이상의 모임이 열렸다. 2017년에 44세의 나이로 갑자기 세상을 떠난 언더우드는 그 광경을 직접 보지 못했다.[3]

헛간으로 돌아와, 제공된 다과를 자유로이 즐긴 뒤 떨리는 마음으로 모임이 시작되기를 기다린다. 참여한 사람들은 모두 제각각이다. 생각보다 연령대가 낮은데 30대 초반도 몇 명 보이고 제일 나이가 많은 사람은 70대 중반으로 보이는 여성이다. 어째서인지 여성이 남성보다 더 많으리라 예상했지만 성비는 거의 같다. 그날 저녁의 호스트인 젬마는 30대 여성으로, 호의적인 미소와 따뜻한 목소리로 우리를 안심시킨다. 그는 오늘 뚜렷한 안건이 있는 것은 아니며 다만 서로 소개하는 시간을 가진 뒤 어디든 원하는 곳에서 자유로이 대화를 나누면 된다고 말한다.

어색한 침묵이 흐른 뒤 한 젊은 인도인 의사가 입을 연다. 말기 환자를 위한 고통 완화 치료센터에서 일하고 있는데 병원에서는 죽음에 대해 이야기할 기회가 충분치 않아서 이곳을 찾게 되었다고 말한다. 데스 카페가 정말 도움이 된다고, 이번이 여섯 번째 방문이라고도 덧붙인다. 그다음으로 젊은 폴란드인 디자이너가 폴란드 위령의 날(가족들이 한자리에 모여 고인을 추모하는 명절)이 가까워지기도 했고 영국에서는 죽음을 어떻게 생각하는지 알고 싶어서 이곳을 찾았다고 말한다(나는 영국인이 보통 마녀나 악귀처럼 꾸미고 다니면서 낯선 사람에게 사탕을 요구한다고 알려주고 싶은 마음을 애써 억누른다). 이번에는 얼굴에 근심이 서린 중년 남성이 자신은 신을 믿지 않지만 그래도 사후 세계가 있는지 알아보고 싶어서 왔다고 말한다. 그보다 나이가 많아 보이는 여성은 예전에는 신을 믿었지만 더는 믿지 않는다고, 그 모든 믿음이 무엇이었는지 모르겠다고 털어놓는다. 이에 한 기독교 목사가 무어라고 대답하고 싶은 눈치였지만 그저 다음에 자신만의 데스 카페를 열 계획이라서 한번 살펴보러 왔다고 말하는 것으로 그친다. 한 젊은 여성은 얼마 전 친구가 목숨을 끊은 뒤로 사마리탄즈Samaritans(우울증 및 자살 충동에 시달리는 이들에게 전화로 상담해주는 자선단체—옮긴이)에 가입할 생각을 하고 있다고 털어놓는다. 그렇게 한 명씩 돌아가며 소개가 이어진다. 이곳에 온 이유는 나이와 성별, 배경 및 신념만큼이나 다양하지만 흔히 말하듯 죽음이 우리를 하나로 묶어준다.

서로 머뭇거리던 처음과 달리 이제 대화가 자유로이 흐른다. 죽음에 대한 두려움을 이야기할 때는 놀라울 것 없이 70대가 가장 많은 고민에 빠져 있는 듯하고 후생에 대해 이야기할 때는 목사가 노부인을 다시 종교로 끌어들이려 하면서 크레타즈의 규율을 어기려는 듯 보인다. 점점 전개되는 부차적 줄거리에 흥미를 느낀 나는 신을 향한 믿음이 죽음에 대한 자연적 두려움에 어떤 영향을 미치는지 큰 소리로 묻는다. 암 환자를 담당한다는 한 간호사가 답하기를, 옆에서 겪어보니 실제로 신을 믿는다고 두려움이 사라지지는 않더라고 하면서 그저 지금 살고 있는 엉망진창인 세상보다 더 나은 세계가 기다리고 있으리라 생각하고 싶다고 말한다.

다른 주제로 넘어가서 우리는 안락사와 사망 선택 유언, '좋은' 죽음과 장례식을 잘 계획하는 방법 등을 이야기한다. 사후 세계가 과연 있는지에 관해서는 의견이 정확히 반으로 갈렸지만 그 외의 주제에서는 대부분 의견이 일치했으며 특히 죽음을 둘러싼 금기를 깨야 한다는 필요성에 깊이 공감했다. 한참 대화에 빠져 있을 때 젬마가 시간이 거의 다 되었다고 알리면서 원한다면 자리에 남아 다과를 마저 즐겨도 좋다고 말한다. 놀랍다. 전혀 모르는 사람과 죽음에 대해 이야기하는 사이 벌써 두 시간이 흘렀다니. 이렇게 몇 시간이고 더 이야기할 수 있을 것 같은 마음이다. 벌써 데스 카페의 단골이 된 듯하다.

마지막 금기

> 그 어두운 밤으로 순순히 발을 들이지 마시오./ 분노하고 분노하시오, 꺼져가는 불빛에 대해.
>
> —딜런 토머스[4]

왜 죽음에 대해 터놓고 이야기하지 못하는 것일까? 좋은 죽음이 무엇이라고 생각하는가? 두 질문 모두 사후 세계를 믿는지 여부와 관련이 있으며 또 그 믿음에 따라 답이 달라진다. 이 문제에서 영국인은 상당히 전형적인 태도를 보인다. BBC에서 2017년에 실시한 조사에 따르면 영국인 중 사후 세계를 믿는 사람과 믿지 않는 사람은 각각 46퍼센트라는 동일한 비율로 나뉘며 나머지 8퍼센트는 확신이 없는 것으로 나타났다.[5]

영국처럼 세속적인 국가에서 이런 수치가 나왔다는 사실이 놀라워 보일 수도 있다. 모든 지폐에 "우리는 하나님을 믿는다In God We Trust"라는 문구가 새겨져 있고 정치인들이 거의 모든 연설에서 신께 감사드리는 미국과 비교하면 영국의 공적 생활에서 종교의 비중은 비교적 적다. 그런데 사후의 삶을 어떻게 생각하든(미국인은 80퍼센트가 사후 세계를 믿는다) 두 나라에 공통되는 점은 죽음에 대한 부정이 널리 퍼져 있다는 것이다.[6] 사후 세계를 믿는다고 죽음에 대한 두려움이 치유되는 것은 아닌가 보다. 오히려 헛간에서 만난 암 환자 담당 간호사가 장담했듯 이런 믿음과 두려움은 꽤 행복하게 공존할 수 있다. 사후 천상의 삶을 고대하는 이들도 그곳에서의 삶이 지상의 삶과 매우 다르리라 짐작하면서 사후 세계로 옮겨가는 것에 대해 마찬가지로 두려움을 느낀다.

사후 세계를 믿든 믿지 않든 죽음을 마주하기란 분명 어려운 일이지만 그것만으로는 우리가 죽음을 대하기가 왜 이리 힘든지 설명이 되지 않는다. 오늘날 죽음이 지나치게 의료화되었다는 사실이 한 가지 원인이 될 수 있겠다. 인류는 죽음을 속이는 것까지는 아니어도 죽음을 연기하는 데에 상당히 능숙해졌다. 과거였다면 며칠 만에 목숨을 앗아갔을 질병에 이제는 몇 달 또는 몇 년 동안 저항하며 어떤 결말에 이를지 모르는 '전투'를 벌인다. 산업화 이후 사회에서 가능한 한 오래 살고 싶은 마음은 이해가 간다. 지금의 인류 대다수는 역사상 그 어떤 인류보다 더 즐겁고 편안한 삶을 누리고 있다. 인간이라면 누구든 현생에 남아 이 모든 삶을 조금 더 누리고 싶을 것이다.

미국의 외과의 아툴 가완디Atul Gawande는 《어떻게 죽을 것인가》에서 현대 의학이 인간에게 큰 혜택을 안겨주었지만 역설적이게도 인간에게서 좋은 죽음을 앗아갔다고 주장한다. 현대사회에서 우리는 대부분 집에서 친구와 가족 들에 둘러싸여 평화로이 죽음을 맞기보다는 튜브를 잔뜩 낀 채 여기저기서 기계 소리가 들리고 네온 불빛이 켜진 병동에서 마지막 숨을 내쉰다. 의료 훈련이 삶의 끝을 다루기보다는 생명을 구하는 데만 초점이 맞추어진 탓에 의사와 환자 모두 비현실적으로 편향된 임종 결정을 내리게 된다고 가완디는 말한다.[7] 많은 의사들이 무슨 짓을 해서라도 환자의 목숨을 연장하려 하고 불치병에 걸린 환자의 죽음마저 일종의 실패로 바라본다. 그 결과 환자는 고통을 연장하는 것 외에는 거의 도움이 되지 않는 가혹한 치료를 받고 "의료 개입을 받지 않은 환자에 비해 생의 마지막 한 주 동안 삶의 질은 형편없이 낮아진다".[8]

단순히 목숨을 연장하는 것보다 죽음이 더 우선순위에 있을지 모른다는 사실을 우리는 쉽게 잊는다. 많은 이들이 끝없는 치료에 굴복하기보다 오래전부터 계획한 여행을 떠나거나 그저 집에서 가족과 함께 시간을 보내며 마지막을 맞는 것을 더 선호할 수도 있다. 결국 선택은 질과 양의 문제로 귀결된다. 어떤 대가를 치르더라도 목숨을 연장할 것인가, 아니면 더 나은 마지막을 위해 남은 수명을 내놓을 것인가? 이런 선택을 할 수 있는 환자는 극히 드물다고 가완디는 주장한다. 이 사실을 직면할 즈음에는 대다수가 너무 아파서 판단할 수 없는 상황이라 치료를 기본 선택으로 삼을 수밖에 없기 때문이다. "우리는 죽음이라는 문제에 맞서기보다 환자에게 적극적으로 해를 가하는 지경에 이르렀다."[9]

더 나은 죽음을 맞이하기 위해서는 죽음을 미리 직시해야 한다. 고통 완화 치료는 삶의 마지막 몇 주를 앞두고 하는 것이 아니라 진단을 받은 즉시 해야 한다. 암에 대응하기Coping with Cancer라는 미국의 한 프로그램에 따르면 환자들이 자신 앞의 선택지를 고민하는 데 필요한 지원을 받을 경우 많은 이들이 죽음에 맞서 싸우기보다는 죽음을 받아들이면서 치료를 포기하고 일찍 호스피스 시설에 들어가는 편을 택했다. 그 결과 그들은 "필요 이상의 고통을 받지 않았고 신체 기능이 더 온전했으며 더 오랫동안 다른 사람들과 교류할 수 있었다. 더불어 이 환자들이 사망한 뒤 6개월이 지났을 때 유가족이 반복되는 우울증을 경험하는 경우도 현저히 줄었다".[10]

잘 죽기 위해서는 현실을 받아들이는 것이 중요하다. 그래야 우리 자신은 물론 사랑하는 사람들이 불필요한 고통을 겪지 않고 남은 삶을 더욱 마음껏 즐길 수 있다. 2010년에 매사추세츠 종합병원에서 연구한 결과에 따르면 자신의 죽음을 받아들일 경우 여생이 예상보다 더 길어질 수 있다고 한다. 또한 치료 초기에 고통 완화 치료를 받은 환자들은 임종 때 고통을 덜 느낄 뿐만 아니라 평균 25퍼센트 더 오래 산다는 사실이 밝혀졌다. 가완디가 말했듯 이런 결과는 "불교의 가르침과 상통한다. 삶에 대한 미련을 놓을 때야 비로소 오래 살게 되는 것"이다.[11]

영원한 삶

죽음에 대한 이런 접근법이 조만간 주류에 편입될 일은 없을 듯하다. 서양에서는 젊음을 유지하면서 더 오래 사는 것에 유난히 집착하는 까닭에 스카이다이빙을 하는 할머니와 시간이 말 그대로 얼어붙은 듯 예전과 다르지 않은 얼굴에 매끄러운 피부를 자랑하는 유명인의 기사가 신문을 가득 메운다. 늙지 않으려는 열망이 워낙 널리 퍼져 있다 보니 슈퍼 푸드와 보충제부터 주사와 수술에 이르기까지 영원한 젊음을 약속하는 것은 무엇이든 판매하려는 산업이 성행하고 있다.

세월이 멈춘 이마와 보정된 사진 아래에는 변하지 않는 질문이 도사리고 있다. 진정으로 젊음을 유지하고자 한다면 인류는 얼마나 오래 살 수 있을까? 지금까지의 증거로 보면 인체가 버틸 수 있는 데는 자연적 한계가 있다. 현재 최고령자는 프랑스의 잔 칼망Jeanne Calment이라는 여성으로 1997년에 122세의 나이로 사망했으며 그 뒤를 이은 최고령자 역시 모두 여성으로 116세에서 119세까지 살았다. 100세가 넘는 사람이 전 세계적으로 증가하고 있지만(영국 여왕으로부터 100세 생일 축하 전보를 받는 영국인은 2002년에서 2017년 사이 두 배 더 많아졌다) 100세를 훌쩍 넘어 사는 것은 여전히 인간의 진귀한 위업이다.[12] 그런데도 올바른 생활 습관과 식단을 지키면 125세 이상까지 살 수 있다고 믿는 사람들이 (특히 미국에서) 점점 더 많아지고 있다.

그 최전선에 폴 맥글로딘Paul McGlothin과 메러디스 애버릴Meredith Averill이 있다. 칼로리제한협회Calorie Restriction Society라는, 이름만 보아도 따로 설명이 필요 없는 조직의 공동 창립자인 이들은 고도로 제한된 식이법을 따르면 노화 과정을 늦추고 수명을 크게 연장할 수 있다고 주장한다. 뉴욕주 웨스트체스터 카운티에 위치한 장수 센터에서 맥글로딘과 애버릴은 슈퍼모델도 하얗게 질릴 정도로 살인적인 규칙을 따르면서 하루에 두 번 빈약한 데다 완전 채식에 가까운 식단으로 일일 권장 섭취량보다 30퍼센트 적은 칼로리를 섭취하며 연명한다. 2015년에 영국의 음식 평론가 가일스 코렌Giles Coren이 두 사람을 촬영하러 갔을 때 그들은 밀이 들어 있지 않아 '가혹할 정도로 거친' 빵에 레몬주스를 찔끔 뿌려서 아침으로 먹고 뒤이어 보리와 양파, 딸기를 섞은 스튜에 얇게 썬 레몬을 올려 먹었다. "저희가 카메라 앞에 선 것은 지구상에서 가장 훌륭한 요리법을 보여주기 위해서가 아니라 원칙을 알려드리기 위해서입니다." 충격에 빠진 코렌에게 맥글로딘이 설명했다.[13]

이런 원칙은 혈당을 낮추어서(맥글로딘은 식사 전후로 어김없이 혈당을 측정한다) 그가 말하는 인체의 장수 생화학, 즉 절식 모드를 활성화해 세포가 성장에서 유지로 전환하게 하는 것이다. 2008년에 발표한《칼로리 제한법The CR Way》에서 설명했듯 맥글로딘과 애버릴은 노인병 영양학자 릭 웨인루흐Rick Weinruch 박사의 기사(칼로리 제한 식단을 먹은 쥐가 풍족하게 먹은 쥐보다 평균 34퍼센트 더 오래 산다)를 읽고 감명을 받아 이 혹독한 요법을 실천하게 되었다고 한다.[14] 이후 과격한 조치를 취해 스스로 인간 실험 대상을 자처해 이런 식이 제한 요법이 인간에게도 효과가 있는지 알아보기로 했다. 항상 선글라스를 끼며 대중 앞에서 거의 말을 하지 않는 애버릴은 드물게 응한 한 인터뷰에서 자신의 125번째 생일을 '수십 년 동안' 계획했다고 밝혔다. 선글라스 때문에 그가 급진적 요법을 실천하고 어떤 효과를 보았는지 평가하기 어려운 반면 맥글로딘은 수척한 모습 때문에 실제보다 나이가 상당히 많아보였다. TV 평론가 앤드루 빌런Andrew Billen은 그들을 정확하지만 다소 심술궂게 묘사했다. "맥글로딘과 애버릴은 90대 부부라고는 믿기 힘들 정도로 멋져 보인다. 아, 안타깝게도 그들은 60대다."[15]

물론 외모가 전부는 아니다. 맥글로딘은 어찌 되었든 삶을 사랑하는 사람이라는 인상을 준다. 오트밀 죽으로 살아가고 끊임없이 혈당을 측정하며 15킬로그램에 달하는 조끼를 입고 매일 산책하는(뼈가 착각을 일으켜서 튼튼해지게 하기 위해서란다) 삶에 누구나 솔깃할 수는 없겠지만 잘 지내고 있는 듯 보인다. "무엇과도 헤어지고 싶지 않습니다. 시력이 나빠지고 인지력이 나빠지리라는 사실을 받아들이고 싶지 않습니다. 주름을 막을 방법이 있다면 주름 역시 받아들일 생각이 없습니다." 그가 설명하자 코렌이 반박했다. 그것은 그저 인간이 처한 조건이 아닌가? "그래도 왜 그래야 하지요? 당신은 특별하지 않습니까? 이런 특별함이 막을 내리고 먼지가 되어 사라져야 하는 시간이 정해져 있는 겁니까? 저는 받아들일 마음이 없습니다. 저는 아직도 어린 소년입니다. 아직도 시간이 아주 많이 필요합니다."

혹시나 맥글로딘과 애버릴이 목표를 달성하게 된다면 그때 나는 이 세상에 없을 것이다. 그래도 상관없다. 특정 시대에 속해 있다는 느낌은 집이라 부를 만한 장소가 있는 것만큼이나 나에게 중요하다. 화성에 이주할 마음이 없듯 내 친구나 가족보다 오래 살고 싶은 마음도 없다. 어찌어찌 살아남아 나이 든 노파가 되어서 여기저기 관심 둘 것이 많은 미래의 인간들에게 컴퓨터가 없던 시절에는 어쩌고저쩌고 웅얼거리는 것은 반쯤 굶주린 상태로 여생을 보내는 것만큼이나 큰 매력을 주지 못한다. 이런 삶을 생각하면 우리 가족이 좋아하는 농담 하나가 떠오른다. 한 남자가 의사를 찾아가 어떻게 하면 100세까지 살 수 있는지 묻는다. "술과 담배, 섹스를 포기하면 가능성이 커질 것입니다." "이 모든 것을 포기하고도 100세까지 살지 못하면 어떡하지요?" 남자가 묻자 의사가 답한다. "걱정하지 마세요. 100세까지 못 살더라도 그렇게 오래 산 것처럼 느껴질 테니까요."

성벽 쌓기

인간과 시간의 관계에서 핵심이 되는 역설은 더 오래 산다고 반드시 더 좋지만은 않다는 것이다. 불멸의 치명적인 매력은 우화나 동화에서 하나의 비유로 흔히 사용되는데 대부분 끝이 좋지 않다. 실제로 불멸을 저주로 인식하는 것이 일반적인 여론이다. 불멸을 얻은 자는 지루한 반복과 무관심, 무의미로 가득한 삶을 죽음으로 끝내고자 갈망한다.[16] 불멸이 신을 위한 것이라고 한 고대인의 주장도 일리가 있다. 우타나피쉬티가 영생의 비밀을 찾는 길가메시에게 말했듯 인간은 언젠가 죽어야 할 운명이니 이를 받아들이는 법을 배워야 한다. "그렇게 고생해서 무엇을 이루었는가? 끝없는 고역을 치러 몸은 지치고 마음은 슬픔으로 가득하니 삶의 마지막을 앞당길 뿐이다."[17] 길가메시는 비탄에 빠졌지만 우리가 앞서 보았듯 우르크의 성벽이 자신보다 더 오래 남을 것임을 깨달은 뒤 위안을 얻었다.

지상에 자신의 물리적 존재를 확장하고자 하는 갈망은 인간의 보편적인 특성이었다. 돌로 성벽과 사원을 지으면서 우리는 자신의 덧없는 생을 넘어 시간 위에 거점을 마련하고자 열망한다. 그러다 최근 들어 생명공학이 급속히 발전하면서 자신의 몸을 조작해 죽음을 면하려는 시도가 이어졌다. 그렇게 해도 훌륭한 결과물을 달성하지 못했다는 사실은 차치하고 젊음을 유지하려는 시도는 다소 미숙하게 느껴진다. 성장을 거부하는 것은 삶을 일차원적으로 바라보는 것이나 다름없다.

영생에 대한 갈망이 인류의 문명이 도달한 단계와 어울리지 않는다는 주장도 있다. 앞으로 어떤 기술 혁신이 일어나든지 우리는 분명 인류세를 촉발한 시대의 마지막 단계에 와 있다. 무한한 에너지를 발산한 산업혁명이 인류의 문화적 청소년기였고 배를 두둑하게 채운 20세기가 중년이었다면 앞으로 맞이할 노년은 생태학적으로 고갈된 시대일 것이다. 그러니 젊음을 되찾으려 애쓰는 대신 사회가 우아하게 늙어가면서 조금 더 느린 속도로 살고 그런 삶의 기쁨을 소중히 여기는 법을 익히는 편이 더 나을 것이다.

인구통계학의 궤적에서 사뭇 다른 단계에 머물러 있는 지역도 있다. 유럽과 일본의 선진 경제는 낮은 사망률과 낮은 출산율로 빠르게 고령화하고 있는 반면 다른 국가, 특히 아프리카는 전환의 시작 단계에 있다. 유럽은 새천년이 시작될 무렵 인구통계상 성인 단계에 이르렀다(60세 이상 인구가 15세 미만 인구보다 더 많다). 세계 인구는 2050년에 이르러 15세 미만과 60세 이상이 각각 20억 명으로 같아지면서 성인 단계에 오를 것으로 예상된다.[18] 그사이 다른 단계에 이른 두 지역 모두 심각한 시련을 마주하게 될 것이다. 고령화 국가는 노동자 부족과 노인 돌봄이라는 부담을 마주할 것이다. 이미 일본에서는 로봇이 초등학교 교사와 호텔 안내원, 노인 가정의 동반자로 채용되고 있다.[19]

한편 아프리카는 정반대되는 문제에 직면했다. 21세기 중반 무렵이면 인구가 두 배 이상 증가해 25억 명에 이를 것이며 그중 32.2퍼센트는 15세 미만일 것으로 예상된다.[20] 그러면 이 많은 사람에게 좋은 삶을 누릴 수 있는 수단을 어떻게 제공할 것인가라는 거대한 의문이 생긴다. 처음으로 수백만 명이 교육받고 있는 인도에서는 이 문제가 이미 초미의 관심사가 되었다. 2019년에 인도 국영 철도회사에서 6만 3,000명을 채용한다는 공고를 냈을 때 지원자만 1,900만 명이 몰렸다.[21] 도시화와 교육, 의료 공급이 인도와 아프리카의 미래를 결정하는 핵심이 되겠지만 여전히 남아 있는 문제는 과연 이들 국가가 선진국이 이미 겪은 위험에 빠지지 않고 발전할 수 있는가다. 이들 국가에서 다음 대전환이 일어나면 문제는 비단 그들만의 것이 아닌 우리 모두의 것이 된다.

산업주의의 선구자로서 서양이 공동으로 짊어져야 할 의무는 인구 고령화의 대안 모델을 탐구하는 것이다. 좋은 삶이라는 개념에서 소비주의를 떼어낼 수 있다면 250년간 이어진 산업화를 최대한 활용했다고 할 수 있을 것이다. 더불어 로봇이 아니라 이민자를 환영함으로써 인구 고령화 문제를 해결한다면 인구 감소가 오히려 호재로 작용할 것이다. 이제 우리가 해결해야 할 가장 큰 과제는 인구 고령화라는 현실을 받아들이고 이를 위기가 아니라 시간과 어떤 관계를 맺을지 다시 생각하는 기회로 인식하는 것이다.

시간과의 싸움

> 그리하여 우리는 태양을 가만히 서 있게 할 수는 /없지만, 태양을 움직이게 할 것이다…
>
> —앤드루 마벌[22]

인간과 시간의 관계는 어떤가? 서양에서 지배적인 견해는 시간이 결코 충분치 않다는 것이다. 우리는 이 일에서 저 일로 분주히 옮겨가고 화면을 응시한 채 부랴부랴 점심을 해치운다. 쉬엄쉬엄할 여유가 있는 사람들조차 "돈은 많지만 시간이 없다"라고 불평한다.

시계와 인공조명이 없던 시대에는 상황이 많이 달랐다. 사람들은 자연의 리듬에 맞추어 사는 것 외에는 다른 선택의 여지가 없었다. 결국 인간은 자전하고 공전하는 행성에 살고 있으니 과거 인류의 삶은 오고 가는 바람, 썰물과 밀물, 바뀌는 계절, 밤과 낮의 변화에 따라 배열되었다. 토착 문화에서는 두 가지 방법으로 시간을 측정했다. 계절과 날의 우주적 리듬을 측정하는 것, 그리고 수확과 제분 같은 특정한 사건이나 빵 만들기 같은 집안일과 관련된 리듬을 측정하는 것이었다. 행동이 시간 자체를 의미하기도 했다. 일례로 마다가스카르에서 '밥 짓기'는 30분, '옥수수 굽기'는 15분, '메뚜기 튀김'은 '눈 깜짝할 사이'와 비슷한 짧은 순간을 의미했다. 중세 영국에서는 몇 분이 흘렀는지를 달걀 하나를 삶는 데 걸리는 시간으로 계산했다.[23]

이렇게 많은 시간이 음식과 연계된 것은 우연이 아니다. 실제로 사람들은 요리하는 데 많은 시간을 보냈다. 팀 잉골드가 언급했듯 전통 사회에서 시간은 과업 지향적이고 사회적이었다. 일상의 활동을 추상적으로 측정하는 것이 아니라 구체적으로 표현하는 것이 시간이었다. 사실 과거에 시간은 삶에서 그리 중요한 것이 아니었기에 그에 관한 추상적인 개념이 아예 존재하지 않았다. 인류학자 에드워드. E. 에번스프리처드 Edward E. Evans-Pritchard가 설명했듯 남수단 누에르족의 경우도 마찬가지였다.

> 누에르어에는 '시간'에 해당하는 표현이 없다. 따라서 누에르족은 시간을 보내고 낭비하고 아낄 수 있는 무언가로 말할 수가 없다. 그들은 시간과 싸운다거나 추상적인 시간의 흐름에 맞추어 활동을 조정해야 하는 등의 감정을 평생 겪어보지 않았을 것이다. 그들에게 기준이 되는 것은 주로 활동 자체이기에 그들은 무엇을 하든 여유롭다. (…) 누에르족은 운이 좋다.[24]

에번스프리처드가 언급했듯 시간 앞에서 평온할 수 있는 누에르족의 여유를 누구든 동경하지 않을 수 없다. 수면 부족에 시달린 채 밤낮없이 초고속으로 이어지는 지금 우리의 문화와 완전히 동떨어진 삶의 방식은 상상하기 힘들다. 서양에서는 산업혁명과 함께 삶이 일과 여가로 나뉘고, 시간이 돈이라는 프랭클린의 숙명적 관념이 퍼지면서 시간적 자유가 산산조각이 났다. 역사학자 루이스 멈포드Lewis Mumford가 《기계의 신화》에서 언급했듯 기계시대의 도래를 알린 것은 기차가 아니라 시계였다. '자동 기계의 모범'과 같은 시계는 시간과 공간을 수량화함으로써 '서양인이 전 지구에 퍼뜨린 통제 시스템에 없어서는 안 될 일부'가 되었다.[25] 앞서 살펴본 바와 같이 E. F. 슈마허는 시간이 상품화하면서 인간이 생산자와 소비자로, 즉 시간 논리의 노예가 된 불완전한 두 반쪽으로 갈라졌다고 말했다.[26]

현대의 임시직 노동자들은 이런 분리가 어떤 결과로 이어졌는지 잘 알고 있다. 오늘날 경제는 시간을 측정하는 것은 물론이고 시간을 넘어서라고 요구한다. 초단타매매, 적기 조달, 알고리즘과 AI는 속도를 중시하는 디지털 시대가 낳은 결과의 일부일 뿐이다. 인건비 삭감과 함께 시간 최소화는 자본주의의 필연적 목표다. 빅토리아시대에 그랬듯 현대의 임시직 노동자들은 최저임금을 받을 뿐만 아니라 작업 속도가 느리면 감시와 처벌을 받기도 한다.

시간을 앞지르려는 욕망은 인간을 비참하게 할 뿐만 아니라 병들게 한다. 우리의 생체리듬, 즉 신체 주기를 지구의 주기에 맞추어 조정하는 생물학적 시스템은 24시간 계속되는 생활로 인해 심각한 타격을 입고 있다. 시상하부의 핵심 '심박 조율기'에 따라 작동하고 빛에 민감한 시각세포에 따라 정해지는 생체 시계는 일일 주기에 맞추어져서 우리가 아침에 일어나 식사를 하고 소화하고 배변하고 운동하고 밤에 잠자리에 들게 한다.[27] 인간의 모든 세포가 이 리듬에 따라 움직이며 모든 식물세포도 마찬가지다. 자전하는 행성에 살고 있는 한 우리는 언제 자고 언제 일어나야 하는지 간편하게 알 수 있다. 하지만 혹독한 생활 탓에 많은 이들이 계속되는 '사회적 시차'에 시달리면서 인공적인 시간 측정에 신체가 적응하도록 고군분투한다. 수면 부족은 부실한 식단만큼이나 건강에 해를 끼쳐서 우울증이나 비만, 당뇨나 암, 심장마비나 치매의 원인으로 작용한다.[28] 불규칙한 생활이 특히나 좋지 않은 까닭은 무엇보다 몸에 좋지 않은 시간에 식사하기 때문이다. 교대 근무자가 정규직 근로자보다 더 비만인 것도 이 때문이다. 수면 부족으로 '굶주린 호르몬'인 그렐린이 분비되면서 도넛을 정신없이 집어삼키게 만들어 비만을 촉진하는 것이다.[29]

시간의 화살

> 같은 강에 두 번 발을 들일 수는 없다.
>
> —헤라클레이토스[30]

아이러니한 점은 정신없이 돌아가는 삶이 무한한 연기를 기본 원칙으로 삼는 경제에 좌우되기도 한다는 것이다. 자본주의는 현재를 희생하는 대가로 미래의 보상을 약속하면서 우리를 보이지 않는 쳇바퀴에 올려놓고 더 나은 미래를 끊임없이 희망하며 살게 한다. 크리스마스를 기다리는 아이들이나 정지된 화면을 배경으로 달리는 만화 캐릭터처럼 우리는 영구적 유예 상태에 살면서 이미 가진 것을 즐기지 못한다. 그 모든 성취를 이루었음에도 결국 자본주의에 의해 행복을 부정당하며 시간 속에 머무르지 못한다.

미래의 행복에 대한 이런 열망과 대조적으로 시간의 흐름을 늦추려는 욕구 역시 강력하다. 시간이 자연적으로 쇠퇴하는 경향을 감지하는 것이다. 에덴동산은 인류가 타락하기 이전의 환희를 그린 여러 신화 중 하나에 불과한데 헤시오도스가《일과 날》에서 처음 묘사하면서 과거 황금시대의 이상으로 인간의 마음속에 굳어졌다.

> 올림퍼스에 거주하는 불멸의 신들이 제일 먼저 만든 인간 종족은 금이었다. 그들은 고역과 고통에서 멀리 떨어진 채 신처럼 근심 걱정 없이 살았다. 비참한 노년도 영향을 미치지 않았으며 변하지 않는 손과 발로 잔치를 즐겼다. 모든 병을 뛰어넘어 그들은 잠에 취하듯 죽음을 맞이했다.[31]

앞날이 기대되는 이런 시작 이후 모든 것이 빠르게 내리막길로 접어든다. 황금시대에 이어 그보다 '한참 뒤떨어진' 은의 시대가 찾아온다. 이 시대에 우둔한 인간은 어머니와 함께 100세까지 살다가 급격히 늙어 죽는다. 그다음 다가온 청동시대는 '끔찍하고 사나운' 전사들이 장악해 홉스에게 만족감을 선사하고, 이후 영웅시대가 잠깐 이어진 뒤 찾아온 철기시대에 인간은 '밤낮으로 고역과 고통에' 시달린다.[32]

이런 인류의 장대한 궤적을 비관적으로 바라보는 시선은 어딘가에서 구원이 기다리고 있으리라는 통고와 함께 세 아브라함 종교에 모두 채택되었다. 시간은 과거의 고정된 시점(창조)에서 시작되어 현재를 거쳐 미래의 종말이나 심판의 날에 이르러 끝나는 것으로 설정되었다. 신(영원한 존재)이 창조한 시간은 선형적인 흐름으로, 시간의 화살이라고도 불리며 그 안에 일상의 경험이 놓여 있다고 여겨졌다. 19세기에 열역학 제2법칙이 등장해 종말론적 견해에 과학적 중요성을 부여하면서 에너지가 더 낮은 형태로 점차 전환한다는 것은(불에 탄 통나무가 재로 변하듯) 곧 시간의 흐름을 되돌릴 수 없음을 의미한다고 알렸다. 이 이론은 엔트로피 증가 법칙이 결국 우주의 종말로 이어질 것이며, 그때 모든 잠재적 에너지가 소진되고 물질이 움직이지 않는 평형 상태, 또는 '열 죽음heat death'에 도달할 것이라고 예측했다.[33]

이런 이론이 우리의 현세적 불안에 어떻게 반영되는지는 어렵지 않게 확인할 수 있다. 시간에 시작과 중간, 끝이 있다는 개념은 탄생에서 죽음에 이르는 인간의 수명과 쉽게 연결되며, 더불어 시간의 흐름이 되돌릴 수 없을 뿐만 아니라 파괴적이라는 관념으로 이어진다. 매일 아침 거울을 들여다보기만 해도 우리는 거침없는 쇠퇴를 확인할 수 있고 모래시계를 보며 물리적으로 빠져나가는 시간의 흐름을 지켜볼 수도 있다.

시간이 선형적이라는 인식이 워낙 깊이 박혀 있다 보니

모든 사람이 이런 식으로 생각하는 것은 아니며 자연에 대해 그렇듯 시간에 대한 서양인의 관점이 보편적으로 공유된 것은 아님을 알고 나면 충격받을 수도 있다. 일례로 인도에서 인식하는 우주의 시간은 선형적이지 않고 순환적이다. 파괴와 재생의 영원한 순환이 인간의 영역에 반영되어 윤회samsara, 즉 삶과 죽음의 바퀴로 드러난다. 이 끝없는 순환에서 벗어나려면 덕이 높은 삶을 이끌어 영혼을 완성하고 환생하지 않는 안정된 행복의 상태, 즉 힌두교와 자이나교에서 해탈moksha이라 부르고 불교에서 열반이라 부르는 상태에 이르러야 한다.

좋은 죽음

> 삶이여, 죽음 덕분에 그대가 귀중해 보이는구나.
>
> —세네카[34]

이처럼 시간을 매우 다르게 바라보는 인도의 우주적 관점은 앞서 살펴보았듯 삶과 죽음에 접근하는 방식에서도 서양과 사뭇 다른 모습을 보인다. 이런 관점을 형성하는 데 신체 조건 역시 큰 부분을 차지한다. 일반적으로 수명이 짧으면(인도인의 기대 수명은 69세인데 이것도 1960년에 42세였던 것에 비해 꽤 늘어난 것이다) 죽음을 어느 정도 현실적으로 바라보는 것 외에 선택의 여지가 별로 없다.[35]

19세기의 유럽도 마찬가지였다. 현재 영국인의 평균 기대 수명은 82세이지만 1800년에는 40세를 넘기는 이들이 절반에 불과했다. 많은 이들이 유아기에 사망했다. 영국과 독일 어린이 세 명 중 한 명은 5세 이전에 사망했고 미국에서는 수치가 그 절반에 가까웠다.[36] 중세 시대에는 기근과 전쟁, 질병으로 환경이 더 열악했기에 평균 수명이 30대 초중반에 머물렀다. 튜더왕조 시대의 영국을 휩쓴 발한병으로 토머스 크롬웰Thomas Cromwell의 부인과 딸이 목숨을 잃은 것처럼 죽음은 지위나 연령을 막론하고 누구에게든 순식간에 닥칠 수 있었고, 자연적 원인이든 이름 없는 질병의 형태로든 몇 시간 안에 목숨을 앗아갈 수 있었다.[37] 마지막까지 죽음과 싸우는 대신(대부분 승산이 없는 싸움이었다) 많은 이들이 후세를 준비하면서 1415년에 발행된《죽음의 기술Ars Moriendi》같은 유명한 안내서를 보며 구원받기 위해 필요한 다양한 단계를 익히는 데 집중했다는 사실은 그리 놀랍지 않다.

사후 세계에 대한 믿음은 죽음을 마주한 인간이 보이는 가장 흔한 반응이었지만(그러면서 우연히 위대한 예술을 창조하기도 했다) 결코 보편적인 것은 아니었다. 죽음을 대하는 또 다른 위대한 전통은 세속적이었으며 다른 많은 것이 그러했듯 소크라테스로부터 시작되었다. 죽음 앞에서 소크라테스가 보인 놀라울 만큼 침착한 태도는 그리스인에게 모범적이고 고무적으로 다가왔다. 지금 우리는 소크라테스가 상당히 금욕적stoical이라고 말하지만 그 당시 금욕적이라는 단어는 아직 존재하지도 않을 때였다. 이 단어를 창시한 스토아학파(스토아 포이킬레Stoa Poikile에서 만났다는 이유로 이렇게 이름 지어졌다)는 소크라테스 사후

1세기 뒤에 세워졌지만 소크라테스를 스승으로 삼았다고 알려진다.[38]

스토아학파는 자연이 신의 논리(로고스)에 따라 정렬되며 가능한 최상의 선을 목표로 삼는다고 믿었다.[39] 어떤 인간도 그 방침을 바꿀 수 없으니 자연의 법칙을 따라 자신의 운명을 굴하지 않고 받아들이는 것이 도덕적인 삶이라 여겼다. 불행은 신이 보낸 시험일 뿐이며 이를 통해 감정을 지배해 의연함을 기를 수 있다고 스토아학파는 말했다. 이렇게 기운을 끌어올리는 태도에서 예상할 수 있듯 스토아학파는 죽음에 이르라는 명령을 최고의 덕목으로 여겼다. 죽음을 두려워할 이유가 전혀 없다고 주장했다. 죽음은 단지 없음일 뿐이며 그때가 되면 존재하지 않아서 경험할 일도 없으니 고통스럽지도 않을 것이라 말했다.

이미 짐작했겠지만 죽음을 바라보는 관점을 보면 스토아학파를 에피쿠로스학파라고 할 수도 있다. 실제로 두 학파는 죽음과 관련된 모든 문제에서 소크라테스를 궁극적인 스승으로 여겼다. 에피쿠로스가 내세운 네 가지 핵심 원칙은 그의 추종자인 필로데무스Philodemus가 '테트라파르마코스tetrapharmakos' 또는 네 가지 처방으로 요약했다. "신을 두려워하지 말라, 죽음을 염려하지 말라, 좋은 것은 구하기 쉬우며 끔찍한 일은 견딜 만하다."[40] 에피쿠로스는 고통이 참을 만하다고 말했다. 가벼운 질병은 곧 지나가고 심각한 질병에 걸리면 곧 죽음이 닥치기 때문이다. 엄청난 고통을 겪고 있다면 즐거웠던 추억에 마음을 집중하면서 정신력으로 이를 극복할 수 있다고 했다.

임종을 앞두고 에피쿠로스는 그동안 전한 사상을 그대로 실천하면서 행복했던 시간을 즐겁게 떠올리며 자신의 고통(신장결석)을 쉬이 이겨낼 수 있다고 단언했다.

이런 금욕주의가(그 밖에 다른 마땅한 단어가 없다) 현실적인 로마인의 관심을 끌었고 결국 고대 로마의 지배적인 철학으로 자리 잡았다. 예측할 수 없는 로마 문화에서 아모르 파티amor fati(운명에 대한 사랑)는 유용한 기술이었는데, 특히 네로 황제의 스승이었던 스토아학파의 저명한 철학자, 세네카Seneca로서는 이를 활용할 일이 많았다. 세네카는 좋은 삶을 누리려면 역경이 필요하다면서 역경 없이는 자신의 진정한 가치를 알아낼 수 없다고 말했다. 그는 "늘 행복하기만 한 채 어떤 정신적 고통 없이 살아간다는 것은 자연의 절반을 모르는 것과 같다"라고 썼다.[41] 역경을 딛고 일어난 사람은 강해질 뿐만 아니라 가장 큰 시련, 즉 앞으로 마주하게 될 자신의 죽음을 대비할 수도 있다는 것이었다.

인간은 태어난 순간부터 죽기 시작하는 것이니 죽음을 대비하기가 쉬울 수도 있다고 세네카는 말했다. 자신이 언젠가 죽는다는 사실을 마주하면 매일매일이 생의 마지막 날인 것처럼 두려움 없이 늘 즐겁게 보낼 수 있을 테니 현실을 받아들이는 것이 행복한 삶을 누리는 비결이라 할 수 있었다. 중요한 것은 수명이 아니라 삶을 충실하게 사는 능력이었다. 세네카는 "충분히 오래 살았다는 것은 세월이 아니라 마음에 달려 있다"라고 썼다.[42] 그러니 시간의 흐름에 저항하기보다는 이를 만끽하는 법을 배워야 한다. "노년을 소중히 여기고 사랑하자. 삶을 어떻게 사용하는지 알면 즐거움이 가득하기 때문이다. 과일은 떨어지기 직전에 가장 환영받고 젊음은 끝나갈 무렵에 가장 매력적이다. 마지막 술잔은 그 사람을 기쁘게 한다."[43] 인간의 수명이 짧을 수밖에 없음을 생각하면 생을 연장하려는 노력은 무의미했다.

> 광대하게 펼쳐진 시간의 심연을 마음의 눈앞에 놓고 우주를 생각하라. 그런 뒤 소위 인간의 삶과 무한함을 비교해보라. 그러면 우리가 간절히 기도하면서 늘리고자 하는 것이 얼마나 보잘것없는지 알게 될 것이다.[44]

서기 65년, 그동안 설교한 바를 실천해야 하는 순간이 세네카에게도 다가왔다. 황제 암살 음모에 가담했다고 의심한 네로가 세네카에게 스스로 목숨을 끊을 것을 명하면서 죽는 방식을 스스로 선택하게 했다. 친구와 가족을 불러 모아 상심하지 말라고 이른 세네카는 침착하게 자신의 혈관을 그은 뒤 삶의 의미에 대해 계속해서 이야기를 이어나갔고, 그사이 그의 삶은 서서히 스러져갔다.[45]

빌린 시간

놀라운 점은 세네카의 글이 아툴 가완디 같은 현대 사상가의 글, 즉 사람들이 자신의 죽음에 대처할 수 있도록 돕고자 하는 글과 상당히 흡사하다는 것이다. 가완디 역시 스토아철학이야말로 죽음을 마주하는 데 도움이 될 뿐만 아니라 더 나은 삶을 영위하기 위해 필요한 것이라고 언급한 바 있다.

서양은 역사상 금욕주의와 가장 멀리 떨어져 있는 사회라 할 수 있다. 위험을 회피하면서 편안함을 추구하는 소비주의 문화는 결국 삶에서 모든 고통과 괴로움, 수고로움을(심지어 감자 껍질을 깎는 수고로움조차) 없애는 것이 목표이기 때문에 어떤 인내도 필요로 하지 않는다. 하지만 앞서 보았듯 이런 삶의 분투와 부정적 측면을 덜어낸다고 더 행복해지지는 않는다. 오히려 고통이 없는 고요한 삶을 기대할수록 현재 누리는 안락함에서 그리 큰 즐거움을 얻지 못할 뿐이다. 수도꼭지를 틀거나 변기 물을 내리면서 마지막으로 감사의 한숨을 내쉬어본 적이 언제였는가? 우리는 삶을 떠받치고 있는 안락함이라는 완충제를 잊어버렸다. 고통이나 노력이 기쁨이나 충만함과 필연적으로 결합되어 있음을 잊었다.[46]

세네카의 글이 지금도 의미가 있는 것은 죽음이 음식과 마찬가지로 끝없이 계속되기 때문이다. 시대가 달라졌지만 궁극적으로 삶을 규정하는 질문은(죽음 앞에서 어떻게 살아갈 것인가) 변함이 없다. 무엇보다 스토아학파는 현실주의자였기에 제멋대로인 이 세상에서 우리가 현실에 발붙이고 살아갈 수 있도록 돕는다. 그 사상의 중심에는 자연과 균형을 이루는 것이 좋은 삶이라는 익숙한 생각이 자리하고 있다. 스토아학파에게 자연과 균형을 이룬다는 것은 물리적 영역에 개인을 맞추는 것은 물론이고 시간의 흐름 속에서 자신의 위치를 받아들이는 것을 의미했다.

가완디가 지적했듯 이런 삶의 의미는 우리가 지구에서 보내는 시간이 비단 **우리**에게만 영향을 미치는 것이 아님을 깨닫는 것과 일부 관련이 있다. 일례로 가완디의 인도인 할아버지는 놀랍게도 110세까지 살면서 여전히 가족 농장을 돌보는가 하면 매일 말을 타고 다니며 들판을 끝에서 끝까지 점검했다. 얼핏 그의 삶이 목가적으로 들리겠지만 할아버지가 다른 가족에게 미친 영향을 고려하면 꼭 그렇지만도 않다고 가완디는 말했다. "삼촌들의 심정이 어떠했을지 상상해보라. 아버지가 100세에 접어들고 자신 역시 노년에 이르렀는데도 그들은 여전히 땅을 상속받을 날만을 기다리고 있었다."[47]

훌륭한 정치적 동물로서 우리가 던져야 할 질문은(어떻게 해야 자연과 균형을 이루며 공평하게 살 수 있는가) 분명 시간적 차원과 관련이 있다. 가령 인류가 모두 125세까지 살게 된다면 물질적 수요가 50퍼센트 늘어날 것이다(그사이 굶어 죽지 않는다면 말이다). 마찬가지로 지구의 자원을 공정하게 나누는 방법에 대해 논의할 때 우리는 누구와 무엇을 나누고자 하는지 질문해야 한다. 현재 지구에 거주하는 인간과 비인간인가, 아니면 먼 후손까지 염두에 두어야 하는가? 이런 질문이 지속 가능한 발전의 핵심을 이룬다. 지속 가능한 발전이라는 개념은 1987년에 UN 브룬트란드위원회UN Brundtland Commission가 내놓은 보고서 〈인류 공동의 미래Our Common Future〉에서 '미래 세대가 자신의 필요를 충족할 수 있도록 손해를 입히지 않는 한도 내에서 현재의 필요를 충족하는 개발'에 대해 논하며 처음으로 알려졌다.[48]

마지막 하나 남은 초콜릿을 남기려고 애써본 사람은 알겠지만 우리는 미래에 얻을 즐거움을 예상하며 기꺼이 현재의 즐거움을 미루도록 설정되어 있지 않다. 좋든 싫든 인간은 즉각적인 만족을 선호하며, 그렇기에 소비자 기반 산업도 즉각적 만족을 제공하기 위해 점점 더 열을 올리고 있다. 이런 환경에서 놀랄 것도 없이 우리는 아직 사라지지 않은 수렵 채집 정신 때문에 위험에 빠지고 만다. 전혀 다른 시간과 장소에서 생존을 위해 연마한 인간의 부족 본능은 아직 태어나지도 않은 이름 없는 수십 억 명은 고사하고 앞으로 결코 만날 일이 없을 사람이나 생물에게까지 쉽게 확장되지 않는다. 세네카가 지금까지 살아 있었다면 생태학의 대가로 칭송받았을 것이다. 삶의 자연적 한계를 늘리려 하지 말고 가능한 한 인생을 즐기라는 그의 조언은 일종의 시간 생태학이다. 생의 덧없음을 받아들이는 것은 우리가 잘 살기 위한 비결이자 다른 이들도 잘 살 수 있도록 자리를 비워놓는 비결이다. 프루동이 언급했듯 극장에서 연극 한 편을 보는 동안 앉아 있을 자리만 있으면 된다. 연극 하나 보는 데 건물 전체를 소유할 필요는 없다.[49]

지금이 마실 시간

다른 어떤 활동보다 식사는 인간의 덧없음을 그대로 드러낸다. 우리 몸이 변화하는 주요한 수단이 식사이기 때문이다. 인간은 수년 동안 살 수 있지만 인간의 몸을 구성하는 원자는 끊임없이 변화하기 때문에 우리가 성인이 되면 태어날 때부터 함께한 원자는 거의 남아 있지 않다. 일견 당혹스러울 수도 있지만 먹는다는 것이 무엇을 의미하는지 생각해보면 분명히 이해할 것이다. 음식은 미래의 몸을 만드는 재료이며 배설물에는 과거의 몸이 담겨 있다. 우리의 몸은 말 그대로 변화무쌍한 잔치와 같다. 음식을 먹는 것은 곧 미래의 자신을 소화하는 것과 같다. 이렇게 소비하는 음식은 땅에서 잠시 빌려온 것일 뿐이며 결국은 다시 땅으로 돌아간다.[50]

먹고 마시는 것이 본질적으로 스토아철학적 행위인 것은 이런 행위가 덧없음을 상징할뿐더러 지금 바로 여기에서 즐거움을 안겨주기 때문이다. 잔치는 스토아학파의 핵심 명령인 '카르페 디엠Carpe diem'(현재를 즐겨라)을 따른다. 버나드 크레타즈가 깨달았듯 우리는 식사를 하고 술을 마실 때 행복하고 살아 있음을 느끼며, 그렇기에 그 순간 죽음마저 생각할 수가 있다. 이런 이유로 에피쿠로스의 술잔은 해골로 장식되어 있었고 잔치를 즐기는 이들에게 할 수 있을 때 삶을 즐겨야 한다고 알렸다. 이 사상이 로마로 건너가 '지금이 마실 시간Nunc est bibendum'이라는 단골 건배사가 되었다. 고대 로마의 시인인 호라티우스Horace가 클레오파트라의 죽음을 축하하며 지은 시에서 따온 이 건배사는 적의 죽음 앞에서 승리를 축하할 때나 자신이 술에 취하지 않았다고 저항할 때 쓰였다.

죽음에 대한 저항은 로마의 축제인 사투르날리아Saturnalia(농신제)의 핵심이었다. 이 기간에 농업과 풍요의 신인 사투르누스가 돌아와 잠시나마 자신의 황금기를 되살린다고 알려졌다. 피할 수 없는 폭음과 폭식 외에도 사투르날리아는 노예가 주인을 모욕하고 주인의 옷을 입으며 심지어 식탁에서 주인의 시중을 받는 등의 무질서가 통용되는 시기였다. 어둠이 곧 빛으로 사라지는 동지에 열리는 이 축제는 죽음에 대한 두려움을 떨쳐낼 가장 큰 방어 수단인 의식으로서의 웃음ritual laughter을 대변하는 것인지도 모른다.[51] 위계질서를 뒤집고 육체적 쾌락에 탐닉함으로써 사투르날리아는(많은 의식이 크리스마스로 매끄럽게 이어졌다) 시간을 유예하고, 그러면서 인간과 우주의 리듬을 결합하는 기간이다. 세상이 삶과 죽음 사이를 서성이는 사이, 사람들은 비극과 희극을 이음매 없는 전체로 통합해 유쾌하게 즐겼다.

중세 유럽에서는 사투르날리아 정신이 카니발carnival의 형태로 이어졌다. 이 축제 기간에는 이교도의 뿌리를 드러내기에 충분한 음담패설이 허용되었다. 1년 내내 열리는 다양한 교회 축제와 더불어 개최되는(특히 사순절 단식 기간 전에 열리는) 카니발은 육욕적인 모든 것을 축하하는 행사로 육식과 성이라는 두 주제가 중심이 된다.[52] 고기구이와 파이가 푸짐하게 차려지는 동시에 마을 광장에서 남녀가 옷을 바꾸어 입는가 하면 처녀들이 밭을 일구는 모습을 흉내 내는 행사도 열리는데 그럴 때마다 예상처럼 소시지를 주제로 한 말장난이 빗발치듯 쏟아진다.

미하일 바흐친Mikhail Bakhtin이 《프랑수아 라블레의 작품과 중세 및 르네상스의 민중문화》에서 주장한 바와 같이 이렇게 뒤죽박죽이 된 음란함은 하찮은 것이 아니라 중요한 의미를 띤다. "세계와 신의 진지한 측면과 우스꽝스러운 측면이 동등하게 신성하며 동등하게 '공인'된다"라는 카니발의 의미를 알릴 수 있기 때문이다.[53] 동지 무렵과 춘분처럼 계절 달력의 중요한 순간에 열리는 카니발은 우주의 질서를 말 그대로 땅 위에 내려놓았다. 이 축제는 본질적으로 어둠에서 빛으로, 과거에서 미래로, 삶에서 죽음으로, 그리고 다시 삶으로 이어지는 변화에 관한 것이었다. "카니발은 진정한 시간의 축제, 변화와 생성과 부활의 축제였다."[54]

육체의 약탈

카니발의 주제가 시사하는 바처럼 지금은 우리가 먹고 사랑을 하지만 언젠가 벌레의 먹이가 될 것임을 알 때 인간의 삶은 희비극이 된다. 현실로 돌아온다는 것은 곧 삶과 죽음, 부활이라는 자연 순환에서 자신의 위치를 받아들이는 것을 의미한다. 의식으로서의 웃음은 흠 하나 없고 변하지 않는 자신의 이미지를 허물어뜨려 마치 풍화된 바위처럼 삶의 흐름 속으로 녹아들게 한다고 바흐친은 말했다. "격하는 더 나은 것을 더 많이 불러일으키기 위해서 땅에 묻고 씨를 뿌리고 동시에 죽이는 것이다."[55]

이런 사상은 대성당의 가고일과 브뤼헐Pieter Bruegel 및 보스Hieronymus Bosch의 작품에서 발견되거나 방귀를 뀌고 트림하는 영웅을 묘사하는 라블레Rabelais의 작품에서처럼 기괴한 몸을 그린 중세의 이미지에 담겨 있다. 이런 이미지는 외면의 추함을 표현하는 것이 아니라 내면의 진실을 드러낸다고 바흐친은 말했다. 격하를 즐기며 시간 속에서 자신의 물리적 위치를 찾을 수 있도록 도움을 주는 것이다.

> 끝나지 않은 열린 몸(죽음과 낳음, 태어남)은 명확하게 규정된 경계에 따라 세계와 분리되는 것이 아니다. 몸은 세계와 동물과 사물과 섞인다. 몸이 곧 우주이며 모든 요소가 물리적이고 육체적인 세계 전체를 나타낸다.[56]

르네상스 시대에 이런 주제는 메멘토 모리memento mori(죽음을 기억하라)의 형태로 다소 도덕적인 모습을 띠었다. 책상 위에 놓인 해골이나 도발적으로 썩은 과일 바구니를 그린 카라바조Caravaggio의 그림이 이를 상징한다. 이 전통을 표현한 가장 유명한 작품은 한스 홀바인Hans Holbein이 1533년에 그린 〈대사들〉에 유령처럼 떠다니는 얼룩이다. 일그러지는 형상 때문에 측면에서만 볼 수 있는 이 유령은 인간의 두개골을 나타낸다. 예술적 비유는 혼란스럽거나 섬뜩하게 보일 수도 있지만 홀바인의 동시대인들에게 이 그림이 전한 메시지는 분명했을 것이다. "아무리 많은 부를 소유하고 높은 지위에 있어도 자만하지 말라, 죽음 앞에서 모든 인간은 평등하다."

바니타스vanitas라고 알려진 네덜란드 정물화도 비슷한 메시지를 전달한다. 바스러진 빵, 쏟아진 포도주잔, 신랄한 비난의 눈길로 노려보는 붉은 바닷가재로 이제 막 끝난 잔치를 놀라울 정도로 생생하게 묘사한 이미지는 네덜란드 황금시대의 산물이며, 네덜란드 상인이 자신의 청교도적 가치와 그에 반해 난처할 정도로 풍요로운 현실 사이에서 조화를 이루고자 고군분투한 죄책감의 산물이다. 이런 그림은 삶의 본질과 덧없음을 모두 포착하면서 다른 그림이 하지 못한 일을 한다. 눈앞의 그림 속에는 껍질을 반쯤 벗긴 레몬에서 즙이 뚝뚝 떨어지고 잔에 담긴 화이트 와인이 빛을 받아 반짝인다. 손만 뻗으면 그 즙을, 그 와인을 마실 수 있을 것만 같아 환상 속에 동참하려 하지만 그저 갈망할 수밖에 없다. 유예된 시간 안에서 우리는 즐거움을 영원히 연기할 수 있을 뿐이다.

인류세

> '인류세'는 최초로 완전히 반인간중심적인 개념이다.
>
> —티머시 모턴[57]

21세기에 가속도가 붙자 속도를 늦추어야 할 필요성이 점점 더 뚜렷해지고 있다. 스토아학파가 깨달았듯 천천히 산다는 것은 신나는 일이 줄어든다는 뜻이 아니라 단순히 그 순간을 산다는 뜻이다. 슬로 운동Slow Movement이 본질적으로 추구하는 바도 이와 같다. 스토아철학처럼 과거나 미래가 아니라 현재를 사는 것이 좋은 삶임을 인식하는 것이다. 세네카는 여기서 더 나아가 인간이 신보다 더 운이 좋다고 말했다. 삶이 언젠가 끝난다는 사실을 알기에 불멸의 존재는 결코 하지 않을 방식으로 지금 여기에서의 삶을 더욱 완전히, 찬란하게 경험할 수 있기 때문이다.

여기서 '지금'은 물론 인류세를 말하는데, 웬만해서는 생각하는 것조차 꺼릴 만큼 인간이 엄청난 규모로 초래한 재앙의 시기를 뜻한다. 하지만 티머시 모턴Timothy Morton이《음울한 생태학Dark Ecology》에서 주장한 바처럼 치유로 향하는 첫 번째 단계는 인간이 이 위기를 자초했음을 시인하는 것이다. 모턴이 말하는바, 우리는 과거에 저지른 행동이 지금에 와서 자신의 발목을 잡고 있는 섬뜩한 광경에 흠칫 놀란 나머지 곤경에 맞서기 위해 몸부림치고 있다. 유한한 지구에서 무엇도 완전히 '사라지지' 않는다는 깨달음과 함께 찾아온 '공존의 거북함'으로 고통받고 있다는 것이다.[58]

이에 모턴이 제시한 해결책은 스토아철학과 카니발의 결합이다. 모턴은 인간이 처한 상황의 부조리함을 받아들이고 이를 웃어넘기는 법을 배워야 한다고 제안한다. 그 한 가지 방법으로 인간의 시대가 '지질 연대의 관점에서는 섬광'에 불과하며 우주적 관점에서는 대수롭지 않은 순간임을 인식하는 것이라고 말한다. "우주 끝에 있는 엔트로피의 관점에서 보면 그 누가 인류세에 관심을 가지겠는가?"[59] 기후변화는 재앙이지만 시간을 거슬러 올라가는 일련의 '중첩된 재앙' 중 최근의 것에 불과하다고 덧붙인다.[60] 이 재앙 전에 빙하기가 있었고 그 전에 공룡을 전멸시킨 소행성이 있었으며, 그전에 대산소 발생 사건이 있었고 그전에 달이 생겼고 시간이 시작하던 때, 빅뱅이 있었다. 이 모든 사건은 여전히 진행 중이다. 지구는 빅뱅의 여파로 움직이고 있으며 우리가 들이쉬는 공기는 지금도 계속되는 대산소 발생 사건으로 만들어진 것이다. 시간은 일련의 사건이 중첩되어 하나의 길고 지속적인 현재를 형성하는 것이다. 따라서 시간은 선형이 아니라 동심원이다.

모턴의 주장은 '광대하게 펼쳐진 시간의 심연'에서 자신의 위치를 상상하라는 세네카의 조언을 되풀이한다. 시간 감각을 활용하면 우리 자신의 죽음과 인간이라는 종의 궁극적 종말, 즉 생태적 사고의 최후 단계를 받아들이는 데 도움이 될 수 있다. 더불어 어지럽게 손상된 현재를 받아들이고 기후변화에 대처해야 하는 현실을 직시하는 데에도 도움이 될 수 있다. 최근 정치적 행동이 급증하는 양상에서 알 수 있듯 학생 기후 운동가부터 멸종 저항이라는 단체에 이르기까지 많은 이들이 우주의 시간에 대한 두려움을 극복하고 현재를 충실히 살 준비를 갖추고 있다.

시간의 질서

시간을 직시하는 것은 어렵지만 시간을 직시함으로써 성장에 필요한 힘을 얻기도 한다. 자신의 수명을 우주의 시간과 조화시켜 현재를 충실히 살아야만 두려움 없이 행동할 수 있다. 자연과 접촉할 때 마음이 안정되는 한 가지 이유는 숲에 들어가거나 산을 바라볼 때 다른 시간의 질서와 연결되기 때문이다.

우리보다 훨씬 전에 이곳에 있었고 우리가 사라진 뒤에도 오랫동안 이곳에 있을 존재와 교감하는 것이다. 시간 속에서 우리는 자신을 잃고 존재의 덧없음을 받아들인다. 마침내 인간 중심적인 자리에서 물러나게 될 때 우리의 모습은 슬랩스틱 코미디언이 알려주겠지만 기본적으로 우스꽝스러울 것이다.

자신이 존재하지 않는다고 생각하는 것이 누구에게나 가능한 일은 아닐 테지만 불교도와 스토아학파가 수 세기 동안 인지하고 있었듯 이것은 시간과 화해하는 상당히 효과적인 방법이다. 생태학자 조애나 메이시Joanna Macey가 제안하는 바에 따르면 서양인이 느끼는 불안의 대부분은 시간이 물리적 경험과 별개로 존재한다는 인식에서 비롯된다. 불교에서는 시간과 경험의 이런 분리가 둑카dukkha, 즉 고苦의 주된 원인이라고 본다.[61] 13세기 일본 선종의 대가인 도겐 선사에게 이런 이원론은 결코 존재할 수 없었다. 사물은 오직 시간 안에서만 존재하고 시간은 사물을 통해서만 드러나기 때문이다. 이 둘의 불가분성을 그는 '존재-시간uji'이라 불렀다. 도겐 선사에게 시간은 흐름이었는데, 한순간에서 다음 순간으로 지나가는 것이 아니라 존재 자체를 포괄하는 것이었다.

도겐 선사의 형이상학적 사상에서 주목할 점은 이것이 현대 이론물리학, 특히 양자 중력이론과 유사하다는 것이다. 이탈리아의 이론물리학자 카를로 로벨리Carlo Rovelli가 《시간은 흐르지 않는다》에서 설명했듯 우리가 생각하는 시간의 화살은 유용한 허구에 불과하다. 아인슈타인이 깨달은 바처럼 시간은 실제로 상대적이며 위치에 따라 다른 속도로 움직인다. 따라서 시간은 중립적인 관념이 아니라 존재의 본질이다. 인간은 새와 돌, 나무, 산처럼 시간에 속해 있다. 같은 현재를 공유하기 때문이 아니라 우리가 시간이라는 힘의 장을 통해 상호작용하기 때문이다. 결과적으로 세계를 사물의 집합이 아니라 사건의 네트워크로 생각하는 편이 더 낫다고 로벨리는 말한다.[62] 그리고 "어디에나 존재하는 일시성"을 깨닫는 것이 존재의 진실을 발견하는 것이라고 이야기한다. "우리는 세계를 존재가 아니라 생성으로 이해한다."[63]

몰입

> 천천히 서두르라.
>
> —로마 격언

우주의 시간을 어떻게 바라보든, 누구나 알고 있는 한 가지는 지구상의 시간이 일정불변하지 않다는 것이다. 가령 우체국에서 줄을 잘못 섰을 때와 연인의 눈을 바라볼 때를 비교해보면 바로 알 수 있다. 곡을 연주하거나 산을 오르거나 병 속에 배를 만드는 등의 특정 상황에서 시간은 멈춘 것처럼 느껴지기도 한다. 이것은 앞서 살펴보았듯 미하이 칙센트미하이가 말한 몰입, 즉 명상의 세속적 버전이다.[64]

몰입할 때 시간은 멈추어서 있다. 그러니 똑딱거리는 시계에 맞추어 하루를 재기보다 정원에서 빈둥거리거나 그림을 그리거나 케이크를 굽는 편이 더 낫다. 그러면 이렇게 반발할 것이다. "우리가 해야 하는 온갖 일은 어떻게 하는가? 업무는 또 어떻고?" 슈마허 역시 자본주의의 자의적인 시간 분할에 대항하면서 이 문제를 언급하려 했다. 일이 의미 있으면(일이 과업 지향적이고 사회적이면) 몰입이 가능하기 때문에 시간을 초월할 수 있다. 이런 이유로 요리나 정원 가꾸기 같은 비경제적 작업이 이루어지는 집에서 보내는 시간은 창조적 몰입의 안식처가 될 수 있다.[65] 가정생활이 현금 경제의 밖에 머물러 있기 때문에 상품화된 시간을 초월하는 것이다.

혹자는 게임에 열광하는 십대가 그러듯 컴퓨터로 판타지 전쟁을 벌일 때에도 시간이 멈춘다고 주장할 수 있다. 완벽히 맞는 말이지만 게임은 인공 자극에 의존하지 않는 정원 가꾸기나 명상 같은 활동과 본질적으로 다르다. 두 활동 모두 몰입을 경험할 수 있지만 게임은 가상 세계로 끌어들이는 것이고 정원 가꾸기나 명상은 현실 세계에 파묻히는 것이다. 술을 즐기는 사람처럼 게임을 좋아하는 사람은 인조 자극을 통해 희열을 느끼는 반면 정원을 가꾸거나 명상하는 사람은 스스로 희열을 창조한다. 게임을 하는 사람은 무한함을 소비하고 정원 가꾸는 사람이나 수도사는 무한함을 창조한다고 말할 수 있다.

이런 구분은 업무의 로봇화에 따른 여가의 확장이 왜 문제가 될 수 있는지를 말해주는 핵심이다. 후기 자본주의의 피조물인 우리 중에 끝없이 이어지는 여가를 감당할 수 있는 사람은 많지 않다. 우리는 대부분 일이 끝나면 반조리 식품이나 쇼핑, 기분 전환 등으로 노동의 대가를 소비하며 시간을 보낸다. 하지만 아무리 소비해도 무의미한 삶을 만회하기는 힘들다. 잘 살기 위해서는 스스로 쓸모 있다고 느껴야 한다. 즉, 유용한 작업을 하고 무언가를 만들어야 하는 것이다. 순수한 오티움, 즉 여가만 있는 삶에서는 결코 행복해질 수 없다. 네고티움, 즉 일도 있어야 한다. 수동적이기보다 능동적이기 위해 소비는 물론 생산도 해야 한다.

1932년에 발표한 소설 《멋진 신세계》에서 올더스 헉슬리Aldous Huxley는 이 논리가 뒤집히면 삶이 어떤 모습일지 탐구했다. 책의 배경이 되는 미래의 세계국가에서는 모든 가족 관계가 폐지되고 인간이 시험관에서 사육되어 사회계층(지식인층인 알파 플러스부터 단순 노동을 맡는 최하위 엡실론 계층까지) 내에 할당된 제 위치를 채운다. 그 안에서 친밀함과 감정은 금지되고 삶은 끝없이 이어지는 무의미한 소비와 게임, 유흥과 섹스로 소진된다. 누구든 괴로움을 느끼면 정부에서 승인한 무료 약물인 소마를 복용할 수 있다고 총독인 무스타파 몬드가 설명한다.

> 노인에게도 시간이 없게 되었지. 쾌락에서 벗어날 여유가 없고 잠시도 앉아서 생각할 시간이 없어졌어. 간혹 안타깝게도 견고하게 짜인 여가 속에서 시간의 틈이 벌어진다면 언제나 소마가 있지. 감미로운 소마, 한나절의 휴일에는 0.5그램, 주말에는 1그램, 아름다운 동양으로 여행을 떠날 때는 2그램, 달나라의 영원한 암흑 속에서는 3그램….[66]

《멋진 신세계》는 세상에 나온 이후 어느 때보다 지금 더 의미가 있다. 인간의 유전자 변형이 가능해지면서 시민과 소비자의 구분이 불분명해지고 로봇이 생계를 위협하며 수백만 명이 항우울제와 마약성 진통제에 의존하는 지금, 우리의 세계와 헉슬리의 세계는 거북할 정도로 가깝게 느껴진다.[67]

헉슬리는 고통을 근절한다고 반드시 행복해지는 것은 아니며 고통과 행복은 동일한 하나를 이루는 두 반쪽이라는 메시지를 전한다.《멋진 신세계》에서는 그 누구도 죽음을 두려워하지 않는다. 소마를 복용하는 시민들에게 삶은 무의미할 뿐이며 인간으로서 느끼는 모든 감정을 박탈당한 뒤라 잃을 것이 거의 없기 때문이다. 헉슬리는 행복이 그와 정반대되는 것으로 결정된다면서 불행할 권리를 주장한 것으로 유명하다. 어둠이 없으면 빛도 있을 수 없다는 사실을 그는 알고 있었다.

가을

> 덧없음의 환영이여, 모든 것을 순순히 받아들이며 한낱 연기처럼 지나간다.
>
> —라이너 마리아 릴케[68]

많은 아이들이 그랬듯 나 역시 여름을 좋아하고 가을을 싫어했다. 키츠가 말한 '안개와 무르익은 결실의 계절'은 나에게 아무런 기쁨도 주지 않았다. 해변에서 신나게 첨벙거리거나 정원에서 뛰놀던 여름이 지나 가게마다 '신학기'라는 무시무시한 팻말이 내걸리고 회색 교복과 공책 더미와 펜 무더기가 눈앞에 쌓일 때 가슴속 무언가가 내려앉는 기분은 일요일 밤이 1,000배쯤 증식한 것과 같았다. 어느새 지는 해와 순식간에 찾아오는 어둠, 썩어가는 낙엽의 축축한 냄새, 이 모든 것이 파멸의 전조처럼 느껴졌다.

가을을 두려워한 것이 용을 닮은 선생님 때문만은 아님을 이제는 안다. 그것은 더 깊은 원초적 두려움, 오래전 고대 농부들이 신에게 제물을 바치고 로마인이 술을 거하게 마시며 영국인의 조상이 스톤헨지를 세우게 한 두려움과 같다. 우리의 삶이 태양을 중심으로 돌아가며 해가 지나면서 또 다른 장이 닫히고 아직 쓰지 않은 장이 시작되려 함을 느끼는 것이다.

학교를 떠난 지 오래된 덕분에 이제는 계절마다 동일한 기쁨을 얻는다. "한 해의 매 순간이 저마다 아름답다"라고 한 에머슨의 말에 이제는 고개를 끄덕일 수 있다.[69] 길 끝의 정원 광장에 서 있는 나무들이 계절에 따라 바뀌는 모습을 애정 어린 눈으로 바라본다. 봄이 되어 처음으로 드러난 잎사귀가 얼마나 여리고 부드러운지, 여름의 절정에 드리운 그늘 아래를 고마운 마음으로 걷고 있으면 눈부신 선녹색의 잎이 얼마나 풍성해 보이는지, 가을이 되어 적갈빛으로, 노란빛으로 물든 잎이 얼마나 바스락거리는지, 겨울이면 앙상하고 어두운 가지가 창백한 하늘 아래에서 얼마나 도드라지는지. 무엇보다 내가 좋아한 것은 짙은 청록색 하늘 아래에 솜털처럼 부풀어 올라 정신없이 퍼지며 명랑하게 흔들리는 분홍색 벚꽃을 넋을 잃고 바라보는 것이다. 극작가 데니스 포터Dennis Potter가 1994년, 암으로 사망하기 몇 주 전에 멜빈 브래그Melvyn Bragg와 나눈 인터뷰에서 말했듯 그가 자두나무를 바라보면서 어떤 기분이 들었는지 알 것 같다.

> 사과꽃처럼 보이는데 색이 희고, 바라보고 있으면 그저 '아, 꽃이 예쁘네'라는 말로 끝내기가 힘듭니다. 지난주에 글을 쓰다가 창밖으로 그 꽃이 보이는데 세상 무엇보다 새하얗고 하늘거리고 세상에 피는 그 어떤 꽃보다 더 꽃다웠습니다. 그렇게 한없이 바라보고 있자니 모든 일이 전보다 사소해 보이는가 하면 더 중요해 보이기도 했고 사소하고 중요한 것의 차이가 어찌 그리 대단하겠느냐는 생각이 들더군요. 세상 만물의 현재성은 아주 경이롭습니다. 사람들이 그 경이로움을 목격한다면 말로 옮기기 힘들 것입니다. 그 광경이 전하는 찬란함, 위안, 안심(그렇다고 제가 사람들을 안심시키는 데 관심이 있다는 말은 아닙니다, 빌어먹을)을 직접 느껴보아야 합니다. 중요한 점은 지금 이 순간을 눈에 담을 수 있다면 최대한 담아야 한다는 것, 마음껏 즐겨야 한다는 것입니다.

포터는 자두나무가 자신보다 오래 살 것임을 알고 마음이 동했다. 다음해에 다시 피는 꽃을 그는 보지 못할 것이었다. 그럼에도 포터는 자신이 느끼는 강렬한 감정을 기쁜 마음으로 누릴 수 있었고 유명한 극작가로서 그 감정을 표현할 수 있었다.

이런 강렬한 순간을 표현하기는커녕 자주 경험하는 사람은 많지 않다. 삶은 대부분 단조로운 일상으로 점철된다. 하지만 이런 경험에서 기쁨을 발견할 때 삶이 노래하게 할 수 있다. 그러기 위해 음식과 다시 이어지는 것만큼 좋은 방법도 없다. 나 역시 런던에 있는 집에서 자그마한 텃밭을 가꾸게 된 이후로 시간과의 관계가 전혀 달라졌다. 시간은 작업 의뢰와 휴일에 따라 측정되는 것이 아니라 어떤 식물을 키울지 결정하고 씨앗과 퇴비를 구입하며 심고 가꾸고 물주고 기르고 수확하고 절이고 먹고 정성스레 키운 채소를 나누는 일이었다. 생애 처음으로 내 행동이 지구의 리듬과 바로 이어져 있었다. 힘들기도 했지만 더 없이 만족스러운 결합이다.

에피쿠로스와 세네카, 붓다가 모두 깨달았듯 현존은 우리 삶의 본질이며 분에 맞는 삶을 행복하게 사는 비결이다. 정신없이 바쁜 세상에서 괜찮은 정치적 동물이 될 수 있는 방법이기도 하다. 아리스토텔레스와 루소, 크로폿킨이 모두 이해했듯 사회에서 잘 살려면 홀로 설 수 있어야 한다. 참여와 관찰, 인식 및 대응 모두 정치를 할 때나 정원을 가꿀 때 필요한 자질이다. 관여하고 또 놓아주는 것이다. 이런 기술이 시간 속에 사는 삶의 본질이며 좋은 삶을 누리는 동시에 오래 사는 비결이다.

1994년에 미국인 탐험가 댄 뷔트너Dan Buettner가 그가 말하는 세계의 블루존Blue Zone, 즉 사람들이 이례적으로 장수하는 지역사회를 조사하기 시작했다.[70] 그가 연구한 다섯 지역인 이탈리아 사르디니아, 그리스 이카리아섬, 코스타리카, 오키나와, 캘리포니아의 주민들 모두 세계에서 나이가 가장 많을 뿐만 아니라 가장 건강하고 행복한 사람들이었다. 그 이유를 알아보기 위해 뷔트너는 이들 지역의 공통점을 비교해 아홉 가지 주요 특징을 찾아냈다.[71] 그중에는 언덕을 오르거나 정원을 가꾸거나 집안일을 하는 등 운동할 수밖에 없는 환경뿐만 아니라 강력한 공동체 의식과 가족 간의 긴밀한 유대, 굳은 믿음과 소속감 등의 자연적 환경도 포함되었다. 다섯 지역 모두 목적의식(일본어로 이키가이, 즉 삶의 원동력)이 강했고 산책이나 휴식 등 스트레스 완화에 도움이 되는 일상을 공유했다. 마지막으로 그들 모두 채식 위주의 적절한 식사를 즐기면서 (사르디니아 주민들의 경우) 하루에 와인 한두 잔을 곁들이기도 했다.[72]

블루존이 아마존 물류센터의 손길이 닿지 않는 곳에 있다는 사실 외에도 놀라운 점은 그곳에 사는 사람들이 자신의 삶에 상당히 만족하는 듯 보였다는 것이다. 단순하고 육체적이며 의미 있는 삶을 꾸려나가면서 그들은 어디에나 그득한 자본주의의 힘이 전달하지 못한 것을 이루고 있다. 블루존 사회처럼 마을 기반 농경 사회로 돌아가자고 주장하는 사람은 아무도 없겠지만 이런 사회에서 배울 수 있는 점은 여전히 많다. 그중 대부분은 돈 많은 미국인들이 올리브 과수원의 어느 나무 아래 앉아 우조ouzo(아니스 열매로 담은 그리스 술—옮긴이)를 홀짝이며 바다를 바라보는 그리스 노인을 만나는 이야기로 귀결된다.[73] 미국인들이 노인에게 그 과수원의 주인인지 묻자 그렇다는 대답이 돌아왔다. 그들은 노인에게 왜 사람을 고용해서 올리브를 수확하고 기름을 추출하지 않는지 물었다. "내가 왜 그래야 합니까?" 미국인들이 그러면 부자가 될 수 있고 원하는 일은 무엇이든 할 수 있다고 답하자 노인이 말한다. "그러니까 지금처럼 이 나무 아래에 앉아 해 질 녘에 우조를 홀짝일 수 있다는 말입니까?"

음식과 시간

> 현재를 보는 사람은 모두 다 본 것이다.
>
> —마르쿠스 아우렐리우스[74]

행복은 일시적이다. 시간이 그렇듯 돈으로 살 수 없다. 행복을 찾으려면 시간의 지평을 다시 설정해야 한다. 인간과 우주의 시간을 조화시킬 방법을 찾아야 한다. 도움이 될 수 있는 한 가지는 자신의 위치에서 자기 자신을 바라보는 것이다.

인간과 인간을, 인간과 세상을 이어주는 물질인 음식은 궁극적인 시간 기록기다. 조류와 계절의 리듬에 따라 진화한 살아 숨 쉬는 생명체의 산물로, 하루하루 우리의 몸을 생명으로 채우는 생화학에너지다. 더불어 누구나 여전히 행하는 단 한 가지 의식의 중심을 이룬다. 이와 같은 음식의 마지막 측면, 즉 의식으로서의 힘은 다른 모든 것의 핵심이 된다. 진정으로 시간 속에서 사는 법을 익히고 싶다면 무엇보다 의식이 필요하다.

미르체아 엘리아데Mircea Eliade가 《성과 속》에서 설명한 바와 같이 의식은 시간의 두 질서 사이에서 경험하는 인간의 삶이다. 가령 미사를 드리고 건물을 짓고 아기를 축복하며 고기를 자르고 감사 기도를 드리고 〈올드 랭 사인Auld Lang Syne〉(우정을 기리는 스코틀랜드 노래로 새해 전날 밤 자정에 부른다—옮긴이)을 부르는 순간의 행위는 이전에 행해진 다른 모든 행위를 그 안에 담으며, 이로써 중첩된 시간을 생생히 구현한다. 기술의 발전으로 인간이 음속을 뛰어넘어 여행을 떠나거나 저녁 식사 초대장을 이메일로 보낼 수 있게 되기 이전에 의식은 인류의 조상이 시간을 초월하는 수단이었다. 세속적 시간의 질서와 신성한 시간의 질서를 결합함으로써(가령 식사를 함께하기 전에 제물을 바침으로써) 의식은 사람들이 시간 안에 자신의 위치를 설정하는 수단이었다. 먼 과거에서부터 그런 행위를 반복하면서 현재를 더 광대한 우주의 질서와 통합하는 것이다. 이런 통합이 시간 자체를 저지하는 한 방법이라고 엘리아데는 주장했다. "본질적으로 신성한 시간은 되돌릴 수 있다. 정확히 말하면 태고의 신화 속 시간이 현재를 이루는 것이기 때문이다."[75]

문화가 존재한 이래로 음식은 이런 의식의 중심에 있었다. 삶의 우주적 측면과 길들여진 측면을 음식만큼 강력하게 결합하는 것은 없었다. 일상의 리듬이자 삶과 죽음의 화신인 음식은 '일상mundane'의 이중적 의미를 전형적으로 드러낸다. 즉, '지루하고 단조로운 매일매일'이라는 뜻과 함께 조금 더 깊은 의미로 (라틴어 mundus에서 비롯된) '세상의, 보편적인, 우주의'라는 뜻을 함께 품고 있는 것이다. 인간의 우주적 단절을 이보다 강력하게 표현하는 단어도 없다. 단서를 찾자면 행성으로서 지구earth와 인간을 지탱하는 살아 있는 토양earth이 같은 이름이라는 점일 것이다. 이를 보면 우리가 씹거나 아무 생각 없이 식도에 쏟아붓는 물질, 소중히 여기지 않고 굳이 생각하려 하지도 않지만, 이 세상을 형성하고 인간이 존재하려면 반드시 있어야 하는 물질, 음식이라 부르는 이 물질을 통해 인간과 시간이 조화를 이룰 수 있다는 사실이 떠오른다.

우리를 치유할 수 있는 음식의 독특한 잠재력은 인간과 세계의 깊은 관계가 음식을 통해 드러난다는 것이다. 우리가 음식의 힘을 바로 보지 못하는 까닭은 음식의 진정한 의미를 잊어버렸기 때문이다. 음식을 바라보고 이를 통해 세상을 보는 법을 익히면 자연의 질서 속에서 진정한 자신의 자리를 다시 한 번 찾을 수 있을 것이다. 자신이 먹는 것을 가치 있게 여기고 제대로 알면 다른 사람과, 또 이 세계와 다시 연결될 수 있다. 이것이 시토피아의 진정한 의미다. 음식을 이용해 인간으로 사는 의미가 무엇인지, 시간의 흐름에 따라 동료 인간 및 비인간과 어떻게 공존해야 하는지 이해하는 것이다. 그렇게 의식적으로 함께 식사함으로써 우리는 현실에 뿌리내리고 더 나아가 더 큰 질서에 연결될 수 있다. 한동안 시간의 내부와 외부에 존재하며 깊은 편안함을 느낄 수 있다.

이 글을 쓰고 있는 지금은 12월 27일 자정에 가까워졌다. 세계에서 가장 널리 알려진 축제가 끝나고 이틀이 지났다. 사랑하는 사람들과 함께하는 파티를 좋아하는 나로서는 속이 든든히 채워진 기분이다. 이 자리에 앉아 행복에 겨운 탄성을 나지막이 뱉고 있다. 전 세계 20억 명이 나와 같은 기분을 느끼고 있다고 생각하니 기분이 좋다. 크리스마스에 런던은 행복으로 가득하다. 많은 이들이 가족과 함께 휴일을 보내기 위해 전국 각지로 떠난다. 다른 곳처럼 이곳에서도 크리스마스는 자신의 뿌리로 돌아가는 시간이다. 거리는 고요하고 긴급한 뉴스는 드물며 이메일 수신함은 상쾌하게 비어 있다. 내 연휴 소원 목록을 채우지 못한 단 한 가지는 흰 눈뿐이다. 이 부산스러운 세상에서 시간은 가능한 한 진정으로 멈추어서 있다. 사투르날리아는 계속된다. 지구의 북쪽이 1년 중 가장 긴 밤을 건너가는 동안 우리에게는 이 축하의 순간, 우주와 연결된 공통의 순간이 필요하다.

인간이 마주한 딜레마를 해결할 쉬운 답은 없지만 우리 앞에 어떤 장애물이 놓여 있든 음식이 길잡이가 될 것이다. 누구도 음식 이전에 존재하지 않았다. 음식은 우리보다 앞서 존재하고 우리의 앞을 내다보며, 우리를 살아가게 하고 우리보다 오래 계속될 것이다. 우리를 사랑하는 사람과, 살아가는 세계와 묶어주는 이 관계는 결국 인류의 가장 큰 희망이다.

〈Allegory of The Effects of Good Government〉 by Ambrogio Lorenzetti

감사의 말

아이 하나를 키우기 위해 온 마을이 필요하다면 책 한 권을 쓰기 위해서는 온 사회가 필요하다. 여기에 다 거론할 수 없을 만큼 많은 사람의 도움과 지지, 격려가 없었다면 이 책은 세상에 나오지 못했을 것이다. 그들의 이름을 빠짐없이 언급하고픈 마음을 억누르고 가장 직접적으로 연관된 분들에게 이 지면을 빌려 감사를 표하고자 한다. 지난 몇 년 동안 관련 조사에 적극적으로 관여해주신 모든 분에게 큰 도움을 받았음을 알리고 싶다.

먼저 훌륭한 편집자 포피 햄프슨에게 진심으로 감사드린다. 그가 없었으면 이 책은 태어나지 못했을 것이다. 검증되지 않은 작가였던 나를 첫 번째 책《음식, 도시의 운명을 가르다》의 저자로 받아준 것도 그였고 2011년 무더웠던 이탈리아 레스토랑에서 허접스러운 그림과 엉성한 설명만으로 이 책의 출판에 동의한 것도 그였다. 포피의 무한한 인내심과 차분한 지혜, 흠잡을 데 없는 판단력은 이 책을 집필하는 데 없어서는 안 될 도움이 되었고 책에 대한 그의 확고한 믿음 덕분에 책에 생명을 불어넣으며 때로는 고되게 느껴지던 과정도 무사히 지나갈 수 있었다. 그와 함께 작업할 수 있어서 누구보다 운이 좋았다고 생각한다. 차토 앤 윈더스의 다른 팀에게도 가슴 깊이 감사를 전한다. 특히 쾌활한 열정을 보여주며 언제나 즉각적이고 적절한 조언을 아끼지 않은 그렉 클로즈와 아름다운 표지 디자인을 탄생시킨 크리스 포터에게 깊이 감사드린다. 더불어 나의 환상적인 에이전트 조니 페그에게도 감사의 마음을 전한다. 그는 아직 아이디어만 막연히 떠올리던 나를 신진 작가로 받아주었고 마찬가지로 유연한 비전을 품은 편집자를 찾기 위해 온갖 험난한 과정을 거치는 동안 내 곁에 있어주었다. 작업에 대한 조니의 한결같은 열정은 함께 일한 15년 내내 큰 활력소가 되었다.

빡빡한 일정 속에서 원서의 절묘한 권두 삽화를 위해 아낌없이 시간을 내어준 미리엄 에스코페에게 진심으로 감사드린다. 원본 스케치를 희미하게나마 바탕으로 한 그의 그림에서 시토피아가 탄생했으니 그의 비할 데 없는 손으로 이렇게 멋진 형상이 나왔다는 것 자체가 마법이다. 더불어 원서에 나왔듯 시토피아에 대해 흠 잡을 데 없는 '사전적' 정의를 내려준 조지 로우에게도 감사드린다.

이 책에 소개된 논의는 수년에 걸친 무수한 대화를 통해 발전해왔다. 이 아이디어를 발전시키는 데 힘을 보탰을 뿐만 아니라 너그러운 마음으로 초안을 읽고 수많은 지혜를 건넨 모든 이들, 채리스 어만드, 데이비드 배스, 페트라 더크젠, 캐런 길버트, 트리네 하네만, 닐스 피터 하네만, 윌 핸콕스, 로버트 케넷, 앨릭스 레어드, 조지아 로우, 로완 무어, 리처드 나이팅게일, 스탠리 스틸, 브라이언 베르묄렌, 스티븐 위더포드에게 가슴 깊이 감사드린다. 특히 첫 책에서 그랬듯 가장 친절하고 애정 어린 방식으로 나에게 변함없는 지지와 견고한 비평을 건네준 데이비드 배스에게 깊은 감사의 마음을 전한다. 더불어 비범한 마음과 의지로 이 책의 초기 주제에 깊이 관여해 핵심 아이디어를 개발하는 데 귀중한 도움을 준 윌 핸콕스에게 특별히 감사드린다. 10년에 걸친 우리의 대화는 더없이 즐거웠을 뿐만 아니라 이 책의 주요한 자양분이 되었고, 책에 소개된 여러 논의는 그와 마주 앉은 식탁 위에서 처음 형성되거나 시험되었다.

캐니 애쉬, 루이스 애쉬, 스티브 배스, 크레시다 벨, 클레어 베니, 세라 빌니, 피터 칼, 냇 차드, 룰루 치버스, 제프 크룩, 캐스 댈머니, 크리스 도, 미리엄 에스코페, 해리엇 프리드먼, 피터 길, 클레어 하튼, 토르 하튼, 닉 호슬리, 샐리마 이크람, 지저스 지메네스, 팀 랭, 엘리자베스 루어드, 헬렌 맬린슨, 마이클 맬린슨, 패트리샤 마이컬슨, 케빈 모건, 닉 모건, 모센 모스타파비, 줄리엣 오저스, 에릭 패리, 아서 포츠 도슨, 클레어 프리처드, 찰리 파이 스미스, 웬디 풀란, 캐시 루시먼, 폴리 러셀, 조셉 리쿼트, 로버트 사쿨라, 댄 살라디노, 데이비드 소어, 제프 탠시, 제러미 틸, 닉 워너, 세라 위글스워스, 한 위스커크, 마이크 예지 등 열정과 격려로 이 책을 만드는 데 큰 도움을 준 모든 이에게 감사드린다. 특히 아름다운 영상을 만들어준 크로스웨이 필름의 버트 피셔 한센과 피터 슐츠너, 그리고 놀라운 지지를 보여주고 기발한 장소에서도 왕성한 논의를 펼친 킬번 나이팅게일의 모든 분과 그 가족들에게 깊이 감사드린다.

시토피아라는 제목만큼 방대한 주제 때문에 부족한 부분을 채우려면 필연적으로 다른 이들의 전문 지식에 기대야 했다. 이를 위해 자신의 시간을 아낌없이 할애해 전문 지식을 공유해준 모든 분, 리처드 밸러드, 마틴 크로포드, 스티븐 드링, 클로드 피슐러, 벤 플래너, 마일스 어빙, 앨릭스 레어드, 다이애나 리 스미스, 찰스 마이클, 올리버 라벨, 찰스 스펜스, 헬레나 터보에게 깊이 감사드린다. 또한 헝지스로의 여행을 친절히 준비해준 토머스 부트와 앙트와네트 굴에게 감사드리며 데번의 식용 야생식물 사이를 거니는 잊지 못할 산책을 하며 자신의 놀라운 지혜를 아낌없이 나누어준 로빈 하포드에게도 감사드린다.

약 20년 전 건축업계에서 음식의 세계로 발을 들인 이후 무수한 이들을 만나 소중한 영감을 얻었고, 이제 그들을 나의 대가족이라 부를 수 있게 되어 기쁘다. 그중에서도 함께 나눈 열정이 친밀한 우정으로 꽃피웠을 뿐만 아니라 나에게 전혀 새로운 세계를 열어준 이들이 있다. 클레어 하튼과 뉴욕의 멋진 '그린 래빗', 덴마크의 멋진 음식 네트워크를 소개해준 트리네 하네만, 첫 책《음식, 도시의 운명을 가르다》에 대한 관심이 네덜란드어 번역본 출판과 여러 관계로 이어져서 후속 작업을 위한 기반을 다져주었고 그 인연이 지금까지 이어지고 있는 스트롬 덴 하그의 피터 드 로덴과 아르노 반 루스말렌에게 깊이 감사드린다. 런던으로 돌아와, 라 프로마제리에서 누구나 원하는 따듯하고 사랑이 넘치며 흠잡을 데 없이 윤리적인 음식을 제공해주는 세라 빌니와 패트리샤 마이컬슨에게 고마운 마음을 전한다.

마지막으로 이 책의 집필을 시작했을 때는 살아계셨지만 애석하게도 지금은 세상을 떠난 두 분에게 특별한 감사를 전하고 싶다. 언제나 풍부한 영감을 주셨던 선생님, 달리보 베즐리는 피터 칼과 함께 40년 전에 세상을 그려 보이셨고 그 세상은 지금도 내 생각의 든든한 기반이 되고 있다. 그리고 누구보다 훌륭한 나의 아버지 스탠리 스틸. 당신의 깊은 지혜와 사랑, 비할 데 없는 유머 감각에 지금도 매일 의지하고 있습니다.

warm greetings to all my Korean readers from London!

I hope you enjoy reading "Sitopia" and that it inspires you to build a better world through food!

Best wishes,

Carolyn

September 2022

미주

1장 음식

1 https://www.pidgeondigital.com/talks/technology-is-the-answer-but-what-was-the-question-

2 윈스턴 처칠, 〈지금부터 50년 안에〉, 《스트랜드 매거진Strand Magazine》, 1931년. "호르몬이라 부르는 것, 즉 혈액 속 화학 전달자에 대한 지식이 많아지면 성장을 조절할 수 있을 것이다. 이제 닭가슴살이나 날개를 먹기 위해 닭 한 마리를 통째로 키우는 부조리에서 벗어나 적절한 수단 아래에서 각 부위를 따로 키워야 한다." https://www.nationalchurchillmuseum.org/fify-years-hence.html

3 2010년에 UN은 〈축산업의 긴 그림자Livestock's Long Shadow〉에서 발견한 주요 사실이자 《카우스피라시》에서도 인용된 바 있듯 가축 생산이 전 세계 온실가스 배출량의 18퍼센트를 차지한다는 결과가 정확하지 않음을 인정했다. 수정된 수치는 14.5퍼센트다. http://news.bbc.co.uk/1/hi/8583308.stm; http://www.fao.org/docrep/010/a0701e/a0701e00.HTM; https://www.thelancet.com/commissions/EAT

4 다양한 가축의 단백질 전환 효율 때문이다. Vaclav Smil, *Enriching the Earth*, MIT Press, 2004, 165쪽 참고.

5 "Toward Happier Meals in a Globalised World", Worldwatch Institute Website, 3 February, 2014.

6 Raj Patel, *The Value of Nothing: How to Reshape Market Society and Redefine Democracy*, London, Portobello, 2009, 44쪽.

7 Jonathan Safran Foer, *Eating Animals*, Penguin, 2009, 92~93쪽.

8 https://www.sentienceinstitute.org/us-factory-farming-estimates

9 M. Bar-On Yinon, Rob Phillips and Ron Milo, "The biomass distribution on Earth", *PNAS*, 19 June 2018, 115 (25) 6506~11, https://pnas.org/content/115/25/6506

10 https://www.theguardian.com/sustainable-business/fake-food-tech-revolutionise-protein

11 https://money.cnn.com/2018/02/01/technology/google-earnings/index.html

12 http://www.fao.org/docrep/018/i3107e/i3107e03.pdf

13 수치는 계속 바뀐다. 최근 통계자료는 다음에서 확인해볼 수 있다. http://www.fao.org/hunger/en/; http://www.who.int/mediacentre/factsheets/fs311/en

14 Marion Nestle, *Food Politics*, University of California Press, 2002, 13쪽.

15 Tristram Stuart, *Waste: Uncovering the Global Food Scandal*, London, Penguin, 2009, 188쪽.

16 같은 책, 193쪽.

17 *Livestock's Long Shadow,* UN Food and Agriculture Organisation, Rome 2006.

18 http://www.nytimes.com/2013/06/16/world/asia/chinas-great-uprooting-moving-250-million-into-cities.html?_r=1&, 2014년 3월 6일 기준.

19 Malcolm Moore, "China now eats twice as much meat as the United States", *Daily Telegraph*, 12 October 2012.

20 http://culturedbeef.net

21 Virginia Woolf, *A Room of One's Own* (1928), Bloomsbury, 1993, 27쪽.

22 미국의 심리학자 대니얼 카너먼이 지적했듯, 이런 결정은 생각보다 더욱 무의식적으로 진행되는 경우가 있다. Daniel Kahneman, *Thinking, Fast and Slow*, Penguin, 2011, 39~49쪽 참고.

23 Richard Layard, *Happiness: Lessons From a New Science*, Penguin, 2005, 3쪽.

24 Edith Hamilton and Huntingdon Cairns (eds), *Plato: The Collected Dialogues*, Princeton University Press, 1987, 23쪽.

25 Aristotle, *The Nicomachean Ethics*, J. A. K. Thomson (trans.), Penguin, 1978, 63쪽.

26 앞의 책, 109쪽.

27 Douglas Adams, *The Hitchhiker's Guide to the Galaxy*, Pan Books, 1979, 135~136쪽.

28 이와 관련해 자세한 논의는 Shoshana Zuboff, *The Age of Surveillance Capitalism*, Profile Books, 2019 참고.

29 Jared Diamond, *Collapse: How Societies Choose to Fail or Survive*, Penguin, 2006, 11쪽.

30 Jean Anthelme Brillat-Savarin, *The Physiology of Taste* (1825), Penguin, 1970, 54쪽.

31 이 책,《어떻게 먹을 것인가》의 작가의 말 참고.

32 http://www.dailymail.co.uk/femail/food/article-1341290/The-adored-mother-meals-I-hated-The-evil-stepmum-cooked-like-dream-And-food-shaped-bittersweet-childhood-TV-chef-Nigel-Slater.html

33 Jean Anthelme Brillat-Savarin, 앞의 책, 13쪽.

34 Charles Darwin, *On the Origin of Species* (1859), Oxford World's Classics, 2008, 50~51쪽.

35 칼륨potassium의 화학기호는 중세 라틴어 kalium(칼륨)에서 비롯된 K다.

36 Smil, 앞의 책, 160쪽 참고.

37 《창세기》 1장 29절.

38 《창세기》 2장 17절.

39 Reay Tannahill, *Food in History*, Penguin, 1973, 105~109쪽 참고.

40 Epicurus, *The Art of Happiness*, George K. Strodach (trans.), Penguin, 2012, 183쪽.

41 같은 책, 61쪽.

42 Abraham Maslow, *Towards a Psychology of Being* (1962), Wilder Publications, 2011, 27쪽.

43 같은 책, 36쪽.

44 매슬로는 이런 방법이 역효과를 낳기도 한다고 지적했다. 자기 자신이 아닌 '욕구 충족자need gratifier'로 대우받는 것을 인정하는 사람은 드물기 때문이다. (같은 책, 37쪽)

45 같은 책, 33쪽.

46 Mihaly Csikszentmihalyi, *Flow: The Psychology of Optimal Experience*, Harper Perennial, 2008.

2장 몸

1 Brillat-Savarin, 앞의 책, 162쪽.

2 http://www.annualreports.co.uk/Company/weight-watchers-international-inc

3 https://www.globenewswire.com/news-release/2019/02/25/1741719/0/en/United-States-Weight-Loss-Diet-Control-Market-Report-2019-Value-Growth-Rates-of-All-Major-Weight-Loss-Segments-Early-1980s-to-2018-2019-and-2023-Forecasts.html

4 https://www.huffingtonpost.co.uk/2016/03/10/majority-brits-are-on-a-diet-most-of-the-time_n_9426086.html

5 https://nypost.com/2018/09/26/nobody-eats-three-meals-a-day-anymore

6 https://harris-interactive.co.uk/wp-content/uploads/sites/7/2015/09/HI_UK_FMCG_Grocer-report-bagged-snacks-February.pdf

7 https://news.stanford.edu/news/multi/features/food/eating.html

8 일부 연구에 따르면 이 역할이 멕시코로 넘어갔다고 한다. 미국식 식습관을 채택한 직접적 결과다.

9 영국과 미국의 '특별한 관계' 때문에 영국은 미국의 패스트푸드 문화에 젖어들기 쉽다.

10 Harold McGee, *On Food and Cooking, The Science and Lore of the Kitchen*, Charles Scribner, New York, 1984, 561쪽.

11 Jean-Jacques Rousseau, *Émile*, 1762: http://www.gutenberg.org/cache/epub/5427/pg5427.html

12 Charles Spence and Betina Piqueras-Fiszman, *The Perfect Meal: The multi-sensory science of food and dining*, Wiley Blackwell, 2014, 201쪽.

13 Marcel Proust, *Remembrance of Things Past*, Vol. 1. *Swann's Way*, Chatto and Windus, 1976, 58쪽.

14 Bee Wilson, *First Bite: How We Learn to Eat*, 4th Estate, 2016, 117쪽.

15 BBC 2 〈호라이즌Horizon〉 프로그램에 관한 기사는 다음 참고. https://www.telegraph.co.uk/culture/tvandradio/9960559/Horizon-The-Truth-About-Taste-BBC-Two-review.html

16 http://www.sciencemag.org/content/343/6177/1370

17 저자 인터뷰에서 인용.

18 같은 책, 116쪽.

19 Harold McGee, 앞의 책, 562쪽.

20 Brillat-Savarin, 앞의 책, 13쪽.

21 Charles Darwin, *The Descent of Man* (1879), Penguin, 2004, 68쪽.

22 http://www.scientificamerican.com/article/thinking-hard-calories

23 Richard Wrangham, *Catching Fire: How Cooking Made us Human*, Profile Books, 2009, 109~113쪽.

24 Gaston Bachelard, *The Psycholanalysis of Fire*, Beacon Press, 1968, 7쪽.

25 루돌프 잘링거는 그런 의도가 전혀 없었다고 말했다.

26 *The Surgeon General's Vision for a Healthy and Fit Nation 2010*, U.S. Department of Health and Human Services.

27 Edward O. Wilson, *The Social Conquest of Earth*, New York, Liveright Publishing Corporation, 2012, 7쪽.

28 《이사야》 40장 6절: "모든 육체는 풀이요, 그의 모든 아름다움은 들의 꽃과 같다."

29 감귤류 과일의 치료 효과는 알려져 있었지만 1747년에 영국 해군 외과의사인 제임스 린드James Lind가 임상 실험을 실시하고 나서야 괴혈병 예방 능력이 입증되면서 영국 선박이 감귤류를 기본 물품으로 운송하게 되었고 선원은 라이미Limey라는 별명을 얻었다.

30 Michael Pollan, *In Defence of Food*, Allen Lane, 2008, 117쪽.

31 현재 우유를 마시는 사람들이 중국인을 포함해 전 세계적으로 점점 더 많아지고 있지만, 여전히 대다수는 유당불내증이 있다.

32 같은 책, 102쪽.

33 겔프 대학 랠프 C. 마틴Ralph C. Martin 교수, 토론토 식품정책위원회Toronto Food Policy Council 연설, 2011년 10월 20일.

34 Tim Spector, *The Diet Myth: The Real Science Behind What We Eat*, Weidenfeld & Nicolson, 2015, 118~122쪽 참고.

35 Michael Pollan, *The Omnivore's Dilemma: The Search for a Perfect Meal in a Fast-Food World*, Bloomsbury, 2006, 84쪽.

36 *The Big Bang Theory*, CBS, Season 1, Episode 4.

37 Graham Harvey, *We Want Real Food: Why Our Food is Deficient in Minerals and Nutrients and What We Can Do About It*, Constable and Robinson, 2006, 52쪽.

38 풀을 먹고 자란 소고기의 이점을 상세히 논한 내용은 같은 책 82~99쪽 참고

39 같은 책, 95쪽.

40 BBC 라디오 4 〈푸드 프로그램〉 2015년 11월 2일 방영분 인용.

41 초가공식품을 처음으로 정의내린 것은 브라질 상파울로 대학의 카를로스 몬테이로 Carlos Monteiro 교수가 이끄는 연구진이었다. 현재 NOVA 식품 분류 체계로 알려져 있다.

42 https://www.theguardian.com/science/2018/feb/02/ultra-processed-products-now-half-of-all-uk-family-food-purchases

43 https://www.theguardian.com/science/2018/feb/14/ultra-processed-foods-may-be-linked-to-cancer-says-study

44 Carlo Petrini, *Slow Food: The Case for Taste*, Columbia University Press, 2001, 10쪽.

45 식품 사막이란 신선한 식품을 구하기 위해 500미터 이상을 걸어 나가야 하는 곳을 뜻한다.

46 *Jamie's School Dinners*, Channel 4, 2005.

47 George Orwell, *The Road to Wigan Pier* (1937), Penguin, 2001, 92쪽.

48 미국 식품 시스템이 어떻게 작용하는지 상세히 논의한 부분은 Marion Nestle, *Food Politics: How the food industry influences nutrition and health*, University of California Press, 2002, 1~18쪽 참고.

49 news.yale.edu/2013/11/04/fast-food-companies-still-target-kids-marketing-unhealthy-products

50 http://www.cdc.gov/nchs/data/hus/2018/021.pdf

51 http://www.gallup.com/poll/163868/fast-food-major-part-diet.aspx

52 Brenda Davis, "Defeating Diabetes: Lessons From the Marshall Islands", *Today's*

Dietitian, Vol. 10, No. 8, 24쪽.

53 http://www.dailymail.co.uk/health/article-2301172/Fattest-countries-world-revealed-Extraordinary-graphic-charts-average-body-mass-index-men-women-country-surprising-results.html

54 유럽연합이 호르몬을 주입한 미국산 소고기의 수입을 거부하자 이에 대한 보복으로 미국이 로크포르 치즈에 제재를 가했고, 치즈 생산자인 보베가 이에 항의한 것이었다.

55 http://www.aboutmcdonalds.com

56 http://www.telegraph.co.uk/news/worldnews/europe/france/10862560/French-town-protests-to-demand-McDonalds-restaurant.html

57 Andy Warhol, *The Philosophy of Andy Warhol* (1975), Harvest, 1977.

58 Oscar Wilde, *Lady Windermere's Fan* (1892), Act I., Methuen & Co, 1917, 21쪽.

59 http://www.scientificamerican.com/article/gut-second-brain

60 Paul J. Kenny, "Is Obesity an Addiction?", *Scientific American*, 20 August 2013: http://www.scientificamerican.com/article/is-obesity-an-addiction

61 같은 글.

62 같은 글.

63 *Horizon*, "The Truth about Fat", BBC 2, 21 March 2012.

64 http://www.poverty.org.uk/63/index.shtml

65 프랑스인은 먹고 마시는 데 하루 평균 두 시간 13분을 소비한다. 이 정도면 다른 어느 나라보다 긴 시간이고 미국인이 하루에 한 시간 1분을 소비하는 것에 비하면 두 배 이상 길다. https://www.thelocal.fr/20180313/french-spend-twice-as-long-eating-and-drinking-as-americans

66 Paul Rozin, Abigail K. Remick and Claude Fischler, "Broad themes of difference between French and Americans in attitudes to food and other life domains: personal versus communal values, quantity versus quality, and comforts versus joys", *Frontiers in Psychology*, 26 July 2011.

67 같은 책, 8쪽.

68 같은 책, 2쪽.

69 클로드 피슐러Claude Fischler와의 개인적 서신 교환.

70 미스의 개인적 좌우명.

71 같은 책, 18쪽.

72 같은 책, 73쪽.

73 Harvey Levenstein, *Revolution at the Table: The Transformation of the American Diet*, University of California Press, 2003, 93쪽.

74 Harold McGee, 앞의 책, 283쪽.

75 같은 책에서 인용, 246쪽.

76 켈로그는 1983년에 신이 교회 지도자인 엘런 화이트를 통해 이 식단을 직접 하사했다고 믿었다.

77 사실 시리얼 포장에 쓰인 이름은 존의 동생인 윌 켈로그다. 형과의 불화 이후 배틀크릭 토스티드 콘 플레이크 컴퍼니를 세웠고 이것이 지금 알려진 켈로그다.

78 Pollan, *In Defence of Food*, 45쪽.

79 같은 책, 22쪽. 이 용어에 대해 폴란은 오스트레일리아 사회학자 죄르지 스크리니스 Gyorgy Scrinis가 언급했다고 밝혔다.

80 http://nutribase.com/fwchartf.html

81 "Americana: The Theory of Weightlessness", *Time* magazine, 21 November 1960: http://content.time.com/time/magazine/article/0,9171,874185,00.html (슈무는 볼링핀처럼 생긴 만화 캐릭터다.)

82 http://www.independent.co.uk/life-style/health-and-families/features/the-science-of-saturated-fat-a-big-fat-surprise-about-nutrition-9692121.html

83 설탕 자체는 더 달고 더 저렴하며 소화가 더 힘든 액상과당으로 점차 대체되었다. 액상과당은 1971년에 일본 과학자가 처음 개발했다.

84 https://experiencelife.com/article/a-big-fat-mistake

85 1972년에 출판된 유드킨의 책 제목이다.

86 http://www.telegraph.co.uk/news/celebritynews/6602430/Kate-Moss-Nothing-tastes-as-good-as-skinny-feels.html

87 http://centennial.rucares.org/index.php?page=Weight_Loss

88 http://www.dailymail.co.uk/health/article-2117445/Women-tried-61-diets-age-45-constant-battle-stay-slim.html

89 http://sheu.org.uk/content/page/young-people-2014

90 https://www.theguardian.com/society/2019/feb/15/hospital-admissions-for-eating-disorders-surge-to-highest-in-eight-years

91 다이어트를 하는 사람 중 일부는 이런 '건강' 요법에 지나치게 집착한 나머지(간혹 글루텐이나 유제품 등 일정 식품군 전체를 식단에서 아예 배제한다) 영양실조에 걸릴 뿐만 아니라 강박 장애와 유사한 건강 음식 탐욕증orthorexia nervosa에 이르기도 한다.

92 https://www.npd.com/wps/portal/npd/us/news/press-releases/the-npd-group-reports-dieting-is-at-an-all-time-low-dieting-season-has-begun-but-its-not-what-it-used-to-be

93 Rob Rhinehart, *How I Stopped Eating Food*, 2013년 2월 13일, 지금은 폐쇄된 블로그인 '대체로 무해한Mostly Harmless'에 올린 글('대체로 무해한'은 더글러스 애덤스의

책《은하수를 여행하는 히치하이커를 위한 안내서》중 지구를 안내하는 5권의 제목 이다).

94 같은 글.

95 http://www.economist.com/blogs/babbage/2013/05/nutrition

96 Rob Rhinehart, Mostly Harmless, 25 April 2013.

97 https://www.ft.com/content/77666780-4daf-11e6-8172-e39ecd3b86fc; https://www.newyorker.com/magazine/2014/05/12/the-end-of-food

98 R. Buckminster Fuller, *Nine Chains to the Moon* (1938), Anchor Books, 1973, 252~259쪽.

3장 집

1 Gaston Bachelard, *The Poetics of Space*, Beacon, 1969, 4쪽.

2 같은 책, 14쪽.

3 Wrangham, 앞의 책, 157쪽.

4 1960년대와 70년대에 스탠포드 대학 심리학 교수 월터 미셸Walter Mischel이 4세 어린이에게 마시멜로나 쿠키 같은 단 음식 한 개를 즉시 먹을 것인지, 아니면 15분 동안 먹고 싶은 마음을 참고 더 큰 것(과자 두 개)을 얻을 것인지 선택하게 했다. 이때 유혹을 참은 아이들은 그렇지 않은 아이들에 비해 이후 청소년이 되었을 때 삶에서 더 큰 성과를 이룬 것으로 드러났다. Kahneman, 앞의 책, 47쪽 참고.

5 Margaret Visser, *The Rituals of Dinner*, Penguin, 1991, 91쪽 참고.

6 Brillat-Savarin, 앞의 책, 55쪽.

7 https://www.theguardian.com/society/2018/may/23/the-friend-effect-why-the-secret-of-health-and-happiness-is-surprisingly-simple

8 옥시토신이 분비되면 세로토닌과 도파민의 분비 역시 자극된다. Paul J. Zak, *The Moral Molecule,Corgi*, 2012, 28~32쪽과 95~100쪽 참고.

9 Brillat Savarin, 앞의 책, 163쪽.

10 일부 현지 주민은 '일요일 저녁 공기 중에 떠다니는 고약한 악취'에 이의를 제기한다. David Howes (ed.), *Empire of the Senses: The Sensual Cultural Reader*, Berg, 2004, 232쪽 참고.

11 Judith Flanders, *The Making of Home*, Atlantic Books, 2014, 185쪽.

12 Joseph Rykwert, *The Idea of a Town*, Faber and Faber, 1976, 168쪽 참고.

13 같은 책, 121~126쪽.

14 Colin Turnbull, *The Forest People*, Simon and Schuster, 1962, 14쪽.

15 같은 책, 92쪽.

16 같은 책, 26쪽.

17 Tim Ingold, *The Perception of the Environment, Essays on Livelihood, Dwelling and Skill*, London and New York, Routledge, 2011, 21쪽에서 인용.

18 같은 책, 22쪽.

19 같은 책, 23쪽.

20 Jean-Jacques Rousseau, *The Social Contract* (1762), Penguin, 2004, 2쪽.

21 인간과 불의 관계는 언어에서도 찾아볼 수 있다. 고대 영어 heorp, 즉 난로hearth는 가정을 뜻하기도 한다. Flanders, 앞의 책, 56쪽 참고.

22 Wrangham, 앞의 책, 138~139쪽.

23 같은 책, 135~136쪽.

24 Wilson, 앞의 책, 44쪽.

25 같은 책, 17쪽.

26 같은 책.

27 Yuval Noah Harari, *Sapiens: A Brief History of Humankind*, Harvill Secker, 2014, 20~21쪽 참고.

28 Jean-Jacques Rousseau, *The Social Contract and The First and Second Discourses*, Susan Dunn (ed.), Yale University Press, 2002, 120쪽.

29 Wilson, 앞의 책, 93쪽.

30 실제로 강가처럼 식량을 구하기 좋은 곳 가까이에 거주한 일부 집단은 이미 정착 생활을 시작했다. Tom Standage, *An Edible History of Humanity*, Atlantic Books, 2010, 20~21쪽 참고.

31 같은 책, 13~15쪽.

32 칼라하리 사막의 !쿵!Kung 부시맨은 음식을 채집하는 데 일주일에 12~19시간 정도만 쓰고 나머지 시간은 다른 활동을 위해 넉넉히 남겨두었다. 같은 책, 16쪽 참고.

33 Ingold, 앞의 책, 323~324쪽.

34 Standage, 앞의 책, 18쪽.

35 같은 책.

36 같은 책.

37 Jared Diamond, *Guns, Germs and Steel: A Short History of Everybody for the Last 13,000 Years*, Vintage, 2005, 142쪽.

38 필립 M. 하우저Philip M. Hauser의 추정치. Norbert Schoenauer, *6000 Years of Housing*, W.W. Norton and Co., 1981, 96쪽에서 인용.

39 인류학자 누릿 버드 데이비드Nurit Bird-David가 언급한 바에 따르면 숲에 거주하는 이들에게 숲은 조건 없이 풍부하게 내어주는 부모로 여겨진 반면, 농부들에게 땅은 호의를 받을 때야 그 보답으로 내어주는 독립체로 여겨졌다. Ingold, 앞의 책, 43쪽 참고.

40 Hesiod, *Works and Days* (701~702), in *Hesiod, Theogony and Works and Days*, M. L. West (trans.), Oxford World Classics, OUP, 2008, 58쪽.

41 Aristotle, *The Politics*, T. A. Sinclair (trans.), Penguin, 1981, 56쪽.

42 같은 책, 59쪽.

43 Hesiod, 앞의 책, (404~412), 49쪽.

44 Xenophon, *Oeconomicus*, trans. E. C. Marchant and O. J. Todd, Loeb Classical Library, (7.36), 453쪽.

45 같은 책, 7.3, 441쪽.

46 같은 책, 10.12, 479쪽.

47 Aristotle, 앞의 책, 85쪽.

48 Peter Laslett, *The World We Have Lost: Further Explored*, Routledge, 2015, 4쪽.

49 Flanders, 앞의 책, 28쪽.

50 유럽 인구의 3분의 1을 몰살시킨 흑사병은 봉건 권력이 약화한 주요 원인이었다. 일할 노동자가 귀해지자 영주들은 소작농을 더 잘 대우해야 했다.

51 David J. Kerzer and Marzio Barbagli (eds.), *Family Life in Early Modern Times, 1500~1789, The History of the European Family*, Vol. 1, Yale University Press, 2001, 39~40쪽.

52 Flanders, 앞의 책, 34쪽.

53 반면 초기의 조혼 사회에서는 부인의 재혼이 일반적으로 금지되었다.

54 같은 책, 48쪽.

55 Peter Laslett, 앞의 책, 1쪽.

56 같은 책, 3쪽.

57 Flanders, 앞의 책, 33~34쪽.

58 Laslett, 앞의 책, 4쪽.

59 William Blake, *Milton* (1804~1808), Humphrey Jennings, *Pandaemonium 1660⊠1886, The coming of the machine as seen by contemporary observers* (1985), Icon Books, 2012, 127쪽에서 인용.

60 W. G. Hoskins, *The Making of the English Landscape*, Pelican, 1955, 185쪽.

61 Frank E. Huggett, *The Land Question*, Thames and Hudson, 1975, 21~24쪽.

62 전쟁으로 물가가 부자연스럽게 높았다.

63 Oliver Goldsmith, *The Deserted Village*, 1770, https://www.poetryfoundation.org/poems/44292/the-deserted-village

64 George Crabbe, *The Village*: http://www.gutenberg.org/files/5203/5203-h/5203-h.htm

65 17세기에 면화 상인이 원재료를 직접 농장으로 가져와 가정에서 방적하고 짜면 완성된 천을 회수해가던 선대제도로 농촌 가정은 경제적 활력을 얻었다.

66 Friedrich Engels, *The Condition of the Working Class in England* (1845), Penguin, 2009, 92쪽.

67 Eric Hobsbawm, *The Age of Revolution 1789⊠1848*, Abacus, 1962, 66쪽.

68 Engels, 앞의 책, 167쪽.

69 John Ruskin, *Sesame and Lilies* (1865): http://www.gutenberg.org/cache/epub/1293/pg1293-images.html

70 John Burnett, *A Social History of Housing 1815⊠1970*, Newton Abbott, David and Charles, 1978, 185쪽.

71 Theodore Zeldin, *An Intimate History of Humanity*, Vintage, 1998, 370쪽.

72 Jane E. Panton, *From Kitchen to Garrett: Hints for young Householders*, Ward & Downey, Londres, 1888, Burnett, 앞의 책, 188~189쪽에서 인용.

73 찰스 푸터Charles Pooter는 1892년에 조지 그로스미스와 위돈 그로스미스가 교외의 생활을 그린 희극 소설 〈어느 평범한 사람의 일기Diary of a Nobody〉에 등장하는 허구의 은행원이다.

74 Wrangham, 앞의 책, 151쪽.

75 Burnett, 앞의 책, 145쪽.

76 총계는 확실하지 않다. 공식 통계에 포함되지 않은 다수의 가사 노동자들이 전쟁 중에 다른 직업으로 옮겨갔기 때문이다. Gail Braybon, *Women Workers in the First World War*, Routledge, 1989, 49쪽 참고.

77 Walter Long, president of the Local Government Board: 같은 책, 215쪽.

78 John Burnett, "Time, place and content: the changing structure of meals in Britain in the 19th and 20th centuries", in Martin R. Schärer and Alexander Fenton (eds), *Food and Material Culture*, East Linton Scotland, Tuckwell Press, 1998, Ch. 9, 121쪽.

79 〈아메리칸 홈The American Home〉에 이런 광고 문구가 실렸다. "히틀러가 유럽을 위협한다, 하지만 베티 헤이븐의 상사가 저녁 식사에 찾아올 예정이다. 이것이야말로 중요한 문제다." Harvey Levenstein, *Paradox of Plenty: A Social History of Eating in Modern America*, Oxford University Press, 1993, 32쪽.

80 Catherine Beecher, *A Treatise on Domestic Economy*, Harper, New York, 1842, 143쪽.

81 부엌 디자인의 변천에 관한 상세한 논의는 Carolyn Steel, *Hungry City: How Food Shapes Our Lives*, Chatto & Windus, 2008, 155~200쪽 참고.

82 http://www.striking-women.org/module/women-and-work/post-world-war-ii-1946-1970

83 https://www.census.gov/newsroom/press-releases/2016/cb16-192.html; https://www.ons.gov.uk/peoplepopulationandcommunity/birthsdeathsandmarriages/

families/bulletins/familiesandhouseholds/2017

84 https://www.bls.gov/opub/ted/2017/employment-in-families-with-children-in-2016.htm; https://www.ons.gov.uk/employmentandlabour-market/peopleinwork/employmentandemployeetypes/articles/familiesandthelabourmarketengland/2017

85 https://www.theatlantic.com/magazine/archive/2010/07/the-end-of-men/308135

86 https://qz.com/1367506/pew-research-teens-worried-they-spend-too-much-time-on-phones

87 https://www.dailymail.co.uk/news/article-4236684/Half-Europe-s-ready-meals-eaten-Britain.html

88 물론 언제나 그렇듯 극소수는 자신의 일을 사랑했다. 이들의 숫자를 늘리는 것이 유토피아의 영원한 꿈이다.

89 David Graeber, "On the Phenomenon of Bullshit Jobs: A Work Rant", *Strike! Magazine*, Issue 3, August 2013: https://strikemag.org/bullshit-jobs

90 https://www.thetimes.co.uk/article/review-bullshit-jobs-a-theory-by-david-graeber-quit-now-your-job-is-pointless-9tk2l8jrq

91 148쪽 참고.

92 https://www.about.sainsburys.co.uk/~/media/Files/S/Sainsburys/living-well-index/sainsburys-living-well-index-may-2018.pdf

93 Matthew Crawford, *The Case for Working with Your Hands: or Why Office Work is Bad for Us and Fixing Things Feels Good*, Penguin, 2009, 2쪽.

94 인간의 인지에서 손의 중요성을 상세히 논한 내용은 Richard Sennett, *The Craftsman*, Penguin, 2009, 149~178쪽 참고.

95 http://www.economist.com/news/china/21631113-why-so-many-chinese-children-wear-glasses-losing-focus

96 드라이든의 1672년 희곡 〈그라나다 점령The Conquest of Granada〉에 등장했다.

97 베드제드는 건축가 빌 던스터Bill Dunster가 친환경 자선단체 바이오리저널Bioregional과 협력해 디자인한 것이다. https://www.bioregional.com/projects-and-services/case-studies/bedzed-the-uks-first-large-scale-eco-village

98 https://journals.sagepub.com/doi/pdf/10.1177/0956247809339007

4장 사회

1 Ernest Mignon, *Les Mots du Général*, Librairie Arthème Fayard, 1962, 3장에서 인용.

2 https://www.rungisinternational.com/wp-content/uploads/2018/06/RUNGIS-RA_2017_EN_OK.pdf

3 시장과 도시의 관계를 자세히 논한 부분은 Steel, 앞의 책, 105~152쪽 참고.

4 유리와 철로 된 홀은 빅토르 발타르Victor Baltard가 1850년대에 디자인해 역사적인 시장 부지에 세워졌다.

5 Émile Zola, *The Belly of Paris* (*Le Ventre de Paris*, 1873), Brian Nelson (trans.), Oxford World Classics, OUP, 2007, 14쪽.

6 Stephen Kaplan, *Provisioning Paris: Merchants and Millers in the Grain and Flour Trade During the Eighteenth Century*, Ithaca and London, Cornell University Press, 1984 참고.

7 시장 짐꾼 혹은 포르forts는 불안감을 조성해 혁명을 일으키는 데 중요한 역할을 했다.

8 헝지스는 1969년에 개장했다.

9 Kaplan, 앞의 책, 119쪽에서 인용.

10 1858년에서 1867년 사이에 시카고의 밀 가격이 1부셸(약 28킬로그램)당 55센트에서 2.88달러로 치솟았고 이후 77센트로 폭락했다. Niall Ferguson, *The Ascent of Money: A Financial History of the World*, Penguin, 2009, 227쪽 참고.

11 http://triplecrisis.com/food-price-volatility

12 이전에는 미국 상품 선물 거래 위원회에서 감시 감독을 수행했다.

13 Olivier de Schutter, *Food Commodities Speculation and Food Price Crises: Regulation to reduce the risks of price volatility*, UNFAO Briefing Note 02, September 2010, 2~3쪽.

14 음식이 단지 또 다른 '상품'이 될 수 없는 중요한 이유다.

15 United Nations Conference on Trade and Development, *Key Statistics and Trends in International Trade* 2014, 7쪽; https://news.virginia.edu/content/global-food-trade-may-not-meet-all-future-demand-uva-study-indicates

16 De Schutter, 앞의 책, 1쪽.

17 공공장소가 음식에 따라 형성된 과정을 상세히 논한 부분은 Steel, 앞의 책, 118~133쪽 참고.

18 이 스캔들을 폭로한 영국 저널리스트 캐럴 캐드월러더Carol Cadwalladr가 강력히 주장했다. https://www.ted.com/talks/carole_cadwalladr_facebook_s_role_in_brexit_and_the_threat_to_democracy?language=en

19 Harari, 앞의 책, 27쪽.

20 Rousseau, *The Social Contract and the First and Second Discourses*, 164쪽.

21 같은 책, 166쪽.

22 Shalom H. Schwartz, "Value orientations: Measurement, antecedents and consequences across nations", in R. Jowell, C. Roberts, R. Fitzgerald, and G. Eva (eds.), *Measuring attitudes cross-nationally: lessons from the European Social Survey*,

Sage, 2006.

23 Thomas Paine, *Rights of Man, Common Sense and Other Political Writings* (1791), Oxford World Classics, OUP, 2008, 5쪽.

24 Wrangham, 앞의 책, 133쪽.

25 던바는 영장류의 뇌 크기가 주어진 집단의 개체 수와 직접적으로 연관이 있다는 사실을 발견했다.

26 Jared Diamond, *The World Until Yesterday*, Penguin, 2013, 12~20쪽 참고.

27 http://www.britannica.com/topic/slavery-sociology

28 Aristotle, *The Politics*, 69쪽.

29 문장 전체를 인용하자면 다음과 같다. "민주주의가 완벽하거나 만능이라고 주장하는 사람은 아무도 없다. 사실 민주주의는 더러 시도된 다른 모든 형태를 제외하면 최악의 정부 형태라고 알려졌다." 윈스턴 처칠 하원 연설, 1947년 11월 11일, https://api.parliament.uk/historic-hansard/commons/1947/nov/11/parliament-bill

30 Thomas Hobbes, *Leviathan* (1651), Cambridge University Press, 2004, 87쪽.

31 같은 책, 33쪽.

32 '자연 상태'라는 용어는 홉스가 지은 것으로 보이는데, 이는 흐로티위스가 인간의 '자연법과 자연권natural laws and rights'에 대해 처음 이야기한 것에서 유래했다. 같은 책, xxviii쪽.

33 같은 책, 87쪽.

34 같은 책, 89쪽.

35 홉스는 미국이 주도한 이라크 침공 이후 10년 뒤, 전쟁으로 인한 반란과 혼란에 지친 이라크인들이 사담 후세인의 폭정으로 돌아가 삶에 대한 확신을 얻을 수 있기를 갈망했다는 사실을 알고도 놀라지 않았을 것이다.

36 Hobbes, 앞의 책, 120쪽.

37 사실 로크의 《통치론》은 로버트 필머의 1680년 글 《가부장권론Patriarcha, or the Natural Power of Kings》에 반박하기 위해 쓰였다. John Locke, *Two Treatises of Government*, Peter Laslett (ed.), Cambridge University Press, 2015, 67~79쪽 참고.

38 같은 책, 271쪽.

39 같은 책, 286쪽.

40 같은 책, 287쪽.

41 같은 책, 291쪽.

42 같은 책, 295쪽.

43 같은 책, 296쪽.

44 같은 책, 294쪽.

45 같은 책, 330쪽.

46 Peter J. Hatch, *A Rich Spot of Earth: Thomas Jefferson's Revolutionary Garden at Monticello*, Yale University Press, 2012, 3쪽.

47 미국 독립선언서, 토머스 제퍼슨 초안, 존 애덤스와 벤저민 프랭클린 수정, 1776년 7월 4일 미 의회 비준.

48 http://www.theguardian.com/business/2014/nov/13/us-wealth-inequality-top-01-worth-as-much-as-the-bottom-90

49 Locke, 앞의 책, 293쪽.

50 Marcel Mauss, *The Gift* (1950), Routledge, 2006, 105쪽.

51 Branislow Malinowski, *Argonauts of the Western Pacific* (1922), Routledge, 2014.

52 Mauss, 앞의 책, 25~26쪽.

53 Evan D. G. Fraser and Andrew Rimas, *Empires of Food: Feast, Famine and the Rise and Fall of Civilizations*, Random House, 2010, 104~107쪽 참고.

54 Reay Tannahill, *Food in History*, Penguin, 1988, 47쪽.

55 Ferguson, 앞의 책, 31쪽 참고.

56 같은 책, 26~27쪽. 같은 실수를 스페인은 16세기에 저질렀다. 신대륙에서 너무 많은 은을 채굴한 결과 국내에서 그 가치가 붕괴한 것이다.

57 Xenophon, *Ways and Means*, 4:7, Tomas Sedlacek, *Economics of Good and Evil: The Quest for Economic Meaning from Gilgamesh to Wall Street*, Oxford University Press, 2013,.104쪽에서 인용.

58 같은 책, 35쪽.

59 '자본가'라는 말은 17세기 네덜란드에서 처음 기록되었다. Fernand Braudel, *Civilization and Capitalism 15⊠18th Century*, Vol. 2, Fontana, 1985, 234쪽 참고.

60 Ferguson, 앞의 책, 51쪽 참고.

61 Adam Smith, *The Wealth of Nations* Books I~III (1776), Penguin Classics, 1999, 479쪽.

62 대부분은 아서 영과 찰스 '터닙turnip'(순무라는 뜻이 있다) 톤젠드 같은 저명한 농학자들이 촉진했다. Huggett, 앞의 책, 66쪽 참고.

63 E. A. Wrigley, *Cities, People and Wealth: The Transformation of Traditional Society*, Blackwell, 1987, 142쪽.

64 같은 책.

65 Daniel Defoe, *Complete Tradesman*, ii, Ch. 6, George Dodd, *The Food of London*, Longman, Brown, Green and Longmans, 1856, 110~111쪽에서 인용.

66 이 문제를 상세히 다룬 논의는 Kaplan, 앞의 책 참고.

67 파리의 식량 부족은 프랑스혁명을 이끈 주요 원인이었다. Kaplan, 앞의 책 참고.

68 Smith, 앞의 책, 479쪽.

69 같은 책, 112쪽. 노동자 한 명이 '하루에 핀 하나를 간신히 만들었던 반면' 수없이 다양한 작업이 포함되면서 공장노동자 열 명이 각기 다른 업무를 전문으로 맡게 된 덕분에 같은 시간에 핀 4만 8,000개를 생산할 수 있었다.

70 같은 책, 119쪽.

71 같은 책, 269쪽.

72 같은 책, 126쪽.

73 예를 들어 J. K. Galbraith, *The Affluent Society*; Amartya Sen, *Development as Freedom*; Joseph Stiglitz, *The Price of Inequality*; Thomas Piketty, *Capitalism in the Twenty-First Century*; 또한 Tim Jackson, *Prosperity Without Growth,* Raj Patel, *The Value of Nothing* 참고.

74 Adam Smith, *The Theory of Moral Sentiments* (1759), Penguin, 2009, 13쪽.

75 같은 책, 73쪽.

76 같은 책, 213쪽.

77 같은 책, 220~221쪽.

78 같은 책, 19쪽.

79 Karl Polanyi, *The Great Transformation: The Political and Economic Origins of Our Time* (1944), Beacon Press, 2001, 45쪽.

80 같은 책, 44쪽.

81 같은 책, 171쪽.

82 Karl Marx and Friedrich Engels, *The Communist Manifesto* (1848), Samuel Moore (trans.), Penguin, 1967, 223쪽.

83 같은 책, 222쪽.

84 같은 책, 223쪽.

85 같은 책, 227쪽.

86 Benjamin Franklin, "Advice to a Young Tradesman, Written by an Old One", Max Weber, *The Protestant Ethic and the 'Spirit' of Capitalism* (1905), Peter Baehr and Gordon C. Wells (trans.), Penguin, 2002, 9쪽에서 인용.

87 이 문제에 대한 상세한 논의는 Simon Schama, *The Embarrassment of Riches: An Interpretation of Dutch Culture in the Golden Age*, Fontana Press, 1991 참고.

88 칼뱅주의의 예정설에서는 한 인간이 구원을 받을 운명인지 아닌지는 그가 태어나기 전에 신이 결정하는 것이라고 말한다.

89 자본주의의 기원에 관한 논의는 Braudel, 앞의 책, 232~249쪽 참고.

90 Weber, 앞의 책, 9쪽.

91 같은 책 10쪽.

92 같은 책, 12쪽.

93 Friedrich Hayek, *The Road to Serfdom* (1944), Routledge, 2001, 13쪽.

94 Joel Bakan, *The Corporation: The Pathological Pursuit of Profit and Power*, Constable and Robinson, 2005, 14쪽.

95 같은 책, 13쪽.

96 John Kenneth Galbraith, *The Affluent Society* (1958), Penguin, 1999, 1쪽.

97 제2차 세계대전 이후 통화를 규제하기 위한 브레턴우즈 협정은 1944년에 44개 연합국이 참여하는 가운데 체결되었다. 이로써 국제통화기금과 세계은행이 설립되었다.

98 https://www.theguardian.com/business/2018/aug/16/ceo-versus-worker-wage-american-companies-pay-gap-study-2018

99 https://www.trusselltrust.org/news-and-blog/latest-stats/end-year-stats

100 국제 무역 악습에 관한 상세한 논의는 Joseph Stiglitz, *Globalisation and its Discontents*, Penguin, 2002, 3~22쪽 참고.

101 National Audit Office 수치: https://www.nao.orguk/highlights/taxpayer-support-for-uk-banks-faqs 참고.

102 Joseph Stiglitz, *The Price of Inequality*, Penguin, 2013, 40쪽.

103 Michael Sandel, *What Money Can't Buy: The Moral Limits of Markets*, Penguin, 2013.

104 Galbraith, 앞의 책, 66쪽.

105 Alfred Marshall's *Principles of Economics*. 이 책은 여러 세대에 걸쳐 인정받은 경제학 교과서로, 사실 프랑스의 경제학자 레옹 발라Léon Walras와 영국의 경제학자 윌리엄 제번스William Jevons 등의 저서를 기반으로 쓰였다.

106 https://www.ft.com/content/2ce78f36-ed2e-11e5-888e-2eadd5fbc4a4; https://www.cia.gov/library/publications/the-world-factbook/fields/2012.html

107 http://www.chinalaborwatch.org/reports

108 http://www.chinalaborwatch.org/upfile/2013_7_29/apple_s_unkept_promises.pdf; https://www.theguardian.com/global-development/2015/jul/20/thai-fishing-industry-implicated-enslavement-deaths-rohingya

109 https://www.theguardian.com/business/2016/jul/22/mike-ashley-running-sports-direct-like-victorian-workhouse

110 Carl Benedikt Frey and Michael A. Osborne, *The Future Of Employment: How Susceptible Are Jobs To Computerisation?*, Oxford Martin Programme on Technology and Employment, 17 September 2013: http://www.oxfordmartin.ox.ac.uk/publications/view/1314; "When Robots Steal Our Jobs", *Analysis*, BBC Radio 4, 8 March 2015.

111 https://www.ons.gov.uk/employmentandlabourmarket/peopleinwork/

employmentandemployeetypes/articles/whichoccupationsareathighestriskofbeingautomated/2019-03-25

112 E. F. Schumacher, *Small is Beautiful: A Study of Economics as if People Mattered* (1973), Vintage, 1993, 2쪽.

113 Rutger Bregman, *Utopia for Realists*, Bloomsbury, 2017.

114 같은 책, 46쪽.

115 같은 책.

116 John Maynard Keynes, "Economic Possibilities for Our Grandchildren": http://www.econ.yale.edu/smith/econ116a/keynes1.pdf

117 같은 글.

118 https://www.theatlantic.com/magazine/archive/2013/06/are-we-truly-overworked/309321

119 Schumacher, 앞의 책, 8쪽.

120 같은 책, 84쪽.

121 같은 책, 85쪽.

122 같은 책, 40쪽.

123 Naomi Klein, *The Shock Doctrine*, Penguin, 2008, 6쪽에서 인용.

124 루스벨트의 뉴딜 정책의 일환으로 1933년에 작성된 미국 농업법은 10년 동안 1조 달러의 가치가 있었다. 지불 금액은 농장 규모를 바탕으로 하기 때문에 대부분이 대형 농업 기업에 돌아갔다. 2014년에 대농 상위 1만 명이 10만 달러에서 100만 달러 사이의 보조금을 받은 반면, 하위 80퍼센트는 평균 5,000달러를 받는 것에 그쳤다. EU 총예산의 40퍼센트를 차지하는 EU 농장 보조금 역시 대농에게 유리한 실정이다. 2016년 그린피스의 보고에 따르면 보조금을 받는 영국의 상위 100명 중 5분의 1이 귀족 가문 출신이며 16명(여왕과 경주마를 소유한 사우디 왕자를 포함해)이 《선데이 타임스》 부자 리스트에 올랐다. 그중 상위 100명은 농업 보조금으로 8,790만 파운드를 받았는데, 이는 하위 5만 5,119명이 일시불로 받은 보조금의 총합보다 많은 수준이다. https://newrepublic.com/article/116470/farm-bill-2014-its-even-worse-old-farm-bill; https://www.theguardian.com/environment/2016/sep/29/the-queen-aristocrats-and-saudi-prince-among-recipients-of-eu-farm-subsidies 참고.

125 https://sustainablefoodtrust.org/key-issues/true-cost-accounting

126 Thomas Aquinas, *Summa Theologica*, IIa – IIae Q.66.A.7 Corpus, Sedlacek, 앞의 책, 150쪽에서 인용.

127 *International Business Times*: http://www.ibtimes.com/us-spends-less-food-any-other-country-world-maps-1546945, 2014년 6월 22일 기준.

128 Carlo Petrini, *Slow Food Nation: Why Our Food should be Good, Clean and Fair*,

Rizzoli, 2007, 93~143쪽 참고.

129 www.greenpeace.org/usa/sustainable-agriculture/issues/corporate-control

130 Woody Tasch, *Inquiries into the Nature of Slow Money: Investing as if Food, Farms, and Fertility Mattered*, Chelsea Green, 2008.

131 https://slowmoney.org/our-team/founder (현재 삭제된 페이지)

132 https://slowmoney.org/local-groups/soil

133 Aditya Chakrabortty, "In 2011 Preston hit rock bottom. Then it took back control", *Guardian*, 31 January 2018: https://www.theguardian.com/commentisfree/2018/jan/31/preston-hit-rock-bottom-took-back-control

134 스페인내란 이후 설립된 몬드라곤 협동조합은 협동조합 중앙회로 현재 8만 명에 이르는 노동자가 곧 주인인 곳이며, 스페인에서 열 번째로 큰 기업이다.

135 같은 글.

136 https://www.theguardian.com/politics/2018/nov/01/preston-named-as-most-most-improved-city-in-uk

137 https://truthout.org/video/thomas-piketty-the-market-and-private-property-should-be-the-slaves-of-democracy

138 자본주의가 자연적으로 불평등을 낳기 때문에 시스템 안에 재분배를 구축해 넣어야 한다고 피케티는 말한다. 연간 50만 달러 이상의 소득에 대해 80퍼센트의 '몰수' 세금을 부과하면 이를 달성할 수 있다고 그는 제안한다. 더불어 사적 재산에 대해 전 세계적 누진세를 부과해 모든 은행 거래와 국제적 데이터 공유에서 투명성을 높여야 한다고 말한다. Thomas Piketty, *Capitalism in the Twenty-First Century*, Belknap Press of Harvard University Press, 2014, 512~520쪽 참고.

139 《레위기》 25장 2~5절.

140 Sedlacek, 앞의 책, 76쪽 참고.

141 Mauss, 앞의 책, 47쪽.

142 종자를 저장하고 파종할 권리가 그 핵심을 이룬다. http://vandanashiva.com 참고.

143 Voltaire, *Candide* (1758), Philip Littell (trans.), Boni & Liveright, New York, 1918, 167쪽.

144 Herman Daly, *Beyond Growth*, Beacon Press, 1996, 31~44쪽 참고.

145 449~450쪽 참고.

146 스칸디나비아 국가와 현재 세계 1위인 덴마크를 포함해 세계에서 가장 행복한 나라의 소득률은 전 세계에서 가장 낮은 편이다. Richard Wilkinson and Kate Pickett, *The Spirit Level: Why equality is better for everyone*, Penguin, 2010 참고.

147 사람이 거주하는 정원은 에덴동산에서 시작된 유토피아 계율에서 가장 인기 있는 주제다. 토머스 모어의 1516년 《유토피아》에서는 채소 재배에 열광하는 이들이 거주하는 자급자족 도시국가를 제안했다. 에버니저 하워드의 1902년 《내일의 전원도

시》는 본질적으로 철도가 깔린 모어의 유토피아와 같았다. 한편 윌리엄 모리스의 《에코토피아 뉴스》에서 런던은 빰이 불그스레한 농부들이 트라팔가 광장의 나무에서 살구를 따는 목가적인 낙원으로 변모했다.

5장 도시와 시골

1 Ben Flanner, 2017년 1월 30일 저자와의 인터뷰.

2 같은 글.

3 Anastasia Cole Plakias, *The Farm on the Roof*, Avery, 2016 참고.

4 "Feeding Our Cities in the 21st Century", 영국 토양협회Soil Association 60주년 기념 학회 보도 자료, 2005년 9월 12일.

5 www.verticalfarm.com

6 http://nymag.com/news/features/30020

7 http://www.plantlab.nl

8 http://aerofarms.com/technology

9 이 계산에서는 수직 농장의 비생산 지역이 포함되지 않았다.

10 http://aerofarms.com/story

11 윌리엄 깁슨 인용.

12 수직 농장의 이점에 대한 데스포미어의 설명은 Dickson Despommier, *The Vertical Farm, Feeding the World in the 21st Century*, Picador, 2010, 145~175쪽 참고.

13 http://growing-underground.com

14 2018년 2월 저자와의 인터뷰.

15 Despommier, 앞의 책, 215쪽.

16 George Dodd, *The Food of London*, Longman Brown, Green and Longmans, London, 1856, 222~223쪽.

17 2001년 돼지 도시Pig City 프로젝트에서 네덜란드 건축가 집단 MVRDV는 네덜란드의 돼지 1,500만 마리를 수용할 고층의 호화로운 타워를 제안하면서 돼지 사육업자가 현재 대다수 사육장처럼 어둡고 비좁은 환경보다 야외 발코니가 있는 호화로운 고층 '아파트'에서 더 잘 지낼 것이라고 주장했다. www.mvrdv.nl/projects/134/pig-city 참고.

18 http://www.fao.org/fileadmin/user_upload/newsroom/docs/en-so-law-facts_1.pdf

19 http://uk.businessinsider.com/inside-aerofarms-the-worlds-largest-vertical-farm-2016-3?r=US&IR=T

20 오카도Ocado와 런던 선물시장Liffe 2019년 3월 가격.

21 http://www.newyorker.com/magazine/2017/01/09/the-vertical-farm

22 이 질문과 관련해 상세한 논의와 도시가 먼저라는 주장은 Jane Jacobs, *The Economy of Cities*, Vintage, 1969 참고.

23 이 생각은 요한 폰 튀넨Johann Von Thünen이 처음 주장한 것으로, 1826년《고립국The Isolated State》에서 도시의 생산적인 배후지가 자연적으로 발전한 과정을 분석했다.

24 Fraser and Rimas, 앞의 책, 107쪽.

25 *The Epic of Gilgamesh*, Andrew George (trans.), Penguin, 1999, 5쪽.

26 같은 책, 14쪽.

27 Plato, *Laws*, V.738e, in *The Collected Dialogues*, Edith Hamilton and Huntingdon Cairns (eds), Princeton, 1987, 1,323쪽.

28 같은 책, 1,324쪽.

29 Aristotle, *The Politics*, 105~106쪽.

30 로마의 식량 공급 관련 지도는 Steel, 앞의 책, 74쪽 참고.

31 '푸드마일food miles'이라는 용어는 런던시티 대학 식량정책 교수 팀 랭Tim Lang이 만든 것으로, 음식이 우리의 식탁에 오르기까지 이동한 거리를 나타낸다.

32 로마는 독일 사회학자 베르너 좀바르트Werner Sombart에 의해 최초의 소비도시로 불렸다. Werner Sombart, *Der Moderne Kapitalismus,* Leipzig and Berlin, 1916, 142~143쪽, Neville Morley, *Metropolis and Hinterland*, Cambridge University Press, 1996, 18쪽에서 인용.

33 대大 플리니우스를 비롯한 논평가들은 로마의 쇠락이 이런 사치스러운 음식을 선호하면서 시작되었다고 이야기하며 도시가 생존을 위해 타인에게 의존하는 상황을 한탄했다. Morley, 앞의 책, 88쪽 참고.

34 카르타고의 주교 성 키프리아누스St Cyprian, 서기 250년, "세상은 노화해 더 이상 예전의 활력이 남아 있지 않다. 자신의 쇠퇴를 직접 목도하고 있다." Herbert Girardet, *Cities People Planet*, Wiley Academy, 2004, 46쪽에서 인용.

35 기원전 3000년에 염분 농도가 상승하면서 농부들이 선호하는 작물인 밀을 보리로 바꾸어야 했으며 시인들은 '하얗게 된 들판'의 풍경에 애도를 표했다. J. N. Postgate, *Early Mesopotamia: Society and Economy at the Dawn of History,* London and New York, Routledge, 1994, 181쪽 참고.

36 Plato, *Critias*, 111c, Hamilton and Cairns, 앞의 책, 1,216쪽.

37 쿨투스cultus를 가리키는 여러 의미 중에는 경작, 숭배, 문명 등이 있다. 또한 이는 'cult(추종)'라는 단어의 기원이 된다.

38 《갈리아 전쟁기》에서 율리우스 카이사르는 이렇게 언급했다. "벨기에족이 용감한 것은 우리의 문명과 교양에서 멀리 떨어져 있기 때문이며, 상인들은 그에 좀처럼 의존하지 않고 마음을 나약하게 하는 것들을 수입한다." Caius Julius Caesar, *De Bello Gallico & Other Commentaries*, W. A. Macdevitt (trans.), Everyman's Library, 1929, Book 1.

39 Tacitus, *Germania*, Ch. 16, M. Hutton (trans.), London, William Heinemann, 1970, 155쪽.

40 이 프레스코화에 대한 상세한 분석은 Maria Luisa Meoni, *Utopia and Reality in Ambrogio Lorenzetti's Good Government*, Firenze, Edizioni IFI, 2006 참고.

41 중세 이탈리아 도시국가의 등장에 대한 논의는 Henri Lefebvre, *The Production of Space*, Donald Nicholson-Smith (trans.), Blackwell, 1998, 78~79쪽과 277~278쪽 참고.

42 1825년 9월 27일, 영국 스톡턴-달링턴 철도가 개통되면서 시작된 시기.

43 Christopher Watson, "Trends In World Urbanisation", in *Proceedings of the First International Conference on Urban Pests*, K. B. Wildey and W. H. Robinson (eds), Centre for Urban and Regional Studies, University of Birmingham, UK, 1993.

44 William Cronon, *Nature's Metropolis: Chicago and the Great West*, New York, W. W. Norton and Co., 1991, 216~217쪽.

45 같은 책, 225쪽.

46 철도가 개통되기 전에 원래의 돼지 도시Porkopolis는 신시내티였다.

47 Cronon, 앞의 책, 244쪽.

48 JBS는 2007년에 스위프트를 15억 달러에 인수했다.

49 https://www.bbc.co.uk/news/world-latin-america-46327634

50 http://www.mightyearth.org/forests

51 세계은행의 기금으로 조성된 보호 서식지임에도 불구하고 공원 대부분은 JBS 관련 부패 스캔들에 휩싸인 당시 대통령 미셰우 테메르Michel Temer의 측근이 소유하고 있었다. https://www.theguardian.com/world/2017/may/18/brazil-explosive-recordings-implicate-president-michel-temer-in-bribery

52 https://www.theguardian.com/world/2019/aug/02/brazil-space-institute-director-sacked-in-amazon-deforestation-row

53 Cronon, 앞의 책, 198쪽.

54 https://www.un.org/development/desa/en/news/population/2018-revision-of-world-urbanization-prospects.html

55 같은 글.

56 http://www.economist.com/news/china/21640396-how-fix-chinese-cities-great-sprawl-china

57 초기 글쓰기의 용도에 관한 논의는 Bruce G. Trigger, *Understanding Early Civilisations*, Cambridge University Press, 2007, 588~590쪽 참고.

58 Friedrich Engels, 앞의 책, 52쪽.

59 *The Fastest Changing Place on Earth*, BBC 2, 2012년 3월 5일 첫 방송.

60 "Pitfalls Abound in China's Push From Farm to City", *New York Times*, 13 July 2013: http://www.nytimes.com/2013/07/14/world/asia/pitfalls-abound-in-chinas-push-from-farm-to-city.html?pagewanted=all

61 William C. Sullivan and Chun-Yen Chang (eds.), "Landscapes and Human Health" (special issue), *International Journal of Environmental Research and Public Health*, May 2017 (ISSN 1660~4601): http://www.mdpi.com/journal/ijerph/special_issues/landscapes

62 https://www.agclassroom.org/gan/timeline/1900.htm

63 Joel Dyer, *Harvest of Rage: Why Oklahoma City Is Only the Beginning*, Westview Press, 1997, 4쪽.

64 Pollan, *The Omnivore's Dilemma*, 52쪽.

65 같은 책, 53쪽.

66 1994년 북미자유무역협정NAFTA으로 그전까지 옥수수가 40가지 다양한 품종으로 재배되던 멕시코는 이후 이들을 혼합한 미국의 저렴한 옥수수로 뒤덮였다. 그 결과 멕시코 농민의 절반 가까이인 130만 명이 도시로 이주했고, 도시에서 그들은 식량을 스스로 재배할 때보다 더 많은 비용을 음식에 지불하게 되었다. Raj Patel, *Stuffed and Starved: Markets, Power and the Hidden Battle for the World Food System*, Portobello, 2007, 48~54쪽 참고.

67 Dyer, 앞의 책, 3쪽.

68 James T. Horner and Leverne A. Barrett, *Personality Types of Farm Couples*, University of Nebraska, 1987, 같은 책에서 인용, 35쪽.

69 Dyer, 앞의 책, 19쪽.

70 Doug Saunders, *Arrival City: How the Largest Migration in History is Shaping our World*, Windmill Books, 2011, 1쪽.

71 같은 책, 121쪽.

72 같은 책, 122쪽.

73 같은 책, 128쪽.

74 같은 책, 112쪽.

75 http://english.gov.cn/state_council/2014/09/09/content_281474986284089.htm

76 Stewart Brand, *Whole Earth Discipline*, Atlantic Books, 2009, 44쪽.

77 같은 책, 47쪽.

78 같은 책, 39쪽.

79 Diana Lee-Smith, "My House is My Husband: A Kenyan Study of Women's Access to Land and Housing", PhD thesis for Lund University Sweden, 1997, 143~144쪽.

80 브랜드는 '유전자 조작'보다 '유전공학'이라는 말을 선호한다. 그가 지적했다시피 모든 진화에 유전자 조작이 수반되기 때문이다. 같은 책, 118쪽 참고.

81 같은 책, 27쪽.

82 Patel, *Stuffed and Starved*, 119~127쪽.

83 같은 책, 126~127쪽.

84 Ebenezer Howard, *Garden Cities of To-Morrow* (1902), MIT Press, 1965, 48쪽.

85 같은 책, 45~46쪽.

86 Henry George, "What the Railroad Will Bring Us", *The Overland Monthly*, Vol. 1, October 1868, No. 4, 297~306쪽. https://quod.lib.umich.edu/m/moajrnl/ahj1472.1-01.004/293:1?rgn=full+text;view=image

87 Henry George, *Progress and Poverty* (1879), Pantianos Classics, 1905, 107쪽.

88 주민들은 특별 '세금-임대료rate-rent'를 지불하게 될 것이다. 여기서 '임대료'로는 기존의 대출금을 상환하고 '세금'으로 의료 및 연금 같은 공공사업 및 서비스 비용을 충당해 사실상 지역복지국가를 만드는 것이다. Robert Beevers, *The Garden City Utopia: A Critical Biography of Ebenezer Howard*, Macmillan Press, 1988, 62쪽 참고.

89 같은 책, 14쪽.

90 같은 책, 79쪽.

91 같은 책, 76쪽.

92 레치워스 건설과 관련해 상세한 설명은 Peter Hall, *Cities of Tomorrow*, Blackwell, 2002, 97~101쪽 참고.

93 그리스어 eu, 좋은 + topos, 장소, 또는 ou, 없는 + topos, 장소.

94 Anna Minton, *Big Capital*, Penguin, 2017, 3쪽.

95 같은 책, 54쪽.

96 같은 책, xiv쪽.

97 Rem Koolhaas, "Countryside", *O32C*, Issue 23, Winter 2012/2013, 49~72쪽.

98 같은 책, 62쪽.

99 같은 책, 61쪽.

100 같은 책, 53쪽.

101 Pliny the Younger, Ep. 2.17.2, Morley, 앞의 책, 91쪽에서 인용.

102 아이러니하게도 하워드는 자신의 전원도시가 밀집되어야 한다고 주장했지만 결과는 그와 전혀 달랐다.

103 Makoto Yokohari, "Agricultural Urbanism: Re-designing Tokyo's Urban Fabric with Agriculture", Herrenhausen Conference, Hanover, May 2019: https://www.researchgate.net/publication/329999704_Agricultural_Urbanism_Re-designing_Tokyo's_Urban_Fabric_with_Agriculture_Preprint

104 Patrick Geddes, *Cities in Evolution* (1915), Routledge, 1997, 96쪽.

105 Kate Raworth, *Doughnut Economics: Seven Ways to Think Like a 21st Century*

Economist, Random House, 2017.

106 Patrick Geddes, "The Valley Plan of Civilization", *The Survey*, 54, 40~44쪽, Peter Hall, 앞의 책, 149쪽에서 인용.

107 Geddes (1915), 앞의 책, 97쪽.

108 마크 트웨인이 한 말로 자주 인용된다.

109 Tim Lang, Erik Millstone and Terry Marsden, "A Food Brexit: Time to Get Real", July 2017: https://www.sussex.ac.uk/webteam/gateway/file.php?name=foodbrexitreport-langmillstonemarsden-july2017pdf.pdf&site=25

110 같은 글, 18쪽.

111 Lizzie Collingham, *The Taste of War: World War Two and the Battle for Food*, Penguin, 2012, 90~91쪽.

112 Rousseau, *The Social Contract and the First and Second Discourses*, 113쪽.

113 Pierre-Joseph Proudhon: "What is Property?", in *Property is Theft!: A Pierre-Joseph Proudhon Anthology*, Iain McKay (ed.), A. K. Press, 2011, 87쪽.

114 같은 책, 95쪽.

115 같은 책, 131쪽.

116 같은 책, 130~131쪽.

117 같은 책, 136쪽.

118 같은 곳.

119 같은 책, 137쪽.

120 Peter Kropotkin, *The Conquest of Bread* (1892), Penguin, 2015, 19쪽.

121 같은 책, 13쪽.

122 George Orwell, *Homage to Catalonia* (1938), Penguin, 2000, 3~4쪽.

123 같은 책, 98쪽.

124 최근의 또 다른 예는 시리아 북동부의 쿠르드족이 통치하는 국가인 로자바로, 2012년부터 내전의 상황에서도 무정부의주의 원칙을 이어가고 있다. 다큐멘터리 *Accidental Anarchist: Life Without Government*, BBC 4, 23 July 2017 참고.

125 Martin Buber, *Paths in Utopia* (1949), R. F. C. Hull (trans.), Boston, Beacon Press, 1958, 42쪽에서 인용.

126 Peter Kropotkin, *Fields, Factories and Workshops, or, Industry Combined with Agriculture and Brain Work with Manual Work* (1898), Martino Publishing, 2014, 5쪽.

127 같은 책, 7쪽.

128 같은 책, 38쪽.

129 같은 책, 21쪽.

130 같은 책, 180쪽.

131 같은 책, 217쪽.

132 Henry George, *Progress and Poverty*, 120쪽.

133 노엄 촘스키가 주장했듯 무정부주의는 오늘날 점거 운동의 형태로 되살아나고 있다. Noam Chomsky, *On Anarchism*, Penguin, 2013 참고.

134 http://www.bbc.co.uk/news/magazine-33133712

135 http://www.countrylife.co.uk/articles/who-really-owns-britain-20219

136 George, *Progress and Poverty*, 147쪽.

137 같은 책.

138 토지가치세가 어떻게 기능하는지와 관련해 상세한 논의는 Martin Adams, *Land: A New Paradigm for a Thriving World*, North Atlantic Books, 2015를 참고하기 바란다. 마틴이 지적했다시피 토지에 세금을 부과하는 것은 지주에게 그가 배제되는 지역사회 공공 자원에 대한 보상을 요청하는 것보다 훨씬 어렵다. 따라서 마틴은 '지역사회 토지 기여community land contribution'라는 용어를 선호한다.

139 이 아이디어는 조지가 처음 주장한 것이 아니다. 주장의 근원은 다름 아닌 애덤 스미스다. 스미스는 모든 지주가 "언제나 독점자로서 행동하며 토지 사용에 따라 얻을 수 있는 최대한의 임대료를 받아낸다"라는 사실에 기초해 토지 임대료에 대한 세금을 처음 제안했다. Adam Smith, *The Wealth of Nations* (1776), Books IV~V, Penguin Classics, 1999, 436쪽.

140 https://www.theguardian.com/commentisfree/2017/oct/11/labour-global-economy-planet

141 Aristotle, *The Politics*, 108쪽.

142 이 용어는 영국 경제학자 윌리엄 포스터 로이드가 처음 고안했다. William Foster Lloyd, *Two Lectures on the Checks to Population*, Oxford University, 1833. Garrett Hardin, "The Tragedy of the Commons", *Science*, Vol. 162, Issue 3859, 1968, 1,243~1,248쪽 참고. http://science.sciencemag.org/content/162/3859/1243.full

143 하딘은 공동 방목지를 예로 들면서 합리적인 목축업자는 가축에 먹이를 주면 직접적인 이익을 취할 수 있는 데다 남용으로 인한 비용은 집단 전체가 분담한다는 사실에 근거해 가축을 지나치게 많이 방목하려 할 것이라고 주장했다. Hardin, 앞의 책, 1,244쪽.

144 Garrett Hardin, "Political Requirements for Preserving Our Common Heritage", *Wildlife and America*, H. P. Bokaw (ed.), Washington DC, 1978, 314쪽.

145 Elinor Ostrom, "Beyond Markets and States: Polycentric Governance of Complex Economic Systems", *American Economic Review* 100, June 2010, 10쪽: http://www.aeaweb.org/articles.php?doi=10.1257/aer.100.3.1

146 오스트롬이 발견한바, 소규모에서 중간 규모의 도시가 대규모 도시보다 자원을 관리 감독하기에 훨씬 수월했다.

147 Elinor Ostrom, "Beyond Markets and States", 2009년 인디애나 대학 강연.

148 Raymond J. Struyk and Karen Angelici, "The Russian Dacha Phenomenon", *Housing Studies*, Volume 11, Issue 2, April 1996, 233~250쪽.

149 https://www.foodcoop.com

150 www.growingpower.org

151 https://stephenritz.com/the-power-of-a-plant

152 https://www.growingcommunities.org

153 André Viljoen (ed.), *CPULs, Continuous Productive Urban Landscapes*, Architectural Press, 2005 참고.

154 2000년대에 롭 홉킨스Rob Hopkins가 전환 운동Transition Movement(도시 및 지역 집단이 탄소 배출량을 줄이기 위해 협력하는 운동)을 시작했을 때 음식은 그의 의제 중 하나에 불과했다. 그러다 이내 식품을 기반으로 한 프로젝트가 사람들의 관심을 끌고 참여를 독려하는 데 가장 효과적임을 깨달았다. (2009년 저자와의 대화)

6장 자연

1 Wendell Berry, *Home Economics*, Counterpoint, Los Angeles, 1987, 10쪽.

2 '인류세'라는 말은 유진 F. 스토머Eugene F. Stoermer가 1980년대에 처음 고안했고 파울 J. 크뤼천Paul J. Crutzen에 의해 널리 알려졌다.

3 Harari, 앞의 책, 65쪽.

4 같은 책, 67쪽.

5 Gerardo Ceballos, Paul R. Ehrlich, and Rodolfo Dirzo, "Biological annihilation via the ongoing sixth mass extinction signaled by vertebrate population losses and declines", *PNAS*, 25 July 2017: http://www.pnas.org/content/114/30/E6089

6 같은 글.

7 http://journals.plos.org/plosone/article?id=10.1371/journal.pone.0185809

8 https://news.nationalgeographic.com/2018/05/farmland-birds-de-clines-agriculture-environnment-science; https://www.independent.co.uk/environment/uk-bird-numbers-species-declines-british-wildlife-turtle-dove-corn-bunting-willow-tits-farmland-a7744666.html

9 https://www.birdlife.org/sites/default/files/attachments/BL_ReportENG_V11_spreads.pdf, 21쪽과 23쪽.

10 같은 책, 31쪽.

11 해양 온난화로 해양 생물 다양성에 중요한 서식지인 산호초만 손실되는 것이 아니다. 이에 따른 산성화로 굴 같은 연안 조개류가 껍데기를 적절히 생산하기 힘들어진다.

12 https://www.theguardian.com/environment/2017/dec/14/a-different-dimension-

of-loss-great-insect-die-off-sixth-extinction

13 https://www.bbc.com/news/uk-43051153

14 David R. Montgomery and Anne Biklé, *The Hidden Half of Nature: The Microbial Roots of Life and Health*, New York, W. W. Norton and Company, 2016, 24쪽.

15 Spector, 앞의 책, 25쪽.

16 Montgomery and Biklé, 앞의 책, 2쪽.

17 2013년 오스트레일리아 서부에서 발견된 35억 년 된 화석은 지금까지 발견된 가장 오래된 생명체로, 이런 통풍구 주변에 형성된 1센티미터 두께의 단세포 미생물 군집이다. Seth Borenstein, "Oldest Fossil Found: Meet Your Mom", 13 November 2013, Associated Press: http://apnews.excite.com/article/20131113/DAA1VSC01.html 참고.

18 https://www.scientificamerican.com/article/origin-of-oxygen-in-atmosphere

19 Aristotle, *Physics*, Robin Waterfield (trans.), Oxford University Press, 1996, 56쪽.

20 Aristotle, *The Politics*, 79쪽.

21 1장 56쪽 참고.

22 이 주제와 관련해 상세한 논의는 Ernst Cassirer, *The Individual and the Cosmos in Renaissance Philosophy*, University of Pennsylvania Press, 1963 참고.

23 René Descartes, *Discourse on Method and Meditations on First Philosophy*, Donald A. Cress (trans.), Hackett, 1998, 18~19쪽.

24 같은 책, 31쪽.

25 이 추상적 개념과 관련된 문제의 논의는 Dalibor Vesely, *Architecture in the Age of Divided Representation*, MIT Press, 2004, 188~196쪽 참고.

26 Keith Thomas, *Man and the Natural World: Changing Attitudes in England 1500⊠1800*, Allen Lane, 1983, 18쪽.

27 같은 책, 34쪽.

28 관련 예는 Temple Grandin의 글 또는 Rosamund Young, *The Secret Life of Cows*, Faber & Faber, 2017 참고.

29 https://www.vegansociety.com/about-us/further-information/key-facts

30 http://www.bbc.co.uk/news/uk-england-43140836

31 https://www.thebureauinvestigates.com/stories/2018-01-30/a-game-of-chicken-how-indian-poultry-farming-is-creating-global-superbugs

32 Jules Pretty, *Agri-culture: Reconnecting People, Land and Nature*, Earthscan, 2002, 126~145쪽 참고.

33 2018년에 글리포세이트는 더 불길한 이유로 대서특필되었다. 토지 관리인인 드웨인 존슨이 몬산토의 제초제인 레인저프로RangerPro를 주기적으로 사용한 결과, 말

기암의 한 형태인 비호지킨 림프종에 걸렸다며 몬산토를 상대로 소송을 걸었고, 결국 법원에서 몬산토가 '상당 부분' 원인을 제공했다며 존슨의 손을 들어준 것이다.

34 파이토케미컬phytochemical이라는 말은 그리스어 파이톤phyton, 즉 식물에서 유래했다.

35 이 수치는 2011년 10월, 토론토 식품 정책 위원회Toronto Food Policy Council 강연에서 랠프 C. 마틴 교수가 언급한 것이다. https://www.plant.uoguelph.ca/rcmartin

36 Philippe Descola, *Beyond Nature and Culture*, Janet Lloyd (trans.), University of Chicago Press, 2013 참고.

37 같은 책, 46쪽.

38 Jean-Jacques Rousseau, *The Social Contract and Discourses*, G. D. H. Cole (trans.), London and Toronto, J. M. Dent and Sons, 1923, 145쪽.

39 Rousseau, *The Social Contract and the First and Second Discourses*, 48쪽.

40 같은 책, 52쪽.

41 Henry David Thoreau, "Walking", *The Works of Thoreau*, Henry S. Canby (ed.), Boston, Houghton Mifflin, 1937, 672쪽.

42 Ralph Waldo Emerson, *Nature* (1836), in *Nature and Selected Essays*, Penguin, 2003, 35쪽.

43 같은 책, 38쪽.

44 같은 책, 37쪽.

45 같은 책, 39쪽.

46 같은 책, 43쪽.

47 Henry David Thoreau, *Walden, or Life in the Woods* (1854), Oxford University Press, 1997, 122쪽.

48 John Muir, *A Thousand-mile Walk to the Gulf*, Boston and New York, Houghton Mifflin, 1916, xxxii쪽.

49 John Muir, The Yosemite: http://www.gutenberg.org/files/7091/7091-h/7091-h.htm

50 John Muir, "The Treasures of the Yosemite" and "Features of the Proposed Yosemite National Park", *The Century Magazine*, Vol. 40, No. 4, August 1890, and No. 5, September 1890.

51 Ralph Waldo Emerson, 앞의 책, 80쪽.

52 John Muir, *My First Summer in the Sierra*, Boston and New York, Houghton Mifflin, 1911, 99쪽.

53 William Cronon, "The Trouble with Wilderness", in William Cronon (ed.), *Uncommon Ground: Rethinking the Human Place in Nature*, New York, W. W. Norton and Company, 1996, 80쪽.

54 Wendell Berry, *Home Economics*, Counterpoint, Los Angeles, 1987, 11쪽.

55 같은 책, 139쪽.

56 같은 책, 7~8쪽.

57 같은 책, 6쪽.

58 같은 책, 140쪽.

59 같은 책, 142쪽.

60 같은 책, 143쪽.

61 https://www.express.co.uk/life-style/food/694191/cheese-UK-Britain-France-brie-cheddar-producer-world-Monty-Python-Cathedral-City; https://www.cheesesociety.org/industry-data

62 *Back to the Land*, Series 2 Episode 9, BBC 2, 21 May 2018.

63 UNFAO, "The Future of Food and Agriculture, Trends and Challenges", x쪽.

64 같은 책, xi쪽.

65 같은 책, 7쪽.

66 같은 책, xi쪽.

67 영속농업permaculture이라는 용어는 빌 몰리슨Bill Mollison과 데이비드 홈그렌David Holmgren이 생각해냈다. *Permaculture One*, Transworld, 1978 참고.

68 UNFAO, 앞의 책, 48~49쪽.

69 같은 책, xii쪽.

70 Simon Fairlie, *Meat: A Benign Extravagance,* Chelsea Green, 2010, 1쪽.

71 같은 책, 9쪽.

72 페얼리는 스코틀랜드 생태학자 케네스 멜런비Kenneth Mellanby가 1975년에 진행한 연구를 바탕으로 육류 56그램과 유제품 568그램만 포함시켰다. 같은 책, 95쪽 참고.

73 같은 책, 95~97쪽.

74 구제역은 오염된 음식 찌꺼기를 부적절하게 제조해 돼지 먹이로 공급하면서 발병한 것으로 밝혀졌으며 적절한 규제를 통해 재발을 피할 수 있었다. 피그 아이디어Pig Idea라는 영국의 한 단체는 이듬해 유럽연합에서도 시행된 이 금지령을 뒤집기 위해 싸우면서 세계 다른 국가에서 널리 사용되는 귀중한 자원을 낭비하는 것은 말이 안 된다고 주장한다. http://www.thepigidea.org 참고.

75 Fairlie, 앞의 책, 29쪽에서 인용.

76 같은 책, 21쪽.

77 같은 책, 2쪽.

78 같은 책, 42쪽.

79 같은 책, 38~39쪽.

80 같은 책, 40쪽. 이런 식으로 경작하면 잉여 곡물이 약 1억 5,000만 톤 발생하기 때문에 잡식동물에게 일부 곡물을 추가로 먹일 여유가 있으며, 그렇게 해서 1인당 육류 8킬로그램과 흉년에 대비한 '식량 여유분'을 조달할 수 있다고 페얼리는 말한다.

81 https://www.savory.global/our-mission; https://atlasofthefuture.org/futurehero-tony-lovell-5-billion-hectares-hope

82 Fairlie, 앞의 책, 172쪽. 수치는 세렝게티 일부 지역의 재잠식 속도를 바탕으로 한 것이다.

83 같은 책, 171쪽. 1990년에 쌀은 전 세계 메탄 배출량의 약 10퍼센트를 차지했는데 이는 육류와 유제품의 배출량을 합친 것보다 많다. 이 수치는 현재 중국이 유기질 비료를 화학 비료를 대체한 뒤 3분의 2로 줄어든 것으로 보인다. 물론 양이 몰라보게 늘어났을 '남는' 유기질 비료가 어느 계산에 포함되고 있는지는 불분명하다.

84 Adrian Muller, Christian Schader, Nadia El-Hage Scialabba, Judith Brüggemann, Anne Isensee, Karl-Heinz Erb, Pete Smith, Peter Klocke, Florian Leiber, Matthias Stolze and Urs Niggli, "Strategies for Feeding the World more Sustainably with Organic Agriculture", *Nature Communications*, Vol. 8, Article No. 1290, 2017: http://www.nature.com/articles/s41467-017-01410-w

85 같은 책, 3쪽. 페얼리의 저서도 참고해보기 바란다. 여기서 페얼리는 영국의 밀 수확량의 차이가 다른 곡물의 수확량과 비교해 크게 벌어지는 것은 유기 품종에 대한 투자가 부족한 탓이라고 지적한다. Fairlie, 앞의 책, 87~88쪽.

86 Tom Bawden, "Organic farming can feed the world if done right, scientists claim", *Independent*, 10 December 2014: https://www.independent.co.uk/environment/organic-farming-can-feed-the-world-if-done-right-scientists-claim-9913651.html

87 J. N. Pretty, J. I. L. Morison and R. E. Hine, "Reducing food poverty by increasing agricultural sustainability in developing countries", *Agriculture, Ecosystems and Environment* 95, 2003, 217~234쪽.

88 Brian Halweil, "Can organic farming feed us all?", The Free Library, 1 May 2006, https://www.thefreelibrary.com/Can+organic+farming+feed+us+all%3F-a0145475719

89 https://eatforum.org/eat-lancet-commission

90 https://www.ipcc.ch/report/srccl

91 Albert Howard, *An Agricultural Testament* (1940), Oxford University Press, 1956, 1쪽.

92 도시 수직 농장이 해답이 될 수 없는 또 다른 이유는 멀리 떨어진 곳의 비옥함을 들여올 뿐 이를 다시 토양에 돌려보내지는 않기 때문이다.

93 Howard, 앞의 책, 4쪽.

94 이에 대한 집착이 촉발된 것은 프로이센의 지리학자이자 탐험가인 알렉산더 폰 훔볼트Alexander von Humboldt가 1804년에 페루 새똥의 기적적인 특성(잉카인들은 잘

알고 있었다)을 발견하고 땅에 조경석guano(바닷새의 배설물이 다년간에 걸쳐 퇴적·경화된 것)을 묻으면서였다. 이런 관행이 이후 북아메리카와 유럽 등지에서 사용되기 시작했다. Smil, 앞의 책, 39~42쪽 참고.

95 Howard, 앞의 책, 161쪽.

96 같은 책, 56~62쪽, 166~168쪽.

97 같은 책, 18쪽.

98 같은 책, 42~43쪽.

99 같은 책, 22쪽.

100 같은 책, 27쪽.

101 같은 책.

102 이브 밸푸어는 1943년에 유기농법계의 또 다른 고전인 《살아 있는 토양The Living Soil》을 썼다. 토양과학사회 회장인 윌리엄 알브레히트William Albrecht 역시 하워드의 팬이었다.

103 Montgomery and Biklé, 앞의 책, 104쪽.

104 같은 책, 105쪽.

105 같은 책, 100쪽.

106 같은 책, 99쪽.

107 Masanobu Fukuoka, "The One-Straw Revolution", *New York Review of Books*, 1978, 45쪽.

108 같은 책, 3쪽.

109 1863년에 쓴 마지막 책 《농업의 자연법The Natural Laws of Husbandry》에서 리비히는 초기에 세운 가정을 뒤집고 유기물을 들판으로 돌려보내야 한다고 말했다. David R. Montgomery, *Growing a Revolution: Bringing Our Soil Back to Life*, W. W. Norton, 2017, 246~249쪽 참고.

110 Eve Balfour, *The Living Soil* (1943), Soil Association, 2006, 21쪽.

111 https://microbiomejournal.biomedcentral.com/articles/10.1186/s40168-017-0254-x

112 가장 일반적인 복합 탄수화물인 섬유소는 거의 모든 식물에 존재하며, 식물의 구조와 유연한 힘의 바탕이 된다.

113 환자의 항문으로 요거트를 밀어넣는 켈로그의 악행이 보기보다 그리 정신 나간 짓은 아니었다는 것으로 밝혀졌다.

114 Spector, 앞의 책, 18쪽.

115 이 여행은 댄 살라디노Dan Saladino가 제작한 BBC 라디오 4의 〈푸드 프로그램〉에서 '하드자족과의 사냥'이라는 제목으로 2017년 7월 3일과 10일, 2회에 걸쳐 방영되었다. https://www.bbc.co.uk/programmes/b08wmmwq

116 같은 곳.

117 Michel de Montaigne, *The Complete Works*, Donald M. Frame (trans.), Everyman's Library, 385쪽.

118 Alex Laird, *Root to Stem, A Seasonal Guide to Natural Recipes and Remedies for Everyday Life*, Penguin, 2019, 63~66쪽.

119 Dan Barber, *The Third Plate: Field Notes on the Future of Food*, Abacus, 2014, 7쪽.

120 같은 책, 8쪽.

121 같은 책.

122 Isabella Tree, *Wilding: The Return of Nature to a British Farm*, Picador, 2018, 8쪽.

123 야생으로 돌아가는 것의 이점을 논한 책으로 George Monbiot, *Feral: Rewilding the Land,Sea and Human Life*, Penguin, 2014 참고.

124 Qing Li, *Effect of forest bathing trips on human immune function*, Japanese Society for Hygiene, 2009: https://link.springer.com/article/10.1007/s12199-008-0068-3

125 이와 관련해 최근 자료를 요약한 부분은 Jo Barton, Rachel Bragg, Carly Wood, Jules Pretty (eds), *Green Exercise: Linking Nature, Health and Well-being*, Routledge, 2016 참고.

7장 시간

1 *Dying to Talk*, BBC World Service, 27 April 2017: https://www.bbc.co.uk/programmes/p0506ttc

2 https://deathcafe.com

3 데스 카페는 현재 언더우드의 어머니와 누이인 수잔 바스키 라이드Susan Barsky Reid와 줄스 바스키Jools Barsky가 운영하고 있다.

4 Dylan Thomas, "Do not go gentle into that good night", *The Poems of Dylan Thomas*, New Directions, 1971, 239쪽.

5 https://faithsurvey.co.uk/download/uk-religion-survey.pdf

6 https://www.nbcnews.com/better/wellness/fewer-americans-believe-god-yet-they-still-believe-afterlife-n542966

7 Atul Gawande, *Being Mortal: Illness, Medicine and What Matters in the End*, Profile Books, 2014, 1쪽.

8 같은 책, 155쪽.

9 같은 책, 178쪽.

10 같은 책, 177쪽.

11 같은 책, 178쪽.

12 https://www.theguardian.com/society/2017/sep/27/rise-in-uk-life-expectancy-

slows-significantly-figures-show

13 *Eat to Live Forever with Giles Coren*, BBC 2, 18 March 2015.

14 Paul McGlothin and Meredith Averill, *The CR Way: Using the secrets of calorie restriction for a longer, healthier life*, Collins, 2008, xiii쪽.

15 https://www.thetimes.co.uk/article/tv-review-eat-to-live-forever-with-giles-coren-the-billion-dollar-chicken-shop-6nz30cn7jgr

16 Bernard Williams, "The Makropulos case: reflections on the tedium of immortality", *Problems of the Self*, Cambridge University Press, 1973. https://doi.org/10.1017/CBO9780511621253.008

17 *The Epic of Gilgamesh*, 앞의 책, 86쪽.

18 Sarah Harper, *How Population Change Will Transform Our World*, Oxford University Press, 2016, 2쪽.

19 영국 국립 의료보건 제도NHS에 따르면 80세 한 명을 돌보는 비용이 30세 한 명을 돌보는 비용의 다섯 배에 이른다고 한다. https://www.england.nhs.uk/five-year-forward-view/next-steps-on-the-nhs-five-year-forward-view/the-nhs-in-2017/#two 참고.

20 앞의 책, 2쪽.

21 https://www.independent.co.uk/news/world/asia/india-railway-jobs-apply-recruitment-porters-cleaners-track-maintainers-unemployment-a8714016.html

22 Andrew Marvell, "To his Coy Mistress", *The Metaphysical Poets*, Penguin, 1972, 252쪽.

23 Martin Nillson, *Primitive Time Reckoning*, Oxford University Press, 1920, 42쪽, Ingold, 앞의 책, 325쪽에서 인용.

24 E. E. Evans-Pritchard, *The Nuer*, Oxford University Press, 1940, 103쪽.

25 Lewis Mumford, *Technics and Human Development, The Myth of the Machine*, Vol. 1, Harvest-HBJ, 1966, 286쪽.

26 E. F. 슈마허의 사상에 대한 논의는 4장 261쪽 참고.

27 아침에 일어나기 버거운 이들이 보면 위안이 될지도 모르겠는데, 개인 리듬의 범위는 23.8시간에서 24.8시간까지 있다고 한다. 이로써 '참새'처럼 동이 트면 침대에서 벌떡 일어나는 사람들이 있는가 하면 '올빼미'처럼(나도 여기에 속한다) 늦은 밤까지 깨어 있는 사람들이 있는 이유가 설명된다.

28 https://www.independent.co.uk/life-style/health-and-families/health-news/adults-uk-under-sleeping-health-sleep-fatigue-a6963631.html

29 https://www.ncbi.nlm.nih.gov/pmc/articles/PMC3763921

30 Charles H. Kahn, *The Art and Thought of Heraclitus*, Cambridge University Press, 1979, 53쪽.

31 Hesiod, 앞의 책, 40쪽.

32 같은 책, 42쪽.

33 열역학 제2법칙은 19세기 물리학자 사디 카르노Sadi Carnot와 루돌프 클라우지우스Rudolf Clausius에게서 비롯되었다.

34 Seneca, *Dialogues and Essays*, John Davie (trans.), Oxford University Press, 2008, 75쪽.

35 https://www.worldlifeexpectancy.com/country-health-profile/india

36 미국의 수치는 46퍼센트였다. https://www.gapminder.org/data 참고.

37 https://www.historytoday.com/jared-bernard/dreaded-sweat-other-medieval-epidemic

38 스토아 포이킬레Stoa Poikile(벽화가 그려진 주랑)는 광장 주변에 긴 주랑이 펼쳐진 공공 라운지로, 누구나 자유롭게 모일 수 있는 곳이었다.

39 스토아학파는 기원전 300년 키프로스의 제논Zeno of Citium이 창시했으나 그의 생존 기록은 남아 있지 않다.

40 Philodemus, Herculaneum Papyrus, 1,005, 4.9.14.

41 Seneca, 앞의 책, 10쪽.

42 같은 책, Letter LXI.4, 427쪽.

43 같은 책, Letter XII.4, 67쪽.

44 같은 책, Vol. 3, Letter XCIX.10, 135쪽.

45 타키투스에 따르면 세네카가 너무 천천히 죽어서 일을 빨리 끝내기 위해 소크라테스가 사용한 것과 같은 독극물을 먹이고 그의 몸을 따뜻한 물에 담가야 했다고 한다. *The Annals of Tacitus*, John Jackson (trans.), Loeb Classical Library, 1937, Vol. V, Book XV.

46 이와 관련해 다음의 질문을 스스로 해보면 잘 알 수 있을 것이다. 인터넷 없이 사는 편이 낫겠는가, 아니면 변기 물을 내리지 않고 사는 편이 더 낫겠는가?

47 Gawande, 앞의 책, 19쪽.

48 http://www.un-documents.net/our-common-future.pdf

49 Proudhon, 앞의 책, 93쪽.

50 음식이 땅에서 빌려온 것이라는 생각을 알려준 페르 쾰스터Per Kølster에게 감사드린다. 덴마크 유기농 농부 에스킬도 로머Eskild Rommer가 한 말이라고 한다.

51 Mikhail Bakhtin, *Rabelais and His World*, Hélène Iswolsky (trans.), MIT Press, 1968, 6쪽 참고.

52 carnival: 라틴어 carnis, 고기 + levare, 치우다.

53 Bakhtin, 앞의 책, 6쪽.

54 같은 책, 10쪽.

55 같은 책, 21쪽.

56 같은 책, 27쪽.

57 Timothy Morton, *Dark Ecology: For a Logic of Future Coexistence*, Columbia University Press, 2018, 24쪽.

58 같은 책, 118쪽과 123쪽.

59 같은 책, 75쪽.

60 같은 책, 69쪽.

61 http://www.joannamacy.net

62 Carlo Rovelli, *The Order of Time*, Allen Lane, 2018, 86~87쪽.

63 같은 책, 92쪽.

64 Ch. One, 34쪽 참고.

65 Ingold, 앞의 책, 331쪽.

66 Aldous Huxley, *Brave New World* (1932), Vintage, 2007, 47쪽.

67 https://edition.cnn.com/2017/09/18/health/opioid-crisis-fast-facts/index.html

68 Rainer Maria Rilke, "Sonnet XXVII", *In Praise of Mortality: Selections from Rainer Maria Rilke's Duino Elegies and Sonnets to Orpheus*, Anita Barrows and Joanna Macy (trans.), Riverhead Books, 2005, 133쪽.

69 Emerson, 앞의 책, 44쪽.

70 블루존이라는 개념은 노인학자 지아니 페스Gianni Pes와 미셸 풀랭Michel Poulain이 이탈리아 사르디니아 누오로 지방을 세계에서 100세 이상의 남성이 가장 많이 모여 사는 지역으로 인식하고 지도에 그 밀도에 따라 파란색 원을 그린 것에서 시작되었다.

71 https://www.bluezones.com

72 한편 오키나와 주민들은 2,500년 전부터 이어진 유교 사상인 '하라 하치 부Hara hachi bu', 즉 '80퍼센트 법칙'을 따라 배가 80퍼센트 차면 식사를 끝낸다.

73 Daniel Klein, *Travels with Epicurus*, Penguin, 2012, 22~23쪽.

74 Marcus Aurelius, *Meditations*, Book 6.37, Penguin, 2006, 53쪽.

75 Mircea Eliade, *The Sacred and the Profane: The Nature of Religion*, Willard R. Trask (trans.), Harvest/Harcourt Brace Jovanovich, 1959, 68쪽.

옮긴이의 말

알고 보면 다 '먹고살자고' 하는 일이다. 그런데 쉽게 잊는다. 자신은 무언가 중차대한 일을 하는 사람이고 세상에는 더 가치 있는 일이 많으니 먹는 것은 생을 유지하기 위한 수단이라고 치부하기 일쑤다. 네 명 중 한 명이라는 초미각자는 어떤지 몰라도, 미각이 범상하거나 미맹에 가까운 수준이면 음식을 맛보다는 가성비로 따지는 경우가 적지 않다. 정신없이 팍팍한 하루하루가 계속되다 보니 음식을 고를 때에도 윤리를 생각하기보다는 경제적인 면에 치우쳐서 잊지 말아야 할 현실에 눈감을 때가 많다. 이따금 소중한 이들과 함께하는 식사에는 의미를 둘지언정, 바쁜 일과 중 혼자 하는 식사는 다급히 때워야 하는 끼니가 되는 일이 잦다. 그렇게 당연시하거나 잊어버리거나 모른 체한 사실이 얼마나 많았던가. 우리가 무심코 내린 선택이, 생각 없이 씹어 삼킨 음식이 거대 기업의 배를 불렸고 정부 정책의 영향에서 자유롭지 않았으며, 오랜 역사와 문화가 스며든 결과이고 결국 다른 생명체에게 위협을 가해 그들을, 또 우리를 벼랑 끝으로 몰고 있다고 《어떻게 먹을 것인가》의 저자 캐롤린 스틸은 말한다.

음식은 우리 삶의 거의 모든 부분을 차지한다. 그래서 당연하게도 삶의 거의 모든 부분에 영향을 미친다. 그 사실을 끊임없이 주지시키는 것이 이 책의 주된 임무 중 하나다. 저자는 음식과 관련된 삶의 이면을 하나하나 살피면서 우리가 지금에 이른 원인과 이대로 삶이 유지될 때 맞닥뜨릴 위험에 대해 이야기한다.

먼저 음식 생산과 관련해 《어떻게 먹을 것인가》에서 소개한 여러 현실 중 하나를 살펴보자. 공장식 축산업의 폐해가 심각한 지경에 이르자 거대 기술기업이 시험관 고기나 식물성 단백질 등을 생산하는 미래 식량 산업에 뛰어들었다. 이들 기업은 미래 식량이 윤리적으로 더 올바르며 지구에 더 도움이 될 것이라고 주장한다. 그런데 '고도로 조작되고 상품화된 지뢰밭에서 내가 하는 모든 행동이 감시당하고 저장되며 이익을 위해 팔아 넘겨지는' 지금, '알고리즘이 내 머릿속을 헤집어놓는' 이 현실에서, 먹는 문제까지 거대 기업에게 맡기는 것이 과연 온당한 일인지, 무턱대고 반길 수 있는 일인지 저자는 힘주어 묻는다.

음식을 소비하는 문제는 어떤가. 음식을 순수한 즐거움으로 인식하며 소박한 식사에도 가치를 부여하는 이들도 있겠지만, 몸매를 유지하거나 가꾸기 위해 이겨야 하고 극복해야 하는 대상으로 음식을 인식하는 이들도 많다. 다이어트가 많은 이들의 최대 관심사가 된 이면에는 영양보다 잘 팔리는 맛에 집중한 기업의 초가공식품과 산업화된 식품, 패스트푸드 등이 자리하고 있다. 이런 음식이 사람들의 미각을 흐려놓아 계속 그런 맛을 찾게 함으로써 건강을 악화하고 비만을 야기한 것이다. 사람들은 비만을 타파하기 위해 다이어트 식품에 목을 매는데, 이 역시 다이어트에 도움이 된다고 장담하기는 힘들다. 전문가를 매수해 대중에게 영양에 대한 잘못된 인식을 심음으로써 결국 기업만 이익을 취하고 대중의 건강 상태는 위기에 처하는 일도 더러 있는 탓이다. 이처럼 비만이 개인의 의지 때문이라기보다는 이익을 중시하는 기업의 경제 논리와 편의만 좇는 문화 때문이며 음식을 대하는 태도나 문화의 차이가 식습관과 비만에 영향을 미쳤다고 저자는 꼬집어 이야기한다.

인류의 조상이 수렵 채집 생활을 하던 시절부터 음식을 나누어 먹는 가장 작은 단위는 가족이었다. 인류가 농업을 시작하면서 가족이 생활하는 집이 지금과 유사한 모습으로 형성되었고 생산과 경제의 중심으로 자리 잡았다. 이후 산업화가 시작되면서 집은 소비의 중심으로 옮겨갔고 결국 자본주의가 돌아가게 하는 수단으로 전락했다. 내 손으로 직접 해 먹거나 가까운 곳에서 눈에 보이는 물품을 거래하던 것이 멀리 떨어진 곳의 다른 누군가가 생산한 것을 소비하게 되었고 거래는 보이지 않는 곳에서 이루어졌다. 그렇게 개인이, 경제의 중추였던 가정이 소외되고 생산이 우리 손을 떠났다. '자본주의라는 서커스가 쉼 없이 돌아가게 하는 공간에 지나지 않게' 된 집에서 예전과 같은 목적의식과 소속감을 되살리려면 다시 무언가를 생산해야 한다고 저자는 제안한다. 그중 가장 쉽게 실천할 수 있는 방법으로 음식을 직접 만들어 먹는 것이 있는데, 요즘 많은 이들이 이를 실천하며 일상의 즐거움과 의미를 다시금 깨닫고 있다고 말한다.

경제가 몰라보게 발전한 결과, 인류 대부분이 살던 시골이 점차 지워지고 여기저기에 도시가 들어섰다. 사람들이 계속해서 도시로 밀려들었다. 그러면 도시인을 먹여 살리는 문제가 시급해지는데, 이를 해결하려면 지금까지 무시되었던 시골의 역할을 다시 생각해야 한다고 저자는 말한다. 시골이 '도시의 폐기물 처리장'이었던 기존의 관계에서 벗어나 도시와 시골이 떼려야 뗄 수 없는 공생 관계를 이어나가야 한다는 것이다. 도시는 자연과 멀어진 삶을 상징하는 듯 보이지만 결국 우리가 돌아가야 할 곳은 자연이다. 우리가 먹는 음식은, 그리고 인간은 모두 자연에서 왔다. 자연의 일부였던 인간이 자연을 객관화하고 수단화해서 지배하고 통제하려 하면서 여러 문제가 발생했다. 자연 앞에서는 묘책이 답이 아니며 거대 농기업에 의존해서는 답을 찾을 수 없다고 말하며 저자는 대안으로 자연의 흐름을 거스르지 않고 다가갈 수 있는 다양한 형태의 영속농업을 제안한다.

마지막으로 삶의 대척점이자 일부인 죽음, 그리고 시간에 대한 이야기가 이어진다. 왜 죽음인가. 음식 이야기는 결국 삶에 대한 이야기이고, 죽음을 바로 볼 때 삶에 대한 태도 역시 달라지기 때문이다. 저자는 죽음을 회피하는 현실, 말기 환자에게 죽음을 준비할 시간을 주기보다는 죽음을 끝까지 싸워야 할 대상으로 인식하게 된 지금의 현실을 꼬집는다. 아무리 시간을 거스르려 해도 시간의 흐름 앞에서 속수무책으로 스러져 갈 수밖에 없는 삶의 부조리함을 받아들일 때 비로소 삶이 빛날 수 있음을 이야기한다. 자신이 대단한 존재가 되는 듯 자연을 음식의 재료에 불과한 대상으로 생각하지만 결국 우리도 시간의 흐름에 따라 늙고 쇠약해지는 존재이며, 생을 연명하기 위해 자연에 기댈 수밖에 없는 존재임을 인식하는 것이 우리 자신을 살리는 방법인 동시에 점점 뜨거워지는 지구를 살리는 방법이다.

음식은 '삶의 본질이자 삶의 깊은 은유'다. 음식에 대해 생각한다는 것은 지금 당장의 한 끼를 어떻게 때울 것이냐의 문제를 넘어 삶의 태도를 구축하는 일이다. 혼자 먹는 식사도 정성스레 준비해 먹는 모습을 보면 그 사람이 자기 자신을, 자신의 삶을 얼마나 아끼는지 짐작할 수 있다. 음식을 대하는 태도가 그 사람의 가치관과 인식, 삶의 태도를 말해주는 것이다. 에피쿠로스가 전했듯, 소중한 사람들과 나누는 소박한 한 끼 식사를 정성스레 준비하고 감사하며 즐길 줄 아는 마음이 곧 음식을 귀중히 여기고 삶을 아끼며 지금 이 순간을 충실히 사는 것이리라. 나아가 우리가 먹고 사는 문제가 거대 기업의 손에 좌우되지 않도록 현실을 면밀히 살피며 삶의 주체성을 지키는 것 역시 중요하다는 사실을 깨닫는다. 나의 의도적 무지를 일깨워준 이 책을 떠나보내면서 누구든 다급히 때워야 하는 끼니가 아니라 소중한 이와 함께하는 '식사'를 더 자주 즐길 수 있기를, 식탁 위에 오른 무수한 생명들의 삶까지 생각하고 고민할 수 있기를 바라본다.

2022년 10월

홍선영

어떻게 먹을 것인가

우리가 잃어버린
음식과 삶, 시간에 관하여

캐롤린 스틸 지음
홍선영 옮김

초판 1쇄 인쇄일 2022년 10월 11일
초판 1쇄 발행일 2022년 11월 1일

ISBN 979-11-5706-267-6 (03300)

만든 사람들
편집 임채혁
디자인 이혜진
홍보 마케팅 김성현 최재희 맹준혁
인쇄 아트인

펴낸이 김현종
펴낸곳 ㈜메디치미디어
경영지원 이도형 김유라
등록일 2008년 8월 20일 제300-2008-76호
주소 서울시 중구 중림로7길 4, 3층
전화 02-735-3308
팩스 02-735-3309
이메일 editor@medicimedia.co.kr
페이스북 facebook.com/medicimedia
인스타그램 @medicimedia
홈페이지 www.medicimedia.co.kr